예제 미리보기 이 책에서 배울 예제를 미리 살펴봅니다.

37p / 기본 작업으로 블로그 스킨 만들기

55p / 이미지를 변형하여 CD 재킷 만들기

69p / 정형 선택 툴로 모바일 초대장 만들기

83p / 부정형 선택 툴로 메뉴판 표지 만들기

예제 미리보기 이 책에서 배울 예제를 미리 살펴봅니다.

103p / 이미지를 리터칭하여 팝업창 만들기

121p / 브러시 툴을 이용하여 적립 쿠폰 만들기

135p / 그레디언트 툴을 활용한 메인 페이지 만들기

147p / 이미지 보정 효과를 적용한 달력 표지 만들기

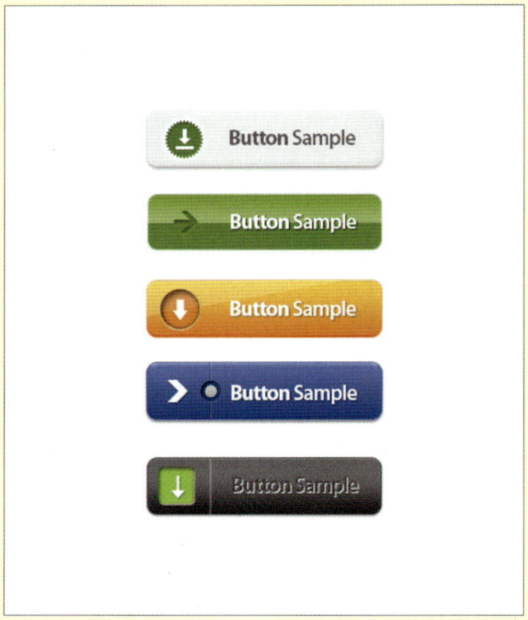

181p / 레이어 스타일을 적용한 버튼 만들기

197p / 합성 작업으로 바탕 화면 만들기

213p / 채널을 이용하여 바탕 화면 만들기

221p / 셰이프 툴을 이용하여 메뉴 소개판 만들기

233p / 커스텀 셰이프 툴을 이용한 로고 만들기

예제 미리보기 이 책에서 배울 예제를 미리 살펴봅니다.

245p / 펜 툴을 이용하여 메인 페이지 만들기

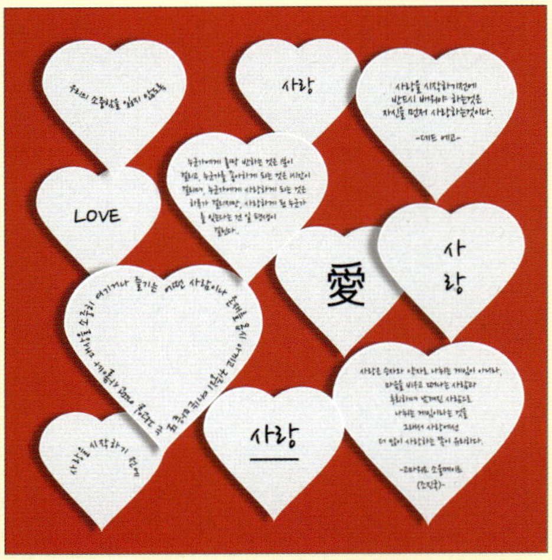

259p / 문자 툴을 활용하여 카드 만들기

271p / 패턴을 활용하여 주차 번호판 만들기

281p / 스케치 효과로 명함 만들기

293p / 망점 효과로 스마트폰 배경 화면 만들기

309p / 대비 효과를 이용한 광고 이미지 만들기

325p / 왜곡 효과를 이용한 온라인 광고 만들기

335p / 입체 효과가 적용된 3D 텍스트 만들기

예제 미리보기 이 책에서 배울 예제를 미리 살펴봅니다.

347p / 피자 레시피북 디자인하기

363p / 프랜차이즈 홈페이지 디자인하기

379p / 레스토랑 뉴스레터 디자인하기

397p / 크리스마스 카드 디자인하기

Play 포토샵

실용적인 예제로
재미있게 배우는
포토샵 CC 실습서

원다예 지음

한빛아카데미
Hanbit Academy, Inc.

지은이 **원다예** wondaye@naver.com

이화여자대학교 장식미술학과, 연세대학교 커뮤니케이션 대학원에서 영상디자인을 전공했다. 인천대학교, 수원대학교, 계원예술대학교, 청강문화산업대학교 등에서 강의를 했으며, 현재도 실무와 강의를 병행하고 있다. 저서 및 역서로는 『크리에이티브 아트웍 1』(퓨쳐미디어, 2008), 『회사에서 바로 통하는 포토샵 CS4』(한빛미디어, 2009), 『회사에서 바로 통하는 포토샵 CS5』(한빛미디어, 2011), 『크리에이티브 워크샵』(한빛미디어, 2013) 등이 있다.

Play 포토샵 : 실용적인 예제로 재미있게 배우는 포토샵 CC 실습서

초판발행 2015년 4월 27일
2쇄발행 2017년 01월 15일

지은이 원다예 / **펴낸이** 김태헌
펴낸곳 한빛아카데미(주) / **주소** 서울시 마포구 잔다리로7길 16 한빛아카데미(주)
전화 02-336-7195 / **팩스** 02-336-7199
등록 2013년 1월 14일 제2013-000013호 / **ISBN** 979-11-5664-180-3 93000

총괄 전태호 / **책임편집** 김현용 / **기획** 김성무 / **편집** 김성무 / **진행** 김성무
디자인 표지 더그라프, 내지 김미현
영업 이윤형, 길진철, 유제욱, 김태진, 김성삼, 제주희, 즈희 / **마케팅** 김호철

이 책에 대한 의견이나 오탈자 및 잘못된 내용에 대한 수정 정보는 아래 이메일로 알려주십시오.
잘못된 책은 구입하신 서점에서 교환해 드립니다. 책값은 뒤표지에 표시되어 있습니다.
홈페이지 www.hanbit.co.kr / 이메일 question@hanbit.co.kr

Published by HANBIT Academy, Inc. Printed in Korea

저자 머리말

이제는 기본 프로그램이 된 포토샵에 관련된 세 번째 책을 출간하게 되었습니다. 오랫동안 디자인 강의를 해왔지만 최근에 포토샵을 처음 접하는 학생들을 가르치면서 필자가 포토샵을 시작하는 이들의 마음을 제대로 헤아리고 이전 책들을 집필했었는지 돌아보게 되었습니다. 그러던 중 학생의 입장에서 그들이 쉽게 이해할 수 있는 책을 쓰자는 생각을 하게 되었고, 『Play 포토샵』이라는 새로운 포토샵 책을 집필하게 되었습니다.

시중에는 많은 포토샵 책들이 있지만, 기존의 포토샵 책들처럼 포토샵의 메뉴얼을 따라 방대한 기능을 모두 살펴보다 보면 포토샵과 친해지기도 전에 질려버리기 쉬웠습니다. 사실 포토샵을 즐기면서 제대로 배우려면 기능보다는 실습 위주로 학습하며, 실무에서는 포토샵이 어떻게 사용되는지 감을 잡는 것이 중요합니다.

『Play 포토샵』은 메뉴얼 방식의 지루한 설명보다 예제를 통해 포토샵을 체계적으로 배울 수 있도록 내용을 구성했습니다. 또한, 각 예제가 끝난 뒤에는 기본적인 설명을 더하여 앞의 예제에서 배운 기능에 대해 충분히 이해할 수 있도록 만들었습니다. 학습자의 성향이나 Chapter의 특성에 따라 각 장의 뒷부분에 있는 기본기 다지기를 먼저 학습해도 무방합니다.

1부 포토샵의 기본 인터페이스와 이미지 작업 시 알아야 하는 기본 개념을 짚어봅니다. 실습보다는 설명이 많아서 약간 지루할 수도 있지만 어느 정도 개념을 알고 있어야 나중에 실습할 때 도움이 되니 숙지하고 넘어가도록 합니다.

2부 각 Chapter 별로 실무에서 활용할 수 있는 예제를 만들어 보고, 예제에 활용했던 포토샵 기능을 기본기 다지기를 통해 설명하였습니다. 실용적이고 다양한 예제를 따라 하다 보면 포토샵을 쉽고 재미있게 배울 수 있을 것입니다.

3부 포트폴리오를 디자인하는 방식의 프로젝트 부분으로, 앞에서 배운 포토샵 기능들을 복합적으로 활용하여 좀 더 디테일하고 완성도 있는 예제를 만들 수 있을 것입니다.

포토샵을 시작하는 여러분들이 효율적인 방법으로 기능들을 익히고 활용했으면 하는 바람으로 예제들을 만들었습니다. 수많은 책 중에 이 책을 접하게 된 독자 여러분과의 인연에 감사드립니다. 끝으로 빠듯한 일정에 꼼꼼히 원고를 살펴주시고 애써 주신 한빛아카데미의 김성무 님께 작은 지면을 빌어 감사의 인사를 전합니다.

저자 **원다예**

이 책의 구성 요소

CHAPTER 09

부정형 선택 툴로 메뉴판 표지 만들기

완성예제 미리보기

예제 미리보기
학습할 예제의
완성 이미지입니다.

앞에서 우리는 사각 선택 툴, 원형 선택 툴 등 정형을 선택하는 툴에 대해 배웠습니다. 이번 장에서는 정형이 아닌 부정형을 선택하는 툴을 중점적으로 배워볼 것입니다. 부정형을 선택하는 툴에는 자유롭게 드래그하여 선택하는 올가미 툴, 직선으로 이루어진 이미지를 선택할 경우 사용되는 다각형 올가미 툴, 배경과 색상 차이를 이용하여 이미지의 형태를 따라 자동으로 선택하는 자석 올가미 툴 등이 있습니다. 다양한 선택 툴을 활용하여 메뉴판 표지를 만들어 보겠습니다.

준비 파일 Deer.jpg, Directory.jpg, Elephant.jpg, Giraffe.jpg, Zebra.jpg
주요 기능 올가미 툴, 다각형 올가미 툴, 자석 올가미 툴, Threshold, 빠른 선택 툴, 마술봉 툴

83 PART 02 포토샵으로 만드는 다양한 예제

Chapter 개요
해당 Chapter에서 학습하게 될
주요 기능 및 실습 과정을
개략적으로 설명합니다.

기본 이미지를 삽입하며 틀 잡기

01 Ctrl + N 을 눌러 새 창을 만들겠습니다. [New] 대화상자에서 Name은 Menu_Cover, Width는 10 Centimeters, Height는 28 Centimeters, Resolution은 300 Pixels/Inch, Color Mode는 CMYK Color로 설정하고 [OK]를 클릭합니다. 새 창이 열리면 Ctrl + R 을 눌러 눈금자가 표시되게 하고 가이드 선을 각 테두리에 맞게 배치합니다.

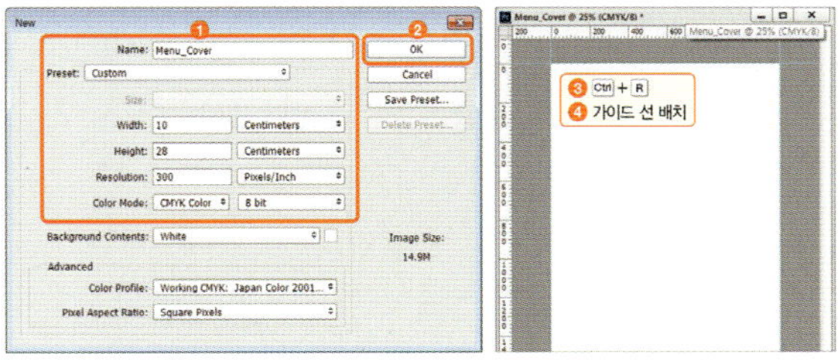

Tip 표지는 양쪽 펼친 페이지를 같이 디자인 합니다. 왼쪽이 뒷면이 되고 오른쪽이 앞면이 됩니다. 따라서 한 면의 정 가운데를 나누어야 합니다. 처음부터 큰 창을 하나 만들어서 다른 방법으로 정 가운데를 나눠주는 방법도 있지만 캔버스 사이즈를 이용하는 것이 더 편리합니다.

02 메뉴바에서 [Image]-[Canvas Size]를 클릭합니다. Width는 20 Centimeters, Height는 28 Centimeters, Anchor는 왼쪽 가운데로 설정하고 [OK]를 클릭하면 캔버스 사이즈가 넓어지고 처음에 표시한 가이드 선이 중앙선 역할을 하게 됩니다.

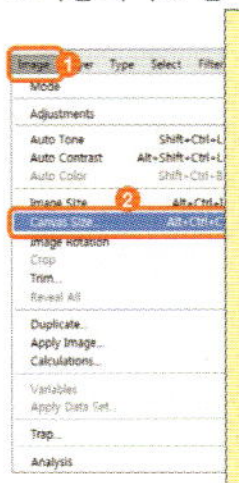

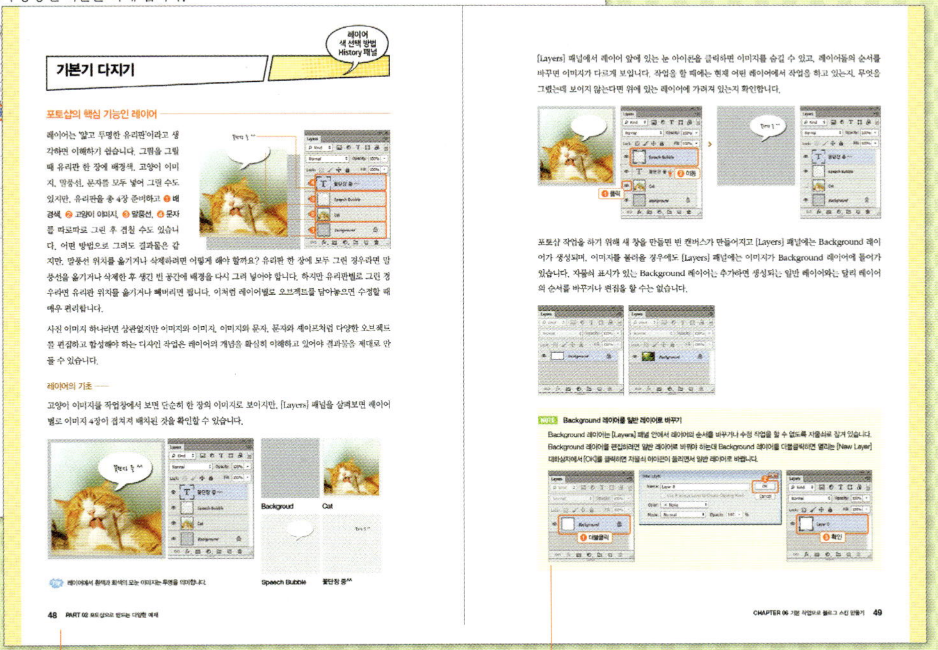

본문
직접 예제를 실습해 보는 과정입니다.
예제를 하나씩 따라 하다 보면
포토샵의 기능까지 익힐 수 있습니다.

Tip
참고로 알아두면 좋을 내용이나
더 효율적인 방법을 설명합니다.

기본기 다지기
앞의 예제에서 학습한 주요 기능 및
세부 옵션을 설명하여 포토샵의
기본 기능을 배웁니다.

Note
실습하다가 주의할 사항이나
참고할 내용을 설명합니다.

강의 보조 자료와 강의 계획표

강의 보조 자료와 예제 소스

다음 사이트에서 교수 회원으로 가입하신 교수/강사분에게 교수용 강의 보조 자료를 제공합니다.

http://www.hanbit.co.kr

실습에 필요한 예제 소스는 다음 주소에서 내려받을 수 있습니다.

http://www.hanbit.co.kr/exam/4180

강의 계획표

1주에는 PART 1을 배우며 포토샵을 작업하기 전에 알고 있어야 하는 기본적인 사용법을 설명합니다. 2~12주에는 PART 2의 예제를 만들면서 실습에서 사용한 툴의 기능 및 옵션의 용도를 알아봅니다. 13~15주에는 Part 3의 포트폴리오 작업을 하거나 개인별 프로젝트 과제를 주어 자신만의 작품을 만들어 보도록 진행합니다.

주	해당 장	주제
1	1-5장	포토샵 작업을 위한 기초 다지기
2	6-7장	블로그 스킨 만들기, CD 재킷 만들기
3	8-9장	모바일 초대장 만들기, 메뉴판 표지 만들기
4	10-12장	팝업창 만들기, 적립 쿠폰 만들기, 메인 페이지 만들기
5	13장	달력 표지 만들기
6	14-15장	버튼 만들기, 바탕 화면 만들기
7	16-17장	바탕 화면 만들기, 메뉴 소개판 만들기
8		**중간고사**
9	18-19장	로고 만들기, 메인 페이지 만들기
10	20-21장	카드 만들기, 주차 번호판 만들기
11	22-23장	명함 만들기, 스마트폰 배경 화면 만들기
12	24-26장	광고 이미지 만들기, 온라인 광고 만들기, 3D 텍스트 만들기
13	27장	레시피북 디자인하기(or 개인별 프로젝트 과제)
14	28장	홈페이지 디자인하기(or 개인별 프로젝트 과제)
15	29-30장	뉴스레터 디자인하기, 카드 디자인하기(or 개인별 프로젝트 과제)
16		**기말고사**

CONTENTS

PART 03 포토샵으로 디자인하는 포트폴리오

Play Photoshop!

PART

01

포토샵 작업을 위한 기초 다지기

일단 설치부터 따라 해 보자고!

CONTENTS

CHAPTER 01

포토샵으로 무엇을 할까?

포토샵(Photoshop)은 초기에 단순히 사진을 보정하고 편집하는 프로그램이었지만, 점차 시간이 지나면서 사진 리터칭, 드로잉, 문자 편집, 이미지 합성, 애니메이션, 3D 등 디자인을 하는 데 꼭 필요한 기능들로 합쳐진 강력한 디자인 프로그램으로 발전하게 되었습니다.

일상 속에서 주위를 둘러보면 포토샵으로 만든 디자인 작업물을 쉽게 접할 수 있을 것입니다. 스마트폰의 앱 디자인과 인터넷의 웹 디자인뿐만 아니라 길에서 쉽게 볼 수 있는 영화·공연·전시회 포스터, 마트에서 흔히 볼 수 있는 각종 생활용품 패키지도 포토샵으로 작업을 하는 경우가 많습니다. 사실상 거의 모든 디자인 작업에서 포토샵은 기본이라고 할 수 있습니다.

포토샵으로 하는 사진 보정 작업

필름 카메라가 디지털 카메라에게 자리를 내주면서 필름 인화 과정에서 이루어지던 사진 보정과 수정 과정이 대부분 포토샵으로 넘어오게 되었습니다. 물론 사진작가라면 사진을 잘 찍는 기술이 가장 중요하지만, 잘못된 노출을 바로잡고 부족한 색을 더하여 주제를 부각시킬 수 있는 보정 기술도 가지고 있어야 합니다. 이러한 보정 기술의 중심에 포토샵이 있습니다.

원본 사진

보정 사진

포토샵으로 그리는 다양한 그림

포토샵을 이용하면 정교하고 완성도 있는 그림을 그릴 수 있습니다. 최근에 디지털 도구를 활용할 줄 아는 작가는 수채화, 유화 같은 순수 미술 작품을 포토샵이나 페인터를 이용하여 작업하기도 합니다.

포토샵으로 그린 그림 (http://www.bboyan.com)

포토샵으로 만든 웹 디자인과 앱 디자인

포토샵으로 하는 대표적인 디자인 작업이 바로 웹 디자인과 앱 디자인입니다. 포토샵에서 웹 페이지나 애플리케이션에 맞게 레이아웃을 잡고 이미지와 텍스트 등의 요소를 더하여 디자인합니다.

웹 디자인

앱 디자인

포토샵으로 제작하는 인쇄물

보통 인쇄물은 인디자인(Indesign) 같은 전문 편집 프로그램을 사용합니다. 하지만 리플릿이나 포스터처럼 페이지가 적은 작업물이라면 포토샵으로도 만들 수 있습니다. 또한 페이지가 많은 작업물이라 하더라도 시안을 만들 때는 포토샵을 이용하는 경우가 많습니다.

포토샵으로 제작한 인쇄물

포토샵을 이용한 광고·영상 디자인

TV를 보면 현란한 영상 디자인으로 만든 광고를 쉽게 접할 수 있습니다. 주로 애프터 이펙트(After Effect)나 전문 영상 프로그램을 이용하여 광고를 제작하는데, 그 안에 사용되는 소스 이미지는 대부분 포토샵에서 만듭니다.

TED Pre-Roll (http://www.psyop.tv)

MacDonald (http://www.buck.tv)

CHAPTER 02

포토샵의 기본 용어와 상식

디지털 이미지 작업을 하다보면 종종 생소한 용어를 접하게 되는데, 이때 의미를 정확하게 알지 못한 상태에서 작업을 하면 의사소통에 문제가 생길 수 있습니다. 이 장에서는 포토샵을 이용할 때 꼭 알아야 하는 몇 가지 기본 용어에 대해 살펴보겠습니다.

비트맵 파일과 벡터 파일

디지털 이미지 작업을 하려면 비트맵 파일과 벡터 파일의 개념을 알고 있어야 합니다. 여러 조건을 비교해 보며 두 파일 형식의 차이점을 알아보겠습니다.

	비트맵 파일	벡터 파일
데이터	가장 흔하게 볼 수 있는 jpg, gif, bmp 파일이 비트맵 파일입니다. 사실적인 표현이 가능하기 때문에 거의 모든 이미지를 표현할 때 사용할 수 있습니다. 기본 단위는 픽셀(Pixel)입니다.	색 표현에 한계가 없는 비트맵 파일에 비해 사실적인 표현은 떨어집니다. 따라서 단순화된 캐릭터나 일러스트 작업에 주로 사용합니다. 인쇄를 기반으로 하기 때문에 기본 단위는 mm 또는 cm입니다.
대표 프로그램	포토샵	일러스트레이터
구성 요소	픽셀이라고 불리는 작은 정사각형 점으로 이루어져 있습니다.	점, 선, 면의 위치와 색상값, 두께 같은 수치 정보를 이용하여 표현합니다.
확대했을 때	정사각형 점으로 이루어져 있으므로 100% 이상 확대하면 경계면이 드러나면서 이미지가 거칠어 보입니다. 	100% 이상 확대해도 선명도가 떨어지지 않습니다. 따라서 확대해서 출력해야 하는 인쇄 작업에 주로 쓰입니다. 
용량	픽셀마다 색상 정보를 모두 가지는 구조이므로 저장 용량이 큽니다. 색감이 풍부할수록 용량이 더 커집니다.	위치와 색상값을 수치화해서 기억했다가 표현하는 방식이므로 비트맵에 비해 저장 용량이 작습니다. 이미지를 확대해도 용량은 변하지 않습니다.
해상도	웹용 이미지는 72dpi, 인쇄용 이미지는 300dpi를 기본으로 합니다. 해상도가 낮을수록 출력할 때 선명도가 떨어집니다.	크기 제약이 없을 뿐만 아니라 크기가 바뀌어도 용량은 변하지 않기 때문에 해상도의 개념이 필요하지 않습니다.

픽셀과 해상도

픽셀(Pixel)은 비트맵 이미지를 표현하는 기본 단위로 작은 정사각형 점으로 나타내는 그래픽 단위입니다. 만약 해상도가 1024*768이면, 가로에 1024개의 픽셀과 세로에 768개의 픽셀로 구성되어 약 78만 개의 픽셀이 있다는 의미입니다. 모든 비트맵 이미지는 작은 정사각형 점을 조밀하게 찍어 만든 모자이크 작품으로 보면 이해하기 쉽습니다. 실제로 사진 이미지를 확대해보면 아래와 같이 이미지가 모자이크 모양으로 나타나는 것을 확인할 수 있습니다.

원본 이미지(100%)

확대 이미지(600%)

동일한 면에 이미지를 표현할 때 모자이크의 크기가 커질수록 이미지는 불분명해지고, 거꾸로 모자이크의 크기가 작을수록 이미지는 선명해집니다. 이러한 개념을 그대로 적용한 것이 바로 해상도(Re-solution)입니다.

해상도는 1인치 안에 몇 개의 픽셀이 들어가는지 나타내는 것으로, 단위는 pixels/inch입니다. 모니터에서 해상도를 말할 때는 ppi(pixels per inch)를 사용하는데, 이는 프린터 출력물의 해상도를 나타내는 dpi(dots per inch)와 같은 개념으로 ppi의 수치가 높을수록 더 많은 점들로 표현할 수 있기 때문에 해상도가 높아집니다.

따라서 해상도가 높다는 말은 1인치 안에 찍힌 픽셀의 개수가 많다는 의미이고, 픽셀의 개수가 많다는 의미는 모자이크의 크기가 그만큼 작다는 의미입니다. 그러므로 해상도가 높을수록 세밀한 색 표현이 가능하며 이미지는 더욱 선명하게 보이는 것입니다.

Anti-alias

픽셀은 정사각형 점으로 구성되어 있기 때문에 색과 색 경계를 표현할 때 이미지의 사선이나 곡선 부분은 계단 형식으로 표현됩니다. 경계 부분이 계단 형식으로 날카롭게 표현되면 이미지가 거칠어 보이는데, 이렇게 색 경계가 거칠어 보이는 문제를 보완한 것이 Anti-alias입니다. Anti-alias는 색 경계 부분에 중간색을 넣어 경계를 부드럽게 보이도록 만드는 기능입니다.

Anti-alias 적용 전

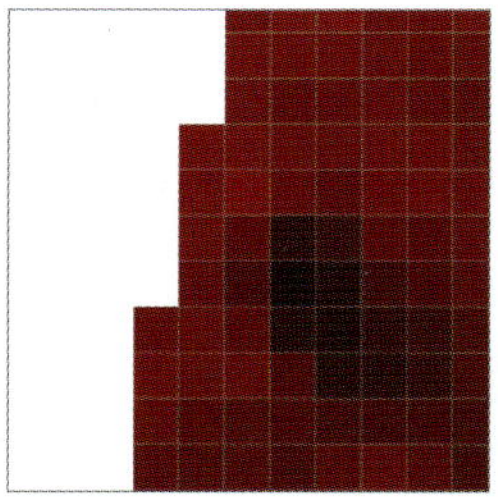

경계면 확대

Anti-alias 적용 후

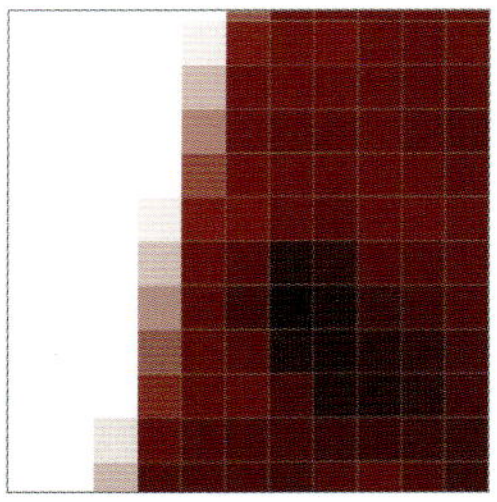

경계면 확대

JPG, GIF, PNG 파일

포토샵에서 작업한 이미지를 저장할 때는 주로 JPG, GIF, PNG 파일로 저장합니다. 어떤 이미지를 JPG로 저장하고, 어떤 이미지를 GIF나 PNG로 저장해야 하는 것일까요?

JPG는 16비트 컬러로 비교적 많은 색을 지원하는 장점이 있지만 압축률을 높일 경우 이미지 손상률도 커집니다. GIF는 이미지 손상률이 낮은 반면 256색 밖에 지원하지 않기 때문에 색 표현에는 한계가 있습니다. 따라서 사진처럼 다양한 색으로 이루어진 이미지라면 JPG 형식으로, 로고나 문자 디자인처럼 단순한 색으로 만들어진 이미지라면 GIF 형식으로 압축합니다. 색이 많은 사진을 GIF로 저장하면 JPG로 저장하는 것보다 용량이 커지고 색도 제대로 표현되지 않기 때문에 이미지가 깨진 것처럼 보입니다. 반대로 색이 단조로운 이미지를 JPG로 저장하면 GIF보다 용량은 커지고 이미지도 선명하지 않습니다. 색상 수가 256 이상이면 JPG, 256 이하이면 GIF로 저장합니다.

PNG는 JPG에서 발생하기 쉬운 뭉개짐 현상을 비교적 적게 하여 JPG보다 더 압축할 수 있으며, 또한 GIF처럼 투명 이미지를 만들 수도 있습니다.

NOTE 이미지별 적합한 저장 파일

- **사진 등의 이미지와 색상이 많이 들어간 이미지 :** JPG, PNG
- **텍스트, 로고 등 색상이 적게 들어간 이미지 :** GIF
- **투명 이미지 지원 :** GIF, PNG

RGB 모드와 CMYK 모드

색상 모드는 이미지의 색을 어떻게 표현하는지를 나타냅니다. 대표적으로 웹에서 사용하는 RGB 모드와 인쇄용으로 사용하는 CMYK 모드에 대해 알아보겠습니다.

RGB 모드는 빛의 3원색인 Red, Green, Blue를 사용하여 색을 만드는 방법으로, 빨간색 조명, 녹색 조명, 파란색 조명을 혼합하여 색을 만든다고 이해하면 됩니다. 빛은 섞으면 섞을수록 빛의 강도가 세지기 때문에 밝아지며, 따라서 빛의 강도를 최대로 높인 후 세 원색을 섞을 경우 색 중에 가장 밝은 색인 흰색이 만들어집니다. 빛을 쏘아 색을 만드는 TV 브라운관이나 컴퓨터 모니터 색은 RGB 모드이기 때문에 모니터에 보이는 웹용 이미지는 RGB 모드로 만듭니다.

CMYK 모드는 색의 3원색인 Cyan, Magenta, Yellow와 blacK을 섞어서 색을 만드는 방법으로, 청록색 물감, 자주색 물감, 노란색 물감, 검정색 물감을 혼합하여 색을 만든다고 이해하면 됩니다. 물감은 섞으면 섞을수록 탁해지기 때문에 어두워지며, 따라서 물감의 농도를 최대로 높인 후 세 원색을 섞을 경우 색 중에 가장 어두운 색인 검정색이 만들어집니다. 잉크를 이용해서 색을 만드는 인쇄용 이미지는 CMYK 모드로 만듭니다.

RGB 모드

CMYK 모드

NOTE 인쇄 잉크

인쇄 잉크는 색의 3원색에 검정색 잉크를 추가하여 사용합니다. 그 이유는 색의 3원색을 섞어서 검정색을 만들 수는 있지만 그럴 경우 인쇄 잉크의 양이 너무 많이 사용되기 때문에 검정색 잉크를 따로 만들어 사용하는 것입니다.

CHAPTER 03

포토샵 CC 설치하기

포토샵의 제조사인 Adobe의 정책이 달라짐에 따라 포토샵 CC 버전부터 결제와 인증 방식이 완전히 새롭게 바뀌었습니다. CS 버전까지의 결제 방식이 제품을 직접 구입하는 방식이었다면 CC 버전부터는 월 단위나 연 단위 정액제 방식으로 변경됐습니다. 또한, CS 버전까지의 인증 방식이 시리얼 번호를 넣어 인증받는 방식이었다면 CC 버전부터는 Creative Cloud를 이용한 로그인 방식으로 바뀌었습니다. 이번 장에서는 새롭게 바뀐 포토샵 CC의 설치 방법에 대해 알아보겠습니다.

01 인터넷 브라우저를 열어 주소창에 http://www.adobe.com/kr을 입력하고 Enter를 눌러 접속한 후 페이지 우측 상단에 있는 [메뉴]를 클릭합니다.

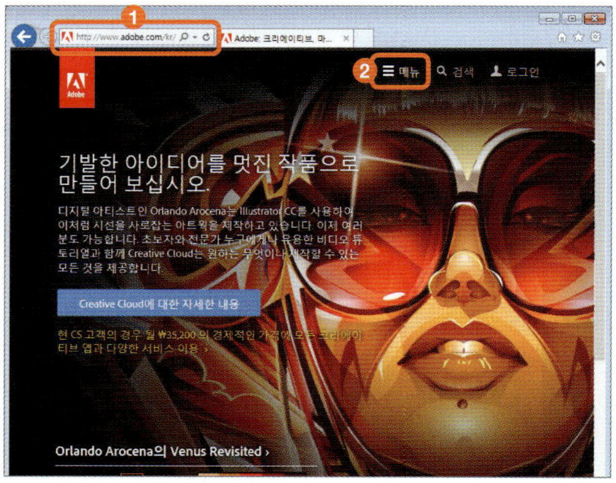

02 옵션창에서 Photoshop 아이콘을 클릭합니다.

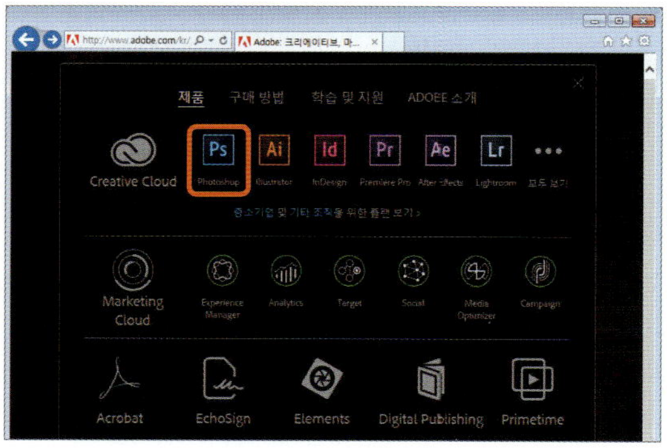

03 포토샵 CC 창이 열리면 상단의 [무료 시험버전]을 클릭합니다.

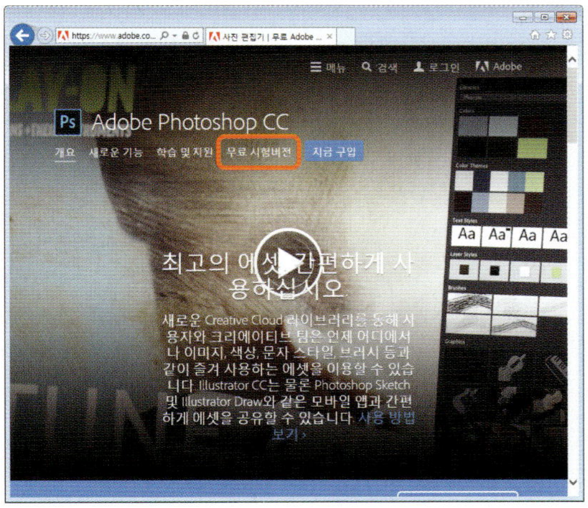

04 포토샵 시험버전 시작 페이지에서 [로그인]을 클릭하고 Adobe ID 확인 페이지가 열리면 ID와 패스워드를 입력합니다. 다시 [로그인]을 누르면 Creative Cloud 데스크톱 설치가 시작됩니다.

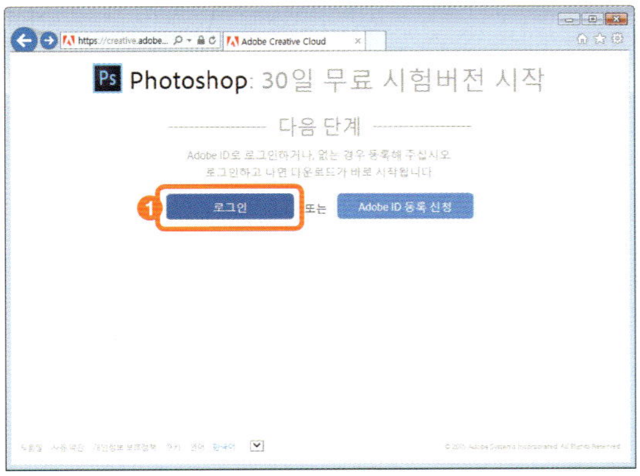

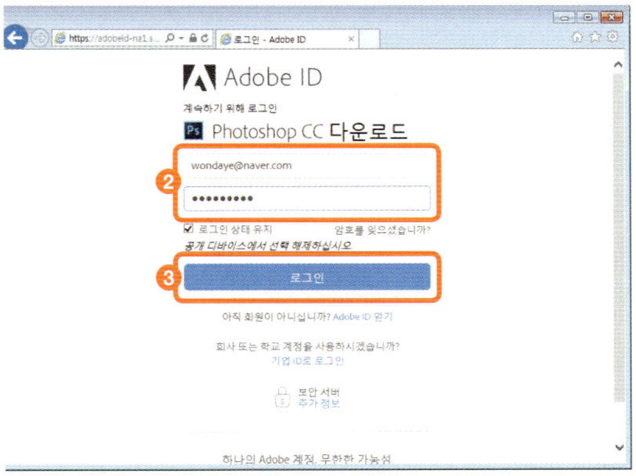

05 포토샵 CC를 영문 버전으로 설치해야 되기 때문에 우측의 ⊗를 눌러 설치를 잠시 중단하고 우측 상단의 톱니바퀴 아이콘(⚙)을 클릭한 후 [환경 설정]을 선택합니다.

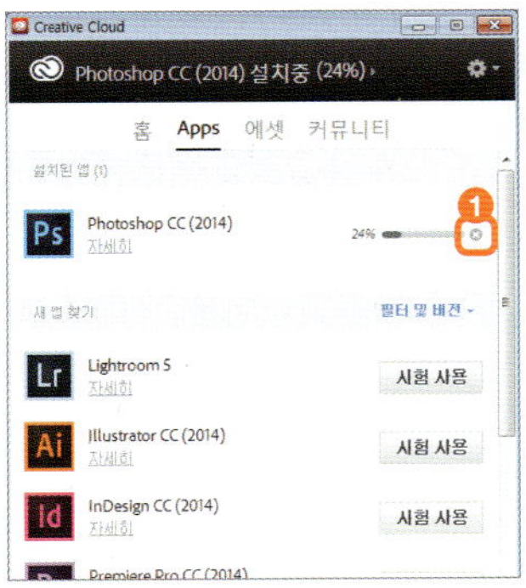

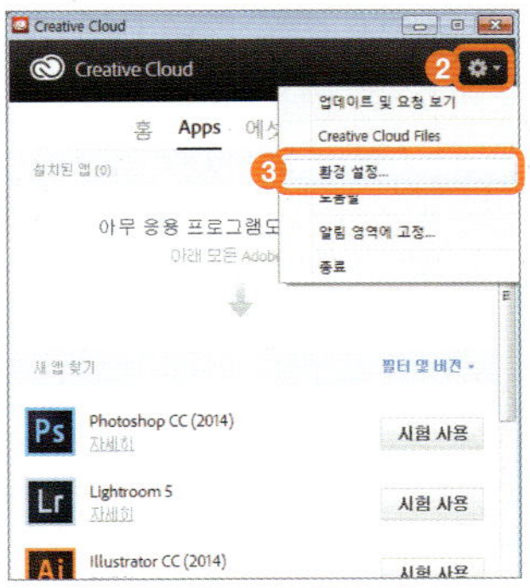

Tip 설치를 중단하지 않고 진행하면 한글판 포토샵 CC가 설치됩니다. 포토샵을 영문판으로 이용하는 사람들의 비율이 훨씬 높기 때문에 이 책에서는 영문판 포토샵 CC를 설치하겠습니다.

06 [환경 설정] 대화상자가 열리면 상단의 [Apps]를 클릭하고 [앱 언어]는 'English (North America)'를 선택한 후 대화상자를 닫습니다.

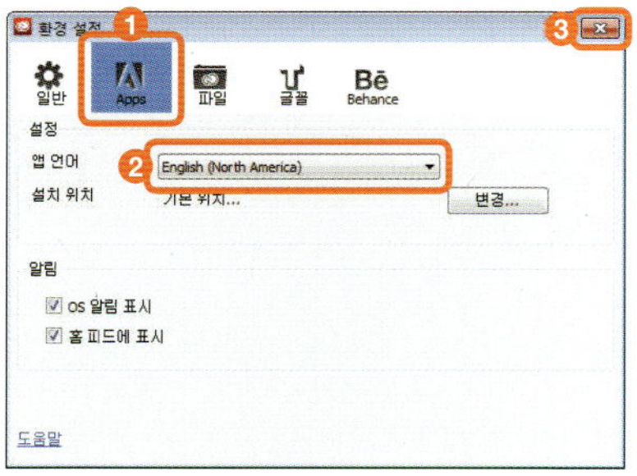

07 [Creative Cloud] 대화상자에서 [Photoshop CC] 우측에 있는 [시험 사용]을 클릭하면 포토샵 CC가 설치되기 시작합니다. 설치가 완료되면 [시험버전 시작]을 클릭합니다.

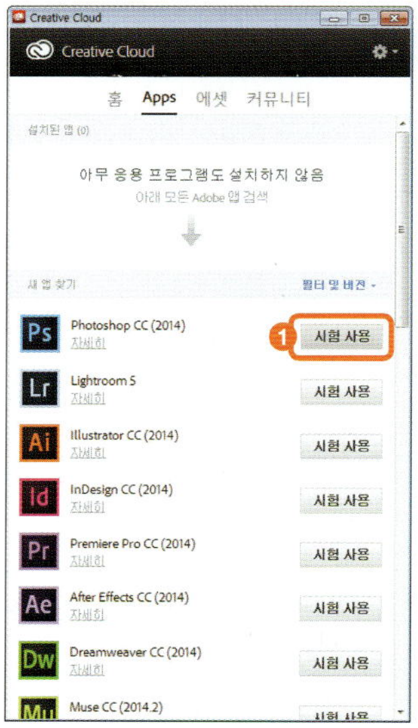

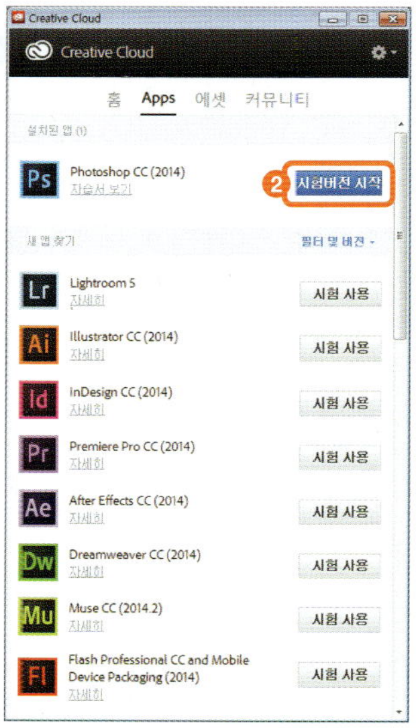

08 포토샵 CC가 실행되고 포토샵 작업 화면이 열립니다.

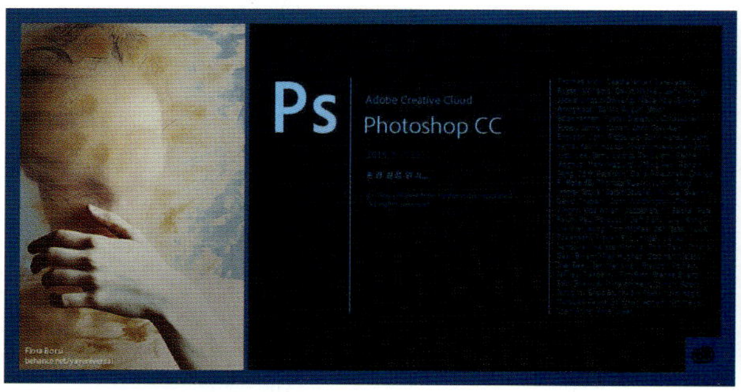

NOTE 인터페이스 색상 변경하기

메뉴바에서 [Edit]–[Preference]–[Interface]를 선택하면 포토샵 인터페이스에 관한 설정을 변경할 수 있습니다. [Preference] 대화상자에서 Color Theme의 4가지 색 중 원하는 색을 선택한 후 [OK]를 클릭하면 인터페이스 색상이 변경됩니다.

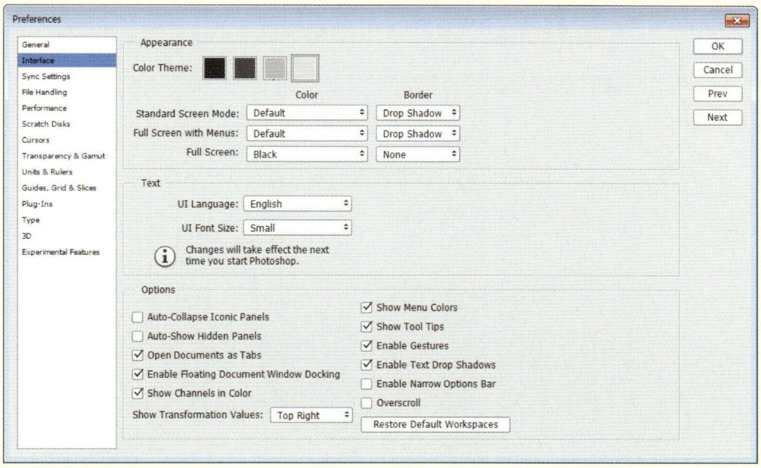

Black

Dark Gray

Medium Gray

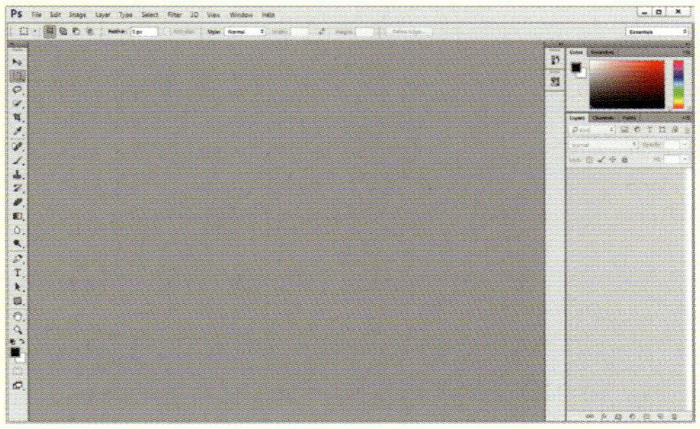

Light Gray

Tip 이 책에서는 Light Gray 인터페이스 색상을 사용합니다.

CHAPTER 04 포토샵 CC의 인터페이스

이 장에서는 포토샵을 실행하면 가장 먼저 나타나는 포토샵 전체 화면을 살펴보고, 포토샵 CC 인터페이스에 빠르게 익숙해질 수 있도록 주요 요소와 패널에 대해 알아보겠습니다.

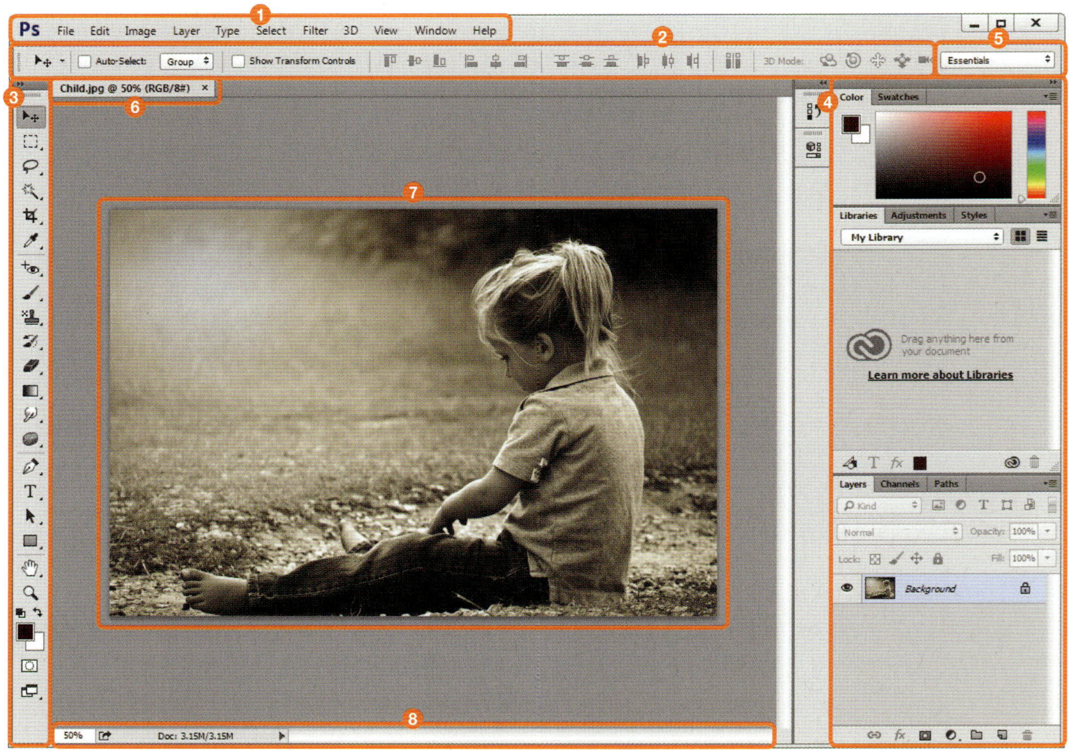

❶ **메뉴바 :** 기능이 메뉴별로 정리되어 있으며 해당 메뉴를 클릭하면 보다 세부적인 메뉴가 나타납니다.

❷ **옵션바 :** 선택한 툴의 옵션을 세부적으로 조정할 수 있도록 요소들을 모아 놓았습니다.

❸ **툴 패널 :** 주요 기능을 도구화 하여 모아 놓은 패널입니다.

❹ **패널 :** 툴과 메뉴의 옵션을 총괄적으로 다듬을 수 있으며 Window 메뉴에서 나타낼 패널을 조정할 수 있습니다.

❺ **패널 모드 설정 :** 용도에 따라 미리 정의된 패널 모드로 설정할 수 있습니다.

❻ **파일 이름 탭 :** 파일 이름, 화면 확대 비율, 컬러 모드를 확인할 수 있습니다. 작업할 이미지가 여러 개일 경우 제목 표시줄에 탭 형식으로 파일 이름 탭이 나타납니다.

❼ **캔버스 :** 포토샵 작업을 할 수 있는 공간입니다.

❽ **상태 표시줄 :** 화면 확대 비율을 설정할 수 있고 현재 작업 이미지의 크기를 확인할 수 있습니다.

툴 패널의 요소

툴 패널에서 각각의 툴 아이콘에 있는 작은 삼각형(◢)은 해당 툴과 비슷한 역할을 하는 툴이 숨겨져 있음을 나타내며, 이 작은 삼각형을 누르면 안쪽에 숨겨져 있는 툴들을 선택할 수 있습니다. 또한, 툴 박스 좌측 상단에 있는 버튼(▶▶)을 클릭하면 툴 패널이 1행에서 2행으로 정렬됩니다.

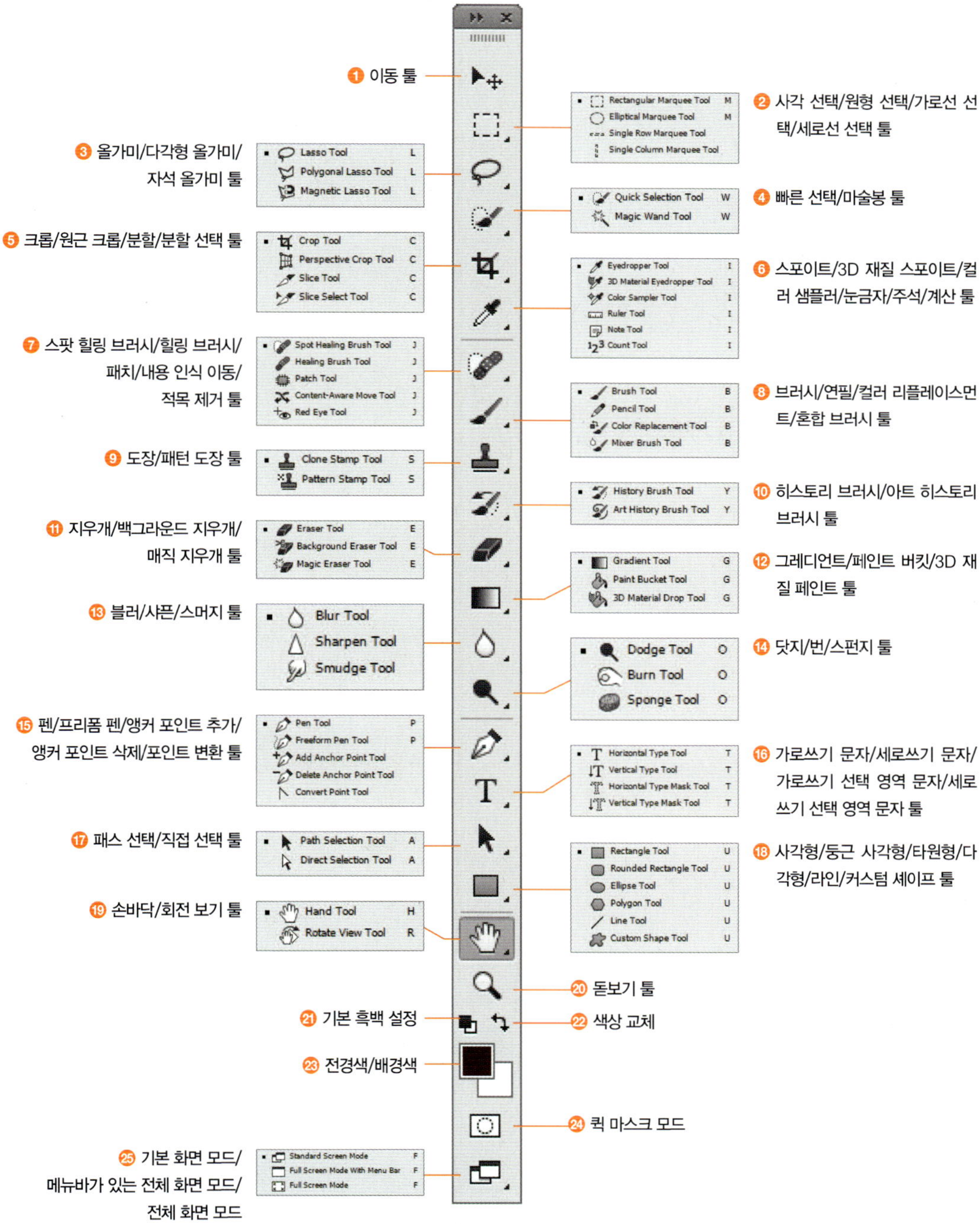

주요 패널 소개

패널은 이미지 정보 관련 패널, 색상 관련 패널, 작업 과정 관련 패널, 기능 관련 패널, 문자 관련 패널, 보정 관련 패널, 3D/애니메이션 관련 패널, 기타 패널 등으로 나누어집니다. 포토샵에서는 많은 패널을 제공하지만 여기서는 작업할 때 주로 사용하는 패널들만 간단히 살펴봅니다. 원하는 패널을 열고 싶을 때는 메뉴바의 Window에서 해당 패널을 선택하면 됩니다.

1. Layers 패널 : 이미지 구성을 알 수 있는 패널로, 이미지를 레이어로 관리하고 레이어에 다양한 효과를 적용할 수 있습니다.

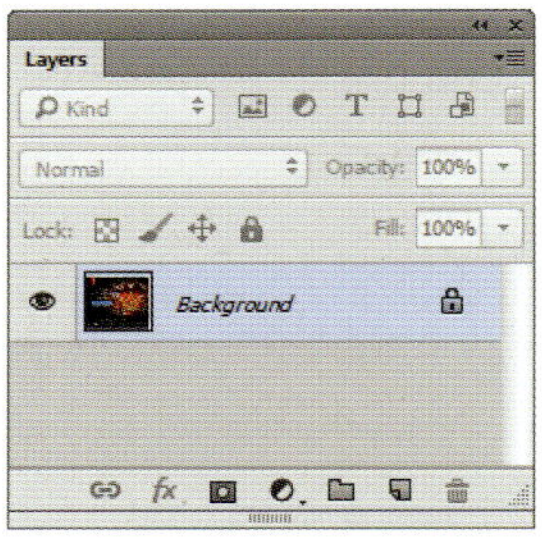

2. Paths 패널 : 펜 툴이나 셰이프 툴을 이용하여 만든 패스를 관리합니다.

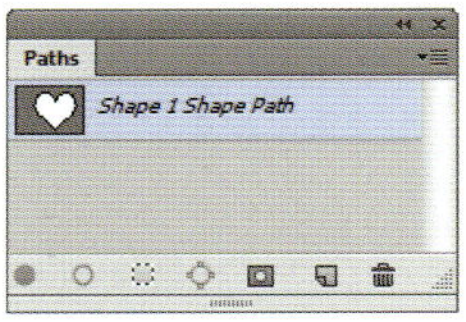

3. Character 패널 : 문자 툴로 작성한 문자의 글꼴, 크기, 색, 자간, 행간 등을 설정합니다.

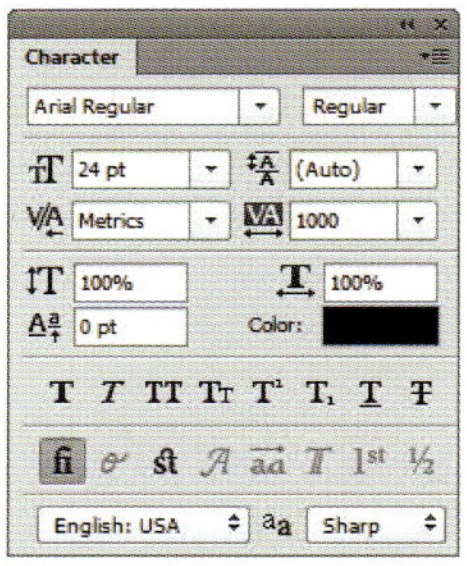

4. Brush 패널 : 브러시 옵션을 조정하고, 새로운 브러시를 등록하여 사용할 수 있습니다.

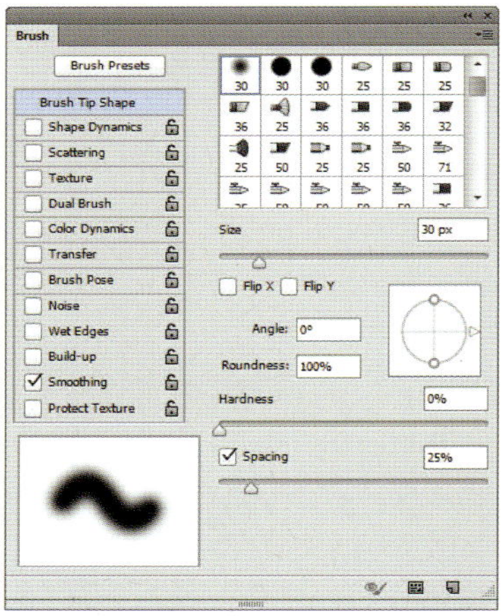

5. Adjustments 패널 : 보정 기능을 쉽고 빠르게 할 수 있도록 새로 추가된 패널입니다. Layers 패널에서 보정 레이어 추가 아이콘을 클릭한 것과 동일한 기능을 합니다.

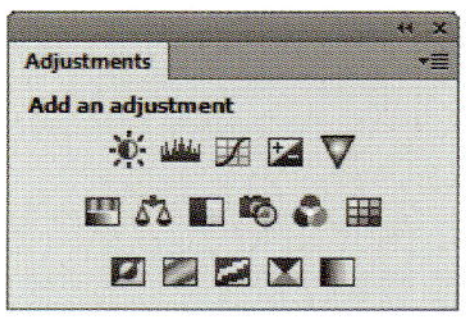

6. History 패널 : 작업 과정이 단계별로 기록되어 이전 단계로 쉽게 이동할 수 있습니다.

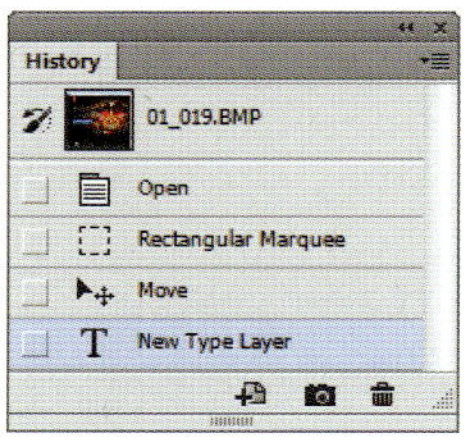

7. Info 패널 : 현재 마우스 포인터가 있는 위치의 색상, 각도, 좌표값 등의 정보를 보여줍니다.

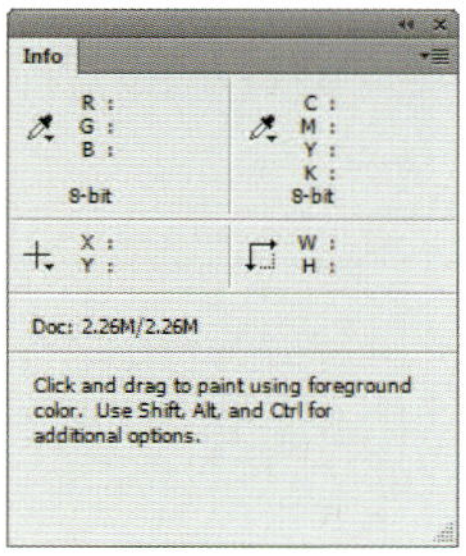

8. Color 패널 : 색상 모드를 이용해서 전경색과 배경색을 원하는 색으로 만들 수 있습니다.

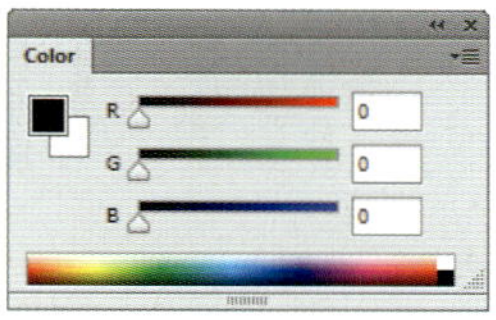

9. Swatches 패널 : 견본으로 정해진 색상을 선택하여 적용하거나 자주 사용하는 색상을 등록해서 사용할 수 있습니다.

CHAPTER 05

포토샵 CC의 기본 사용법 익히기

포토샵 CC의 기본적인 사용법에 대해 알아보겠습니다. 이미지 파일을 열어 크기를 조절하고 저장하는 과정을 따라 하다 보면 포토샵의 각 요소가 어떤 기능을 하는지 파악할 수 있을 것입니다.

파일 열기

01 포토샵을 실행한 후 빈 작업창을 더블클릭하면 [열기] 대화상자가 열립니다. 예제 소스를 저장한 폴더를 찾고 Present.jpg 이미지 파일을 선택한 후 [열기]를 클릭합니다.

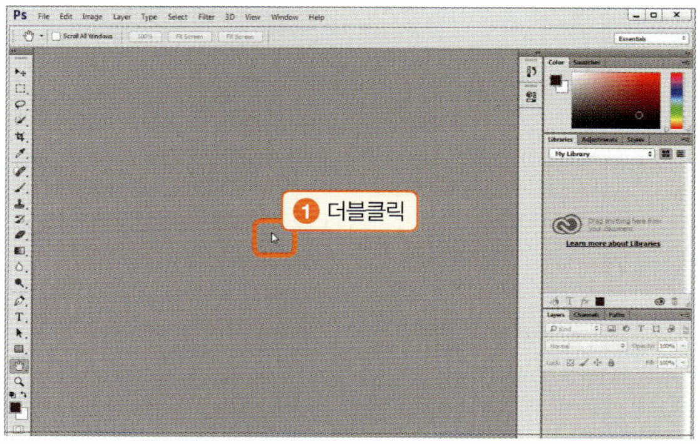

이미지 크기에 맞게 창 조절하기

02 작업창에 이미지가 나타나고 [Layers] 패널이 활성화됩니다. 파일 이름 탭을 클릭한 후 아래로 드래그하면 이미지 크기에 맞게 창이 조절되어 원하는 위치에 배치할 수 있습니다.

이미지 확대 및 축소하기

03 툴 패널에서 돋보기 툴( )을 선택하고 작업창에서 확대할 부분을 클릭하면 클릭할 때마다 이미지가 확대됩니다. 다시 작업창에서 Alt를 누르면 돋보기 툴이 에서 로 바뀌어 이미지를 클릭할 때마다 이미지가 축소됩니다.

Tip 돋보기 툴( )의 단축키는 Z입니다.

작업창에 맞도록 이미지 크기 조절하기

04 툴 패널의 손바닥 툴( )을 더블클릭하면 작업창에 딱 맞도록 이미지 크기가 조정됩니다.

NOTE 이미지를 확대, 축소하는 여러 가지 방법

1. 돋보기 툴을 더블클릭하면 이미지를 100%로 볼 수 있습니다.
2. Ctrl + + 를 누르면 이미지가 확대되고 Ctrl + - 를 누르면 이미지가 축소됩니다.
3. 손바닥 툴을 더블클릭하면 이미지를 화면에 딱 맞게 볼 수 있습니다.
4. 손바닥 툴 대신 Ctrl + 0 을 눌러도 작업창에 딱 맞게 확대(축소)됩니다.

NOTE **Navigator 패널**

Navigator 패널에서 비율을 직접 입력하거나 슬라이드를 드래그하여 크기를 조절할 수 있으며, Navigator 패널 안의 이미지를 직접 드래그하면 원하는 위치를 볼 수 있습니다.

Navigator 패널 100%로 조정

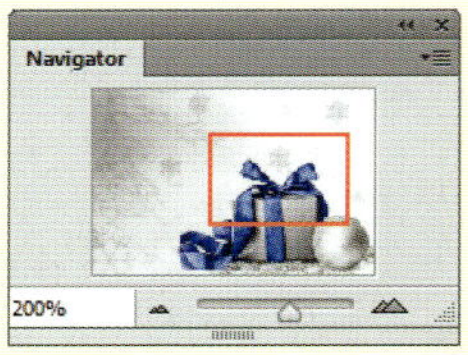

Navigator 패널 200%로 조정

메뉴바를 이용하여 파일 열기

05 메뉴바에서 [File]-[Open]을 클릭하고 Christmas.jpg 파일을 더블클릭합니다. Christmas.jpg 이미지가 이미 열려있는 Present.jpg 이미지와 나란히 배치되는 탭 방식으로 열립니다.

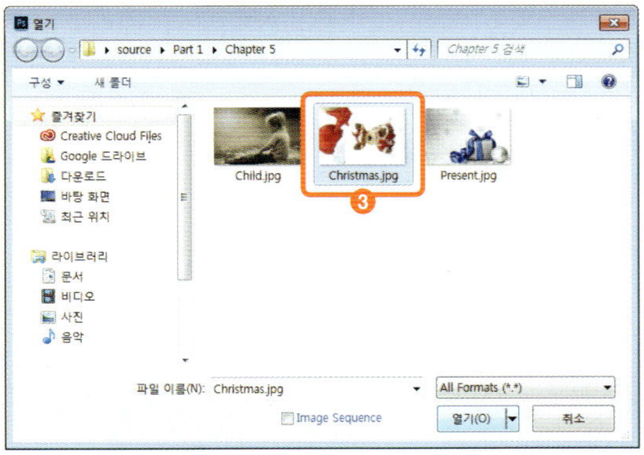

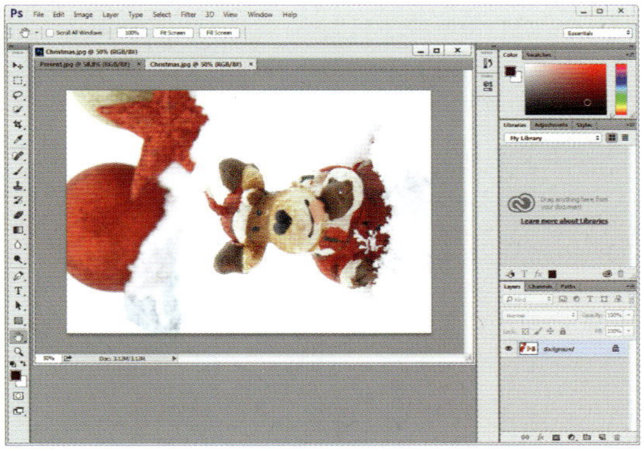

NOTE 이미지를 창으로 여는 방법

포토샵에서 여러 장의 이미지를 불러오면 기본적으로 여러 이미지가 나란히 배치되는 탭 방식으로 열립니다. 이 방식이 불편하다면 메뉴바에서 [Edit]–[Preference]–[Interface]를 클릭하고 [Preference] 대화상자의 Options 파트에 Open Document as Tabs의 체크를 해제하고 [OK]를 클릭하면 이미지를 각각의 창에서 열 수 있습니다.

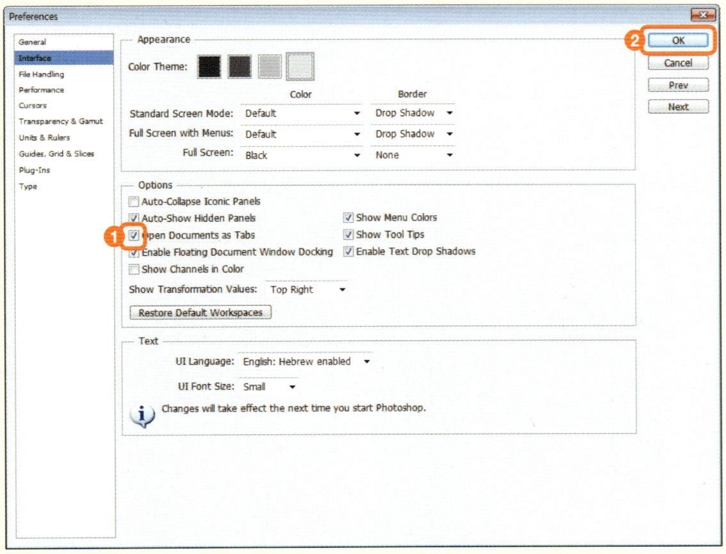

이미지를 탭으로 열기

이미지를 창으로 열기

이미지 창 분리하기

06 Christmas.jpg 이미지의 파일 이름 탭에 마우스를 클릭하여 아래로 드래그하면 다음과 같이 이미지 창을 분리할 수 있습니다.

이미지 회전하기

07 가로로 되어 있는 Christmas.jpg 이미지를 세로로 돌리기 위해 메뉴바에서 [Image]-[Image Rotation]-[90° Clockwise]를 클릭하면 다음과 같이 이미지가 시계 방향으로 90도 회전됩니다.

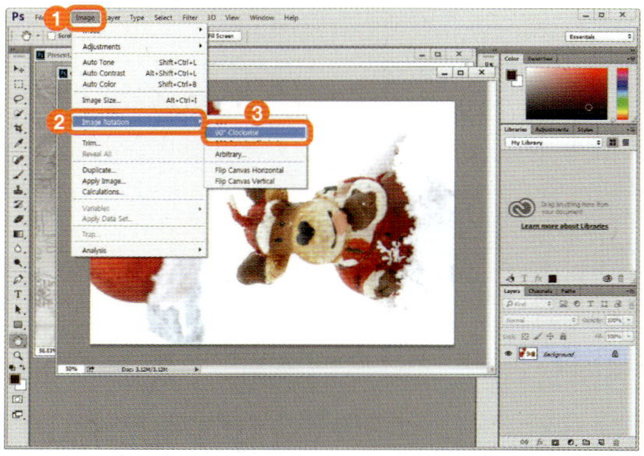

NOTE Image Rotation

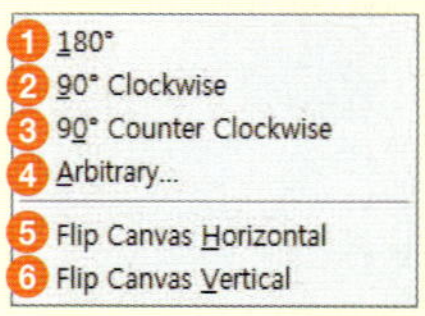

❶ **180° :** 이미지를 180도 회전시킵니다.

❷ **90° Clockwise :** 이미지를 시계 방향으로 90도 회전시킵니다.

❸ **90° Counter Clockwise :** 이미지를 시계 반대 방향으로 90도 회전시킵니다.

❹ **Arbitrary :** 회전시킬 각도와 방향을 직접 설정합니다.

❺ **Flip Canvas Horizontal :** 캔버스를 수평으로 뒤집습니다.

❻ **Flip Canvas Vertical :** 캔버스를 수직으로 뒤집습니다.

이미지 창 크기 조절하기

08 이미지 창의 오른쪽 하단 부분을 드래그하면 이미지 전체를 볼 수 있도록 크기를 조절할 수 있습니다.

다른 이름으로 저장하기

09 변경된 이미지를 저장해 보겠습니다. 메뉴바에서 [File]–[Save As]를 클릭한 후 저장할 위치를 선택하고 파일명을 입력한 후 [저장]을 클릭합니다.

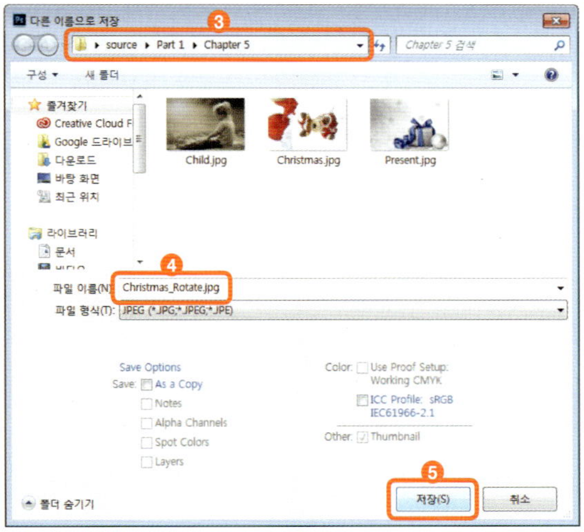

포토샵 종료하기

10 포토샵 창 우측 상단에 있는 닫기 아이콘(×)을 클릭하면 포토샵이 종료됩니다.

Tip 이미지를 닫는 단축키는 Ctrl+W입니다.

NOTE 포토샵을 종료하는 여러 가지 방법

1. 화면 우측 상단의 × 를 클릭합니다.

2. 메뉴바에서 [File]–[Exit]를 클릭합니다.

3. 단축키 Ctrl+Q를 누릅니다.

PART

02

Play Photoshop!

포토샵으로 만드는 다양한 예제

CONTENTS

CHAPTER 06 기본 작업으로 블로그 스킨 만들기

완성예제 미리보기

본격적으로 작업을 하는 첫 시간이기 때문에 쉬운 예제를 통해 포토샵에 한걸음 다가가 보겠습니다. 이미지 파일을 열어 작업창으로 옮기고, 원하는 크기로 조정하는 작업을 하며 블로그 스킨을 만들어 보겠습니다. 이 과정은 앞으로 포토샵으로 작업을 할 때 기본이 되는 작업입니다. 어렵지 않은 예제이기 때문에 하나씩 따라해 보도록 합니다.

준비 파일 Cookie1.jpg, Cookie2.jpg, Spring.jpg
주요 기능 파일 열기, 이미지 이동, 이미지 크기 조정, 전경색과 배경색, 레이어 복제

새 창에 블로그 스킨 만들기

01 새 창을 만들기 위해 메뉴바에서 [File]-[New]를 클릭합니다. [New] 대화상자가 열리면 Name(이름)에 Blogimage_01을 입력하고, Width(가로)는 966 Pixels, Height(세로)는 300 Pixels, Resolution(해상도)은 72 Pixels/Inch, Color Mode는 RGB Color로 설정한 후 [OK]를 클릭합니다.

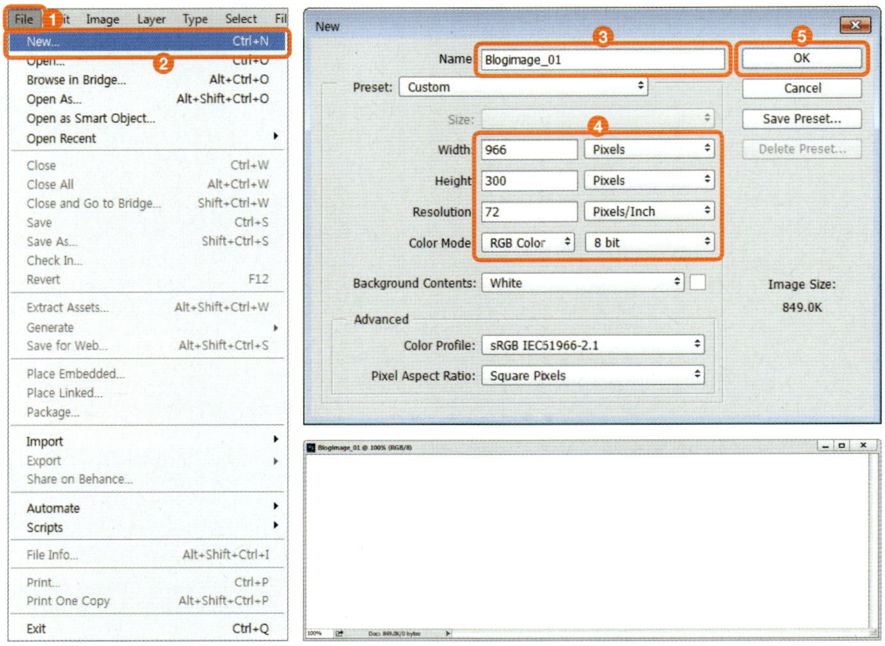

Tip 단축키로 Ctrl+N을 눌러도 새 창을 만들 수 있습니다.

NOTE **해상도**Resolution**와 컬러 모드**Color Mode

1. 해상도

포토샵의 [New] 대화상자에 Resolution이라고 표기된 항목이 있는데 이것이 바로 해상도입니다. Part 1에서 설명했듯이 해상도는 1인치×1인치 안에 들어있는 픽셀의 개수를 말하며, 단위는 pixels/inch입니다. 웹용 해상도인 72 ppi(pixels per inch)는 72인치×72인치가 되므로 5,184개의 픽셀을 가지고 있는 것입니다. 아무리 높은 해상도라도 웹 브라우저는 72 pixels/inch로 밖에 출력하지 못하기 때문에 웹용 이미지를 만들 때에는 72 pixels/inch로 작업을 하고, 인쇄용 작업은 300 pixels/inch로 작업합니다.

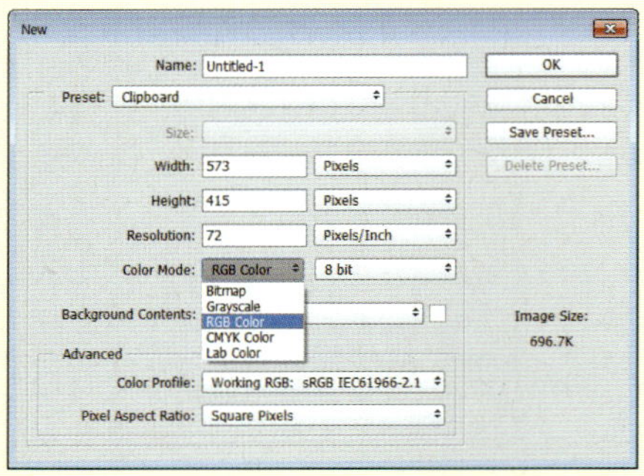

2. 컬러 모드

컬러 모드는 크게 RGB Color 모드와 CMYK Color 모드가 있습니다.

- **RGB Color 모드 :** 빛의 3원색인 Red, Green, Blue를 혼합하여 색을 만들며 대부분의 그래픽 작업은 RGB Color 모드입니다. 각각 256색이 있어서 3가지 색 모두를 이용하여 표현할 수 있는 색은 총 1680만 가지입니다.
- **CMYK Color 모드 :** 색의 3원색인 Cyan, Magenta, Yellow에 Black을 포함하여 색을 만들며, 대부분의 인쇄 작업이 CMYK Color 모드입니다. RGB Color 모드에서 CMYK Color 모드로 바꾸면 색이 어두워지고 둔탁한 느낌이 납니다.

02 이미지를 불러오기 위해 Ctrl+O를 누릅니다. [열기] 대화상자가 열리면 Cookie1.jpg 이미지 파일을 선택하고 [열기]를 클릭하면 이미지가 새 창 옆에 탭 형식으로 나란히 열립니다.

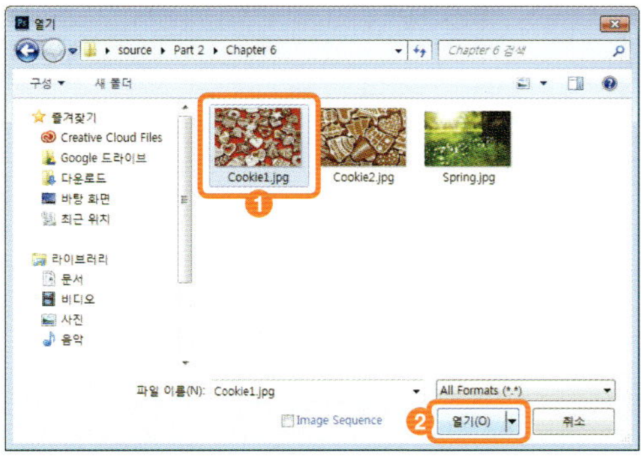

NOTE **파일을 불러오는 방법**

1. 포토샵 작업창의 바탕 화면을 더블클릭
2. 단축키 Ctrl+O
3. 메뉴바에서 [File]–[Open]

03 Cookie1.jpg 이미지를 새 작업창으로 옮기겠습니다. 먼저 Cookie1.jpg 파일 이름 탭을 클릭한 후 아래로 드래그하여 창을 분리합니다. 툴 패널에서 이동 툴( )을 선택하고 Cookie1.jpg 창의 이미지를 클릭한 후 새 작업창으로 드래그하여 옮깁니다.

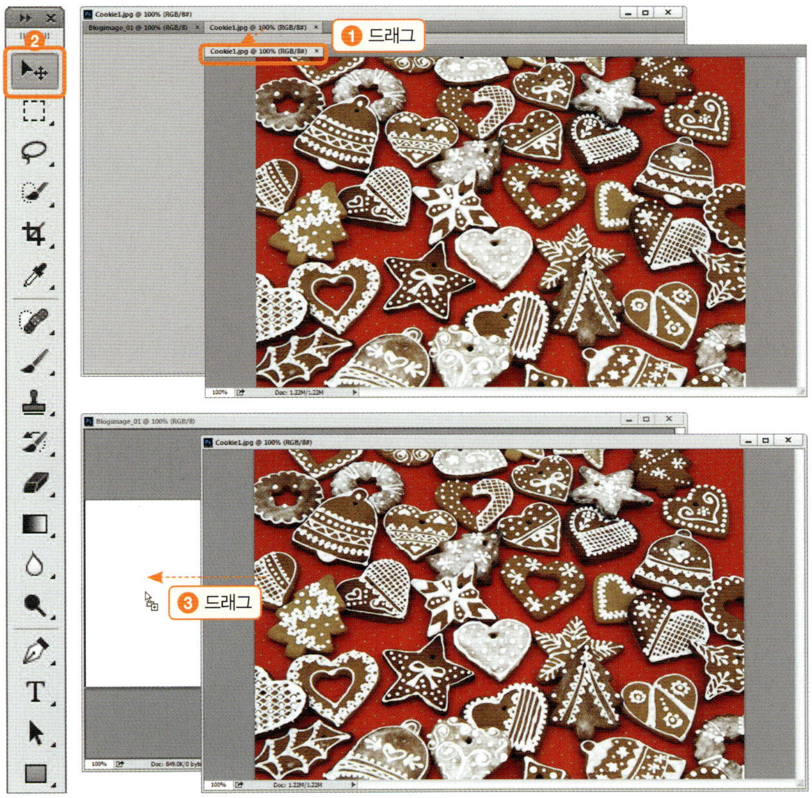

04 이미지 크기를 변경하기 위해 Ctrl+T를 눌러 조절점이 나타나게 합니다. Shift를 누른 상태에서 이미지 우측 상단의 조절점을 대각선 방향으로 드래그하여 이미지 크기를 줄이고, 원하는 크기가 되면 이미지 내부를 더블클릭하거나 Enter를 누릅니다. [Layers] 패널에 이동된 이미지의 레이어가 추가된 것을 확인할 수 있습니다.

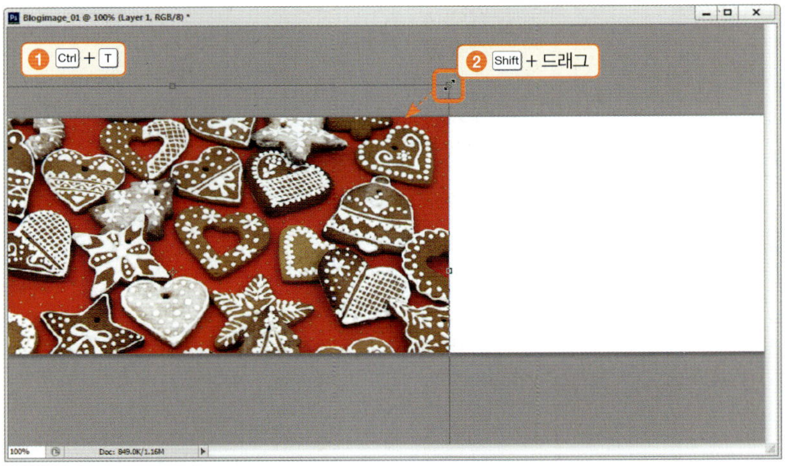

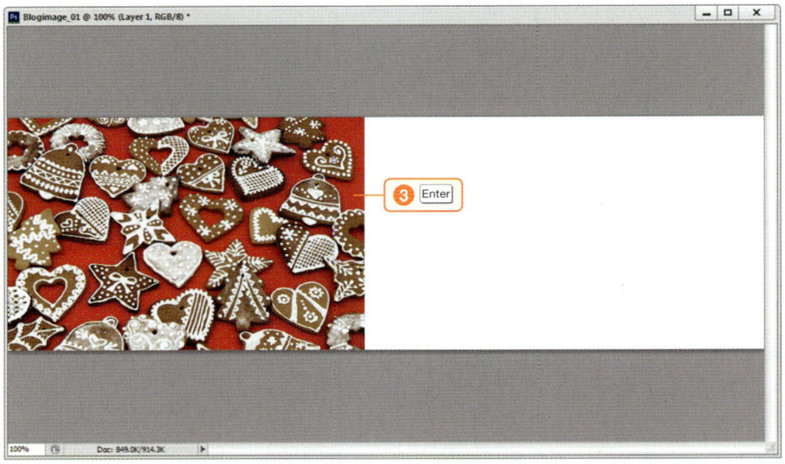

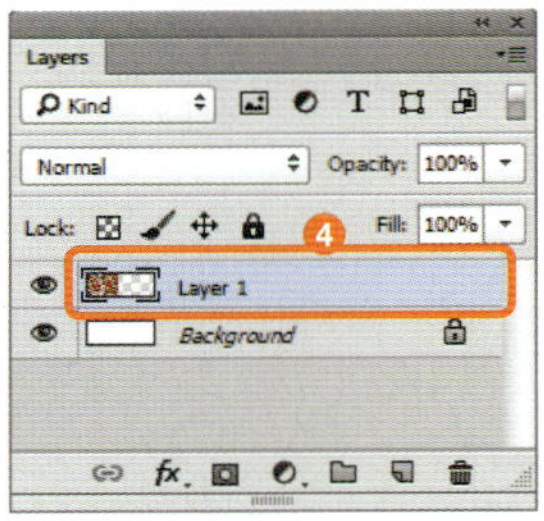

Tip Ctrl+T는 [Edit]-[Free Transform]의 단축키입니다. 이미지의 크기나 방향을 조절한 후 조절점 안쪽을 더블클릭하거나 Enter를 누르면 완료됩니다. 또한, Shift를 누른 채 대각선 방향으로 드래그하면 이미지를 같은 비율로 변형할 수 있습니다.

05 이제 전경색을 바꿔 보겠습니다. 전경색을 바꾸기 전에 먼저 전경색을 적용할 레이어를 선택합니다. [Layers] 패널에서 Background 레이어를 선택한 후 전경색(■)을 클릭하고 [Color Picker] 대화상자에서 색(#c20b04)을 설정한 후 [OK]를 클릭합니다. 작업창에서 Alt+Delete를 누르면 선택한 전경색으로 배경이 채워집니다.

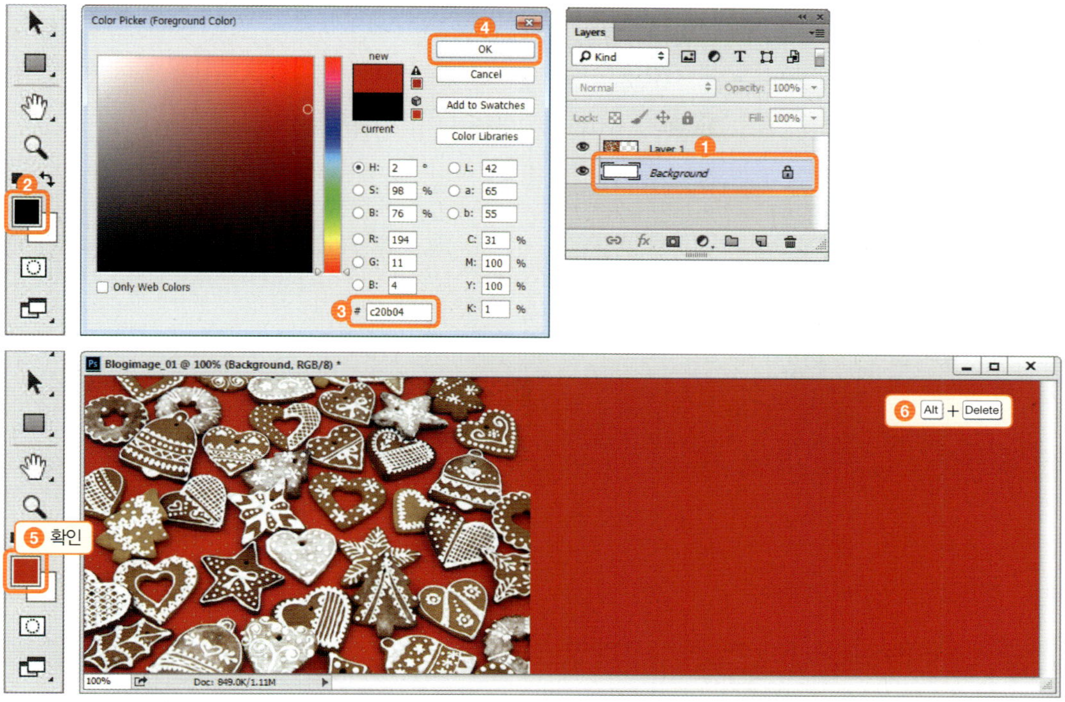

NOTE 전경색Foreground Color과 배경색Background Color

툴 패널 하단에는 전경색과 배경색을 선택할 수 있는 두 개의 컬러 박스가 있습니다. 앞에 있는 색을 전경색, 뒤에 있는 색을 배경색이라고 부릅니다. 각각의 컬러 박스를 클릭하면 색을 바꿀 수 있는 [Color Picker] 대화상자가 열리고 여기서 색을 선택한 후 [OK]를 클릭하면 됩니다. 위에 있는 ◧ 아이콘은 전경색과 배경색을 기본색인 검정색과 흰색으로 설정하는 아이콘이고, 오른쪽의 색상 전환 아이콘(↰)은 전경색과 배경색의 색을 바꿔 줍니다.

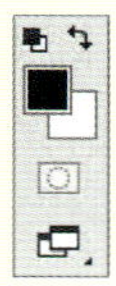

06 이미지에 간단한 텍스트를 넣어 보겠습니다. 툴 패널에서 문자 툴(T)을 선택하고 상단 옵션바의 컬러 박스를 클릭합니다. [Color Picker] 대화상자가 열리면 색(#ffffff)을 설정한 후 [OK]를 클릭하여 텍스트의 색을 바꿉니다.

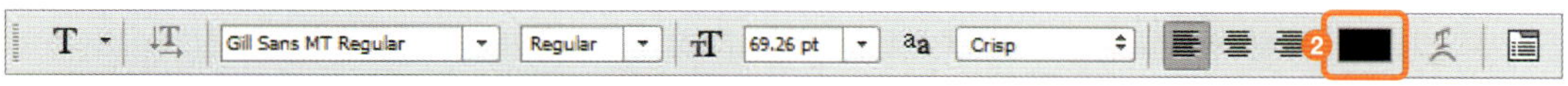

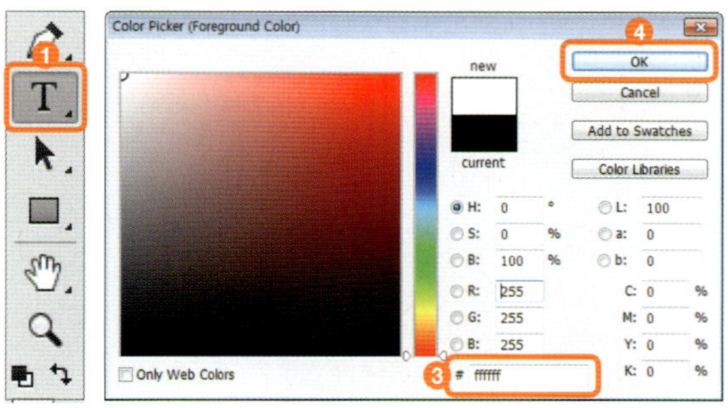

Tip 문자 툴 옵션바의 색은 기본적으로 전경색이 등록됩니다. 지금처럼 흰색을 선택할 경우 [Color Picker] 대화상자에서 선택해도 되지만, 기본색으로 설정된 전경색(검정)과 배경색(흰색)에서 색상 교체 화살표(↰)를 클릭하여 바꾸면 전경색에 흰색이 등록되어 문자 툴 옵션바의 색도 흰색으로 바뀝니다.

07 옵션바에서 원하는 폰트를 선택하고 텍스트 크기를 55 pt로 설정한 후 작업창의 우측 하단을 클릭하고 텍스트 'I love Cookies'를 입력합니다. [Layers] 패널에 텍스트 레이어가 추가된 것을 확인할 수 있습니다.

08 텍스트 크기를 조절하여 우측 하단에 'I love sweet and delicious things'를 입력합니다.

작업 파일을 복제하여 새로운 블로그 스킨 만들기

09 완성한 블로그 스킨을 수정하여 다른 이미지를 만들어 보겠습니다. 다시 새 창을 만들어 작업해도 되지만 이미 작업해 놓은 파일이 있기 때문에 이 파일을 복사해서 수정하는 것이 더 편리합니다. 메뉴바에서 [Image]–[Duplicate]를 선택하면 [Duplicate Image] 대화상자가 열립니다. 파일명을 Blogimage_02로 입력하고 [OK]를 클릭하면 파일이 복사되어 Blogimage_01 탭 우측에 열립니다.

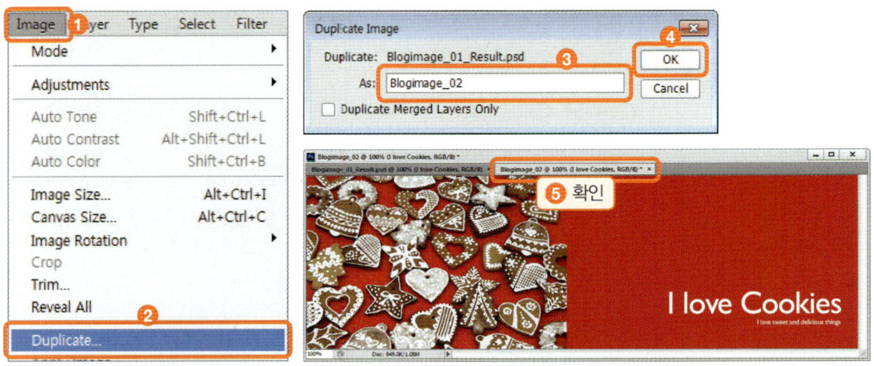

10 Ctrl+O를 눌러 Cookie2.jpg 이미지 파일을 불러옵니다. 창을 분리하여 나란히 배치하고 툴 패널에서 이동 툴(▸✢)을 선택한 후 Cookie2.jpg의 이미지를 클릭하고 Blogimage_02.psd로 드래그하여 옮깁니다. [Layers] 패널을 보면 새로운 레이어가 추가된 것을 확인할 수 있습니다.

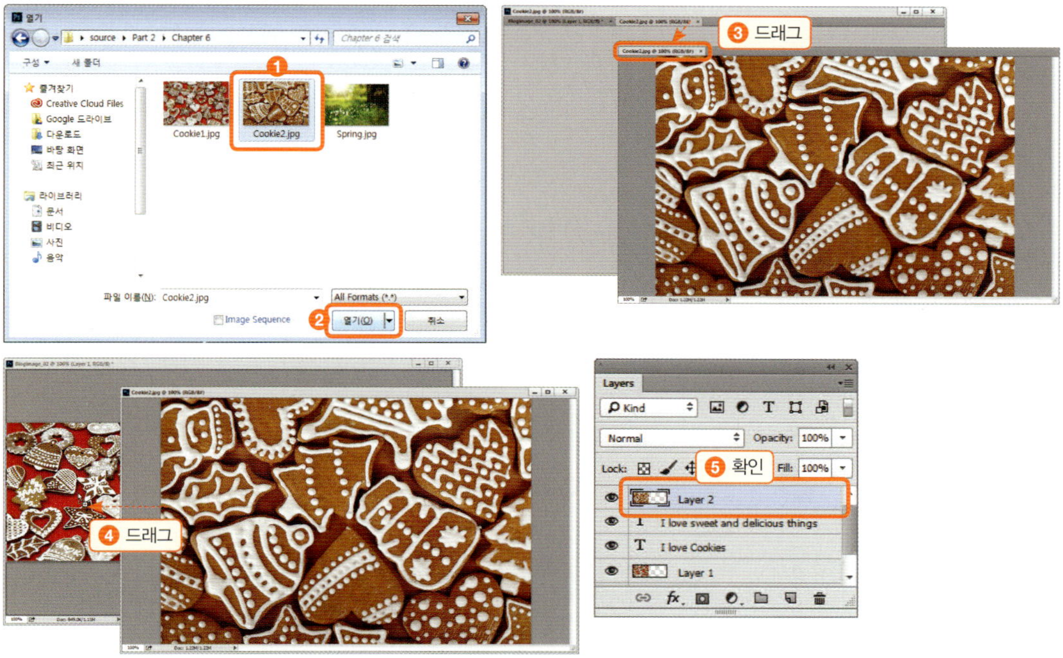

11 앞의 예제에서는 이미지 크기를 줄였지만 이번에는 이미지의 방향을 바꾸어 보겠습니다. Ctrl+T를 누르고 커서를 크기 조절점의 바깥쪽에 놓으면 곡선 화살표(↷)가 나타나는 것을 확인할 수 있습니다. 마우스를 클릭한 채 드래그하여 이미지를 회전시킨 후 원하는 방향이 되었으면 Enter를 누릅니다.

Tip Shift를 누른 채 회전시키면 15도씩 회전할 수 있습니다.

12 레이어를 복제하여 블로그 스킨 우측에도 이미지를 위치시키겠습니다. [Layers] 패널의 Layer 2 레이어에서 Ctrl + J 를 눌러 레이어를 복제한 후 이동 툴( )을 선택하고 이미지를 오른쪽으로 드래그하여 아래와 같이 우측 하단에 이미지가 약간 보이도록 만듭니다.

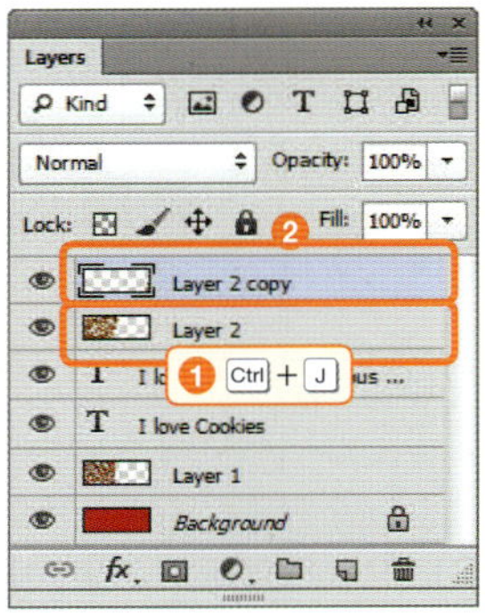

NOTE **레이어 복제하는 방법**

1. 복제할 레이어에서 Ctrl + J 를 누릅니다.
2. 복제할 레이어에서 마우스 오른쪽 버튼을 누른 후 팝업메뉴에서 Duplicate Layer를 클릭합니다.
3. 복제할 레이어를 [Layers] 패널 하단의 아이콘으로 드래그합니다.

13 앞서 [Layers] 패널에 있는 불필요한 Layer 1 레이어의 눈 아이콘을 클릭하여 레이어가 보이지 않도록 만듭니다.

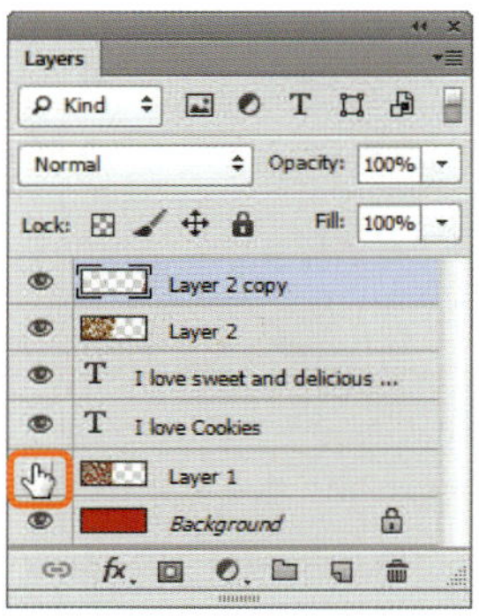

NOTE **레이어 삭제하는 방법**

1. 삭제할 레이어를 선택한 후 Delete 를 누릅니다.
2. 삭제할 레이어에 마우스 오른쪽 버튼을 누른 후 팝업메뉴에서 Delete Layer를 클릭합니다.
3. 삭제할 레이어를 [Layers] 패널 하단의 휴지통 아이콘으로 드래그합니다.

14 블로그 스킨 우측 하단의 이미지 때문에 텍스트가 가려졌습니다. 텍스트의 위치를 조정하기 위해 [Layers] 패널에서 두 개의 텍스트 레이어를 Ctrl을 누른 채 선택하고, 이동 툴( )을 사용하여 왼쪽으로 드래그합니다.

15 블로그 스킨의 바탕색을 이미지에 어울리는 색으로 바꾸어 보겠습니다. 툴 패널에서 스포이트 툴( )을 선택하고 이미지의 일부를 클릭하면 클릭 지점의 색이 전경색으로 등록됩니다. Background 레이어를 선택하고 Alt + Delete를 눌러 바탕을 전경색으로 채웁니다.

NOTE **스포이트 툴**

포토샵에서 제공하는 색은 무수히 많기 때문에 적합한 색을 선택하는 것은 쉽지 않습니다. 이런 경우, 스포이트 툴( )로 색을 추출하여 사용하면 색을 선택하는 고민을 덜 수 있을 뿐만 아니라 이미지와 어울리는 색을 사용할 수 있습니다.

스마트 오브젝트로 블로그 스킨 만들기

16 앞의 예제에서 사용한 방법 외에 이미지를 불러오는 다른 방법에 대해 알아보겠습니다. 이미지를 직접 불러오지 않고 Adobe Bridge나 윈도우 탐색기에서 바로 작업창으로 드래그하여 이미지를 넣는 방법이 있습니다. 우선 Ctrl + N 을 눌러 새 창을 만듭니다.

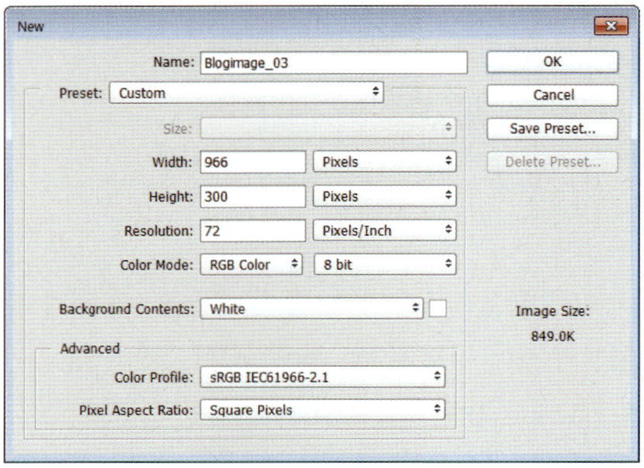

NOTE **스마트 오브젝트**

포토샵 CS5에서부터는 윈도우 탐색기나 Adobe Bridge에 있는 이미지를 포토샵 작업창으로 드래그하면 현재 작업하고 있는 이미지 위에 해당 이미지가 삽입됩니다. 이렇게 이미지를 직접 드래그하여 불러온 경우 이미지의 속성이 유지된 채 작업할 수 있는 스마트 오브젝트 상태로 됩니다. 또한, 스마트 오브젝트는 원본 이미지의 특성과 소스를 손상시키지 않으면서 레이어를 편집할 수 있도록 합니다.

이미지를 가져올 때 [Open]이 아닌 [Place]로 가져오면 자동으로 스마트 오브젝트로 전환됩니다. 일반 레이어는 [Layer]-[Smart Objects]-[Convert to Smart Object]를 클릭하여 스마트 오브젝트로 만들 수 있으며, 해당 레이어에서 마우스 오른쪽 버튼을 클릭한 후 팝업메뉴에서 [Convert to Smart Object]를 선택해도 됩니다.
반대로 스마트 오브젝트일 경우, 적용되지 않는 효과를 적용하기 위해 스마트 오브젝트를 일반 레이어로 만들려면 해당 레이어에서 마우스 오른쪽 버튼을 클릭한 후 팝업메뉴에서 [Rasterize]를 선택하면 됩니다.

17 예제 소스가 있는 폴더를 열고 Spring.jpg 파일을 작업창으로 바로 드래그합니다. 이미지가 그림과 같이 작업창 사이즈에 맞게 삽입됩니다.

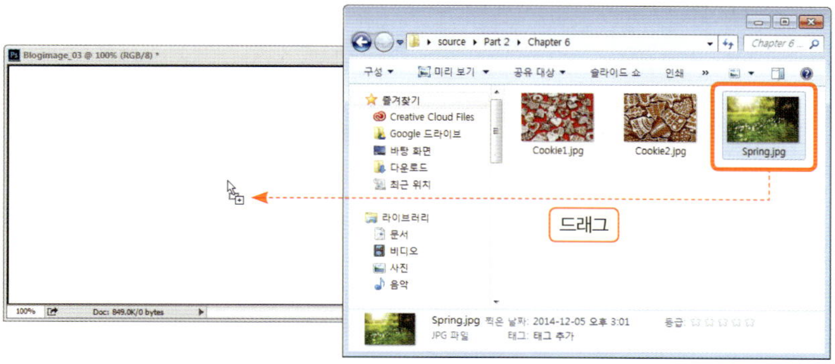

18 이미지를 원하는 크기로 조절하고 Enter를 누른 후 이동 툴( )을 이용하여 왼쪽으로 드래그합니다. [Layers] 패널에서 이미지 썸네일을 보면 우측 하단에 스마트 오브젝트 아이콘이 표시됩니다.

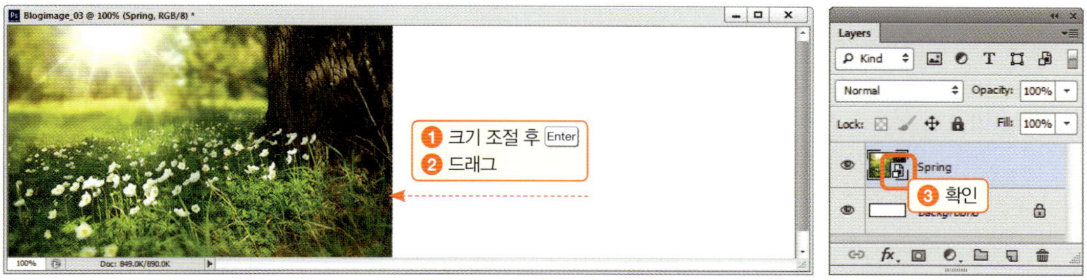

19 앞에서 배운 대로 배경색을 바꾸고 텍스트를 입력하여 다음과 같이 블로그 스킨을 완성합니다.

레이어
색 선택 방법
History 패널

기본기 다지기

포토샵의 핵심 기능인 레이어

레이어는 '얇고 투명한 유리판'이라고 생각하면 이해하기 쉽습니다. 그림을 그릴 때 유리판 한 장에 배경색, 고양이 이미지, 말풍선, 문자를 모두 넣어 그릴 수도 있지만, 유리판을 총 4장 준비하고 ❶ 배경색, ❷ 고양이 이미지, ❸ 말풍선, ❹ 문자를 따로따로 그린 후 겹칠 수도 있습니다. 어떤 방법으로 그려도 결과물은 같지만, 말풍선 위치를 옮기거나 삭제하려면 어떻게 해야 할까요? 유리판 한 장에 모두 그린 경우라면 말풍선을 옮기거나 삭제한 후 생긴 빈 공간에 배경을 다시 그려 넣어야 합니다. 하지만 유리판별로 그린 경우라면 유리판 위치를 옮기거나 빼버리면 됩니다. 이처럼 레이어별로 오브젝트를 담아놓으면 수정할 때 매우 편리합니다.

사진 이미지 하나라면 상관없지만 이미지와 이미지, 이미지와 문자, 문자와 셰이프처럼 다양한 오브젝트를 편집하고 합성해야 하는 디자인 작업은 레이어의 개념을 확실히 이해하고 있어야 결과물을 제대로 만들 수 있습니다.

레이어의 기초

고양이 이미지를 작업창에서 보면 단순히 한 장의 이미지로 보이지만, [Layers] 패널을 살펴보면 레이어별로 이미지 4장이 겹쳐져 배치된 것을 확인할 수 있습니다.

Tip 레이어에서 흰색과 회색의 모눈 이미지는 투명을 의미합니다.

[Layers] 패널에서 레이어 앞에 있는 눈 아이콘을 클릭하면 이미지를 숨길 수 있고, 레이어들의 순서를 바꾸면 이미지가 다르게 보입니다. 작업을 할 때에는 현재 어떤 레이어에서 작업을 하고 있는지, 무엇을 그렸는데 보이지 않는다면 위에 있는 레이어에 가려져 있는지 확인합니다.

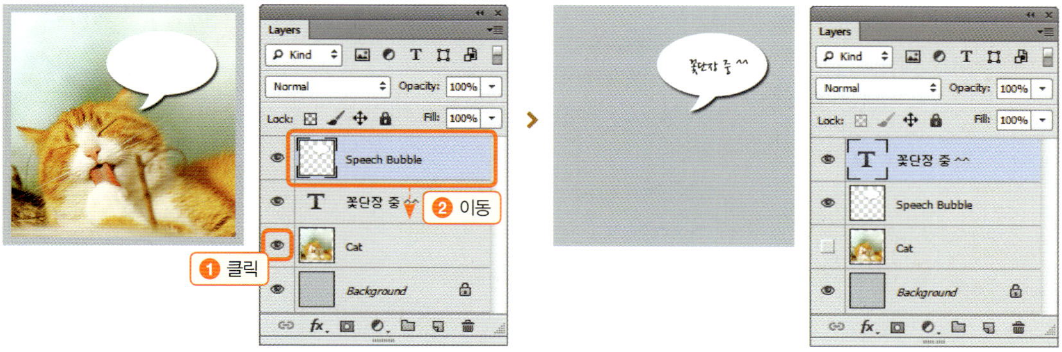

포토샵 작업을 하기 위해 새 창을 만들면 빈 캔버스가 만들어지고 [Layers] 패널에는 Background 레이어가 생성되며, 이미지를 불러올 경우에도 [Layers] 패널에는 이미지가 Background 레이어에 들어가 있습니다. 자물쇠 표시가 있는 Background 레이어는 추가하면 생성되는 일반 레이어와는 달리 레이어의 순서를 바꾸거나 편집을 할 수는 없습니다.

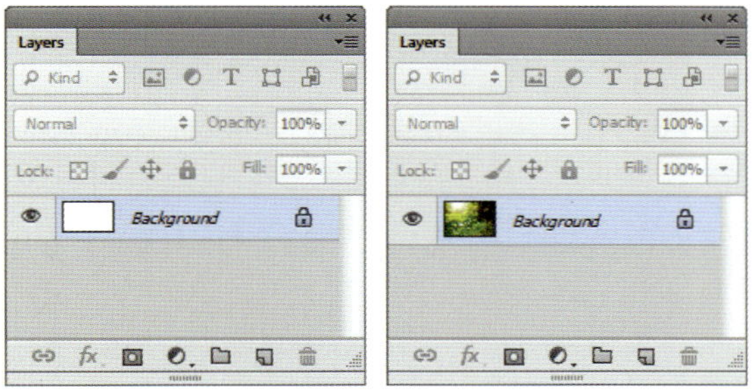

NOTE **Background 레이어를 일반 레이어로 바꾸기**

Background 레이어는 [Layers] 패널 안에서 레이어의 순서를 바꾸거나 수정 작업을 할 수 없도록 자물쇠로 잠겨 있습니다. Background 레이어를 편집하려면 일반 레이어로 바꿔야 하는데 Background 레이어를 더블클릭하면 열리는 [New Layer] 대화상자에서 [OK]를 클릭하면 자물쇠 아이콘이 풀리면서 일반 레이어로 바뀝니다.

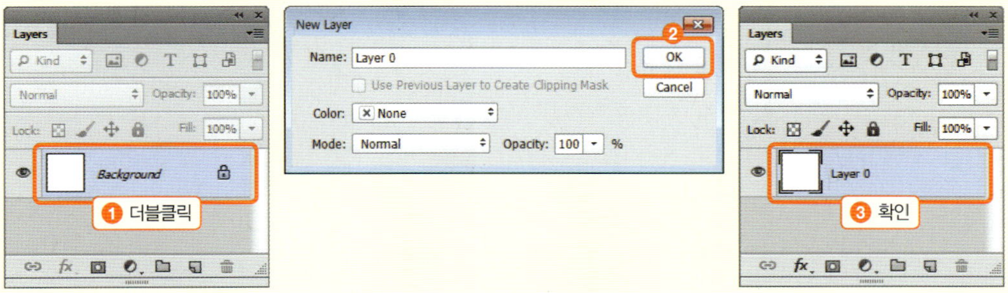

Layers 패널의 구성 요소

❶ **눈 아이콘 :** 레이어를 보이게 하거나 숨깁니다.

❷ **썸네일 :** 레이어에 있는 오브젝트를 축소하여 나타냅니다.

❸ **레이어 이름 :** 더블클릭하여 레이어 이름을 변경할 수 있습니다.

❹ **링크 아이콘 :** 두 개 이상의 레이어를 연결시켜 줍니다.

❺ **레이어 스타일 아이콘 :** 레이어 효과를 적용합니다.

❻ **레이어 마스크 아이콘** : 레이어 마스크를 추가합니다.

❼ **보정 레이어 아이콘** : 레이어를 보정합니다.

❽ **그룹 만들기 아이콘** : 레이어 그룹을 만듭니다.

❾ **레이어 만들기 아이콘** : 새 레이어를 추가합니다.

❿ **휴지통 아이콘** : 레이어를 삭제합니다.

레이어 추가, 복제, 삭제, 이름 변경하기

1. **레이어 추가 :** 새 레이어 만들기 아이콘을 클릭하여 레이어를 만들고, 발바닥을 그려 넣습니다.

2. **레이어 복제 :** 복제할 레이어를 새 레이어 만들기 아이콘으로 드래그하거나 Ctrl+J를 누릅니다.

3. **레이어 삭제 :** 삭제할 레이어를 휴지통으로 드래그하거나 Delete를 누릅니다.

4. **레이어 이름 변경 :** 레이어 이름 영역을 더블클릭하여 이름을 변경합니다.

NOTE **Layers 패널에서 단축키로 레이어 이동하기**

- Ctrl+] : 레이어를 한 단계 위로 이동
- Ctrl+[: 레이어를 한 단계 아래로 이동
- Shift+Ctrl+] : 레이어를 맨 위로 이동
- Shift+Ctrl+[: 레이어를 맨 아래로 이동

레이어 중복 선택, 연결, 합치기

1. **Ctrl으로 레이어 중복 선택 :** 선택하고자 하는 레이어만 Ctrl을 누른 채 클릭합니다.

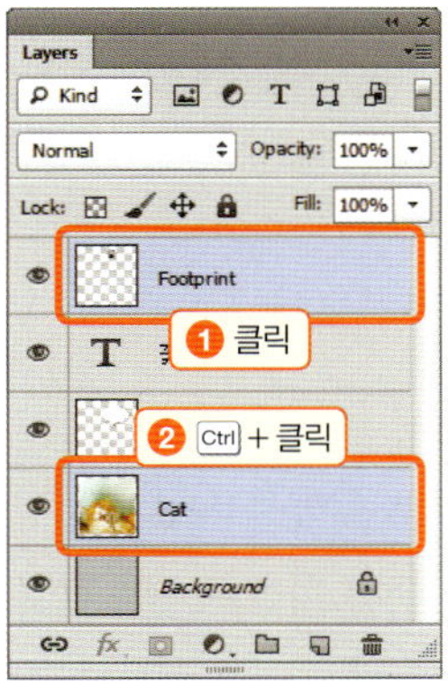

2. **Shift로 레이어 중복 선택 :** 상위 레이어를 클릭한 후 하위 레이어를 Shift를 누른 채 클릭하면 그 사이에 있는 레이어가 모두 선택됩니다.

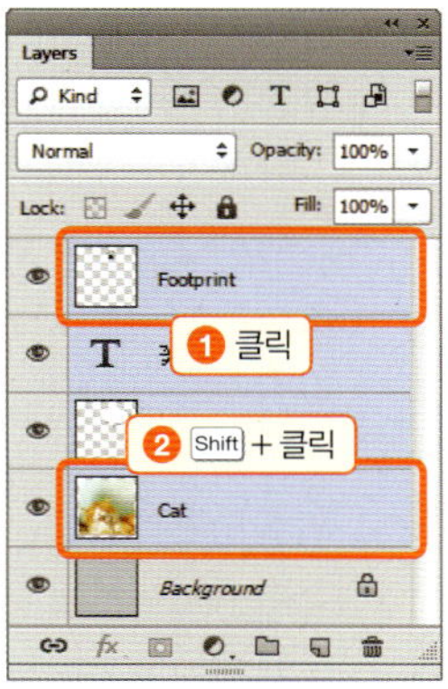

3. **레이어 연결 :** 중복 선택한 후 링크 아이콘을 클릭하면 레이어들이 서로 연결됩니다.

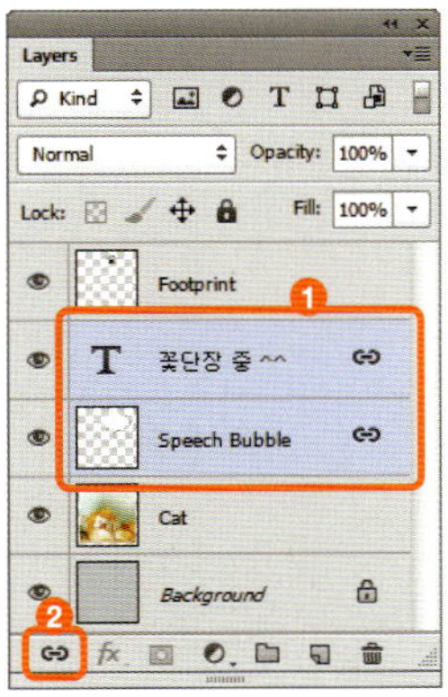

4. **레이어 합치기 :** 레이어를 중복 선택한 후 Ctrl+E를 누르면 레이어가 합쳐집니다.

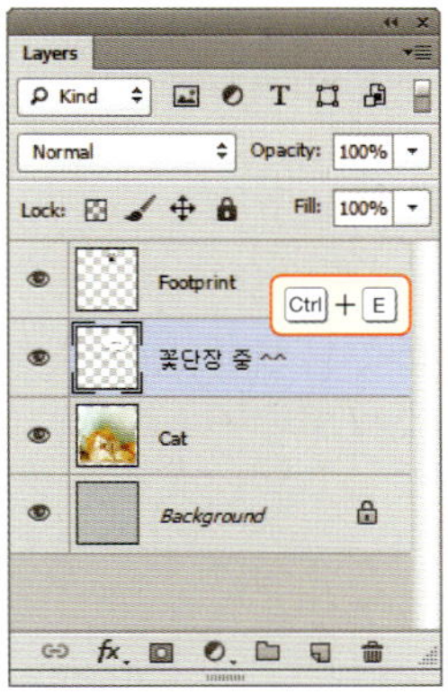

레이어 그룹 만들기

1. 그룹으로 묶기 : 레이어를 중복 선택한 후 Ctrl+G를 누르면 그룹으로 묶입니다.

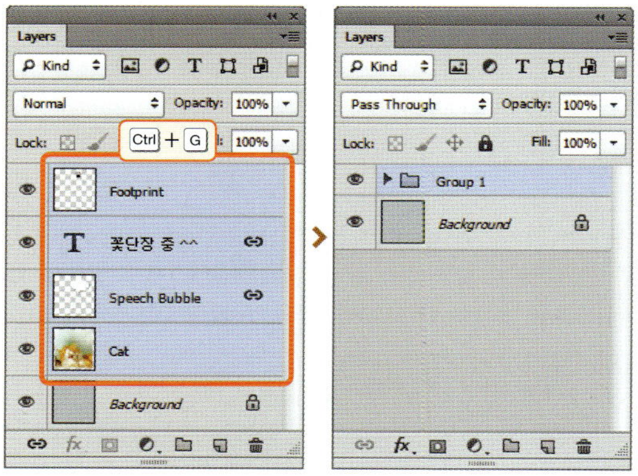

2. 그룹 안에 넣기 : 그룹에 넣을 레이어들을 그룹 아이콘으로 드래그하면, 레이어 그룹의 하위 메뉴로 들어갑니다.

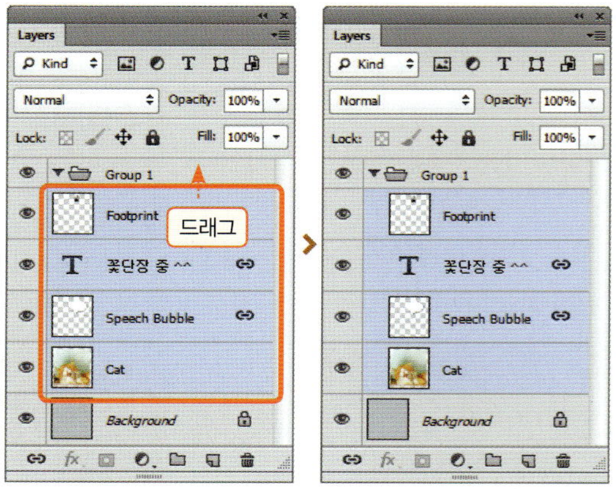

색을 선택하는 방법

포토샵에서 색을 적용하려면 기본적으로 색을 선택하는 방법을 알아야 합니다. 포토샵에서 색을 선택하는 방법 중 툴 패널에서 색 선택하기, Color 패널이나 Swatches 패널에서 색 선택하기, 스포이트 툴로 색 선택하기 등 색을 선택하는 다양한 방법에 대해 알아보겠습니다.

툴 패널에서 색 선택하기

색을 선택하고 바꿀 수 있는 가장 기본적인 방법은 툴 패널에 있는 전경색/배경색을 이용하는 것입니다. 전경색/배경색 영역은 아이콘마다 다음과 같은 기능을 가지고 있습니다.

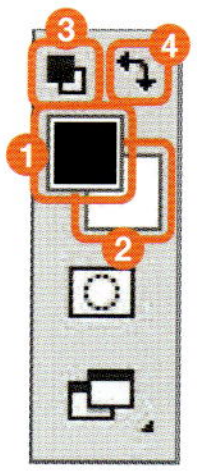

❶ **전경색 :** 이미지에 채워지는 색입니다.

❷ **배경색 :** 이미지를 지웠을 때 채워지는 색입니다.

❸ **기본색으로 설정 :** 전경색과 배경색을 기본색에 해당되는 검정색과 흰색으로 설정합니다.

❹ **색상 전환 :** 전경색과 배경색의 색을 서로 바꿔줍니다.

• Color Picker 대화상자

전경색이나 배경색을 클릭하면 Color Picker 대화상자가 열립니다. 색 미리보기 창을 확인하면서 원하는 색을 선택한 후 [OK]를 누르면 색이 변경됩니다. Color Picker 대화상자에 대해 자세히 살펴보도록 하겠습니다.

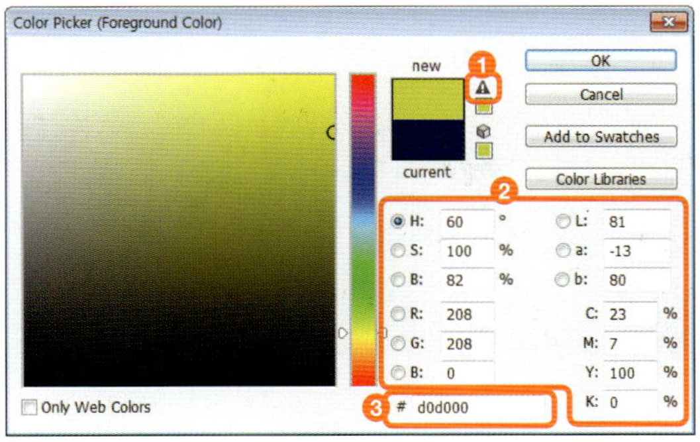

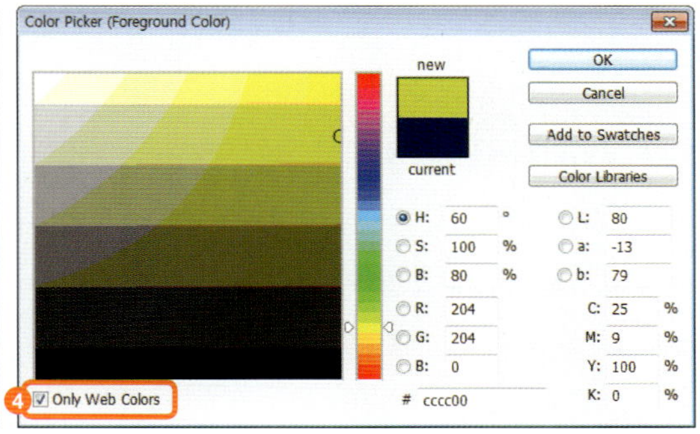

❶ **경고 :** 웹에 적합한 색상이 아닌 경우 나타납니다.

❷ **색상 모드 :** 현재 선택한 색상이 각 색상 모드에 맞게 수치로 나타나며, 직접 입력할 수도 있습니다.

❸ **색상 이름 :** 웹에서 표현하는 색상을 숫자로 보여줍니다.

❹ **Only Web Colors :** 체크하면 웹에서 제대로 표현되는 웹 안전색만 표시합니다. Only Web Colors를 체크하면 웹에서 표현할 수 있는 색만 선택되도록 미리 보기 화면이 오른쪽 그림처럼 바뀝니다.

NOTE **웹 안전색**

컴퓨터 운영체제나 웹 브라우저의 종류와 관계없이 공통으로 사용되는 색을 웹 안전색(Web Color, Web Safe Color)이라고 합니다. 색이 안전하다는 것은 색이 왜곡되지 않는다는 의미입니다. 컴퓨터로 색을 지정하려면 시스템 팔레트를 사용해야 하는데 이 팔레트는 컴퓨터의 컬러 시스템이 몇 비트인지에 따라 표현할 수 있는 색 수가 달라집니다. 8비트는 256 컬러, 16비트는 약 6만 5천 컬러, 24비트는 약 1,600만 컬러를 표현할 수 있습니다. 따라서 최소 사양인 8비트 시스템에서도 표현할 수 있는 컬러 시스템이 필요한데 이것이 바로 웹 안전색 시스템입니다. 웹 안전색은 216가지의 색으로 구성된 컬러 시스템이기 때문에 256 컬러를 표현할 수 있는 8비트 시스템에서도 색이 왜곡되지 않습니다. 하지만 색이 부족하기 때문에 웹 디자인의 컬러 표현이 제한될 수밖에 없습니다.

Color 패널이나 Swatches 패널에서 색 선택하기

Color 패널과 Swatches 패널을 이용하면 색을 좀 더 쉽게 선택할 수 있습니다.

1. Color 패널 : Color 패널에서 슬라이드를 움직이거나 수치를 직접 입력하여 색을 선택할 수 있습니다.

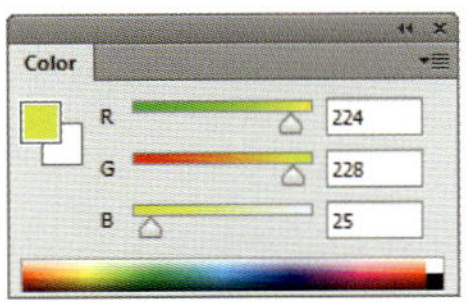

2. Swatches 패널 : Swatches 패널은 자주 선택하는 색을 견본으로 등록해 놓은 패널이며, 직접 원하는 색을 등록할 수도 있습니다.

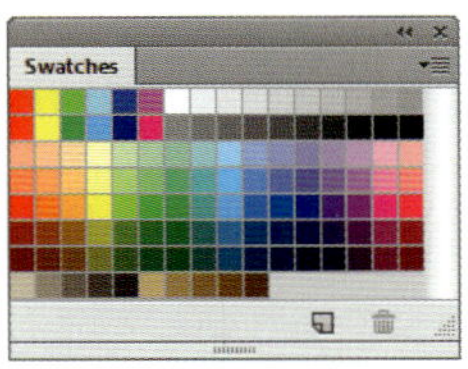

NOTE **Swatches 패널에서 색 견본 등록하기**

Swatches 패널의 빈 영역에 마우스 포인터를 위치시키면 포인터가 페인트 통 모양으로 바뀌는데, 이때 클릭하면 전경색으로 설정된 색이 Swatches 패널에 등록됩니다. Alt를 누른 상태에서 색 견본에 마우스를 위치시키면 가위 모양으로 변하고, 이때 클릭하면 색을 삭제할 수 있습니다.

스포이트 툴로 색 선택하기

스포이트 툴( )로 원하는 색이 있는 이미지 영역을 클릭하면 클릭한 위치의 색이 전경색으로 등록됩니다. 스포이트 툴을 이용하면 눈으로 직접 보면서 색을 선택할 수 있어 편리합니다.

작업 상태를 되돌려주는 History 패널

포토샵에서 작업한 내용을 되돌리고 싶을 때는 Ctrl+Z를 눌러 되돌릴 수 있지만, 이 단축키로는 직전 작업 한 번만 되돌려 주기 때문에 한계가 있습니다. 이런 문제를 보완하고자 포토샵에는 몇 단계 전의 작업을 되돌릴 수 있는 History 패널이 존재합니다. History 패널은 메뉴바에서 [Window]–[History]를 클릭하면 열립니다.

History 패널에는 포토샵으로 작업한 순서대로 작업 과정이 기록되며, 목록에서 원하는 단계를 선택하면 그 상태로 되돌릴 수 있습니다. History 패널은 수행한 작업을 자동으로 기록하기 때문에 History 패널을 이용하면 쉽게 몇 단계 전의 작업으로 되돌아 갈 수 있습니다. 기본적으로 20개를 기록하며 더 많이 저장하고 싶다면 Preference에서 추가할 수 있습니다. 하지만 무작정 많이 추가하면 메모리에 부담이 되기 때문에 적당히 추가하는 것이 좋습니다.

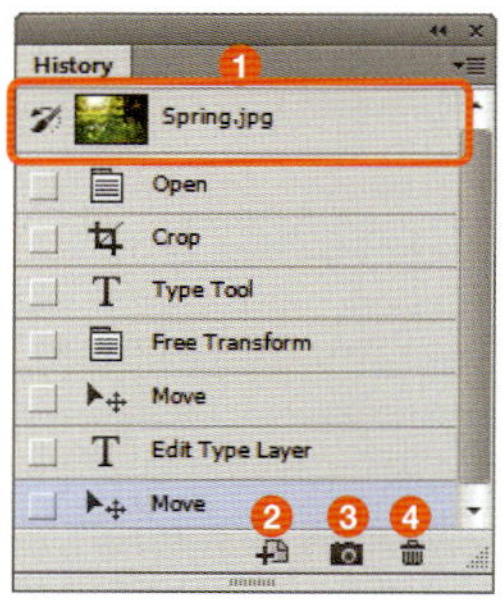

❶ **원본 이미지 :** 썸네일 이미지나 파일 이름을 클릭하면 원래 이미지 상태로 되돌아갑니다.

❷ **새 이미지 창에서 만들기 :** 선택한 작업 단계를 새로운 이미지 창으로 만듭니다.

❸ **스냅 샷 찍기 :** 선택한 작업 상태를 스냅 샷으로 남깁니다.

❹ **삭제하기 :** 선택한 작업 상태를 지웁니다.

NOTE **스냅 샷**

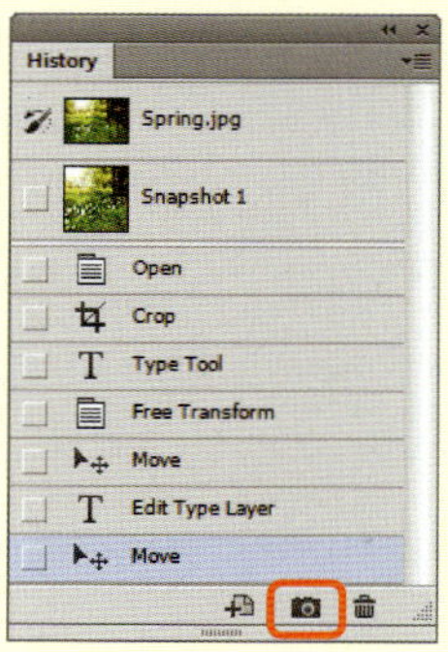

작업을 하다 보면 이전에 한 작업이 나은지 지금 한 작업이 나은지 애매한 경우가 있습니다. 이럴 경우에는 스냅 샷을 찍으면 다른 이미지 작업을 한 후 스냅 샷으로 저장해 놓은 작업과 이전 작업을 비교할 수 있습니다. 하지만 너무 많은 스냅 샷을 저장하면 메모리가 부족해 질 수 있으니 유의해야 합니다.

CHAPTER

07

이미지를 변형하여 CD 재킷 만들기

완성예제 미리보기

이 장에서는 독특한 문양의 폰트 이미지를 변형하여 CD 재킷을 만들어 봅니다. 이번 예제에서 소개하는 다폰트 사이트(http://www.dafont.com)에서는 다양하고 독특한 폰트들을 제공하고 있는데 어떤 폰트들이 있는지 살펴보면 차후 다른 포토샵 작업에도 많은 도움이 될 것입니다. CD 재킷을 만들며 이미지 작업의 기본인 이미지 변형과 레이어 그룹에 대해서도 알아보겠습니다.

준비 파일 없음

주요 기능 이미지 변형, 이미지 정렬, 레이어 그룹, 지우개 툴

무료 폰트 설치하기

01 Ctrl+N을 눌러 새 창을 만들고 다음과 같이 Width, Height, Resolution의 수치를 입력합니다. 결과물이 인쇄용이기 때문에 컬러 모드는 CMYK Color 모드로 설정합니다.

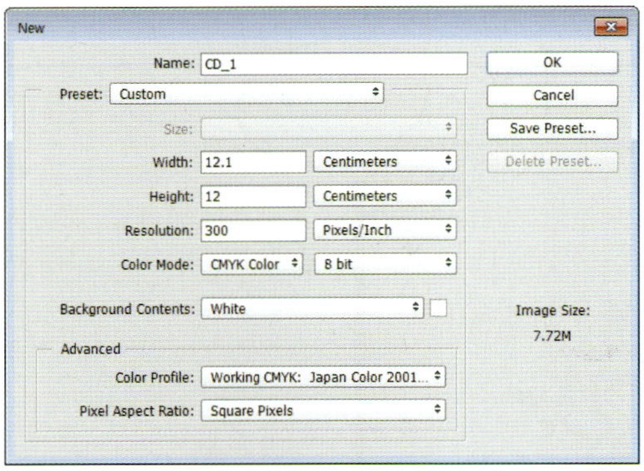

02 툴 패널의 전경색(■)을 클릭하여 색(#fcf9ed)을 설정하고 Alt+Delete를 눌러 색을 적용합니다.

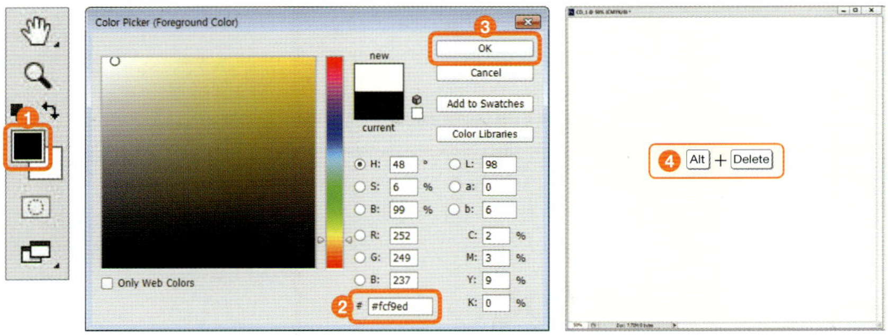

03 CD 재킷에 넣을 문양을 찾기 위해 인터넷 브라우저를 열고 무료 폰트 사이트(http://www.dafont.com)에 접속합니다. 우측 상단의 검색 박스에서 Floralia로 검색하여 폰트를 다운받습니다.

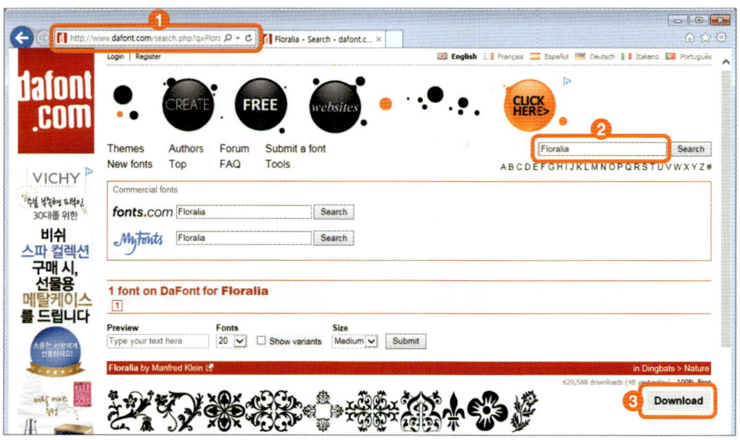

04 floralia.zip 파일의 압축을 풀고 Floralia.ttf를 실행하여 폰트 설치를 완료합니다.

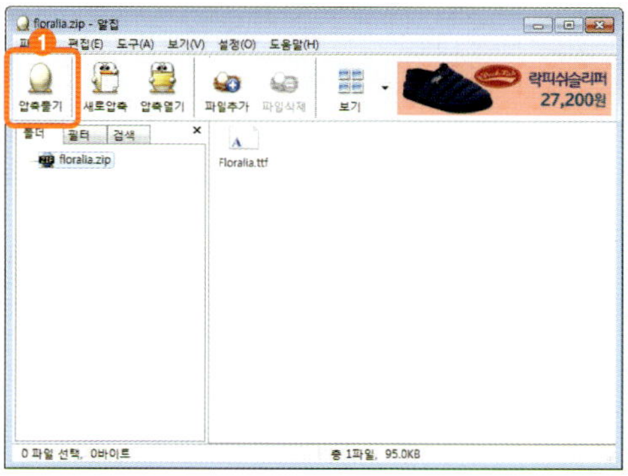

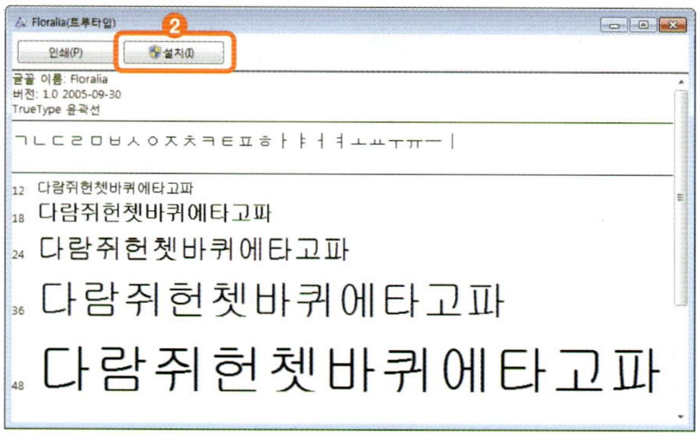

문양 이미지를 변형하여 가장자리 꾸미기

05 툴 패널에서 문자 툴(T.)을 클릭하고 옵션바에서 폰트는 Floralia Regular, 크기는 55 pt, 색은 #5f274a로 설정합니다. 작업창에 영문 'k'를 입력하면 해당되는 문양이 나타납니다. Ctrl+T를 눌러 조절점이 나타나면 Shift를 누른 채 이미지를 회전시킨 후 좌측 상단에 배치합니다.

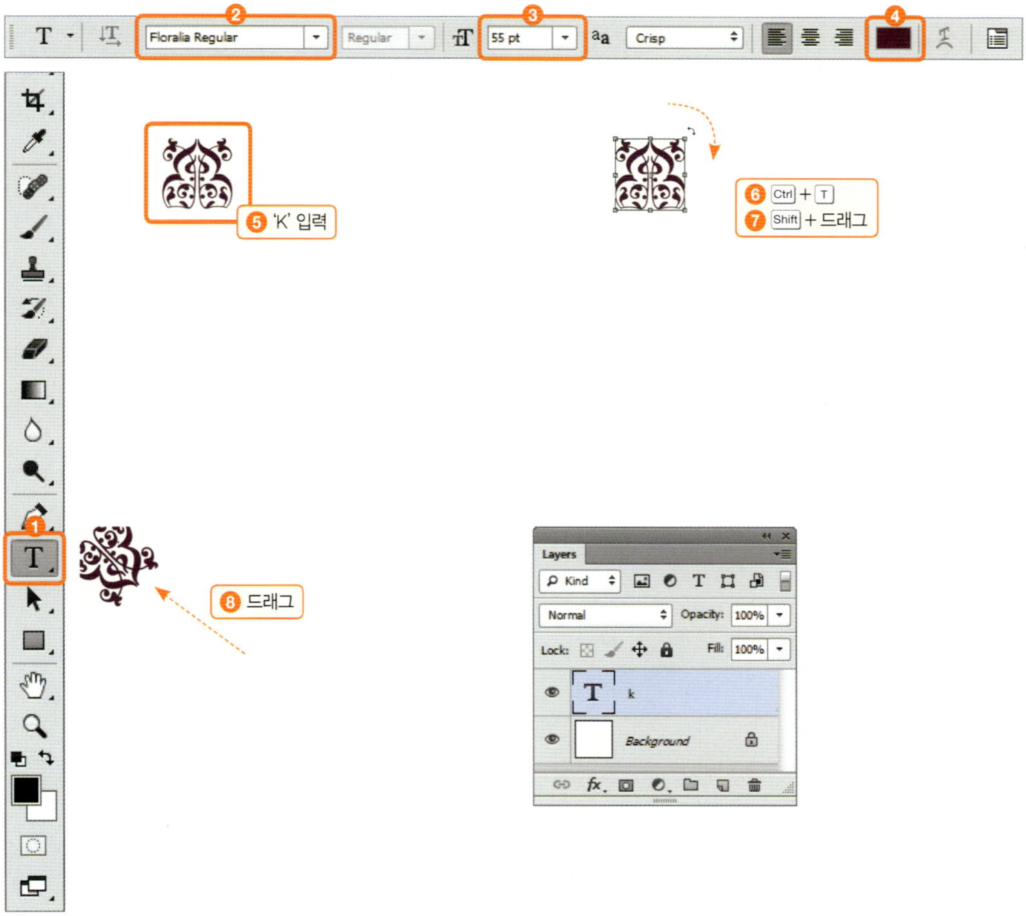

06 같은 문양을 각 모서리에 배치할 것입니다. 먼저 [Layers] 패널에서 Ctrl + J를 눌러 k 레이어를 복제합니다. 메뉴바에서 [Edit]–[Transform]–[Flip Horizontal]을 클릭하여 문양의 좌우를 바꿔 놓은 후 우측 상단에 배치합니다.

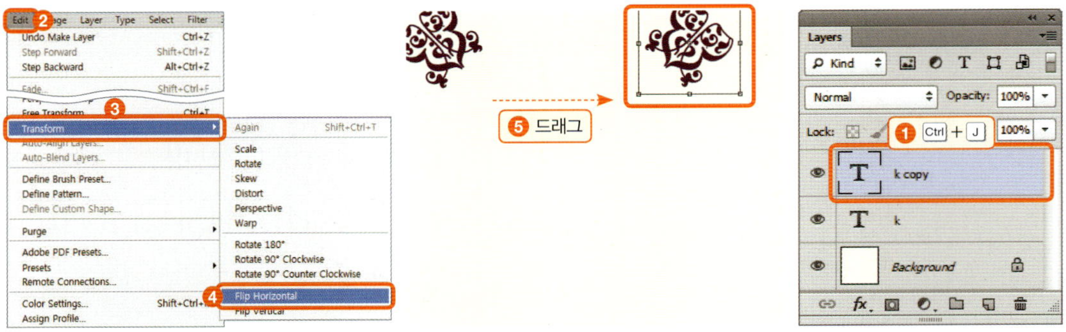

07 이제 하단 모서리에 배치할 2개의 문양을 복제하겠습니다. k 레이어와 k copy 레이어를 Shift를 누른 채 선택하고 Ctrl + J를 눌러 복제합니다. 툴 패널에서 이동 툴( )을 선택하고 복사한 문양들을 아래로 드래그합니다.

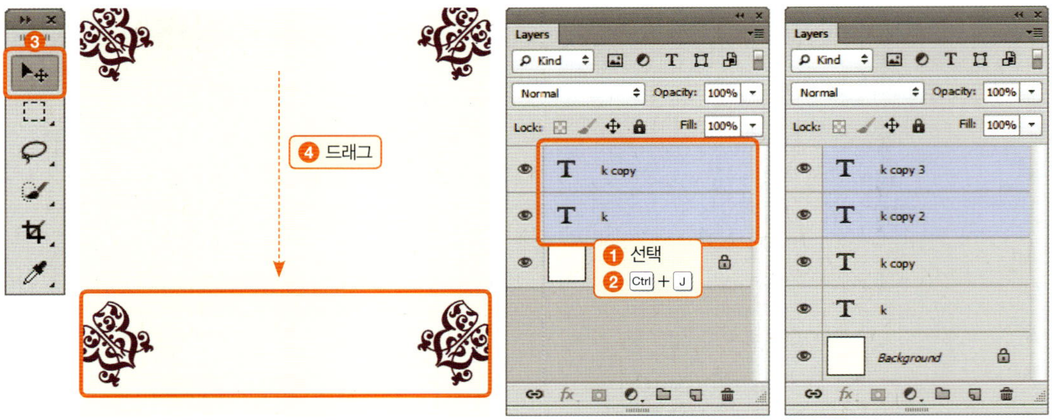

08 메뉴바에서 [Edit]–[Transform]–[Flip Vertical]을 클릭하여 문양을 위아래로 뒤집고 모서리에 배치합니다.

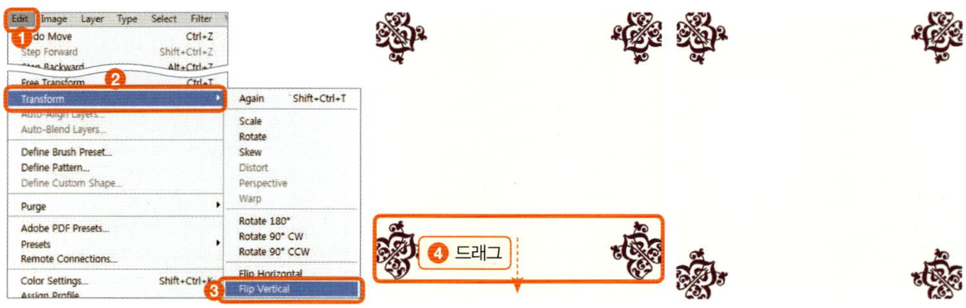

09 레이어 이름을 정리하고 그룹으로 만들겠습니다. [Layers] 패널에서 레이어 이름이 있는 위치를 더블클릭하여 이름을 입력하고 Enter를 누릅니다. 나머지 레이어 이름도 다음과 같이 변경한 후 Shift 누른 채 4개의 레이어를 모두 선택하고 Ctrl+G를 눌러 그룹으로 묶어줍니다.

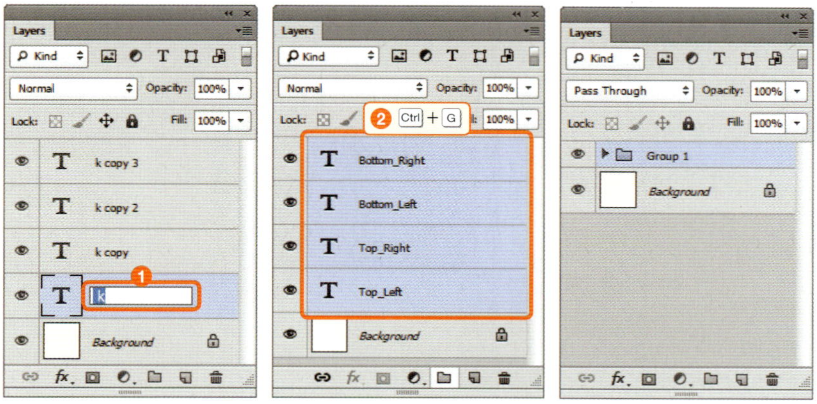

Tip 4개의 레이어를 모두 선택하고 아래 그룹 만들기 아이콘( )으로 드래그해도 됩니다.

10 배경에 테두리를 적용해 보겠습니다. 테두리를 만드는 여러 가지 방법이 있지만 여기서는 레이어 스타일을 적용하여 만들어 봅니다. 먼저 Background 레이어에 효과를 적용하려면 Background 레이어를 일반 레이어로 변경해야 합니다. Background 레이어를 더블클릭하고 [New Layer] 대화상자에서 [OK]를 클릭합니다. 레이어 우측에 있던 자물쇠 아이콘이 없어지면서 일반 레이어로 바뀝니다.

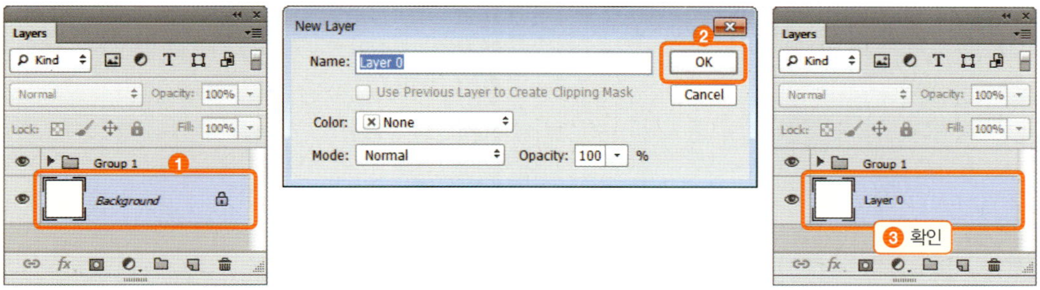

11 [Layers] 패널의 Layer 0 레이어를 선택한 상태에서 레이어 스타일 아이콘(fx.)을 클릭하고 Stroke를 선택합니다.

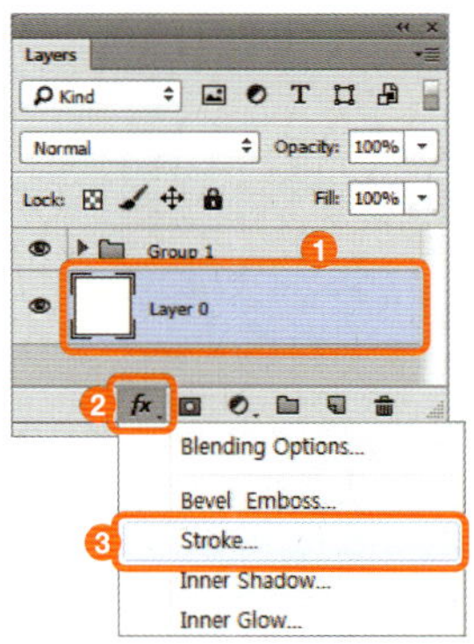

12 [Layer Style] 대화상자에서 Color를 누르고 [Color Picker] 대화상자에서 색(#5f274a)을 설정한 후 [OK]를 클릭합니다. 다시 [Layer Style] 대화상자에서 Size는 22, Position은 Inside로 설정한 후 [OK]를 클릭하면 이미지에 테두리가 만들어집니다.

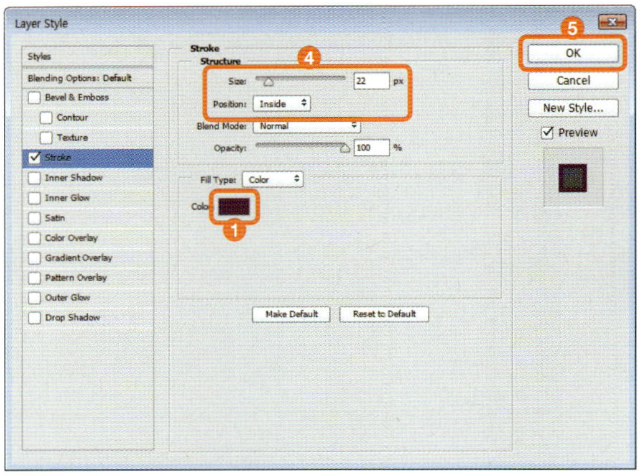

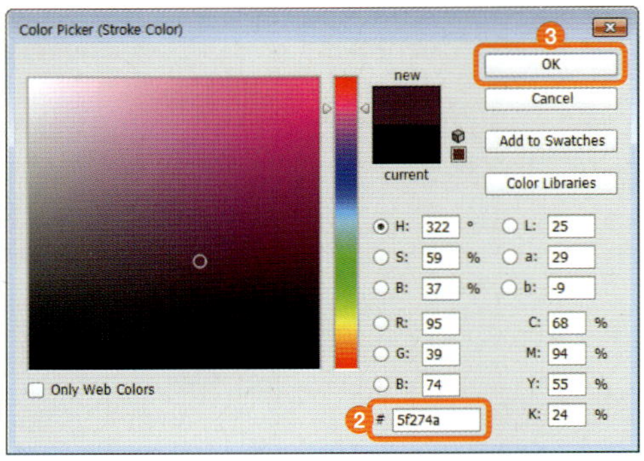

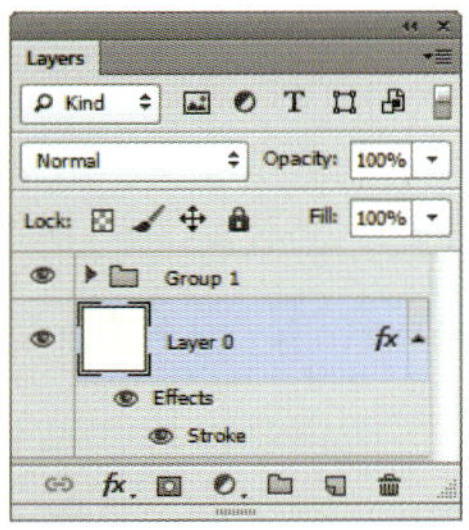

문양 이미지를 변형하여 중앙에 배치하기

13 이번에는 CD 재킷 중앙에 문양 이미지를 변형하여 배치해 보겠습니다. 툴 패널에서 문자 툴(T)을 선택하고 옵션바에서 폰트, 크기, 색 등을 설정한 후 작업창에 'k'를 입력하면, [Layers] 패널에 새로운 텍스트 레이어가 Layer 0 레이어 위에 만들어집니다. 텍스트 레이어가 Group 1 레이어 그룹 위에 위치하도록 k 텍스트 레이어를 위로 드래그합니다.

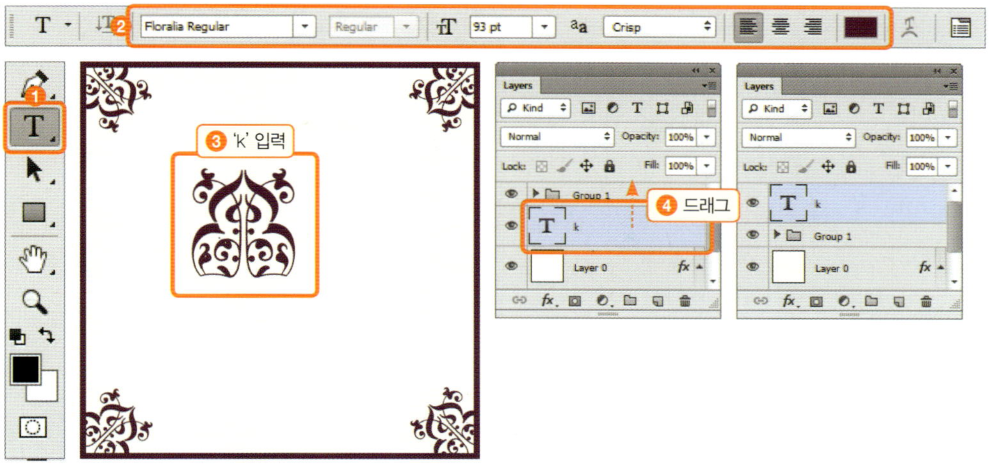

14 이전 작업과 마찬가지로 Ctrl+T를 누르고 문양을 Shift를 누른 채 왼쪽으로 회전시키고, 조절점 내부를 더블클릭하거나 Enter를 누릅니다. 레이어를 복제하기 위해 Ctrl+J를 누르고, 새로운 k copy 레이어를 Ctrl+T를 눌러 회전시킨 후 다음과 같이 이미지를 배치합니다.

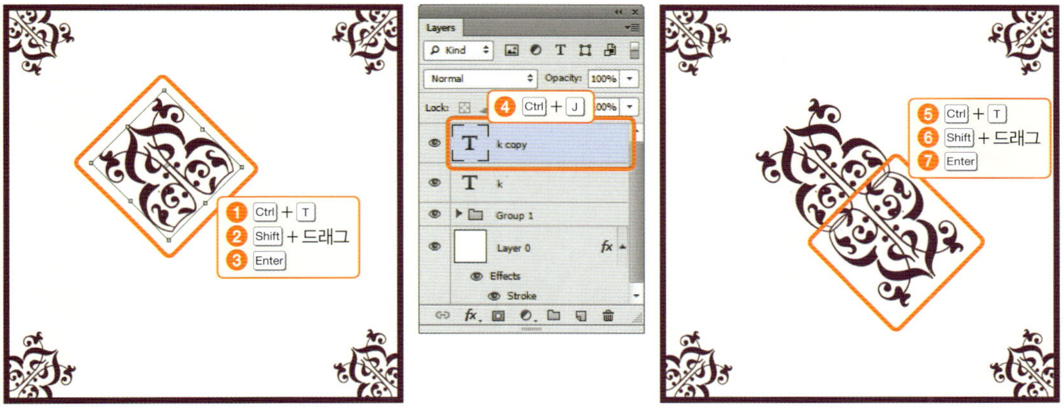

15 두 개의 텍스트 레이어를 Shift를 누른 채 선택하고 Ctrl+J를 눌러 복제합니다. 작업창에서 Ctrl+T를 눌러 새로 복제한 두 개의 레이어를 회전시키고 Enter를 누릅니다.

16 문양들이 많이 겹쳐져서 지저분해 보이는 부분을 정리하겠습니다. 중앙에 있는 문양들은 텍스트 레이어이기 때문에 텍스트 레이어의 일부를 이미지처럼 수정 및 변경하려면 텍스트 레이어를 일반 레이어로 만들어서 이미지화 해야 합니다. 먼저 메뉴바에서 [Layer]-[Rasterize]-[Type]을 클릭하면 [Layers] 패널에 'T'라고 표시된 것이 사라지면서 텍스트 레이어가 일반 레이어로 바뀐 것을 확인할 수 있습니다. 작업의 편의를 위해 위에 k copy 3 레이어의 눈을 끄고, 툴 패널에서 지우개 툴( )을 선택하여 과하게 문양이 겹쳐진 부분을 지워줍니다.

Tip 중앙 부분을 돋보기 툴( )로 확대한 후 작업하면 훨씬 수월하게 작업할 수 있습니다.

17 k copy 3 레이어의 눈 아이콘을 클릭하여 다시 켜고 이전 작업과 마찬가지로 지우개 툴( )로 불필요한 부분을 지워줍니다.

18 네 개의 레이어를 각각 더블클릭하여 레이어 이름을 변경하고, Shift를 누른 채 레이어들을 선택한 후 Ctrl+G를 눌러 그룹으로 만듭니다.

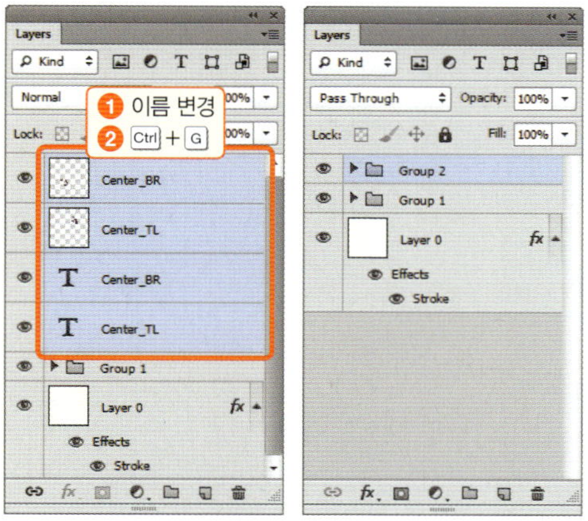

19 제작한 문양을 정중앙에 배치하겠습니다. Ctrl을 누른 채 Layer 0 레이어와 Group 2 레이어 그룹을 선택한 후 툴 패널에서 이동 툴(▸+)을 클릭하고 옵션바에서 수직 중앙 정렬 아이콘과 수평 중앙 정렬 아이콘을 클릭하면 문양 이미지가 CD 재킷의 정중앙에 위치합니다.

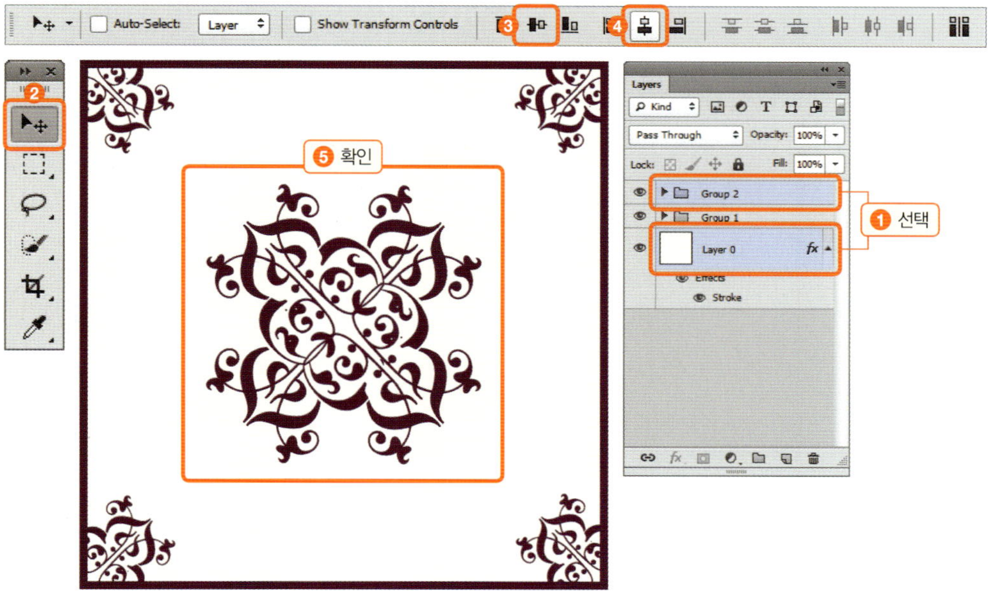

20 다운받은 폰트 Floralia에는 다양한 문양이 있습니다. 다른 문양을 이용하여 아래와 같이 새로운 CD 재킷을 만들어 봅니다.

기본기 다지기

이미지를 변형하는 다양한 방법

메뉴바에서 [Edit]-[Transform]을 선택하면 이미지의 상하좌우와 모서리에 총 8개의 조절점이 나타납니다. 주로 이 조절점을 이용하여 이미지를 변형합니다. 자주 사용하는 기능인만큼 단축키인 Ctrl + T 는 외워두는 것이 좋습니다.

이미지 크기 조절하기

각 모서리에 나타나는 4개의 조절점을 코너 핸들이라고 부르는데 코너 핸들을 Shift 를 누른 채로 드래그하면 좌우 비율이 같게 유지되면서 크기를 늘리거나 줄일 수 있습니다. Shift + Alt 를 누른 상태에서 드래그하면 이미지 중심을 기준으로 크기를 늘리거나 줄일 수 있습니다.

이미지 회전하기

조절점 주변 바깥으로 마우스 포인터를 위치시키면 방향 포인터가 나타나는데 이때 드래그하면 회전시킬 수 있습니다. 이때 Shift 를 누른 상태에서 드래그하면 이미지를 15도씩 회전시키며 돌릴 수 있습니다.

메뉴바의 [Image]-[Image Rotation] 메뉴를 이용하면 아래와 같이 다양한 방식으로 이미지를 회전시킬 수 있습니다.

180˚

90˚ Clockwise

90˚ Counter Clockwise

Flip Canvas Horizontal

Flip Canvas Vertical

NOTE **팝업메뉴로 이미지 변형하기**

마우스 오른쪽 버튼을 누르면 열리는 팝업메뉴를 이용하여 이미지를 변형해도 됩니다.

NOTE **추가적인 Transform 단축키**

- Ctrl + **드래그** : 자유롭게 이미지를 변형할 수 있습니다.
- Shift + Ctrl + **드래그** : 자유롭게 이미지를 기울일 수 있습니다.
- Shift + Ctrl + Alt + **드래그** : 이미지에 원근감을 줄 수 있습니다.

다양한 방식으로 지워주는 지우개 툴

지우개 툴( )을 Background 레이어에서 사용하면 지워진 영역에 배경색이 채워집니다. 지우개 툴에 대해서는 Chapter 11에서 자세히 설명하고 여기서는 지우개 툴의 옵션바에 대해 간단히 살펴보겠습니다.

• 지우개 툴의 옵션바

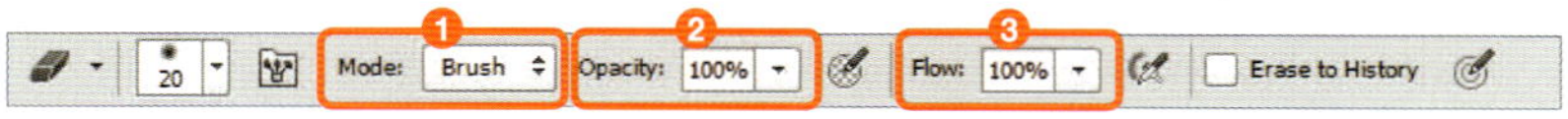

❶ **Mode :** 브러시 방식을 설정합니다.

- Brush : 브러시 방식으로 부드럽게 지워지고 Opacity와 Flow가 활성화 됩니다.
- Pencil : Pencil 모드는 드래그한 대로 지워집니다. 따라서 Anti-alias가 적용되지 않습니다.
- Block : Block 모드는 블록 방식으로 지워집니다. 따라서 Opacity와 Flow가 활성화 되지 않습니다.

❷ **Opacity :** 불투명도를 조절합니다.

❸ **Flow :** 브러시를 누르는 압력에 따라 지우개 툴이 적용됩니다.

NOTE **무료 폰트 사이트**

포토샵에서 작업을 할 때 어떤 폰트를 사용할지 결정하는 것은 이미지 선택만큼 매우 중요합니다. 단순히 텍스트를 표현하는 것이 아니라 시각적인 효과를 더해 커뮤니케이션의 창조적 수단 역할을 해야 하기 때문입니다. 예제를 배우면서 방문한 dafont 사이트 외에 아래에 소개하는 폰트 사이트에서 필요한 폰트를 다운받아 포토샵 작업을 해봅니다.

1. My Fonts(http://www.myfonts.com)

2. 1001 Free Fonts(http://www.1001freefonts.com)

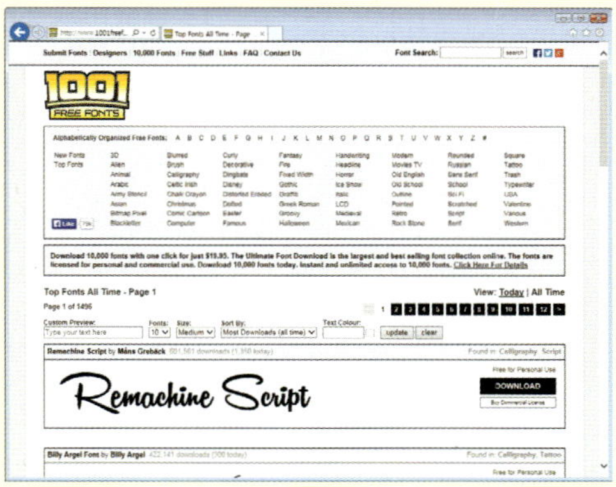

3. High Fonts(http://www.highfonts.com)

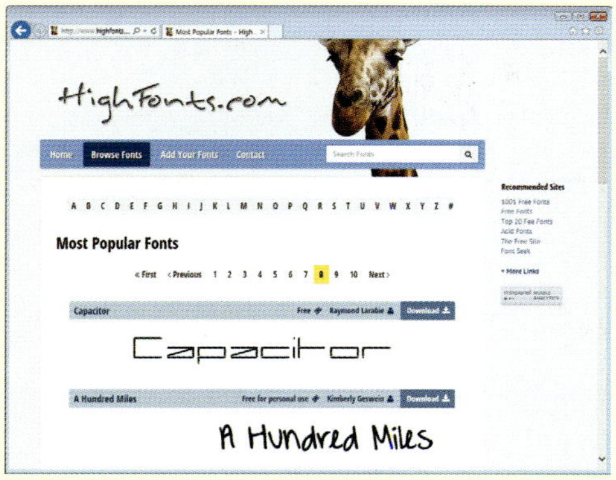

4. Abstract Fonts(http://www.abstractfonts.com)

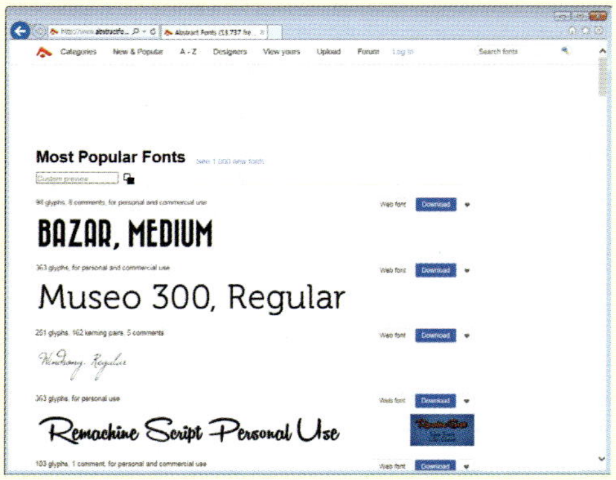

5. Acid Fonts(http://www.acidfonts.com)

6. fontsycom(http://www.fontsy.com)

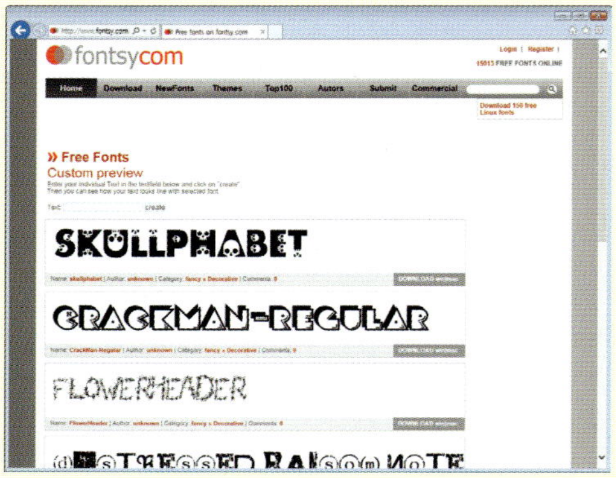

CHAPTER 08

정형 선택 툴로 모바일 초대장 만들기

완성예제 미리보기

특별한 행사에 지인들을 초대할 때, 종이보다는 스마트폰으로 초대장을 보내는 경우가 점차 늘어나고 있습니다. 이번 장에서는 정형 선택툴을 이용하여 모바일 초대장을 만들어 보겠습니다. 선택 툴은 이름 그대로 특정 영역을 선택할 때 사용하며, 포토샵에서는 특히 많이 사용되는 툴 중에 하나입니다. 선택 툴의 기본인 사각 선택 툴, 원형 선택 툴을 활용하여 간단하게 이미지를 만들어 볼 것입니다. 더불어 줄을 맞추기 위해 가이드 선을 활용하는 법, 이미지를 자르는 법, 캔버스 사이즈를 조정하는 법을 학습하도록 하겠습니다.

준비 파일 Wedding_01.jpg, Wedding_02.jpg, Wedding_03.jpg, Wedding_04.jpg
주요 기능 사각 선택 툴, 원형 선택 툴, 가이드 선, 눈금자, 이동 툴, 크롭 툴

가이드 선과 선택 툴로 틀 잡기

01 Ctrl+N을 누르고 [New] 대화상자에서 Name은 Invitation, Width는 750, Height는 1334, Resolution은 72, Color Mode는 RGB Color 모드로 설정하고 [OK]를 클릭하여 새 창을 만듭니다.

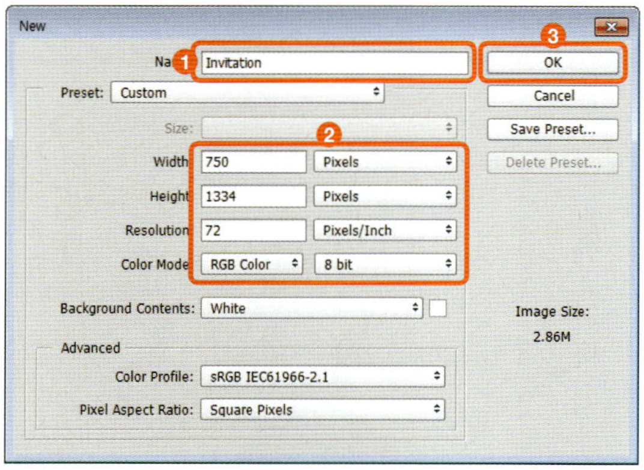

02 이미지를 불러오기 전에 가이드 선을 그려 위치를 맞추겠습니다. 가이드 선을 그리려면 우선 눈금자(Rulers)가 필요하기 때문에 Ctrl+R을 눌러 눈금자가 표시되도록 합니다.

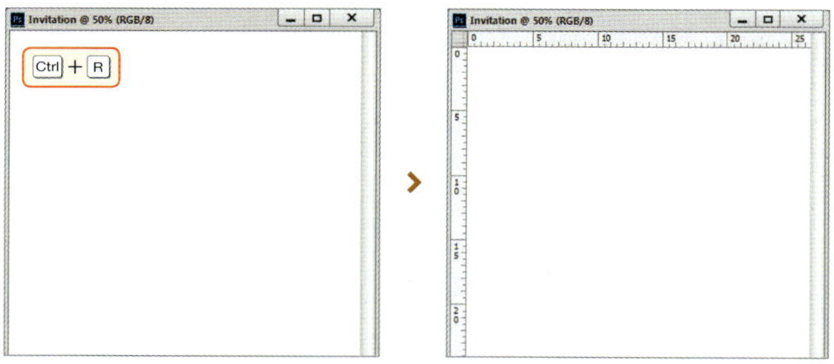

Tip 메뉴바에서 [View]–[Rulers]를 선택해도 눈금자가 나타납니다.

NOTE 눈금자의 단위 설정

눈금자의 단위를 변경하려면 눈금자를 더블클릭하거나 메뉴바에서 [Edit]–[Preferences]–[Units & Rulers]를 선택하면 열리는 [Preferences] 대화상자에서 설정할 수 있습니다. Units 파트에서 Rulers의 단위를 Pixels로 설정하면 됩니다.

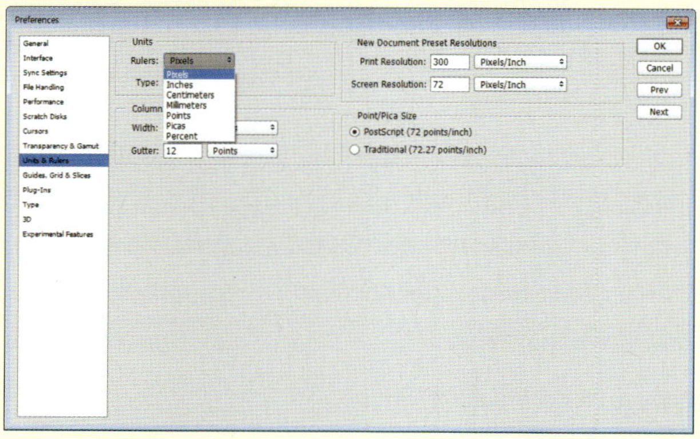

03 툴 패널에서 사각 선택 툴(⬚)을 선택하고 옵션바에서 Style을 Fixed Size로 바꾸고, Width와 Height를 각각 320 px로 설정합니다. 왼쪽 상단에 맞춰서 마우스를 클릭하면 320 px의 정사각형으로 선택 영역이 활성화됩니다. 위쪽과 왼쪽에 여백을 주기 위해 40픽셀씩 떨어뜨려 보겠습니다. Shift를 누른 채 방향키 ↓와 →를 각각 네 번씩 누르면 선택 영역이 40픽셀씩 이동합니다. 눈금자에 마우스를 클릭한 후 드래그하여 다음과 같이 선택 영역 네 방향에 가이드 선을 놓습니다.

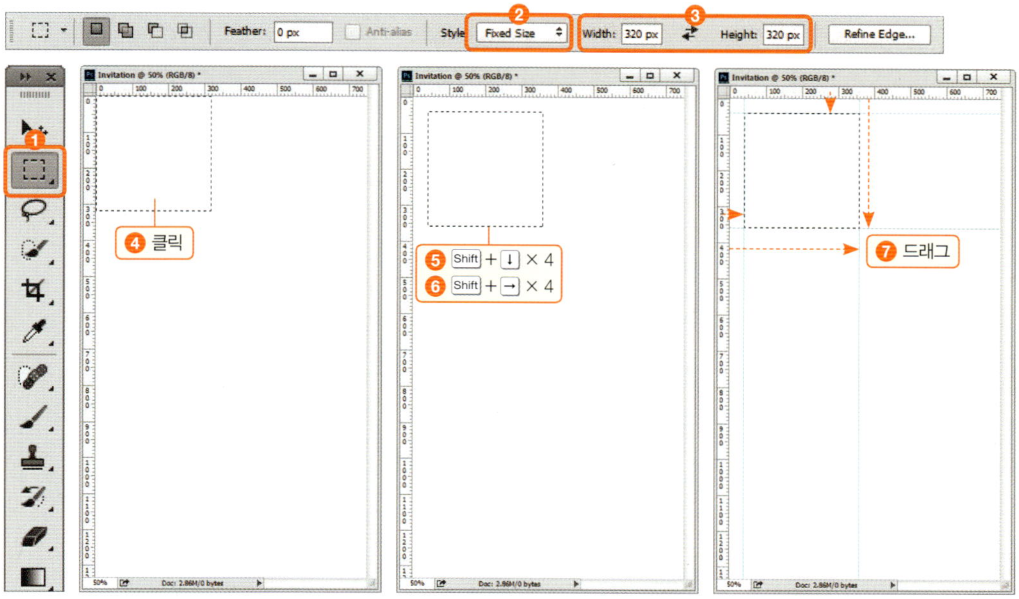

Tip 키보드의 방향키로 원하는 방향을 누르면 1픽셀씩 이동하며, Shift를 누른 채 방향키를 누르면 10픽셀씩 이동합니다.

04 정사각형 선택 영역을 가이드선에 맞춰 드래그하여 오른쪽에 배치한 후 Shift를 누른 채 왼쪽으로 40픽셀 이동하고 가이드 선을 다음과 같이 맞춰 놓습니다.

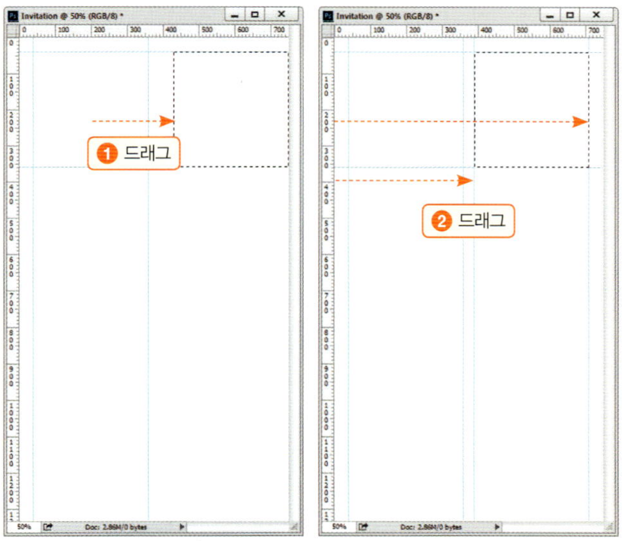

05 이미지와 이미지 사이의 간격을 30픽셀로 지정할 것입니다. 선택 영역을 가운데 선에 위치시키고 Shift를 누른 채 아래 방향키를 3번 눌러 30픽셀 이동한 후 가이드 선을 선택 영역의 선에 맞게 배치합니다. Ctrl+D를 눌러 선택 영역을 해제합니다.

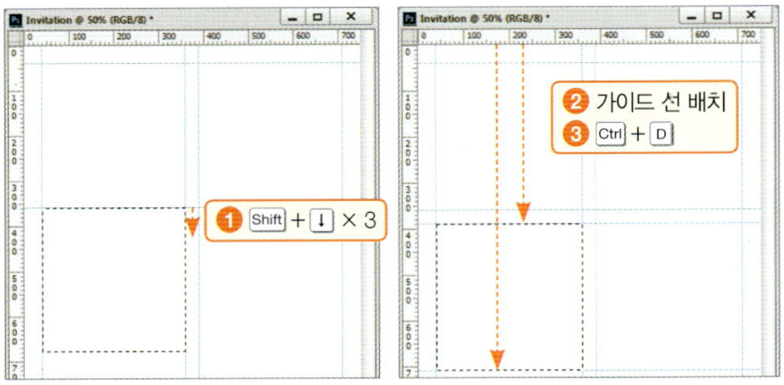

Tip 위에서 사용한 Ctrl+D는 선택 영역을 해제하는 단축키입니다.

영역에 맞게 이미지 삽입하기

06 이제 4개의 영역에 맞추어 이미지를 각각 삽입하겠습니다. Wedding_01.jpg 파일을 불러온 후 툴 패널에서 이동 툴(▸✛)을 선택하고 Wedding_01.jpg 이미지를 작업창으로 드래그합니다. 다음으로 Ctrl+T를 누르고 Shift를 누른 채 이미지 크기를 줄여서 왼쪽 상단 영역에 넣고 Enter를 누릅니다.

Tip 작업을 할 때 가이드 선이 방해가 되어 보이지 않게 하고 싶다면 Ctrl+;을 누릅니다.

07 이미지를 가이드 선에 맞게 배치하기 위해 가이드 선에서 벗어난 부분을 사각 선택 툴로 선택하여 삭제하겠습니다. 먼저 옵션바에서 Style을 Normal로 바꿉니다. 가이드 선에서 벗어난 부분들을 드래그하여 선택하고 Delete를 눌러 지우고 모두 지웠으면 Ctrl+D를 눌러 선택 영역을 해제합니다. [Layers] 패널에서 Layer 1 레이어 이름을 Wedding_01로 바꿉니다.

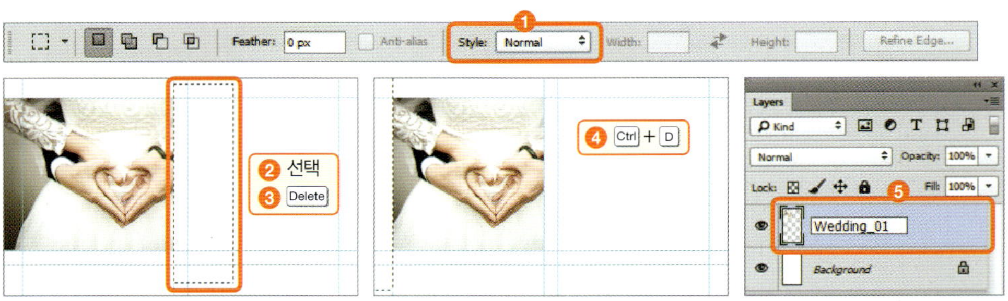

08 이제 2번째 이미지를 삽입하겠습니다. Wedding_02.jpg 파일을 불러오고 이번에는 크롭 툴을 사용해 보겠습니다. 툴 패널에서 크롭 툴( )을 클릭하고 옵션바에서 모드는 W×H×Resolution을 선택한 후 각각 320 px를 입력하고 이미지 내부를 더블클릭하면 사이즈가 변경됩니다.

09 변형된 이미지를 이동 툴( )로 드래그하여 우측 상단 위에 위치시키고 레이어 Wedding_02로 변경합니다.

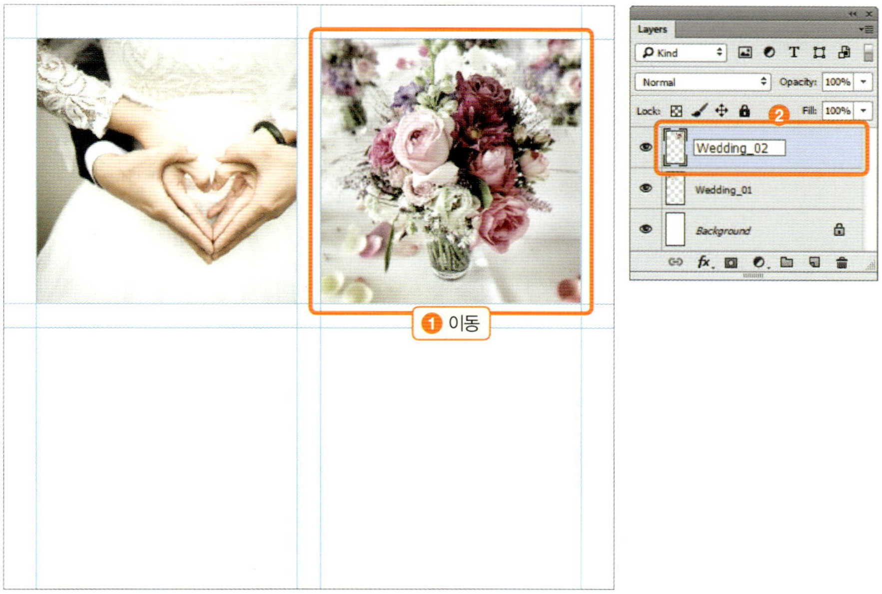

10 나머지 두 개의 이미지 Wedding_03.jpg와 Wedding_04.jpg도 위에서 배운 대로 작업창에 넣고 레이어 이름을 변경합니다.

원형 선택 툴과 문자 툴을 이용하여 초대장 완성하기

11 이제 중앙에 원을 넣기 위해 레이어를 하나 추가하고 이름을 Circle로 변경합니다. 원형 선택 툴( )을 선택한 후 Alt + Shift 를 누르고 중앙에서 바깥으로 커지는 정원을 그립니다. 전경색( )을 #3B161B로 설정하고 작업창에서 Alt + Delete 를 눌러 선택한 전경색을 원에 적용한 후 Ctrl + D 를 눌러 선택 영역을 해제합니다.

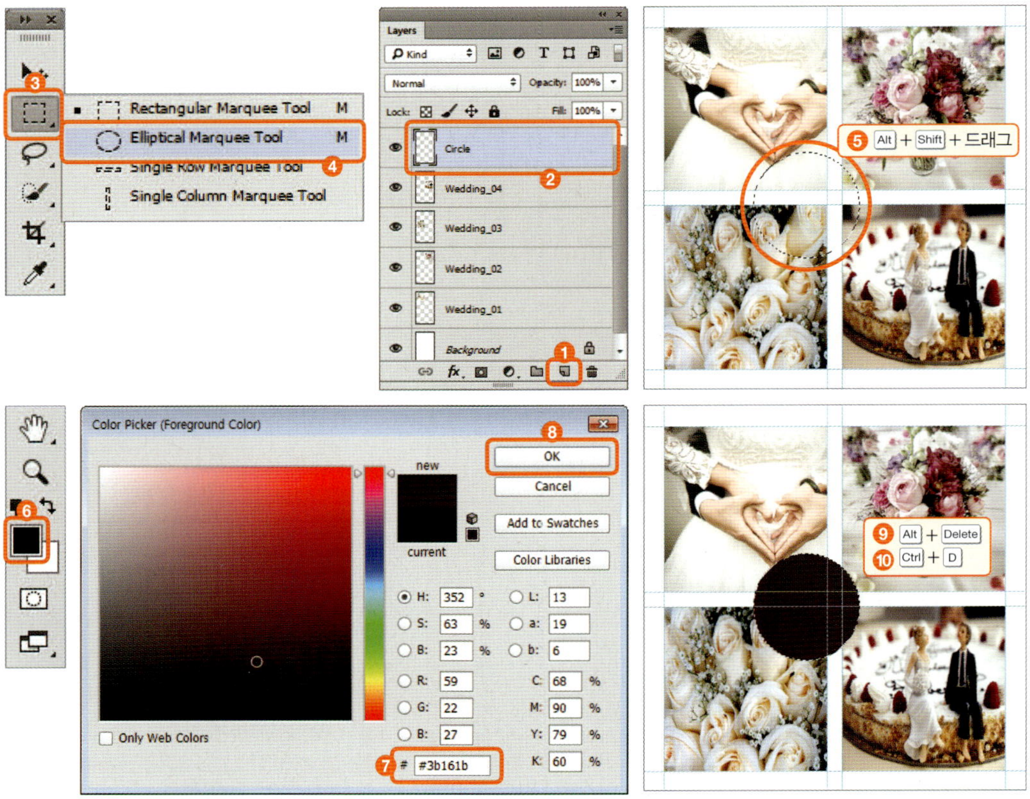

12 [Layers] 패널에서 이미지 4개가 들어있는 레이어를 모두 선택하고 Ctrl+G를 눌러 그룹으로 만든 후 Circle 레이어와 Group 1을 선택합니다. 이동 툴( )을 선택하고 옵션바에서 수직 가운데 정렬과 수평 가운데 정렬을 클릭하여 원이 정중앙에 위치하도록 만듭니다.

13 툴 패널에서 문자 툴(T.)을 선택하고 [Character] 패널에서 다음과 같이 설정한 후 원을 클릭하여 '초대합니다.'라고 입력합니다.

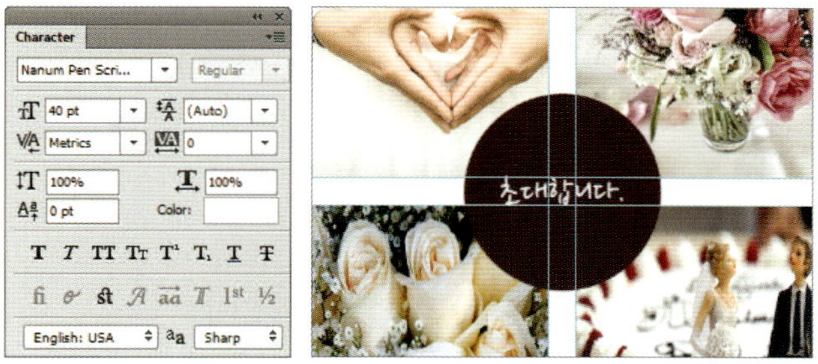

Tip 메뉴바에서 [Window]-[Character]를 클릭하면 Character 패널이 열립니다.

14 이제 가이드 선이 불필요하기 때문에 Ctrl+;을 눌러 가이드 선을 숨깁니다. [Layers] 패널의 Background 레이어를 선택하고 전경색(#DFD2CB)을 설정한 후 Alt+Delete를 눌러 색을 적용합니다.

Tip Ctrl+;을 한 번 누르면 가이드 선이 숨겨지고, 다시 한 번 누르면 가이드 선이 나타납니다.

15 하단에 텍스트를 하나 더 추가해 봅니다. 툴 패널에서 문자 툴(T.)을 선택하고 [Character] 패널을 열어 다음과 같이 설정한 후(Color는 #ae998d) 하단에 'INVITATION'이라고 입력하여 완성합니다.

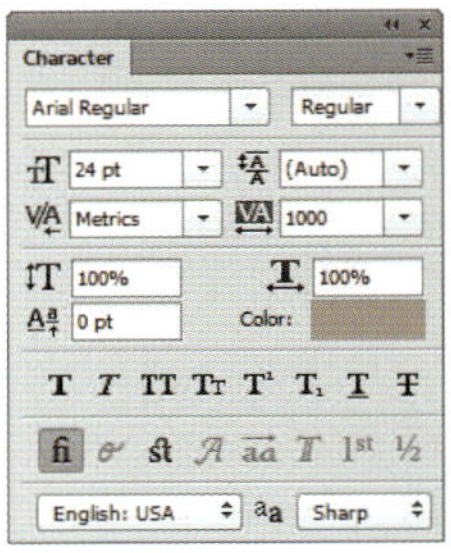

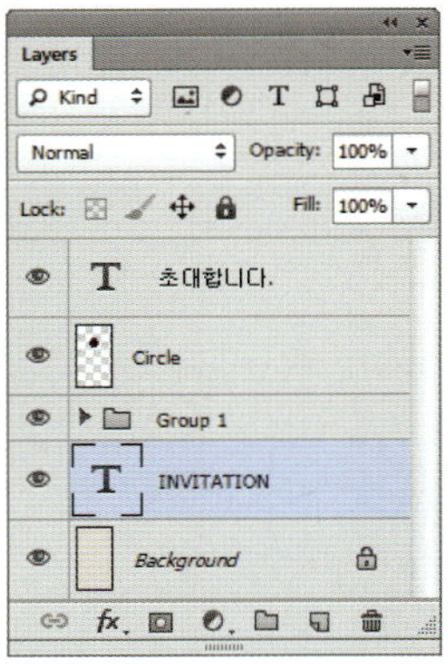

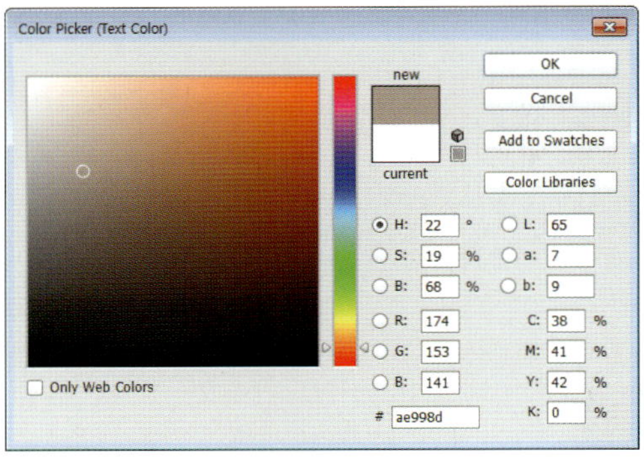

16 위의 예제를 바탕으로 모바일 초대장을 자유롭게 변형해 봅니다.

정형 선택 툴
이동 툴
크롭 툴

기본기 다지기

정형 선택 툴 : 사각 선택 툴, 원형 선택 툴, 가로선 선택 툴, 세로선 선택 툴

이미지를 수정하거나 편집하려면 먼저 무엇을 수정할지 정해야 하는데, 이 '무엇'을 정하는 과정이 바로 '선택하기'입니다. 실제 작업에서 무엇을 얼마나 잘 선택하는가는 작업의 완성도에 영향을 끼칩니다. 디자인 작업에서 선택하기가 중요하기 때문에 포토샵에서도 다양한 선택 툴과 기능을 제공합니다.

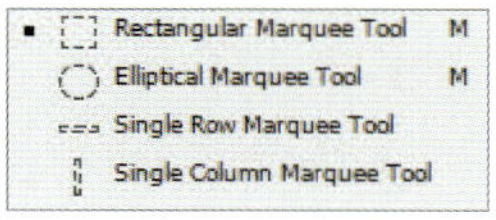

사각형, 원형, 1열, 1행처럼 정해진 영역을 선택할 때는 정형 선택 툴을 이용합니다. 사각 선택 툴( )과 원형 선택 툴( )은 드래그하여 선택할 수 있고, 가로선 선택 툴( )과 세로선 선택 툴( )은 클릭하면 바로 선택됩니다.

사각 선택 툴과 원형 선택 툴을 이용하여 영역을 선택할 때, Shift를 누른 채 드래그하면 정사각형 또는 정원 형태로 영역이 설정됩니다. 또한 Alt를 누른 채 드래그하면 클릭한 지점을 중심으로 선택 영역이 만들어집니다. 따라서 원의 중심에서부터 커지는 원을 선택하고 싶을 때는 Shift와 Alt를 동시에 누른 채 드래그하면 됩니다.

사각 선택 툴

원형 선택 툴

가로선 선택 툴

세로선 선택 툴

• **선택 툴의 옵션바**

사각 선택 툴, 원형 선택 툴, 가로선 선택 툴, 세로선 선택 툴과 다음 장에서 배울 올가미 툴, 다각형 올가미 툴, 자석 올가미 툴은 옵션바가 동일하게 나타납니다(단, 활성화되지 않는 경우가 있습니다). 해당 옵션의 기능을 살펴보겠습니다.

❶ **선택 영역 관련 옵션**

새롭게 선택하기 : 새로운 선택 영역을 선택합니다.

1번만 선택

선택 영역 더하기 : 기존 선택 영역에 새로운 선택 영역을 더합니다. Shift를 누른 채 드래그하는 것과 기능이 같습니다.

2, 3번 선택

선택 영역 빼기 : 기존 선택 영역에 새로운 선택 영역을 뺍니다. Alt를 누른 채로 드래그하는 것과 기능이 같습니다.

2번 선택

공통 영역만 선택하기 : 기존 선택 영역과 새로운 선택 영역에서 공통된 부분만 선택 영역으로 설정됩니다. Shift+Alt를 누른 채 드래그하는 것과 기능이 같습니다.

3번 선택

❷ **Feather :** 선택 영역을 지정할 때 테두리를 부드럽게 처리하는 옵션입니다. 값이 높아질수록 경계면이 흐릿해지면서 색상이 퍼져 보이며, 효과를 적용하려면 Feather 값을 먼저 입력해야 합니다.

Feather 값 : 10

Feather 값 : 50

❸ **Anti-alias :** 경계면을 부드럽게 처리하여 곡선을 자연스럽게 해줍니다.

❹ **Style :** 선택 영역을 만들 때 선택 옵션을 설정합니다.

- Normal : 원하는 대로 드래그한 영역을 선택 영역으로 만듭니다.
- Fixed Ratio : 입력한 비율로 선택 영역을 만듭니다.
- Fixed Size : 입력한 수치대로 고정되어 선택 영역을 만듭니다.

❺ **Refine Edge :** 선택 영역의 경계를 다듬습니다.

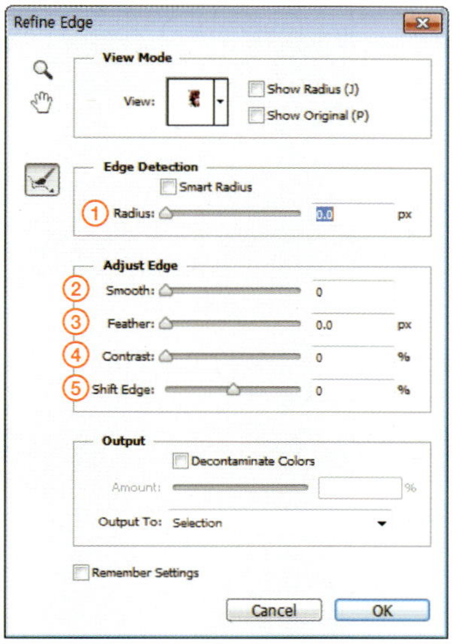

① Radius : 선택 영역의 경계 범위를 정합니다.

② Smooth : 선택 영역의 경계선을 부드럽게 조절합니다.

③ Feather : 선택 영역의 경계선이 부드럽게 퍼지도록 합니다.

④ Contrast : 선택 영역의 경계 구분이 명확해집니다.

⑤ Shift Edge : 선택 영역을 축소하거나 확장합니다.

이미지나 선택 영역을 옮겨 주는 이동 툴

이동 툴( )은 이미지를 이동시킬 때 사용합니다. Background 레이어에서 선택 영역을 지정하여 이동하면 배경색이 나타나고, 일반 레이어에서 선택 영역을 이동 툴로 이동시키면 하위 레이어 이미지가 나타납니다. 서로 다른 작업창, 즉 한쪽 작업창에서 다른 작업창으로 이동시키면 복제가 됩니다. 같은 작업창에서 Alt를 누른 채 선택 영역을 드래그하면 복제되면서 이동합니다.

다른 작업창으로 이미지 이동

선택 영역을 지정하여 이동

Alt를 누른 채 이미지 복제

• 이동 툴의 옵션바

❶ **Auto-Select :** 체크하면 마우스로 클릭한 부분에 해당하는 레이어가 자동으로 선택됩니다. 원하는 부분을 마우스로 드래그하면 그 영역에 있는 레이어들이 자동으로 모두 선택되어 쉽게 이동할 수 있습니다.

작업한 레이어가 많을 때, Auto-Select를 체크하지 않고 해당 레이어를 찾으려면 Ctrl 을 누른 채 해당 이미지를 클릭하여 찾습니다. Auto-Select를 체크하면 편리한 경우도 있지만 클릭만으로 레이어가 선택되어 불편한 경우도 있기 때문에 상황에 맞게 사용합니다. 단, 여기서 주의할 점은 Auto-Select 오른쪽에 Layer와 Group이 있는데 Layer로 되어 있어야 Layer가 선택된다는 것입니다.

❷ **Show Transform Controls :** 체크하면 선택된 레이어의 이미지를 조절할 수 있는 크기 조절점이 생깁니다. 이미지의 크기를 회전하거나 변형할 수 있습니다.

❸ **정렬 옵션 :** 여러 레이어의 위치를 정렬합니다.

❹ **Auto-Align Layers :** 레이어를 자동으로 맞춥니다.

NOTE 이동 툴의 단축키

1. **Shift 를 누른 채 이동 :** 수직, 수평, 45도로 이동합니다.
2. **Alt 를 누른 채 이동 :** 이미지가 복제되면서 이동합니다.
3. **Shift + Alt 를 누른 채 이동 :** 복제하면서 수직, 수평, 45도로 이동합니다.

특정 영역을 자르는 크롭 툴

크롭 툴( )은 특정한 영역만 남기고 나머지 영역은 잘라내는 툴입니다. 특별한 경우가 아니라면 옵션바에서 Width, Height, Resolution을 공란 상태로 두고 작업하면 됩니다.

크롭 툴을 선택하면 이미지 전체에 크롭 툴이 적용됩니다.

조절점을 드래그하여 원하는 사이즈로 맞춥니다. 선택된 부분이 자동으로 중앙에 나타납니다.

Tip Esc를 누르면 조정한 것을 처음 상태로 되돌릴 수 있습니다.

• **크롭 툴의 옵션바**

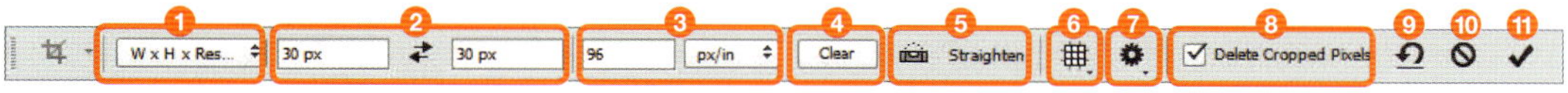

❶ **W×H×Resolution :** 임의로 드래그하거나 설정된 크기로 자를 영역을 지정합니다.

❷ **Width/Height :** 잘라낼 영역의 가로/세로 크기를 직접 입력하여 원하는 크기로 자릅니다. 가운데 양방향 화살표를 누르면 가로와 세로가 서로 바뀝니다.

❸ **Resolution :** 이미지 해상도를 설정합니다.

❹ **Clear :** 수치를 없애줍니다.

❺ **Straighten :** 드래그한 선을 기준으로 수평을 맞춥니다.

❻ **View :** 가이드 라인의 모양을 정합니다.

❼ **Set additional Crop options :** 삭제될 영역의 색이나 오버레이 등을 설정할 수 있습니다.

❽ **Delete Cropped Pixels :** 잘라내는 영역(선택 영역 바깥 부분)을 완전히 제거합니다.

❾ **Reset the Crop Box :** 크롭 툴의 설정을 초기화합니다.

❿ **Cancel current crop operation :** 설정된 자르기를 취소합니다.

⓫ **Commit current crop operation :** 선택한 영역의 이미지를 자릅니다.

NOTE **캔버스 사이즈와 이미지 사이즈**

1. 캔버스 사이즈 Canvas Size

작업을 하다가 작업창의 크기 변경이 필요할 때 사용합니다. 어느 곳을 기준으로 작업창의 크기를 넓히거나 좁힐 것인지 기준점을 설정하고 변경합니다. 작업창의 크기를 현재보다 줄이면 이미지의 일부가 잘려나가고, 늘리면 새로 생긴 공간에 기본적으로 배경색이 채워집니다.

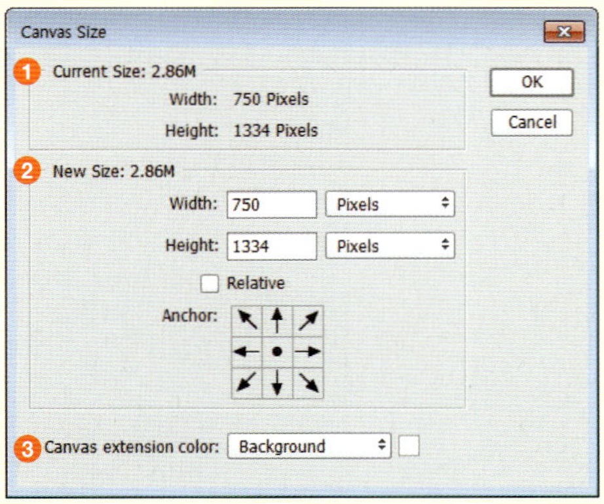

❶ **Current Size :** 원래 캔버스의 크기를 나타냅니다.

❷ **New Size :** 캔버스의 크기를 바꿀 수 있습니다. Anchor는 캔버스를 늘리거나 줄일 때의 기준을 지정합니다.

❸ **Canvas extension color :** 작업창의 크기가 늘어나서 새로 생긴 공간의 색을 어떤 색으로 채울지 설정합니다. 기본적으로 배경색이 채워집니다.

2. 이미지 사이즈 Image Size

이미지의 크기와 해상도를 조절할 수 있습니다. 이미지를 늘리거나 줄이면 이미지가 손상되기 때문에 작업하기 전에 원하는 크기와 해상도를 미리 설정해야 합니다. 보통 웹용은 72dpi, 인쇄용은 300dpi로 작업합니다.

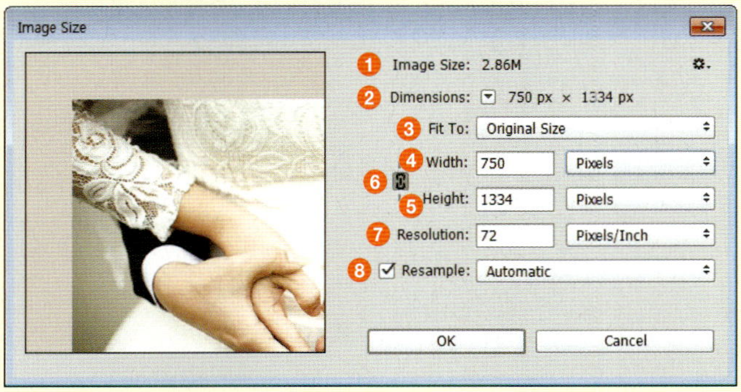

❶ **Image Size :** 원본 이미지의 용량을 나타냅니다.

❷ **Dimensions :** 가로×세로의 크기를 나타냅니다.

❸ **Fit to :** 원본 사이즈에 맞춰 조정합니다.

❹ **Width :** 이미지의 가로 크기를 설정합니다.

❺ **Height :** 이미지의 세로 크기를 설정합니다.

❻ **Do not constrain aspect ratio :** 이미지의 가로와 세로를 같은 비율로 유지시킵니다.

❼ **Resolution :** 이미지의 해상도를 설정합니다.

❽ **Resample :** 이미지의 크기를 조정할 때 해상도가 자동으로 조정됩니다. 체크하면 해상도에 변화를 준만큼 픽셀 수가 늘어납니다. 체크를 해제하면 픽셀 수는 그대로 유지되며 가로와 세로의 변화에 따라 해상도가 변합니다.

CHAPTER

09

부정형 선택 툴로 메뉴판 표지 만들기

완성예제 미리보기

앞에서 우리는 사각 선택 툴, 원형 선택 툴 등 정형을 선택하는 툴에 대해 배웠습니다. 이번 장에서는 정형이 아닌 부정형을 선택하는 툴을 중점적으로 배워볼 것입니다. 부정형을 선택하는 툴에는 자유롭게 드래그하여 선택하는 올가미 툴, 직선으로 이루어진 이미지를 선택할 경우 사용되는 다각형 올가미 툴, 배경과 색상 차이를 이용하여 이미지의 형태를 따라 자동으로 선택하는 자석 올가미 툴 등이 있습니다. 다양한 선택 툴을 활용하여 메뉴판 표지를 만들어 보겠습니다.

준비 파일 Deer.jpg, Directory.jpg, Elephant.jpg, Giraffe.jpg, Zebra.jpg

주요 기능 올가미 툴, 다각형 올가미 툴, 자석 올가미 툴, Threshold, 빠른 선택 툴, 마술봉 툴

기본 이미지를 삽입하며 틀 잡기

01 Ctrl+N을 눌러 새 창을 만들겠습니다. [New] 대화상자에서 Name은 Menu_Cover, Width는 10 Centimeters, Height는 28 Centimeters, Resolution은 300 Pixels/Inch, Color Mode는 CMYK Color로 설정하고 [OK]를 클릭합니다. 새 창이 열리면 Ctrl+R을 눌러 눈금자가 표시되게 하고 가이드 선을 각 테두리에 맞게 배치합니다.

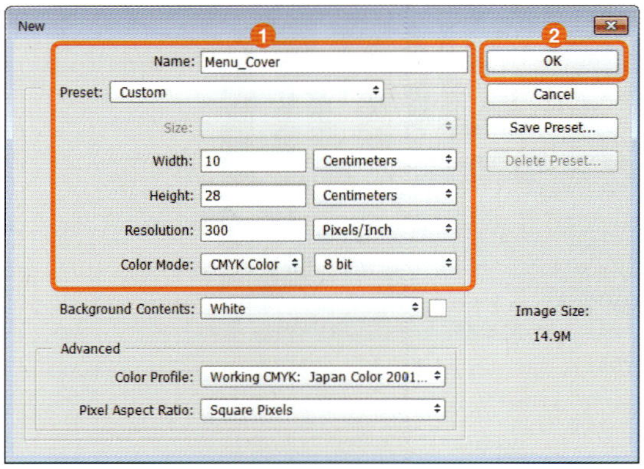

Tip 메뉴판 표지는 양쪽 펼친 페이지를 같이 디자인 합니다. 왼쪽이 뒷면이 되고 오른쪽이 앞면이 됩니다. 따라서 한 면의 정 가운데를 나누어야 합니다. 처음부터 큰 창을 하나 만들어서 다른 방법으로 정 가운데를 나눠주는 방법도 있지만 캔버스 사이즈를 이용하는 것이 더 편리합니다.

02 메뉴바에서 [Image]-[Canvas Size]를 클릭합니다. Width는 20 Centimeters, Height는 28 Centimeters, Anchor는 왼쪽 가운데로 설정하고 [OK]를 클릭하면 캔버스 사이즈가 넓어지고 처음에 표시한 가이드 선이 중앙선 역할을 하게 됩니다.

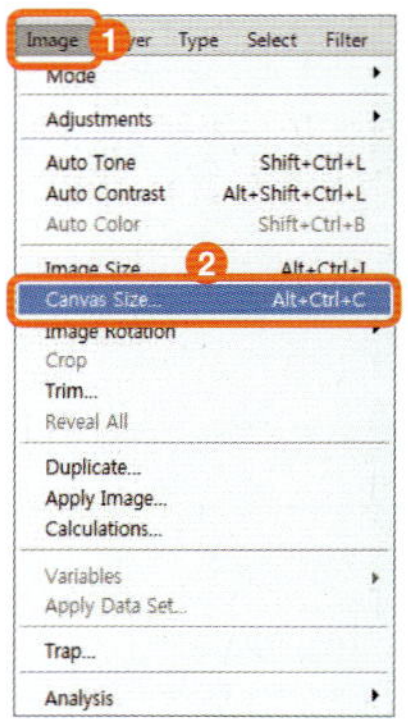

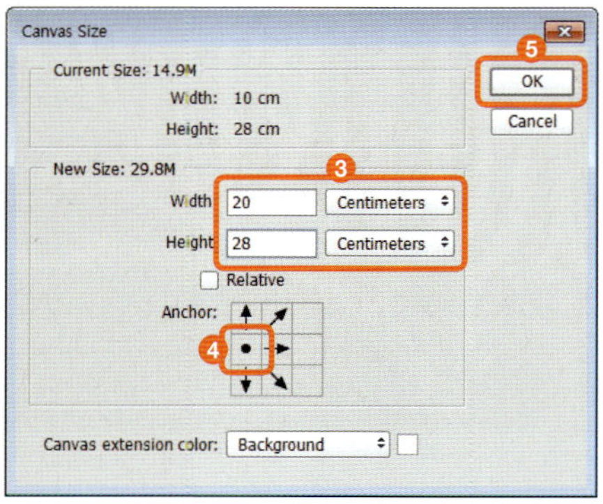

03 Ctrl + O 를 누르고 Zebra.jpg 파일을 불러옵니다. 툴 패널의 이동 툴(▸✛)을 이용하여 작업창으로 이미지를 가져와 작업창 왼쪽 상단에 놓고 [Layers] 패널에서 레이어 이름을 Zebra로 변경합니다.

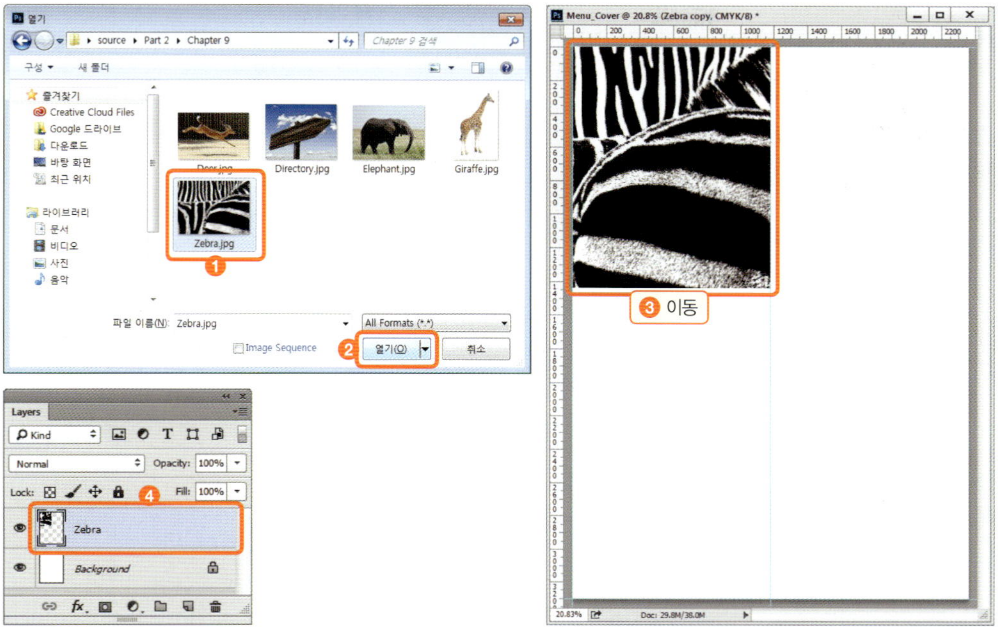

04 작업창의 우측 상단에도 이미지를 넣어 보겠습니다. 우선 Ctrl + J 를 눌러 Zebra 레이어를 복제합니다. 작업창에서 Ctrl + T 를 누르고 마우스 오른쪽 버튼을 클릭하면 나오는 팝업메뉴에서 Flip Horizontal을 선택하면 이미지의 좌우가 바뀝니다. Enter 를 누르고 이동 툴(▸✛)로 Shift 를 누른 채 오른쪽으로 드래그하여 복제된 이미지를 오른쪽에 놓습니다.

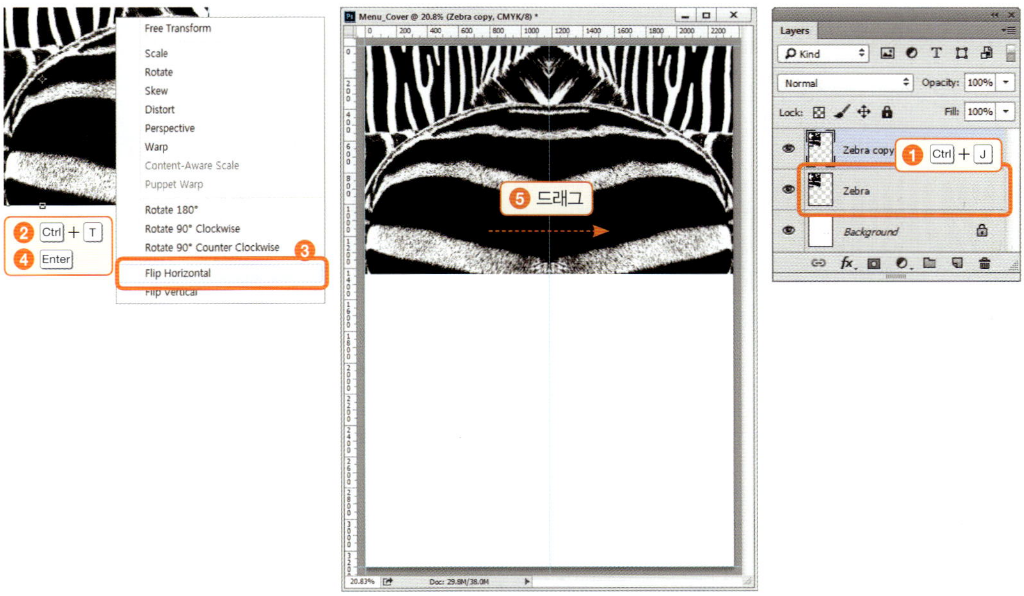

05 [Layers] 패널에서 Zebra 레이어를 선택하고 Ctrl+J를 눌러 레이어를 복제한 후 이동 툴( )로 오른쪽 하단에 드래그합니다.

06 [Layers] 패널에서 Zebra copy2 레이어를 Ctrl+J를 눌러 레이어를 복제합니다. 앞에서 한 작업처럼 이미지를 좌우로 뒤집고 왼쪽 하단에 놓습니다.

07 [Layers] 패널에서 새 레이어를 추가하여 맨 위로 올려놓습니다. 사각 선택 툴( )로 가운데 영역을 선택합니다. 전경색( )을 클릭하여 [Color Picker] 대화상자에서 색(#fabe13)을 설정하고 작업창에서 Alt+Delete를 눌러 전경색을 적용한 후 Ctrl+D를 눌러 선택 영역을 해제합니다.

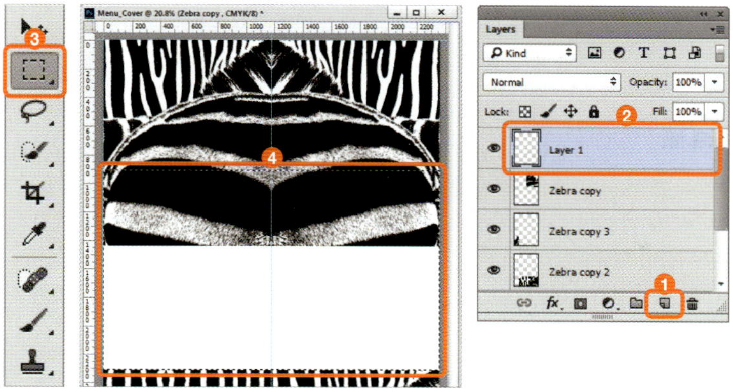

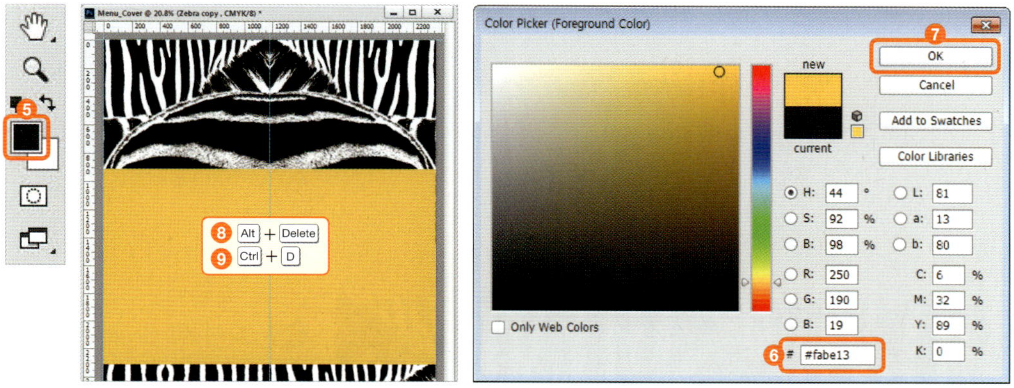

08 이제 우측 하단에 있는 문양을 수정하여 텍스트를 입력할 영역을 만들겠습니다. [Layers] 패널에는 이미지를 복제해서 여러 개의 레이어가 생성됐는데, 작업을 하려면 먼저 그 이미지가 속해있는 레이어를 선택해야 합니다. 이동 툴( )을 선택하고 Ctrl을 누른 채 작업창에서 해당 이미지를 클릭하면 그 이미지의 레이어, 즉 Zebra copy 2 레이어가 선택됩니다.

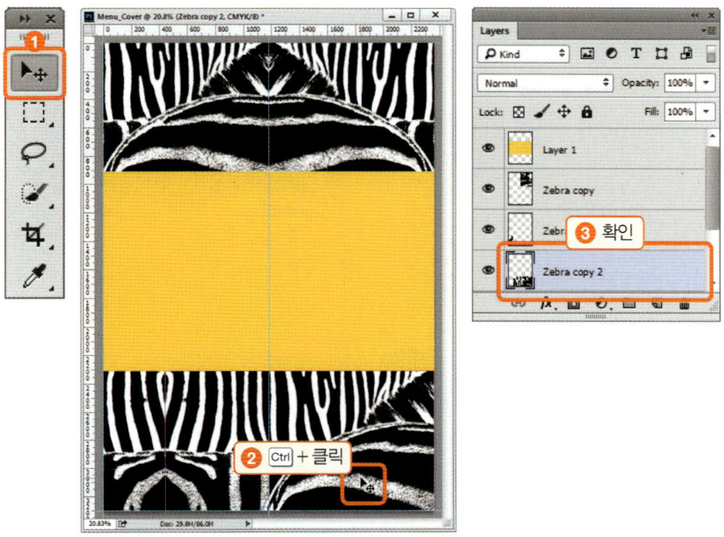

NOTE Auto-Select

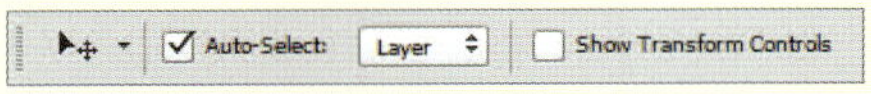

이동 툴 관련 옵션바의 Auto-Select를 체크한 후 Layer를 선택하면 마우스로 클릭한 부분에 해당하는 레이어가 자동으로 선택됩니다. 원하는 부분을 마우스로 드래그하면 그 영역에 있는 레이어들이 자동으로 선택됩니다. 작업한 레이어가 많은 경우 Auto-Select를 체크하지 않고 해당 레이어를 찾으려면 Ctrl 을 누른 채 해당 이미지를 클릭하여 찾습니다. Auto-Select를 체크해서 편리한 경우도 있지만 클릭만으로 레이어가 선택되어 의도하지 않은 선택이 되는 경우도 있기 때문에 상황에 맞게 사용합니다. 단, 여기서 주의할 점은 Auto-Select 오른쪽에 Group과 Layer가 있는데 Group을 클릭하면 그룹이 선택되고 Layer를 클릭하면 레이어가 선택된다는 것입니다.

부정형 선택 툴을 이용하여 메뉴판 표지 완성하기

09 툴 패널에서 올가미 툴( )을 선택하고 우측 하단의 흰색 털 부분을 드래그하여 선택 영역으로 만듭니다.

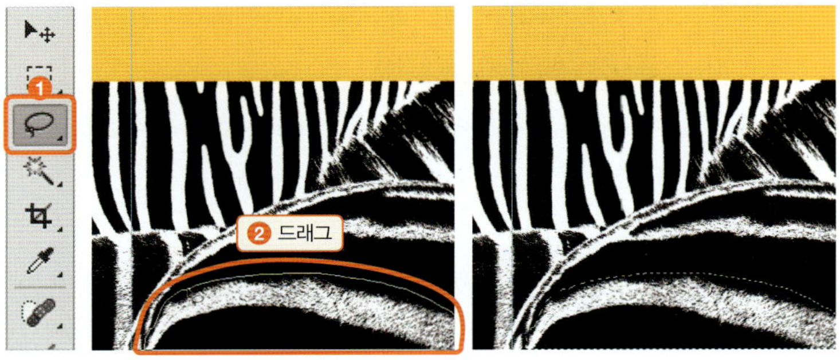

Tip 올가미 툴을 선택했는데 마우스 포인터가 올가미 모양이 아닌 -¦- 모양으로 나타난다면 키보드의 Caps Lock 이 켜져 있는지 확인합니다. 만약 꺼졌는데도 -¦- 모양으로 표시된다면 메뉴바에서 [Edit]-[Preferences]-[Cursors]를 선택하고 Other Cursors 옵션을 Standard로 체크합니다.

10 툴 패널의 스포이트 툴( )을 선택하고 주변의 검은색 털을 클릭하여 색을 추출합니다. Alt + Delete 를 눌러 색을 적용한 후 Ctrl + D 를 눌러 선택 영역을 해제합니다.

11 이번에는 레이어를 정리하겠습니다. Shift 를 누른 채 다음 4개의 레이어를 선택하고 Ctrl + G 를 눌러 그룹으로 만들고 이름을 Zebra로 바꿉니다.

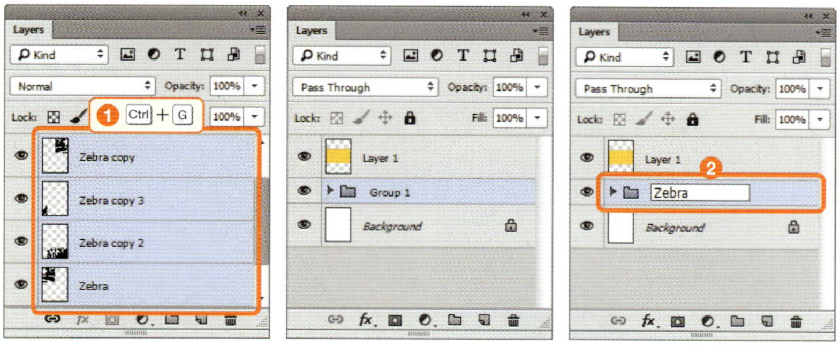

12 Ctrl + O 를 눌러 나머지 4개의 이미지들을 불러온 후 Directory.jpg 이미지만 남겨놓고 나머지 이미지는 최소화합니다.

13 툴 패널에서 다각형 올가미 툴( )을 선택합니다. 이미지를 따라 클릭하면서 선택 영역을 만듭니다. 다각형 올가미 툴은 반드시 처음 시작점으로 다시 돌아와서 클릭해야 선택 영역으로 만들어집니다.

Tip 다각형 올가미 툴을 사용할 때 연결 지점을 잘못 선택했다면 Delete 를 눌러 한 단계 뒤로 돌아가고, 사용하는 중간에 끝내고 싶다면 작업 화면을 더블클릭하면 됩니다. 더블클릭한 지점과 처음 시작점이 연결되면서 선택 영역이 만들어집니다.

14 이동 툴( )을 선택하고 마우스 포인터를 선택 영역이 활성화된 부분으로 가져가면 가위 모양으로 변경됩니다. 선택 영역을 드래그하여 작업창으로 이동시킨 후 Ctrl + T 를 눌러 이미지의 크기를 조절합니다.

Tip 만약 노란 배경 아래로 옮겨져서 이미지가 보이지 않는다면 Layers 패널에서 레이어를 드래그하여 위로 올려줍니다.

15 Directory 이미지에 색을 적용하겠습니다. [Layers] 패널의 레이어 스타일(fx.)을 클릭하고 Color Overlay를 선택합니다. [Layer Style] 대화상자에서 컬러 박스를 클릭하여 검은색으로 바꾸고 [OK]를 클릭하면 이미지에 검정색이 적용됩니다.

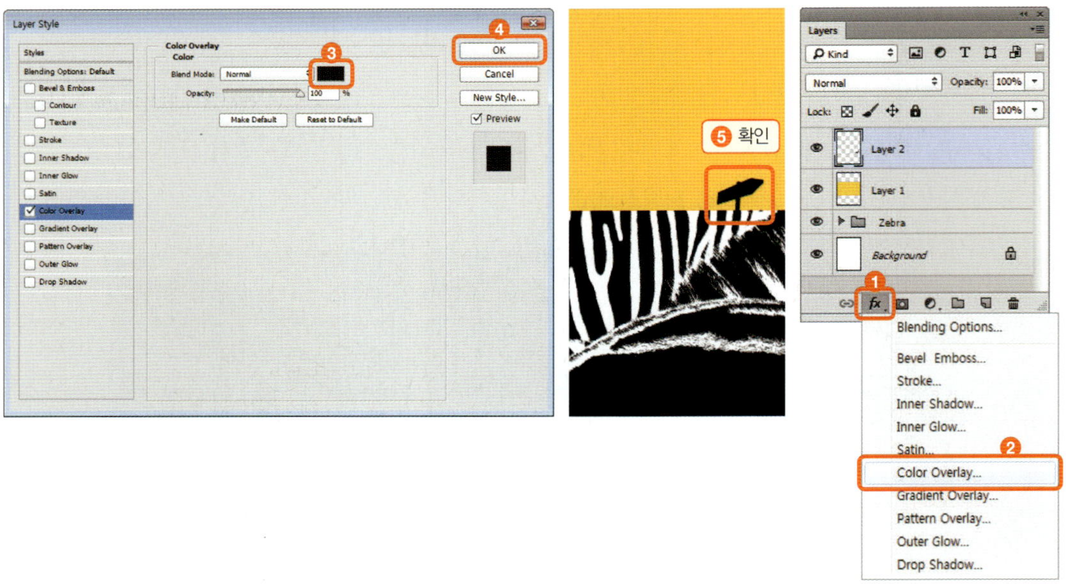

16 이제 Deer.jpg 이미지를 작업합니다. 툴 패널에서 자석 올가미 툴( )을 클릭하고 사슴의 외곽선을 따라 마우스를 드래그합니다. 뿔 사이는 옵션바에서 를 클릭하여 선택하거나 Alt를 누른 채로 선택하면 선택 영역에서 제외시킬 수 있습니다.

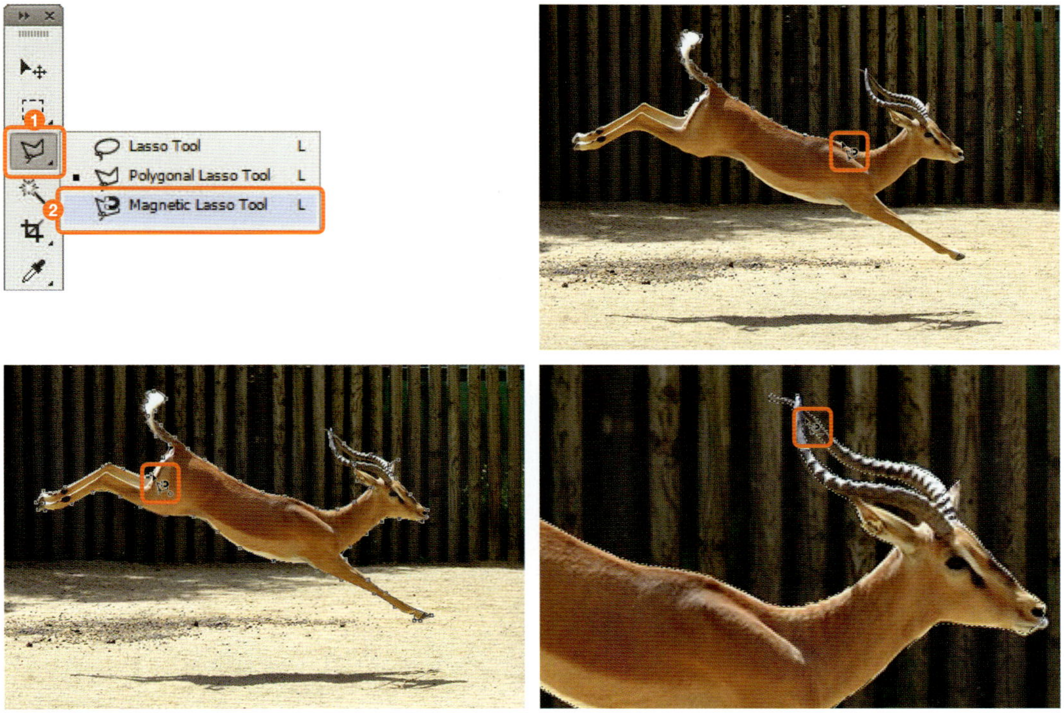

17 선택이 완료되면 이동 툴( )로 작업창에 드래그하여 놓고 Ctrl+T를 눌러 이미지 크기를 조절합니다. 앞의 예제와 마찬가지로 [Layers] 패널의 레이어 스타일(fx.)을 클릭하고 Color Overlay를 선택하여 이미지를 검정색으로 바꿔줍니다.

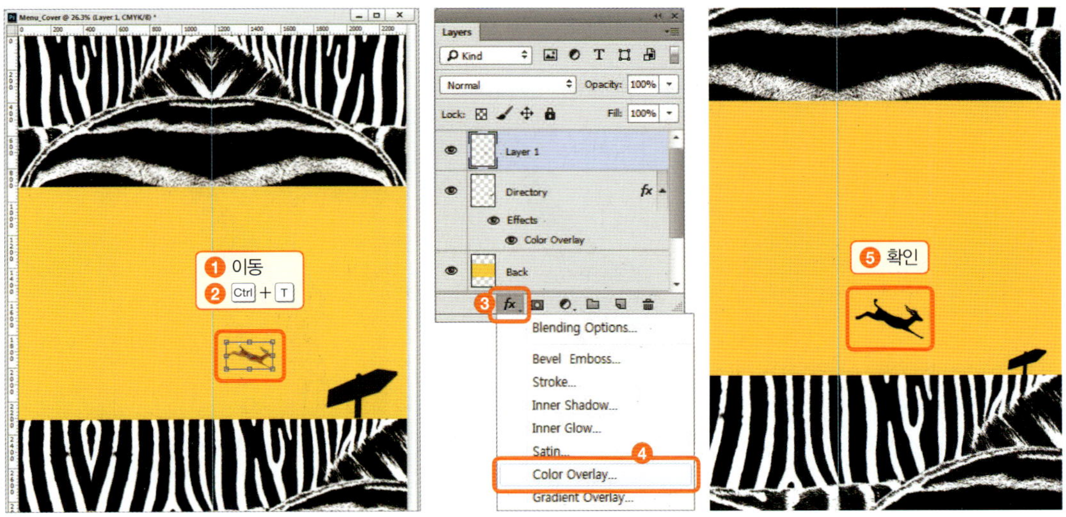

18 이제 Giraffe.jpg 이미지를 작업하겠습니다. 메뉴바에서 [Image]–[Adjustment]–[Threshold]를 선택하고, [Threshold] 대화상자에서 Threshold Level을 198로 설정한 후 [OK]를 클릭합니다.

NOTE Threshold

Threshold를 이용하면 흰색과 검정색만으로 이루어진 고대비 이미지를 만들 수 있습니다. Threshold 값이 138이면 256 단계를 갖는 명도 차트에서 0~137과 138~255 값으로 나누어집니다. 이렇게 일정량의 데이터를 두 개의 그룹으로 나누어 먼저 그룹은 0으로 표현하고 나중 그룹은 256으로 나타냅니다.

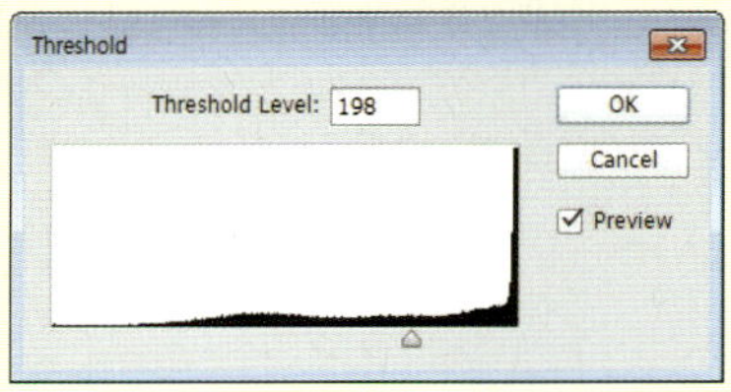

19 툴 패널에서 마술봉 툴(🪄)을 선택하고 이미지의 흰색 배경을 클릭합니다. Ctrl+Shift+I를 누르면 선택 영역이 반전됩니다. 이동 툴(✥)로 선택된 기린을 작업창으로 가져오고 Ctrl+T를 눌러 크기를 변경한 후 레이어 이름도 정리합니다.

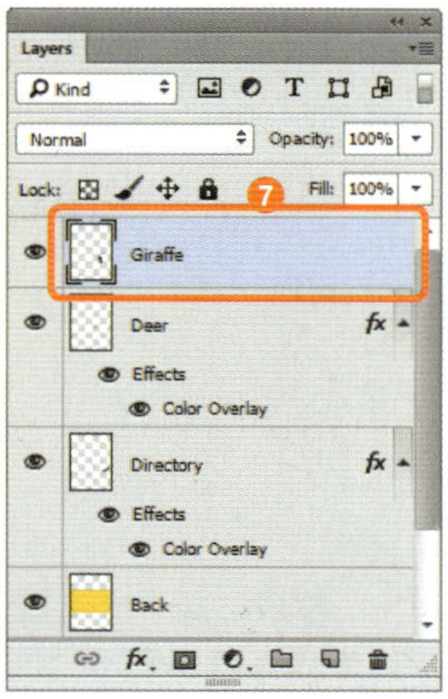

Tip 배경이 단일색이기 때문에 배경을 선택한 다음 반전시키는 것이 오브젝트를 선택하는 데 편리합니다. Ctrl+Shift+I는 선택 영역을 반전시키는 단축키입니다.

20 Elephant.jpg 이미지를 작업합니다. 빠른 선택 툴( )을 클릭한 후 코끼리를 마우스로 드래그하며 선택합니다. 면적이 작은 부분은 브러시 사이즈를 줄이고 선택합니다. 앞서 한 작업들과 마찬가지로 선택이 완료되면 이동 툴( )로 작업창에 드래그한 후 크기를 조정하고 레이어 이름을 변경합니다.

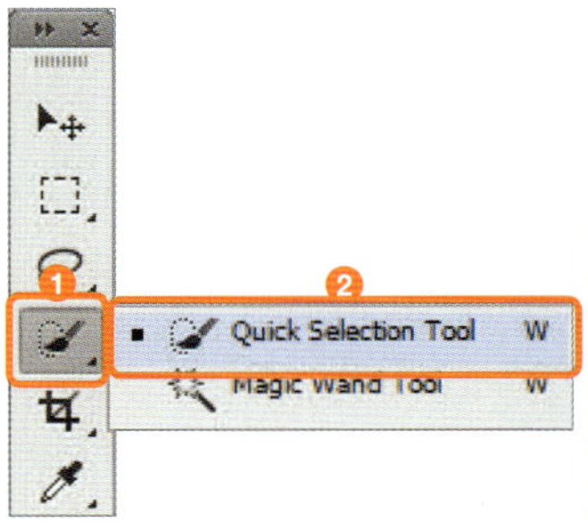

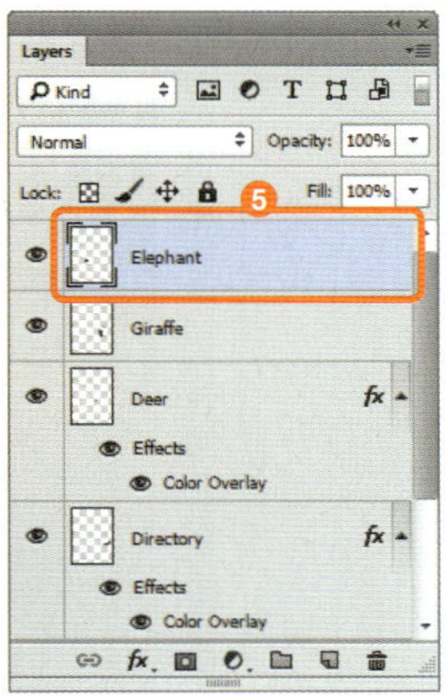

Tip 브러시 사이즈를 작업창에서 직접 조정할 수 있습니다. [를 누르면 브러시 사이즈가 작게,]를 누르면 브러시 사이즈가 크게 조정됩니다.

21 툴 패널에서 문자 툴(T,)을 클릭하고 [Character] 패널에서 다음과 같이 설정한 후(Color는 #4c3d17) 작업창을 클릭하여 텍스트 Zoo Cafe를 입력합니다.

Tip Zebra 폰트는 dafont.com에서 다운받을 수 있습니다.

22 [Layers] 패널에서 새 레이어를 추가하고 작업창에서 Ctrl+A를 눌러 전체를 선택한 후 메뉴바에서 [Edit]-[Stroke]를 클릭합니다. [Stroke] 대화상자에서 Width는 50 px, Color는 흰색, Location은 Inside로 설정하고 [OK]를 클릭하면 다음과 같이 이미지 외곽에 흰색 테두리가 만들어집니다.

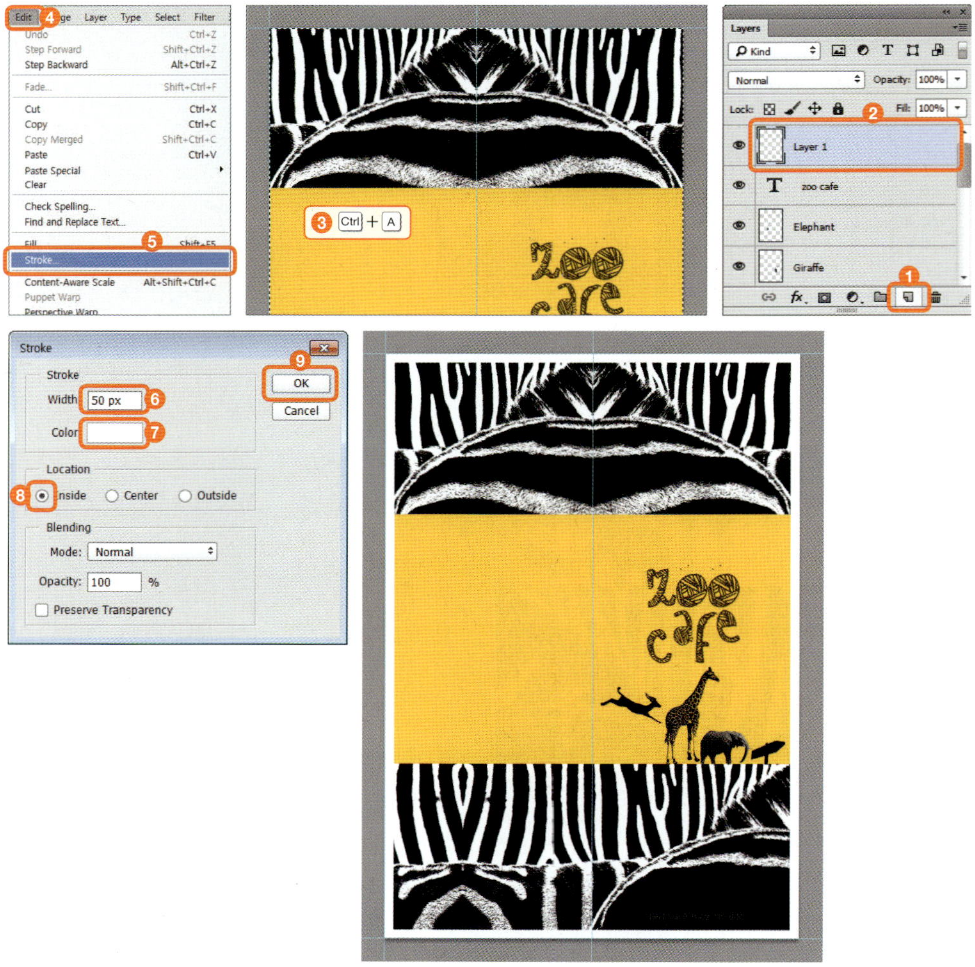

23 메뉴판 표지가 완성되었습니다.

부정형 선택 툴
빠른 선택 툴
Modify
퀵 마스크 모드

기본기 다지기

부정형 선택 툴 : 올가미 툴, 다각형 올가미 툴, 자석 올가미 툴

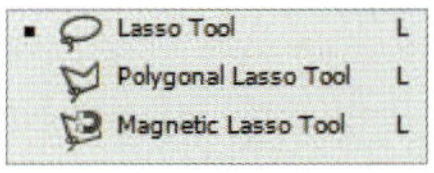

올가미 툴

올가미 툴(Lasso Tool)은 불규칙한 형태를 자유롭게 선택할 때 사용합니다. 올가미 툴은 선택할 이미지를 클릭한 상태에서 드래그하다가 처음 클릭한 지점과 마지막으로 마우스에서 손을 뗀 지점이 만나면서 선택 영역이 만들어집니다.

다각형 올가미 툴

다각형 올가미 툴(Polygonal Lasso Tool)은 직선으로 이루어진 이미지를 선택할 때 주로 사용하며, 특히 각진 모양을 쉽게 선택할 수 있습니다. 다각형 올가미 툴은 처음 클릭한 지점과 마지막 클릭 지점이 만나면서 선택 영역으로 만들어집니다.

자석 올가미 툴

자석 올가미 툴(Magnetic Lasso Tool)은 주로 배경과 색상 차이가 뚜렷한 이미지를 선택할 때 사용합니다. 자석 올가미 툴은 이미지의 외곽선 부분을 클릭한 후 마우스에서 손가락을 뗀 상태에서 경계선 부근을 드래그해 나가면 선택 영역이 자동으로 만들어집니다.

• 자석 올가미 툴의 옵션바

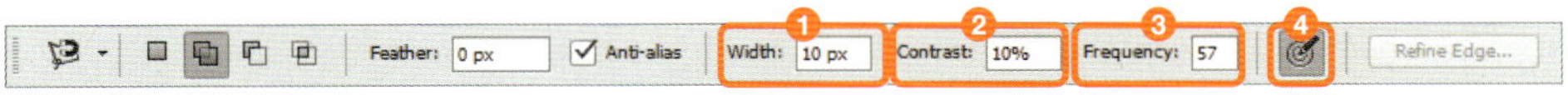

❶ **Width :** 어느 정도 색상 차이가 나는 부분을 선택할지 설정합니다. 수치가 낮을수록 정교하게 선택됩니다.

❷ **Contrast :** 선택할 부분의 경계 대비를 어느 정도 지정할 것인지 설정합니다. 수치가 높을수록 정교하게 선택됩니다.

❸ **Frequency :** 선택할 때 나타나는 포인트의 수를 설정합니다. 수치가 높을수록 포인트가 많아지므로 정교하게 선택됩니다.

Width 10, Contrast 100, Frequency 100

Width 100, Contrast 10, Frequency 10

❹ **Pen Pressure :** 태블릿을 이용할 때 누르는 압력에 따라 선택 영역을 지정하는 옵션입니다.

빠르게 선택할 수 있는 빠른 선택 툴과 마술봉 툴

빠른 선택 툴

빠른 선택 툴(Quick Selection Tool)은 클릭하거나 드래그하면서 원하는 영역을 선택할 수 있습니다. 색상 경계 부분을 구별해서 선택한다는 점에서 마술봉 툴과 비슷하지만, 브러시를 조절할 수 있어 원하는 영역을 좀 더 섬세하게 선택할 수 있습니다.

• 빠른 선택 툴의 옵션바

❶ **선택 영역 설정 :** 새 선택 영역/선택 영역 더하기/선택 영역 빼기로 설정합니다.

❷ **브러시 설정 :** 브러시 크기, 강도, 간격, 모양 등을 설정합니다.

❸ Sample All Layers **:** 체크하면 다른 레이어에 있는 이미지도 선택됩니다.

❹ Auto Enhance **:** 선택 영역의 경계가 선명하고 자연스러워집니다.

마술봉 툴

마술봉 툴(Magic Wand Tool)로 이미지를 클릭하면 선택한 색과 유사한 색을 자동으로 찾아 선택 영역으로 만듭니다. 옵션바에서 범위(Tolerance)를 조정할 수 있습니다.

• 마술봉 툴의 옵션바

❶ Tolerance **:** 선택 영역의 범위가 결정됩니다. 값이 높아지면 선택 범위도 넓어집니다.

Tolerance=20

Tolerance=50

Tolerance=100

❷ Contiguous **:** 선택한 부분에서 인접 영역만 선택 범위가 됩니다.

❸ Sample All Layers : 체크하면 해당 레이어가 선택되지 않더라도 이미지 전체에서 선택 영역을 만듭니다.

NOTE **Select 메뉴**

포토샵에는 원하는 영역을 선택할 수 있도록 돕는 다양한 메뉴가 있습니다. 선택과 관련하여 필요한 메뉴는 대부분 메뉴바의 Select에 있습니다.

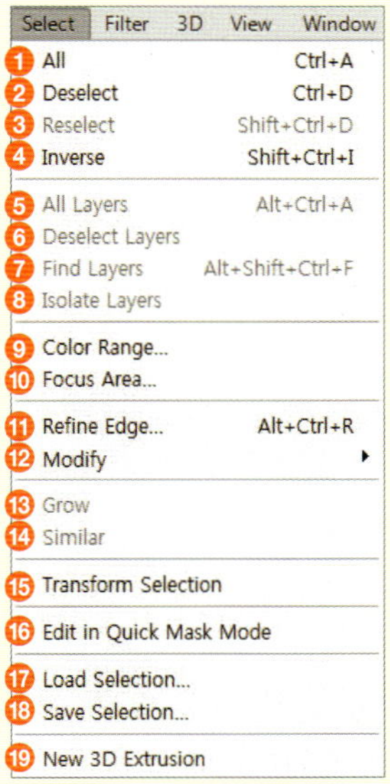

❶ **All** : 이미지 전체 영역을 선택합니다.

❷ **Deselect** : 선택 영역을 해제합니다.

❸ **Reselect** : Deselect로 해제한 선택 영역을 다시 선택합니다.

❹ **Inverse** : 선택 영역을 선택되지 않는 영역으로 반전시킵니다.

❺ **All Layers** : 모든 레이어를 선택합니다.

❻ **Deselect Layers** : 선택 레이어를 해제합니다.

❼ **Find Layers** : 선택하면 레이어 패널 상단이 레이어 이름을 검색할 수 있는 창으로 바뀝니다.

❽ **Isolate Layers** : 선택한 레이어들을 분리하여 새로운 Layers 패널을 만듭니다.

❾ **Color Range** : 색상 범위를 조절하면서 선택 영역을 지정합니다.

❿ **Focus Area** : 선택을 할 때 포커싱 영역을 기반으로 선택을 용이하게 합니다.

⓫ **Refine Edge** : 선택 영역을 다듬는 기능입니다.

⓬ **Modify** : 선택 영역의 외곽을 조정합니다.

⓭ **Grow** : 선택 영역 색과 비슷한 색을 추가할 때 사용합니다.

⓮ **Similar** : 이미지에서 선택한 색상과 비슷한 색상 영역을 모두 선택합니다.

⓯ **Transform Selection** : 선택 영역을 변형합니다.

⓰ **Edit in Quick Mask Mode** : 퀵 마스크 모드로 바뀝니다.

⓱ **Load Selection** : 저장된 알파 채널을 선택 영역으로 불러옵니다.

⓲ **Save Selection** : 선택 영역을 알파 채널로 저장합니다.

⓳ **New 3D Extrusion** : 선택 영역을 3D로 만듭니다.

다양한 방식으로 선택 영역을 만들어 주는 Modify

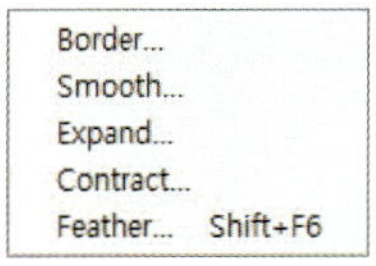

Modify 기능을 이용하면 선택 영역에 테두리를 적용하거나 확장 또는 축소할 수 있습니다. Modify는 메뉴바에서 [Select]–[Modify]를 선택하면 세부 메뉴로 확인할 수 있으며 Border, Smooth, Expand, Contract, Feather로 구성되어 있습니다.

Select

Border

Smooth

Expand

Contract

Feather

Tip 위에 Feather 이미지는 선택 영역을 설정하고 메뉴바에서 [Select]–[Modify]–[Feather]를 적용한 후 Ctrl+Shift+I를 눌러 선택 영역을 반전시키고 Delete를 눌러 배경을 지웠습니다. 만약 이미지가 Background 레이어일 경우 앞에서 배운 대로 레이어를 더블클릭한 후 [OK]를 눌러 일반 레이어를 만들어 적용하면 됩니다.

메뉴바에서 [Select]–[Modify]에는 선택 영역을 변형하는 다양한 세부 메뉴가 있는데 이 중 Feather와 Smooth는 비슷한 기능인 것 같지만 자세히 살펴보면 조금 다른 기능입니다. Feather는 선택 영역 테두리를 부드럽게 하는 기능인데 반해, Smooth는 선택 영역 모서리를 부드럽게 하는 기능입니다. 다음 화면을 보면 그 차이를 쉽게 알 수 있습니다.

Feather

Smooth

이미지를 정교하게 선택해 주는 퀵 마스크 모드

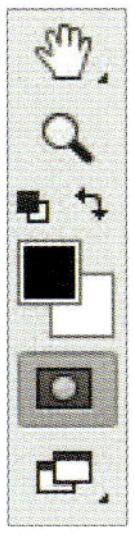

이미지를 정교하게 선택할 때 주로 퀵 마스크 모드(Quick Mask Mode)를 이용합니다. 퀵 마스크는 스프레이로 칠 작업을 할 때 칠이 묻지 않을 곳을 마스킹 테이프로 붙이고 스프레이 작업을 완성하는 마스킹을 연상하면 됩니다. 퀵 마스크를 바로 선택하지 말고 자석 올가미 툴을 이용하여 대략 선택한 후 미세한 부분은 퀵 마스크 모드에서 수정하면 더 빠르게 선택 영역을 지정할 수 있습니다.

표준 모드에서는 선택 영역이 점선으로 나타나지만 퀵 마스크 모드는 선택 영역이 브러시로 칠한 색으로 나타납니다. 표준 모드에서 퀵 마스크 모드로 바꾸려면 툴 박스의 퀵 마스크 모드 아이콘을 클릭하거나 Q를 누르면 됩니다. 브러시로 마스크할 부분을 드래그한 후 다시 퀵 마스크 모드 아이콘을 클릭하거나 Q를 누르면 표준 모드로 바뀌면서 선택 영역이 점선으로 바뀝니다.

표준 모드

퀵 마스크 모드

• Quick Mask Options 대화상자

퀵 마스크 모드를 더블클릭하면 Quick Mask Options 대화상자가 열립니다.

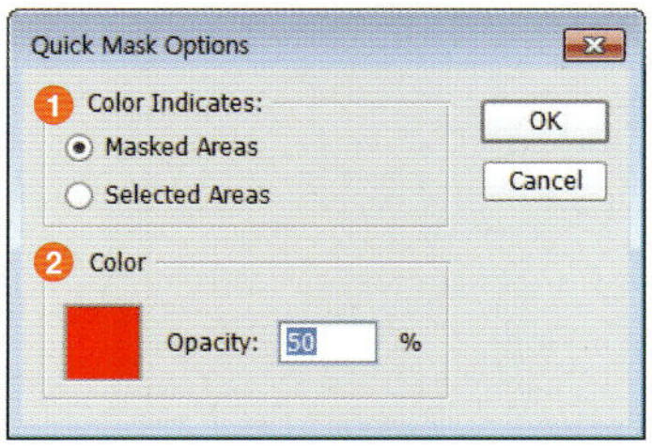

❶ **Color Indicats :** 퀵 마스크 모드에서 색을 어느 부분에 표시할지 설정할 수 있습니다.

- Masked Areas : 마스크를 적용할 영역을 아래에 설정한 색으로 표시합니다.
- Selected Areas : 선택할 영역을 아래에 설정한 색으로 표시합니다.

Masked Areas

Selected Areas

❷ **Color :** 퀵 마스크 모드에서 표시되는 색과 불투명도를 설정할 수 있습니다.

CHAPTER 10

이미지를 리터칭하여 팝업창 만들기

완성예제 미리보기

웹 사이트에 접속하면 새로운 소식을 알려주는 이벤트 팝업창이 함께 열리는 경우가 있습니다. 이번 장에서는 포토샵에 있는 리터칭 기능을 활용하여 팝업창을 만들어 보겠습니다. 이번 예제를 통해 이미지에서 원하는 부분만 어둡게 하거나 밝게 하는 방법, 흐릿하게 하거나 선명하게 하는 방법들을 배울 수 있을 것입니다. 또한 단순한 리터칭뿐만 아니라 이미지를 복원, 수정하는 툴에 대해서도 알아보겠습니다. 주변 이미지와 자연스럽게 합성하면서 복원하는 힐링 브러시 툴과 이미지에서 불필요한 부분을 지우거나 복사할 때 사용하는 도장 툴은 사진에서 점이나 주근깨를 없애는 데 효과적으로 사용되니 제대로 배워봅니다.

준비 파일 Blackboard.jpg, Cookies.png, Dessert_01.png, Dessert_02.png, Dessert_03.jpg, Dessert_04.jpg
주요 기능 샤픈 툴, 닷지 툴, 번 툴, 힐링 브러시 툴, 브러시 툴, 다각형 올가미 툴

팝업창 배경 만들기

01 Ctrl+N을 누르고 [New] 대화상자에서 Name은 Popup, Width는 600 Pixels, Height는 800 Pixels, Resolution은 72 Pixels/Inch, Color Mode는 RGB Color로 설정합니다.

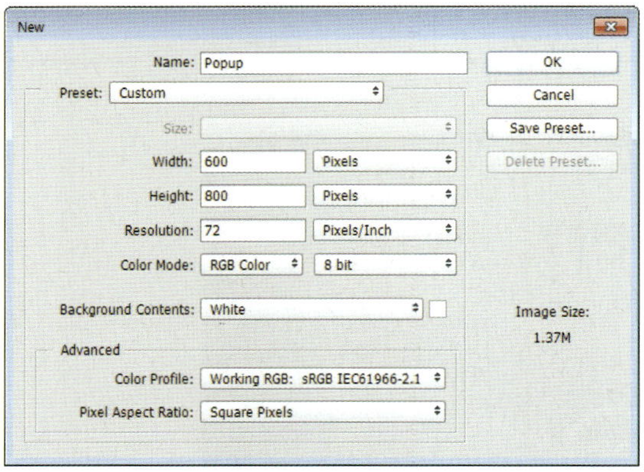

02 [Layers] 패널에서 새 레이어를 추가합니다. 툴 패널에서 전경색(■)을 클릭하고 색(#dec7a7)을 설정한 후 Alt+Delete를 눌러 전경색을 작업창에 적용합니다.

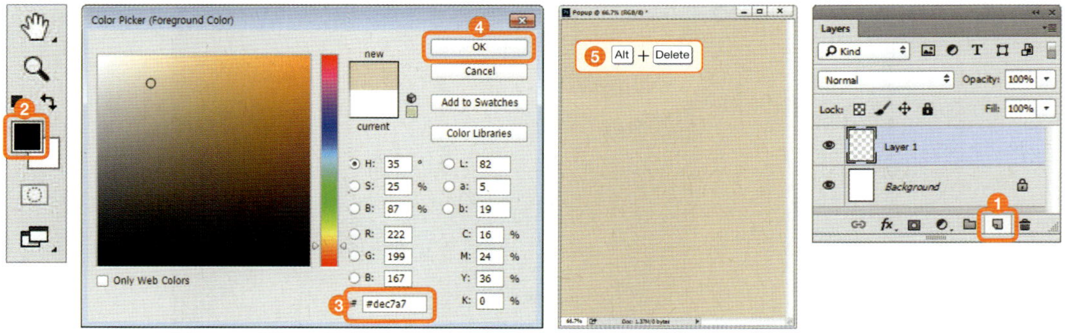

03 전경색(■)을 #d0b999로 변경한 후 메뉴바에서 [Filter]–[Noise]–[Add Noise]를 클릭합니다. [Add Noise] 대화상자가 열리면 Amount는 3%로 설정하고 Monochromatic을 체크한 후 [OK]를 클릭하면 이미지 표면에 약간의 질감이 추가됩니다.

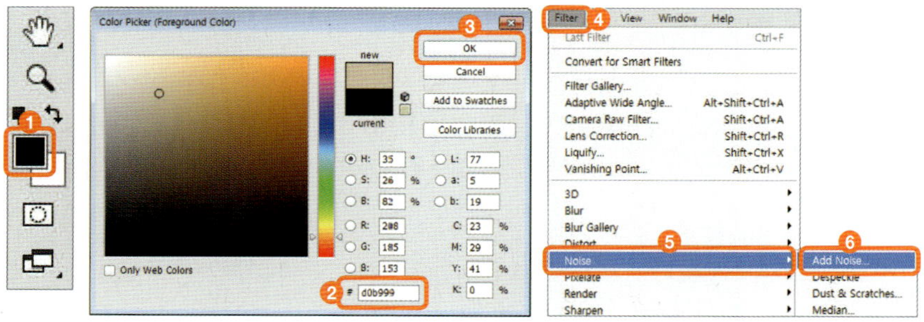

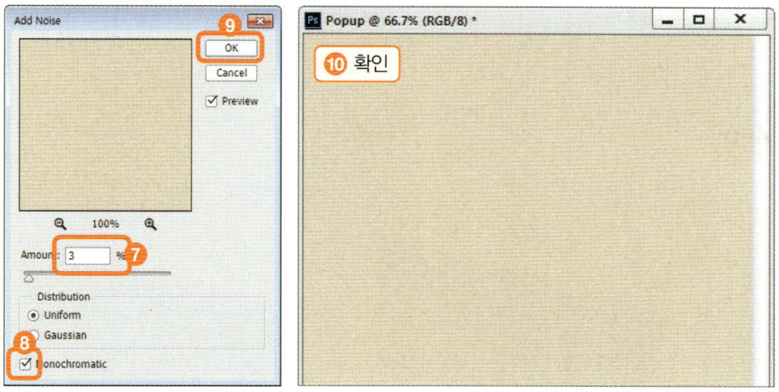

Tip Add Noise는 이미지 표면에 까끌까끌한 느낌을 주고 싶을 때 사용합니다.

배경에 이미지 이동하고 변형하기

04 Ctrl + O 를 눌러 Blackboard.jpg 파일을 불러옵니다. 이동 툴(▸✣)을 이용하여 이미지를 작업창으로 이동시키고 Ctrl + T 를 눌러 이미지의 크기와 방향을 바꿉니다.

05 툴 패널에서 다각형 올가미 툴(⊻.)을 클릭하고 흰색 배경 부분을 선택한 후 Delete 를 눌러 지워줍니다. Ctrl + D 를 눌러 선택 영역을 해제합니다.

06 이제 칠판에 있는 글씨를 자연스럽게 지워보겠습니다. 툴 패널에서 힐링 브러시 툴( )을 선택합니다. 복사할 지점을 Alt를 누른 채 클릭한 후 Alt를 떼고 글씨가 있는 부분을 드래그하면 글씨가 복사한 지점의 배경과 섞이면서 지워집니다.

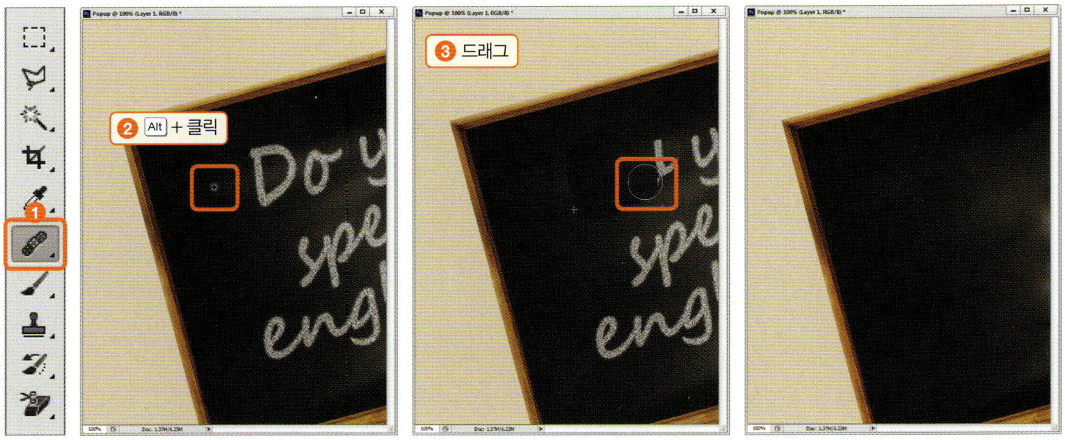

Tip 포토샵에서 브러시 사이즈를 조절하는 방법은 모두 동일합니다. [은 브러시 사이즈를 작게,]은 브러시 사이즈를 크게 조절합니다.

07 Ctrl + O를 눌러 Cookies.png, Dessert_01.png, Dessert_02.png 파일을 불러오고 이동 툴( )을 이용하여 작업창에 이동시킵니다. Ctrl + T를 눌러 크기를 줄인 다음 적절한 위치에 배치한 후 [Layers] 패널에서 레이어 이름을 정리합니다.

08 Ctrl + O를 눌러 Dessert_03.jpg 파일을 불러온 후 빠른 선택 툴( )로 이미지를 선택합니다. 메뉴바에서 [Select]-[Modify]-[Contract]를 클릭하고 [Contract Selection] 대화상자에서 Contract By를 1 pixels로 설정합니다. 선택 영역을 약간 좁혀 주면 조금 더 깔끔하게 선택할 수 있습니다.

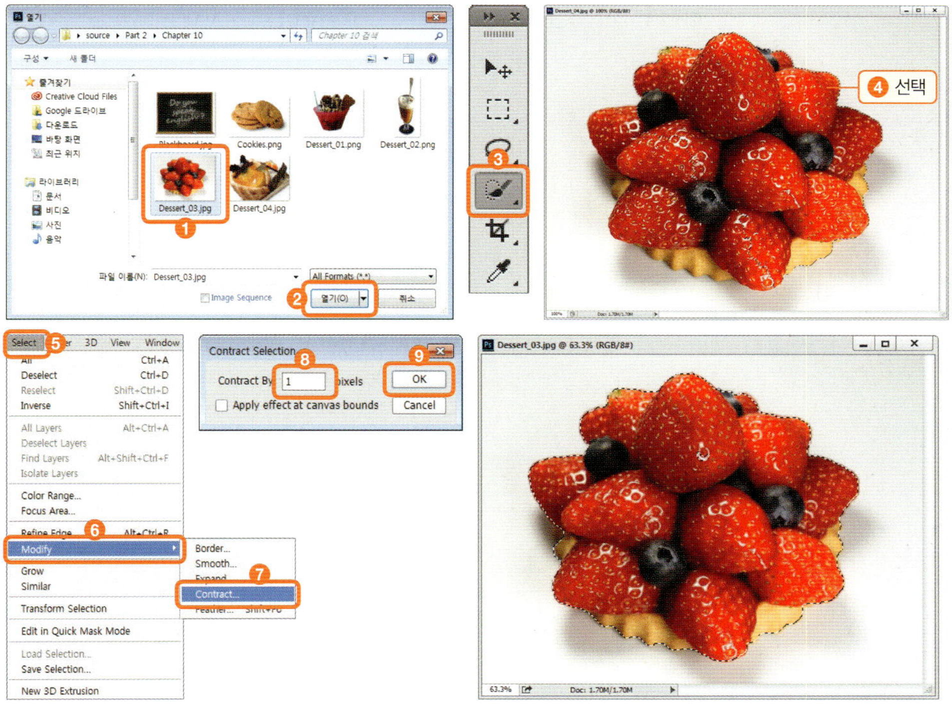

09 이동 툴( )로 Dessert_03.jpg 이미지의 선택 영역을 작업창으로 드래그하고 Ctrl + T 를 눌러 크기를 조절한 후 적절한 위치에 배치합니다. [Layers] 패널에서 레이어 이름을 Dessert_03으로 바꾸고 Cookies 레이어 아래로 드래그합니다.

10 Dessert_04.jpg 파일을 불러옵니다. [Layers] 패널에서 Backgroud 레이어를 더블클릭한 후 [New Layer] 대화상자에서 [OK]를 눌러 일반 레이어로 변경합니다.

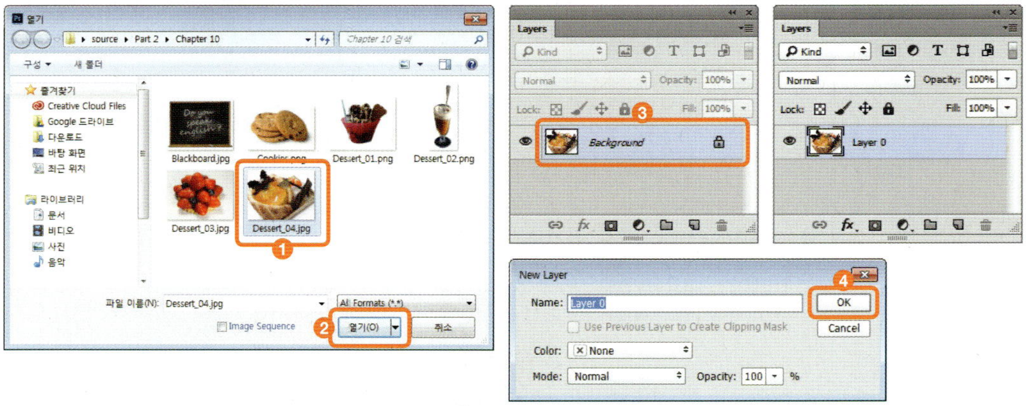

11 툴 패널에서 자석 올가미 툴( )을 이용하여 이미지의 외곽선을 따라 드래그합니다. 선택 영역이 활성화되면 이동 툴( )로 작업창에 이동시킨 후 크기를 조절하고 [Layers] 패널에서 레이어 이름을 변경합니다.

리터칭 관련 툴로 이미지 꾸미기

12 이제 본격적으로 이번 장에서 배울 새로운 기능들을 이용하겠습니다. [Layers] 패널에서 Back 레이어를 선택하고 Ctrl+J를 눌러 레이어를 복제한 후 툴 패널에서 번 툴( )을 선택합니다. 번 툴 옵션 바에서 다음과 같이 설정하고 작업창의 보드 주변을 드래그하며 어둡게 만듭니다.

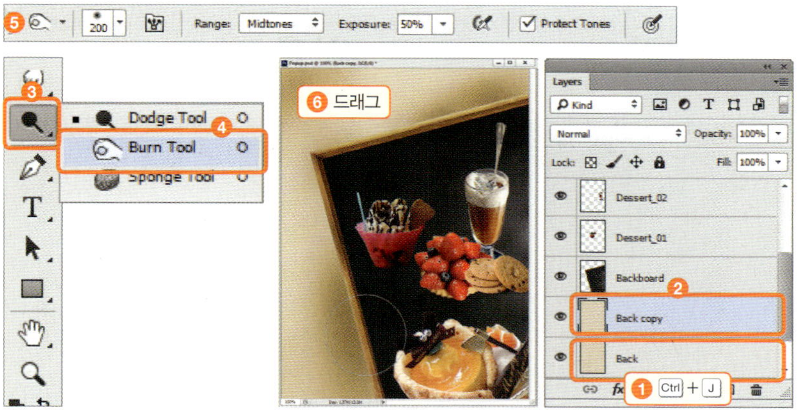

13 툴 패널에서 닷지 툴( )을 클릭하고 작업창에서 밝게 처리할 부분을 드래그합니다.

14 [Layers] 패널에서 Dessert_01 레이어를 선택하고 아이스크림 이미지 윗부분을 닷지 툴( )로 드래그하여 밝게 처리합니다.

15 다음으로 Dessert_03 레이어를 선택하고 툴 패널에서 샤픈 툴(△)로 딸기 이미지를 드래그하여 선명하게 만듭니다.

문자 툴과 브러시 툴로 마무리하기

16 툴 패널에서 문자 툴(T)을 클릭하고 [Character] 패널을 열어 다음과 같이 설정한 후 작업창에 아래와 같이 텍스트를 입력합니다.

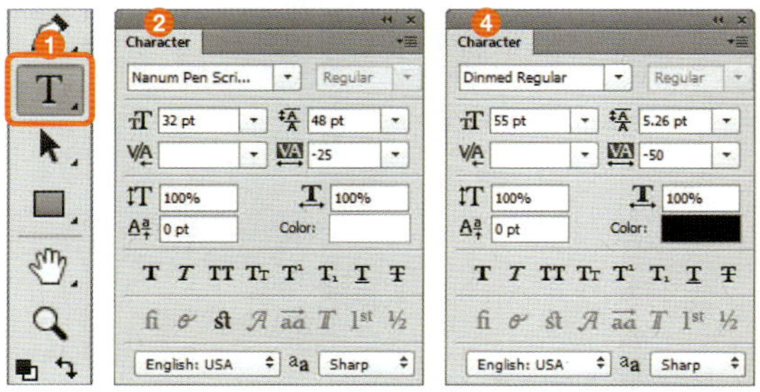

Tip Character 패널은 메뉴바에 [Window]–[Character]를 클릭하면 열립니다.

17 브러시를 이용하여 자연스럽게 꾸미겠습니다. 새 레이어를 추가하고 Dessert_01 레이어 아래에 놓습니다. 툴 패널에서 브러시 툴( )을 클릭하고 옵션바에서 Chalk 36 브러시를 선택한 후 아이스크림 그릇 아래를 브러시로 드래그합니다.

18 [Layers] 패널에서 Cookies 레이어 아래에 새 레이어를 추가하고 이름을 Brush_02로 바꿉니다. 옵션바에서 브러시의 종류와 크기를 변경하고 쿠키 아래 부분을 브러시로 드래그합니다.

19 특정 텍스트를 강조해 보겠습니다. [Layers] 패널의 new 레이어 아래에 새 레이어 Brush_03을 추가합니다. 옵션바에서 브러시의 종류와 크기를 변경하고 마우스로 원을 그려 텍스트를 강조합니다.

20 [Layers] 패널에서 new 텍스트 레이어 위에 새 레이어 Brush_04를 만듭니다. 옵션바에서 브러시의 크기를 변경하고 텍스트 '자세히보기' 부분을 드래그합니다.

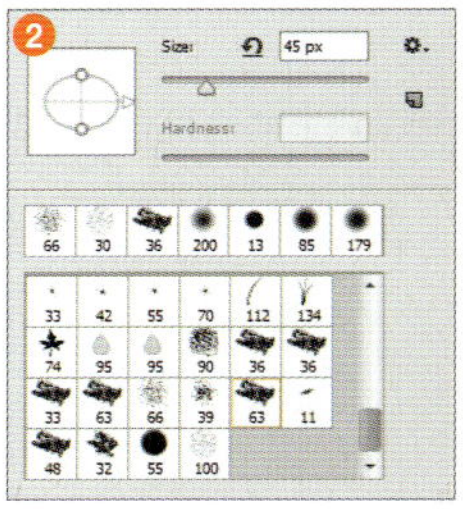

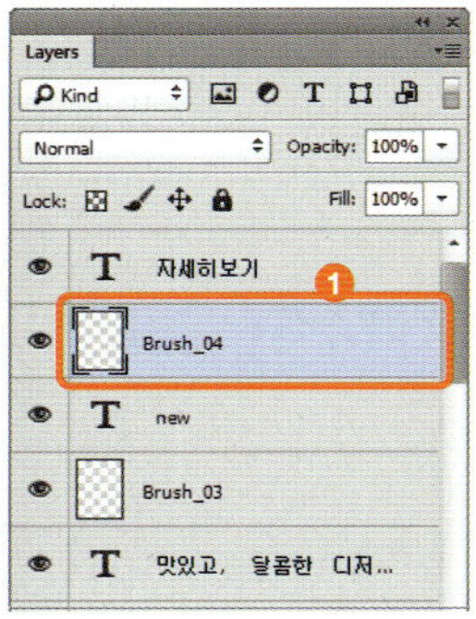

21 브러시를 이용하여 배경에 날리는 흰 원들을 넣어보겠습니다. [Layers] 패널에 새 레이어 Brush_05를 추가한 후 F5를 누릅니다. [Brush] 패널에서 Soft Round 30 브러시를 선택한 후 Spacing은 329%로 설정합니다. 작업창에서 브러시 크기에 변화를 주면서 효과를 적용해 봅니다.

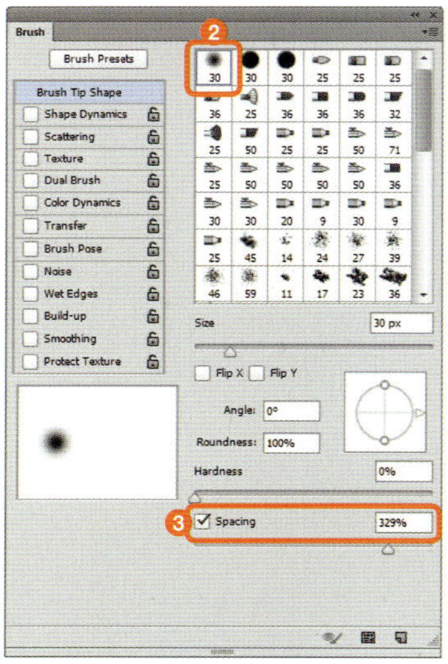

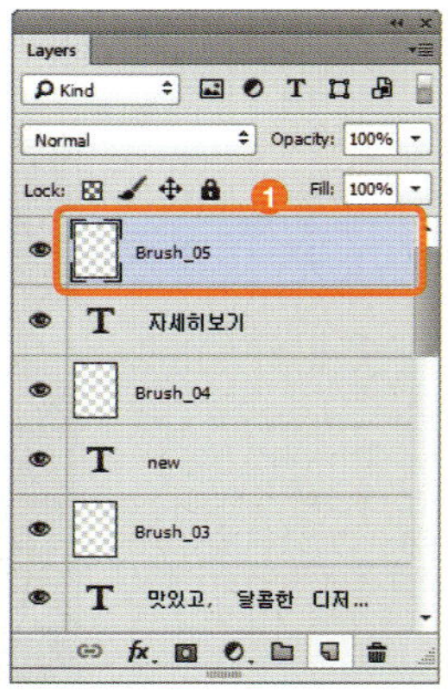

Tip [Brush] 패널은 메뉴바에서 [Window]–[Brush]를 클릭하거나 F5를 누르면 열립니다.

NOTE 브러시 설정창

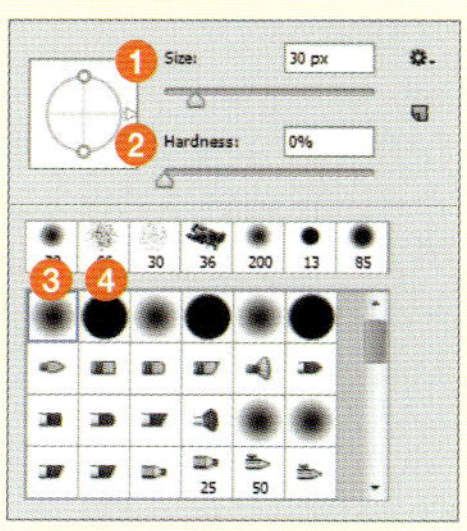

❶ **Size :** 브러시의 크기를 조절합니다.

❷ **Hardness :** 브러시의 경도를 조절할 수 있는데 Hardness가 0이면 경계가 가장 부드러운 브러시가 됩니다.

❸ **Soft Round :** 경계가 부드러운 브러시입니다.

❹ **Hard Round :** 경계가 분명한 브러시입니다.

22 마지막으로 이미지에 테두리를 둘러보겠습니다. 새 레이어 Stroke을 추가하고 Ctrl + A 를 눌러 전체를 선택합니다. 메뉴바에서 [Edit]–[Stroke]를 클릭하고 [Stroke] 대화상자에서 Width는 10 px, Color는 #410f0f로 설정하고 [OK]를 누릅니다.

23 다음과 같이 테두리가 만들어지고 팝업창이 완성됩니다.

선명도 조절 툴
명도 및 채도 조절 툴
이미지 복원 툴
이미지 복제 툴

기본기 다지기

이미지의 일부를 리터칭할 때는 관련 툴을 이용하면 쉽게 효과를 줄 수 있습니다. 기본적인 리터칭 관련 툴로는 이미지를 흐릿하게 만드는 블러 툴, 선명하게 만드는 샤픈 툴, 뭉개는 효과를 주는 스머지 툴이 있습니다. 밝기 및 채도를 조절하는 툴로는 색을 밝게 만드는 닷지 툴, 어둡게 만드는 번 툴, 채도를 높이거나 줄이는 스펀지 툴이 있습니다. 또한, 단순한 리터칭뿐만 아니라 이미지를 복원하거나 복제할 수 있는 다양한 툴에 대해서도 알아보겠습니다.

선명도 조절 툴 : 블러 툴, 샤픈 툴, 스머지 툴

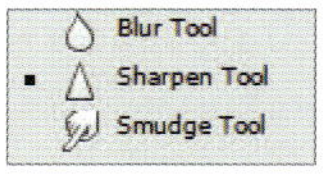

이미지의 선명도를 조절하는 툴인 블러 툴(Blur Tool), 샤픈 툴(Sharpen Tool), 스머지 툴(Smudge Tool)로 원하는 영역을 클릭 또는 드래그하면 이미지가 흐리게/선명하게/문지른 듯 바뀝니다.

블러 툴

샤픈 툴

스머지 툴

• 블러 · 샤픈 · 스머지 툴의 옵션바

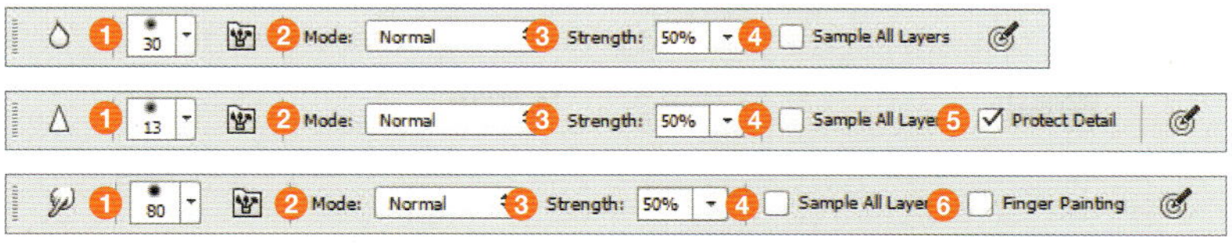

❶ **Brush :** 브러시의 크기, 경도, 종류 등을 설정합니다.

❷ **Mode :** 효과를 적용할 때 기존 이미지와 어떻게 합성할지 설정합니다.

❸ **Strength :** 브러시의 강도를 조절합니다.

❹ **Sample All Layers :** 모든 레이어에 적용할 것인지 정합니다.

❺ **Protect Detail :** 원본 이미지의 디테일을 유지하면서 선명한 효과를 냅니다.

❻ **Finger Painting :** 체크하면 전경색과 섞여서 효과가 나타납니다.

명도 및 채도 조절 툴 : 닷지 툴, 번 툴, 스펀지 툴

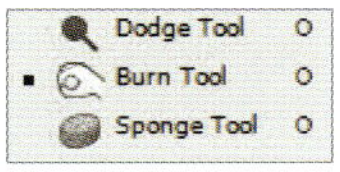

닷지 툴(Dodge Tool), 번 툴(Burn Tool), 스펀지 툴(Sponge Tool)로 원하는 영역을 클릭 또는 드래그하면 이미지가 밝게/어둡게/저채도로 바뀝니다.

원본　　닷지 툴　　번 툴　　스펀지 툴

• 닷지 · 번 · 스펀지 툴의 옵션바

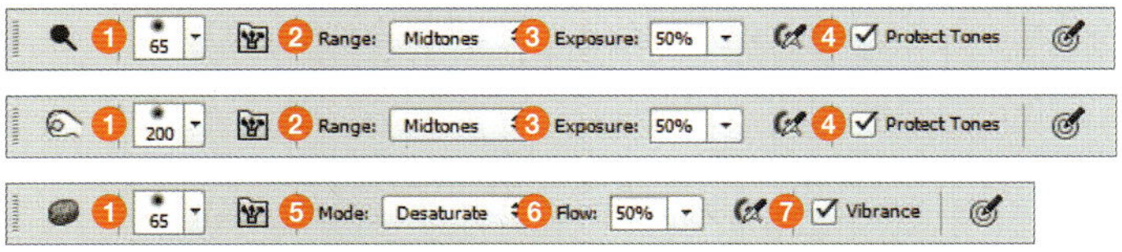

❶ **Brush** : 브러시의 크기, 경도, 종류 등을 설정합니다.

❷ **Range** : 효과를 적용할 범위(밝은 톤에만, 중간 톤에만, 어두운 톤에만)를 조절합니다.

❸ **Exposure** : 브러시를 누르는 압력을 조절합니다.

❹ **Protect Tones** : 톤을 손상시키지 않는 범위에서 밝기를 조절합니다.

❺ **Mode** : 저채도(Desaturate)나 고채도(Saturate)로 바꿔줍니다.

❻ **Flow** : 브러시 압력 강도를 조절합니다.

❼ **Vibrance** : 디테일과 계조 손실을 최소화하면서 채도를 조절합니다.

이미지 복원 툴 : 스팟 힐링 브러시 · 힐링 브러시 · 패치 · 내용 인식 이동 · 적목 제거 툴

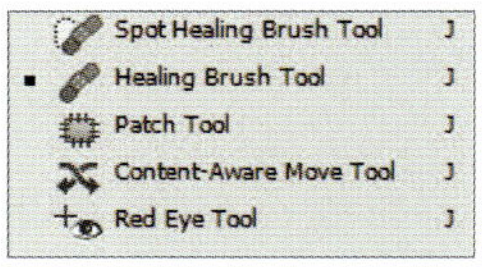

이미지 복원 툴을 이용하면 얼굴의 잡티나 주름을 제거하고, 손상된 이미지를 원상태로 복원할 수 있습니다. 다양한 이미지 복원 툴에 대해 알아봅니다.

스팟 힐링 브러시 툴

스팟 힐링 브러시 툴(Spot Healing Brush Tool)은 주변 이미지와 자연스럽게 합성되는 데 따로 기준점을 지정할 필요가 없어 빠르게 복원할 때 편리합니다.

• 스팟 힐링 브러시 툴의 옵션바

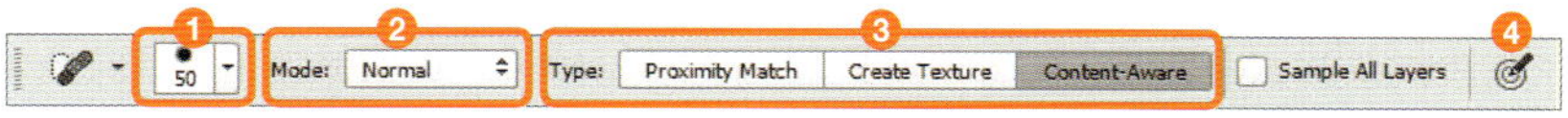

❶ **Brush :** 브러시의 크기, 경도, 종류 등을 설정합니다.

❷ **Mode :** 이미지를 복제할 때 아래 이미지와 어떻게 합성할 것인지 모드를 선택합니다.

❸ **Type :** 이미지를 수정할 때 자동으로 맞출 부분을 선택합니다.

- Proximity Match : 이미지에서 선택된 부분의 주변 색과 밝기를 맞춥니다.
- Create Texture : 질감을 만들면서 수정합니다.
- Content-Aware : 선택된 부분이 주변의 배경과 합성되어 샘플로 사용합니다.

❹ **Sample All Layers :** 모든 레이어의 이미지를 복제하면서 수정합니다.

힐링 브러시 툴

힐링 브러시 툴(Healing Brush Tool)은 이미지가 합성될 때 주변 색과 혼합해서 합성되기 때문에 훨씬 자연스럽게 수정할 수 있습니다. 따라서 잡티나 스크래치 등을 수정할 때 자주 쓰입니다.

• 힐링 브러시 툴의 옵션바

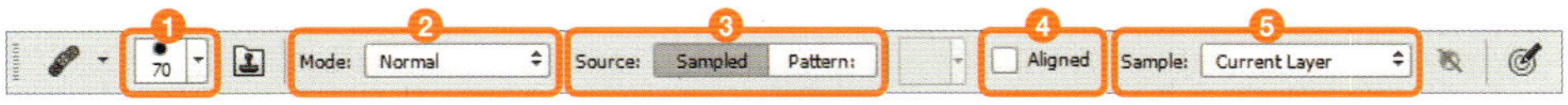

❶ **Brush :** 브러시의 크기, 경도, 종류 등을 설정합니다.

❷ **Mode :** 이미지를 복제할 때 아래 이미지와 어떻게 합성할 것인지 모드를 선택합니다.

❸ **Source**

- Sampled : 체크하면 Alt 를 눌러 복제한 이미지를 붙여줍니다.
- Pattern : 체크하면 선택한 패턴을 붙여줍니다.

❹ **Aligned :** 체크하면 복사한 위치를 기억해서 어느 곳으로 드래그해도 기준점은 그대로 유지됩니다.

❺ **Sample :** 복제할 이미지가 있는 레이어를 선택합니다.

- Current Layer : 현재 레이어를 선택합니다.
- Current&Below : 현재 레이어와 바로 아래 레이어에서만 복제합니다.
- All Layer : 모든 레이어에서 복제할 수 있습니다.

패치 툴

패치 툴(Patch Tool ⚙.)은 선택한 영역에 드래그한 영역이 합성되도록 합니다.

• 패치 툴의 옵션바

❶ **Selection :** 선택 옵션을 설정합니다.

❷ **Patch :** 패치 방식을 설정합니다.

❸ **Source :** 선택 영역을 드래그하면 드래그한 위치의 이미지가 선택 영역에 합성됩니다.

❹ **Destination :** 선택 영역을 드래그하면 드래그한 위치에 합성됩니다.

❺ **Transparent :** 체크하면 투명하게 적용됩니다.

❻ **Use Pattern :** 패턴을 적용하여 패치를 사용합니다.

내용 인식 이동 툴

내용 인식 이동 툴(Content-Aware Move Tool ✕.)은 원하는 영역을 다른 곳으로 이동하거나 복제할 때 사용합니다.

• 내용 인식 이동 툴의 옵션바

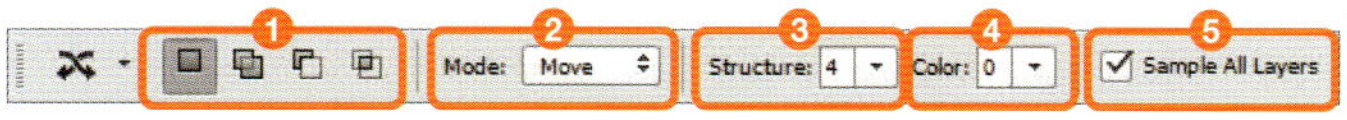

❶ **Selection :** 선택 옵션을 설정합니다.

❷ **Mode :** 선택 영역을 이동할지 복제할지 선택합니다.

❸ **Structure :** 얼마나 비슷하게 복제할 것인지 설정하는 것으로, 숫자가 커질수록 비슷하게 바뀝니다.

❹ **Color :** 색상을 얼마나 자연스럽게 바꿀 것인지 조절하는 것으로, 숫자가 커질수록 자연스럽게 바뀝니다.

❺ **Sample All Layers :** 모든 레이어의 이미지를 복제하면서 수정됩니다.

적목 제거 툴

적목 제거 툴(Red Eye Tool)은 인물 사진에서 적목 현상을 없애줍니다.

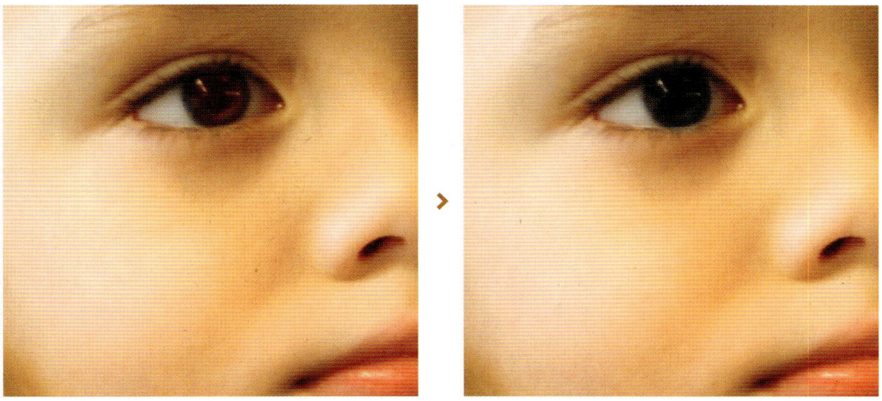

• 적목 제거 툴의 옵션바

❶ **Pupil Size :** 눈동자의 크기를 설정합니다.
❷ **Darken Amount :** 눈동자의 어두운 정도를 설정합니다.

이미지 복제 툴 : 도장 툴, 패턴 도장 툴

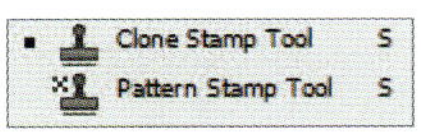

도장 툴

도장 툴(Clone Stamp Tool)은 이미지에서 불필요한 부분을 지우거나 복제할 때 사용할 수 있습니다. 도장 툴을 클릭 또는 드래그하면 복제해 둔 영역이 기존 이미지 위에 합성됩니다.

도장 툴을 사용하는 방법은 Alt를 누르고 복사할 지점을 선택한 후 복사할 영역으로 가서 드래그하면 됩니다.

패턴 도장 툴

패턴 도장 툴(Pattern Stamp Tool)을 드래그하면 지정한 패턴으로 합성됩니다.

패턴 도장 툴을 사용하는 방법은 패턴으로 등록할 이미지를 메뉴바의 [Edit]-[Define Pattern]을 클릭하여 등록한 후 옵션바에서 패턴을 선택하면 됩니다. 패턴을 지정한 후 패턴 도장 툴로 드래그하면 패턴으로 합성됩니다.

• **도장 툴과 패턴 도장 툴의 옵션바**

❶ **Brush :** 브러시의 크기, 경도, 종류 등을 설정합니다.

❷ **Mode :** 도장 툴을 적용할 때 배경 그림과 어떻게 합성할지 선택합니다.

❸ **Opacity :** 도장 툴을 적용할 때 불투명도를 조절합니다.

❹ **Flow :** 뿌려지는 양과 압력을 조절할 수 있습니다.

❺ **Enable airbrush-style build-up effects :** 에어브러시를 활성화시킵니다. 마우스를 누르고 있는 정도에 따라 채색 양이 결정됩니다.

❻ **Aligned :** Alt를 눌러 설정한 기준점에서 일정 간격으로 복제합니다.

❼ **Sample :** 현재 레이어 또는 모든 레이어에 적용할지 선택합니다.

CHAPTER

11

브러시 툴을 이용하여 적립 쿠폰 만들기

완성예제 미리보기

이번 장에서는 10장에서 간단히 살펴본 브러시 툴을 제대로 배워봅니다. 포토샵에는 다양한 브러시가 있는데, 그중에서 질감이 있는 브러시와 캘리그라피 느낌의 브러시를 선택하여 적립 쿠폰을 만들어 볼 것입니다. 브러시로 그리는 원은 반듯한 원과는 다른 자연스러운 느낌을 줄 것입니다. 좀 더 다양한 브러시를 사용하고 싶다면 무료 브러시 사이트에서 브러시를 다운받아 사용하면 됩니다.

준비 파일 Coffee.png, Cookies.png, Texture.jpg

주요 기능 브러시 툴, 블렌드 모드, 사각 선택 툴, 문자 툴

적립 쿠폰 배경 틀 잡기

01 Ctrl+N을 누르고 [New] 대화상자에서 아래와 같이 설정하여 새 창을 만듭니다.

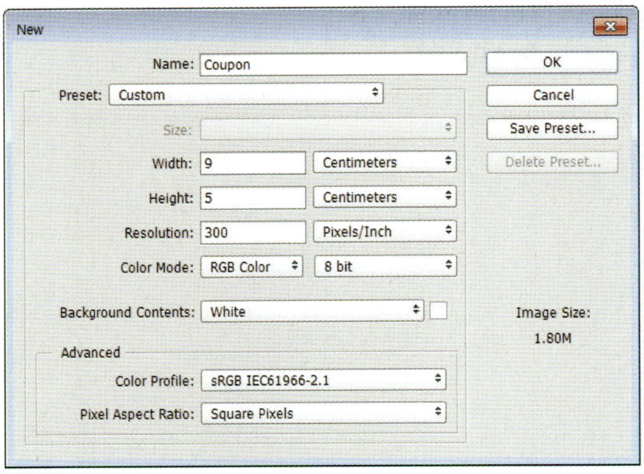

02 예제 소스 폴더에서 Texture.jpg 이미지 파일을 불러오고 툴 패널에 있는 이동 툴( )을 이용하여 새로 만든 작업창으로 이동시킵니다.

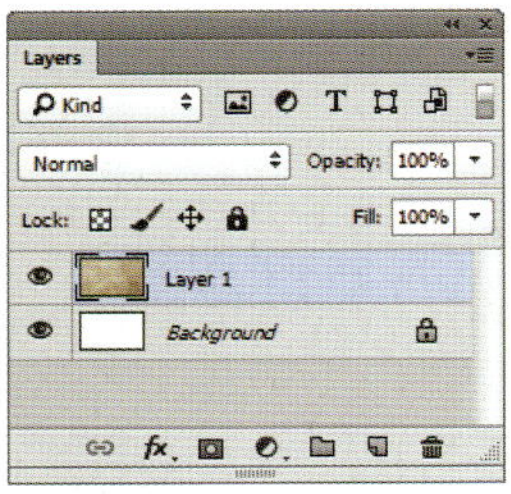

브러시 툴로 상단에 원 만들기

03 툴 패널에서 브러시 툴( )을 선택하고 옵션바에서 브러시 설정 단추( )를 클릭한 후 설정 아이콘( )을 눌러 팝업메뉴에서 DP Brushes를 선택합니다. 브러시 변경 관련 대화상자에서 [OK]를 클릭하면 브러시 창에 기존 브러시 세트 대신 선택한 DP Brushes 세트가 나타납니다. 브러시 세트 변경이 아닌 추가를 원한다면 [Appned]를 누르면 됩니다.

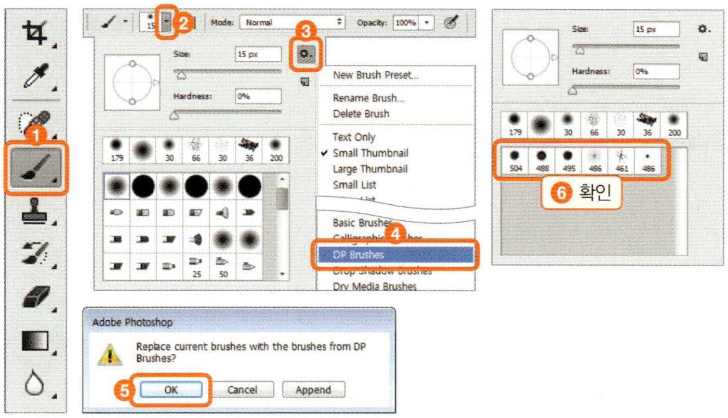

Tip 브러시를 초기화하고 싶다면 설정 아이콘을 누르고 팝업메뉴에서 Reset Brushes를 선택하면 됩니다.

04 툴 패널에서 전경색(■)을 선택하고 [Color Picker] 대화상자에서 색(#a58468)을 설정한 후 [Layers] 패널에서 새 레이어를 추가하고 레이어 이름은 DP Brush로 변경합니다. 브러시 툴(🖌)을 선택하고 옵션 바에서 브러시는 DP Wheel 2, Size는 191 px로 설정하여 작업창 좌측 상단에 그린 후 [Layers] 패널에서 블렌드 모드를 Multiply로 변경합니다.

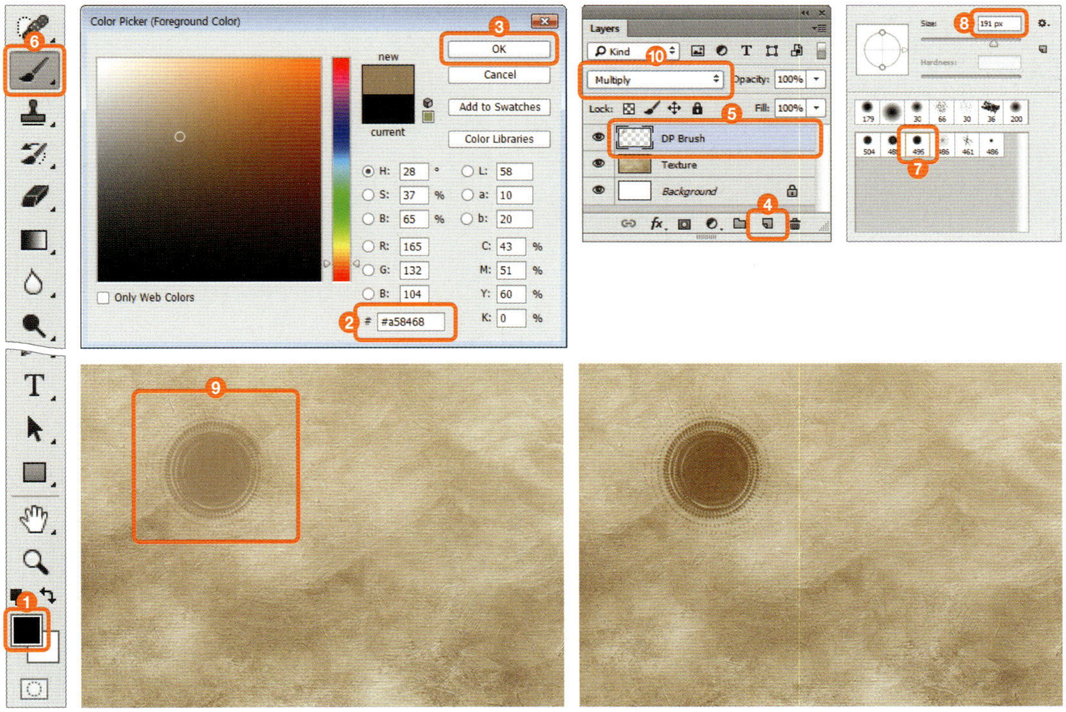

05 [Layers] 패널의 Dp Brush 레이어에서 Ctrl + J 를 3번 눌러 레이어 3개를 복제합니다. 복제된 레이어를 하나씩 선택하여 이동 툴( )로 다음과 같이 하나씩 옆으로 드래그합니다.

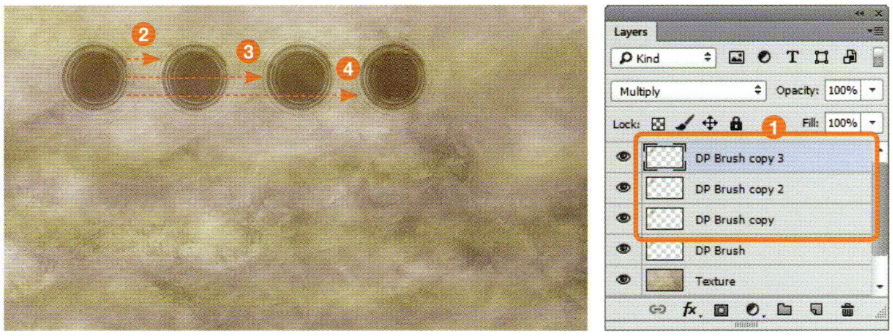

06 [Layers] 패널에서 새 레이어 Wet Media를 추가하고, 툴 패널에서 브러시 툴( )을 선택한 후 작업창에서 마우스 오른쪽 버튼을 누르면 브러시 옵션창이 열립니다. 여기서 설정 아이콘( )을 클릭하고 Wet Media Brushes를 선택합니다.

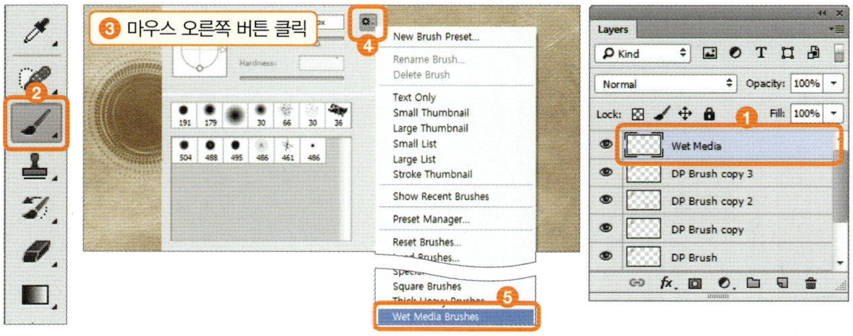

Tip 브러시 툴을 선택한 후 작업창에서 마우스 오른쪽 버튼을 누르면 브러시 대화상자가 열립니다.

07 전경색( )을 흰색으로 설정한 후 옵션바의 브러시 설정창에서 브러시 종류는 Watercolor Light Opacity, Size는 110 px로 설정하고 작업창에서 다음과 같이 드래그하여 원을 그립니다. [Layers] 패널에서 블렌드 모드를 Overlay로 변경합니다.

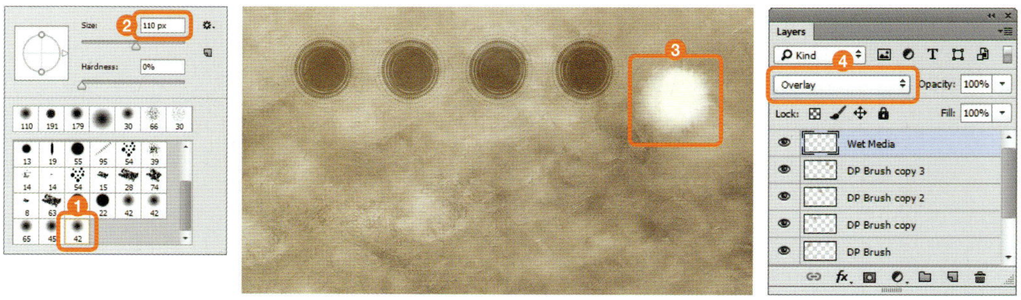

08 브러시로 만든 다섯 개의 원들을 정렬해 보겠습니다. [Layers] 패널에서 5개의 레이어를 모두 선택하고 툴 패널에서 이동 툴(▸✣)을 클릭한 후 옵션바에서 정렬 아이콘을 눌러 간격을 맞춥니다.

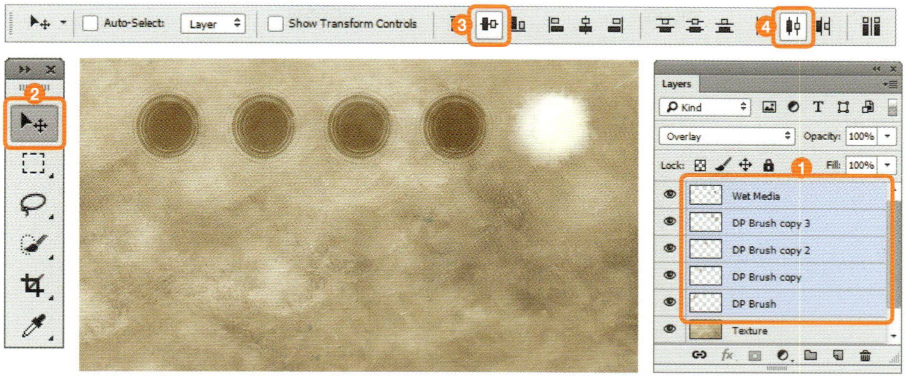

09 5개의 레이어들이 선택된 상태에서 Ctrl+G를 눌러 그룹으로 만듭니다. 만들어진 Group 1 레이어를 Ctrl+J를 눌러 복제하고 작업창에서 이동 툴(▸✣)로 복제된 5개의 원을 아래로 드래그합니다.

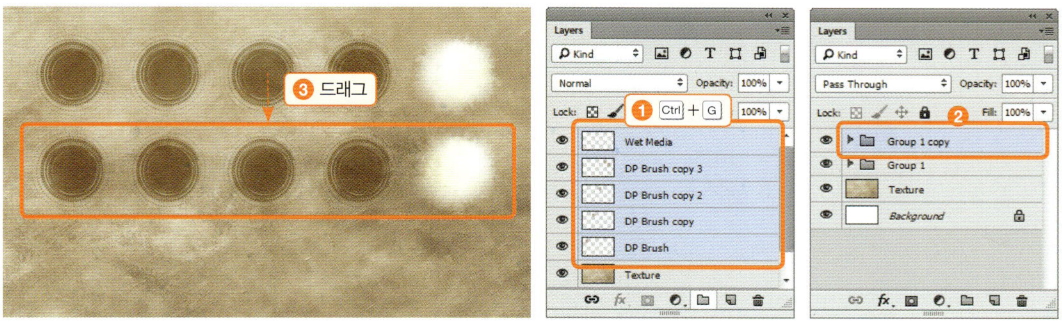

10 Group 1 copy 레이어의 이름을 Group 2로 변경하고 좌측에 있는 삼각형(▶) 을 클릭하여 레이어 그룹을 펼친 후 Wet Media 레이어를 선택합니다. 툴 패널에 있는 사각 선택 툴(⬚)로 우측 하단의 흰색 원 부분을 선택하고 Delete를 눌러 지운 후 Ctrl+D를 눌러 선택 영역을 해제합니다.

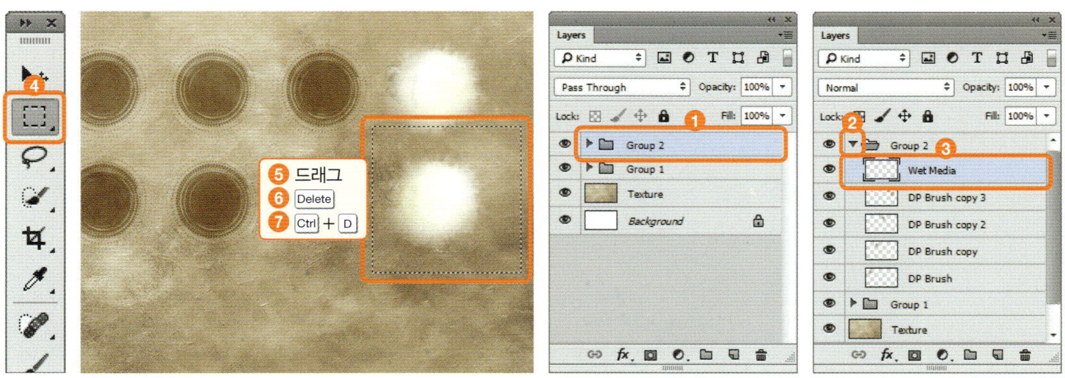

11 툴 패널에서 브러시 툴( )을 선택하고 옵션바에서 브러시 종류는 Watercolor Fat Tip, Size는 98 px로 설정합니다. 전경색( )은 검정색을 선택한 후 흰색 원을 지웠던 위치에 드래그하여 다음과 같이 검정색 원을 그립니다.

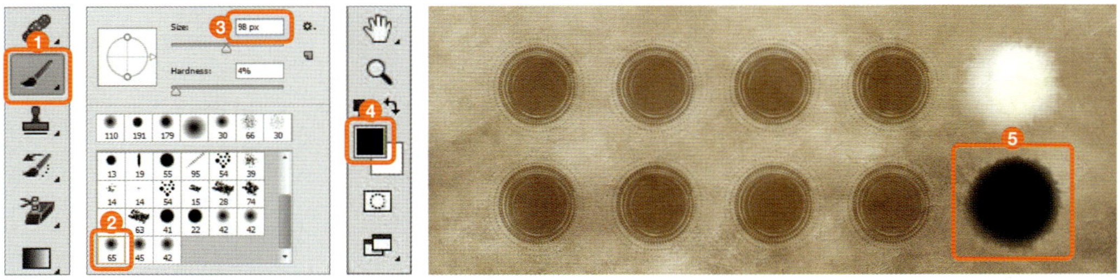

12 툴 패널에서 문자 툴(T)을 선택하고 [Character] 패널을 열어 다음과 같이 설정합니다. 검정색 원 위에 흰색으로 '커피'라고 입력하고, Group 1 레이어 그룹 안에 있는 Wet Media 레이어를 선택한 후 색(#51200f)을 바꾸고 흰색 원 위에 '쿠키'라고 입력합니다.

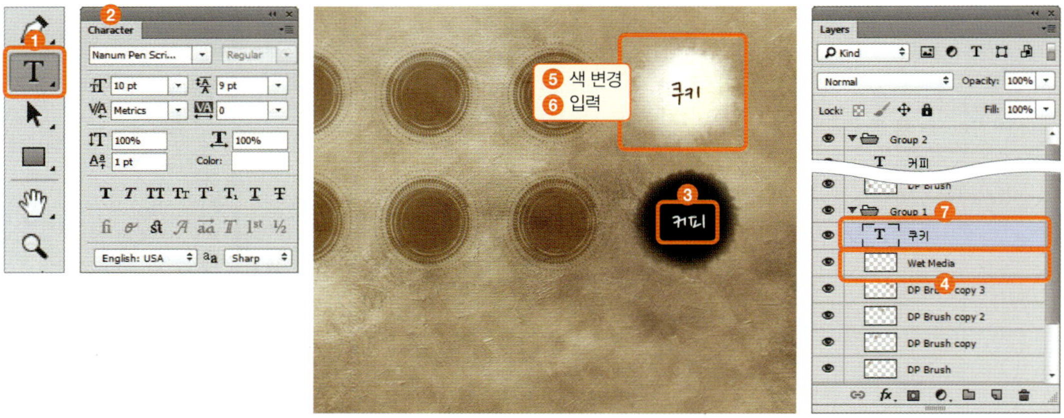

13 Coffee.png와 Cookies.png를 열어서 작업창 왼쪽 하단으로 이동시킵니다. 문자 툴(T)을 선택하고 커피와 쿠키 이미지 오른쪽에 다음과 같이 텍스트를 입력합니다.

Brush 패널을 이용하여 마무리하기

14 브러시로 점선을 그려 보겠습니다. 툴 패널에서 브러시 툴(🖌)을 선택한 후 브러시 설정창에서 설정 아이콘(⚙)을 누릅니다. 팝업메뉴가 열리면 Reset Brushes를 선택하고 관련 대화상자에서 [OK]를 클릭하면 기본 브러시 세트로 되돌아갑니다.

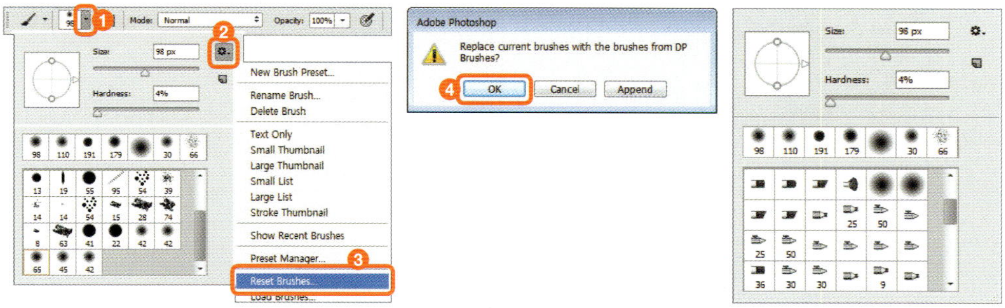

15 [Layers] 패널에서 새 레이어 Dotline을 추가한 후 전경색(■)을 변경합니다.

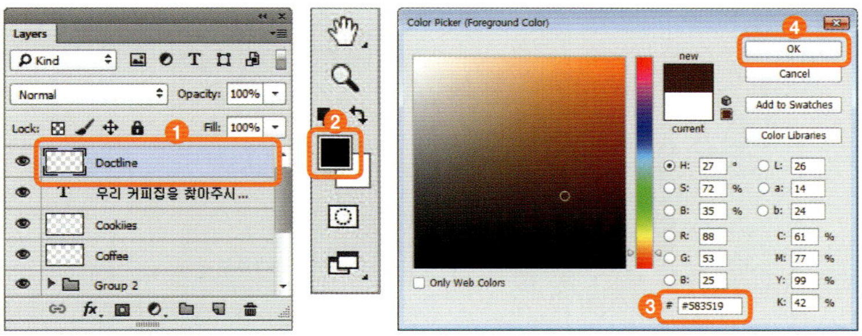

16 브러시 툴(🖌)을 선택하고 옵션바의 Brush 패널 아이콘(▣)을 클릭하면 [Brush] 패널이 열립니다. 여기서 Smoothing에 체크하고 브러시는 Hard Round 30, Size는 4 px, Hardness는 100%, Spacing은 197%로 조정합니다. 작업창의 커피 이미지 옆에 Shift를 누른 채 드래그하여 점선을 그립니다.

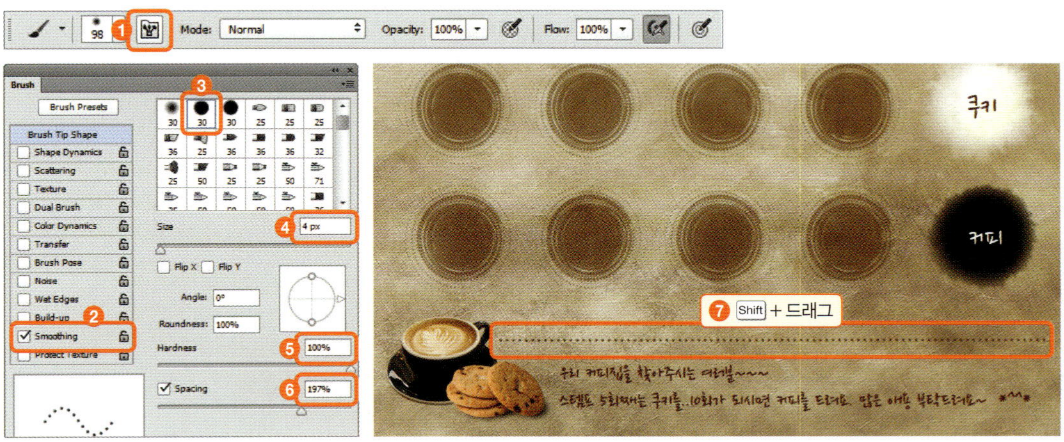

17 배경에 브러시 효과를 추가해 보겠습니다. 브러시 설정창에서 Scattered Maple Leaves 브러시를 선택한 후 [F5]를 누르면 [Brush] 패널에 흩뿌리는 옵션이 기본적으로 설정되어 있습니다.

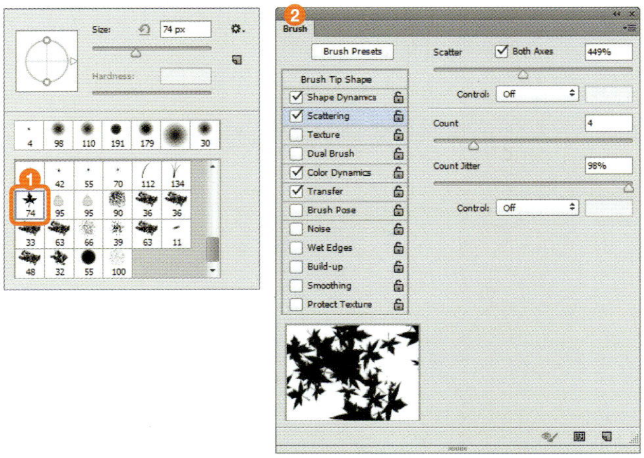

18 [Layers] 패널에서 새 레이어 Scatter를 추가하고 작업창 하단을 가볍게 드래그합니다.

19 Scatter 레이어의 블렌드 모드는 Linear Burn, Opacity는 15%로 설정하면 배경과 자연스럽게 어울리도록 변경됩니다.

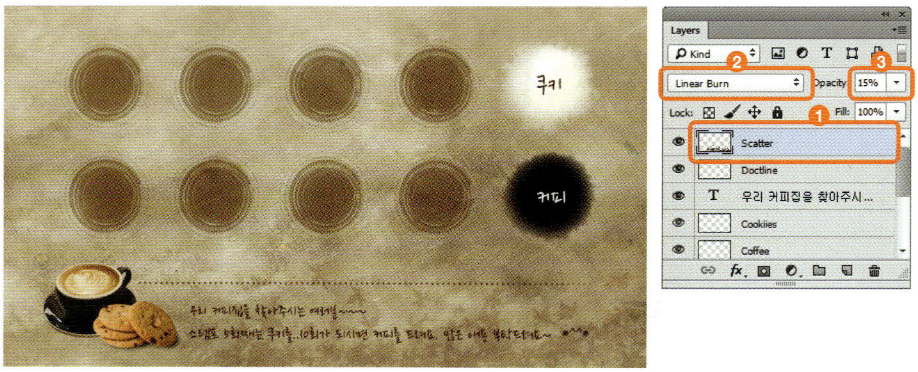

NOTE 브러시로 흩뿌리는 효과 주기

브러시 툴의 옵션바 오른쪽에 있는 Brush 패널 아이콘(▣)을 클릭하거나 F5를 누르면 [Brush] 패널이 열립니다. Brush Tip Shape의 Spacing을 넓히고, Scattering 옵션을 체크한 후 조정하면 브러시에 흩뿌리는 효과를 줄 수 있습니다.

20 브러시로 테두리를 만들어 보겠습니다. 새 레이어 Frame을 추가하고 브러시 설정창에서 브러시 종류는 Rough Round Bristle, Size는 52 px로 설정합니다. 브러시로 가장자리를 드래그하여 테두리를 만들고 [Layers] 패널에서 Opacity를 24%로 설정하여 배경과 어울리도록 합니다.

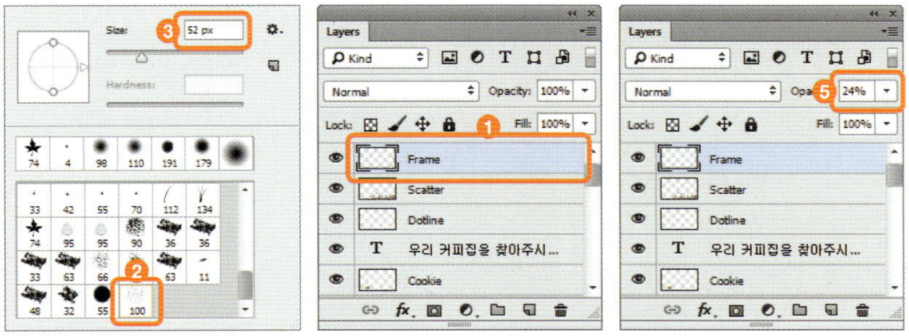

21 다음과 같이 적립 쿠폰이 완성됩니다.

드로잉 툴
복구 툴
지우개 툴

기본기 다지기

드로잉 툴 : 브러시 툴, 연필 툴, 컬러 리플레이스먼트 툴, 혼합 브러시 툴

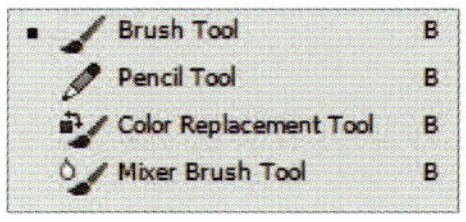

브러시 툴(Brush Tool)은 붓으로 그린 것처럼 부드럽게, 연필 툴(Pencil Tool)은 딱딱한 연필로 그린 것처럼 거칠게 그려집니다. 붓 모양이 다양한 것처럼 브러시 툴의 모양도 다양하지만, 연필 툴은 모양이 제한적입니다. 또한 컬러 리플레이스먼트 툴(Color Replacement Tool)은 특정 부분의 색을 바꿀 때 사용하는 툴이고, 혼합 브러시 툴(Mixer Brush Tool)은 브러시의 색과 이미지의 배경색을 혼합하여 이미지를 회화적으로 만들어 줍니다.

브러시 툴

• 브러시 툴의 옵션바

❶ **Tool Preset :** 자주 사용하는 브러시를 등록해서 사용할 수 있습니다.

❷ **Brush Preset :** 브러시의 모양, 크기, 경도 등을 설정합니다.

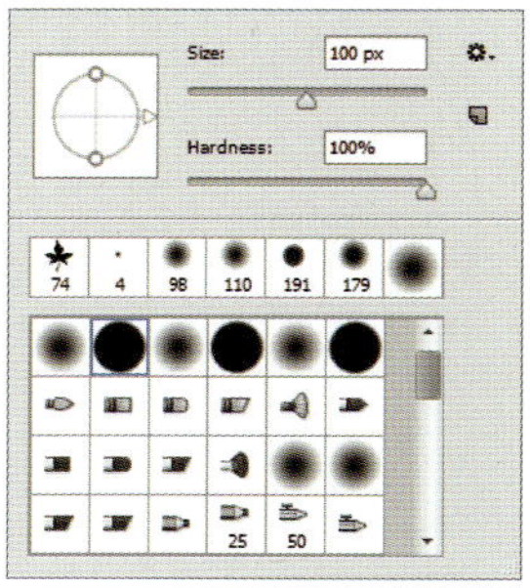

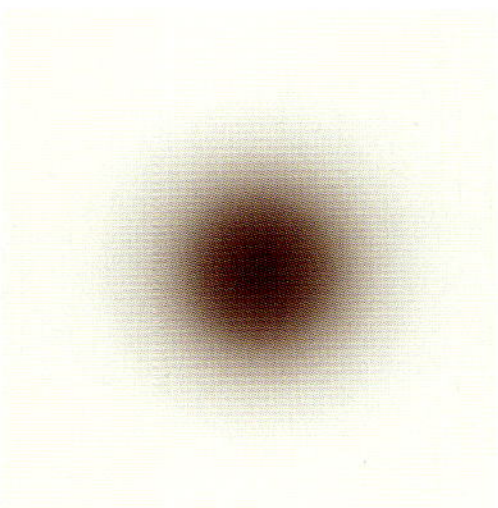

Size 100, Hardness 0

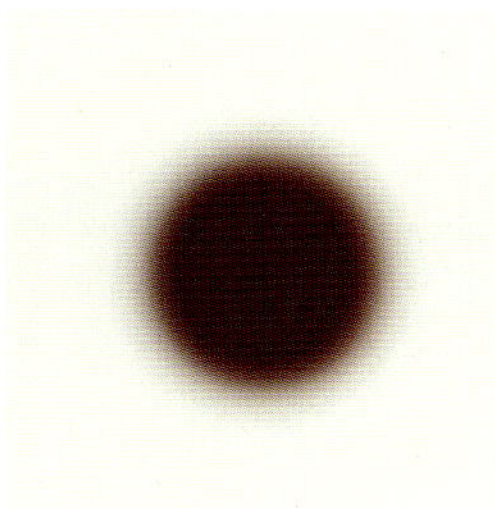

Size 100, Hardness 50

Size 100, Hardness 100

❸ **Brush 패널 :** Brush 패널을 불러옵니다.

❹ **Mode :** 브러시의 모드를 설정합니다.

❺ **Opacity :** 브러시의 불투명도를 조절합니다.

❻ **Flow :** 브러시의 압력을 조절합니다.

❼ **에어브러시 모드 :** 에어브러시를 사용하는 것과 같은 효과를 줍니다.

• Brush 패널

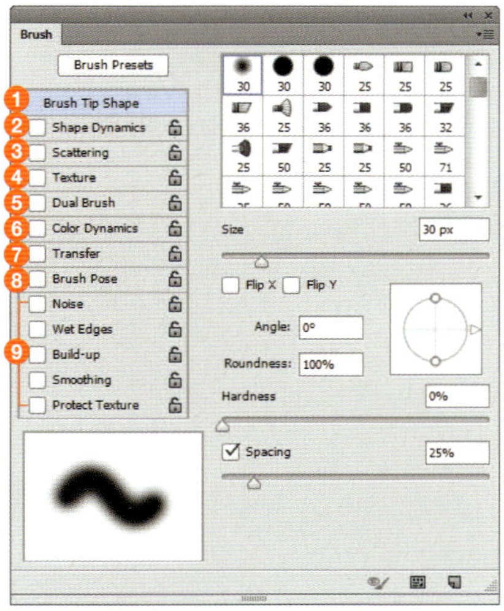

❶ Brush Tip Shape : 브러시의 모양을 선택하고 크기, 형태, 경도, 간격 등을 조절할 수 있습니다.

Tip Spacing으로 간격을 조절할 수 있습니다.

❷ Shape Dynamics : 브러시의 모양을 다양하게 바꿀 수 있습니다.

❸ Scattering : 브러시가 흩뿌려지는 정도를 조절합니다.

❹ Texture : 브러시에 패턴을 추가합니다.

❺ Dual Brush : 브러시의 모양을 중복해서 설정합니다.

❻ Color Dynamics : 브러시의 색상을 좀 더 다양하게 설정합니다.

❼ Transfer : 빈도를 조절합니다.

❽ Brush Pose : 브러시의 기울기, 회전 등을 조절합니다.

❾ Noise, Wet Edges, Build-up, Smoothing, Protect Texture : 브러시에 체크한 속성을 더해서 칠합니다.

연필 툴

연필 툴의 옵션바는 브러시 툴의 옵션바와 비슷하지만 Hardness 조절은 되지 않습니다. Auto Erase를 체크하고 연필 툴로 클릭&드래그하면 전경색이 칠해지고, 다시 클릭&드래그하면 배경색이 칠해집니다. 다시 말해 연필 툴로 그린 부분을 클릭&드래그할 때마다 전경색과 배경색이 번갈아 칠해지는 것입니다.

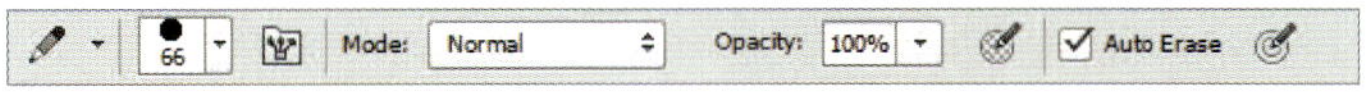

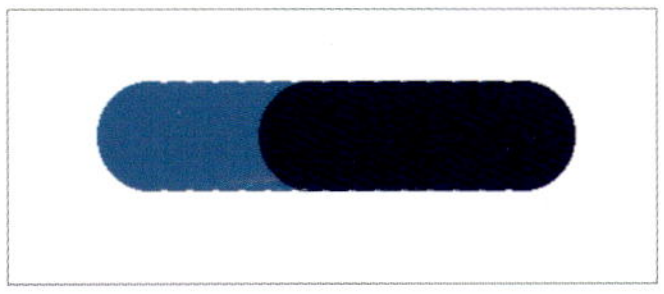

연필 툴로 그린 예

컬러 리플레이스먼트 툴

컬러 리플레이스먼트 툴은 이미지의 질감은 살리면서 색상만 바꿔주는 툴입니다. 색상을 바꾸고 싶은 부분을 브러시로 드래그하여 쉽게 바꿀 수 있고, 이미지 전체나 일부를 바꾸는 것도 가능합니다.

원본 이미지

컬러 리플레이스먼트 툴 적용

• **컬러 리플레이스먼트 툴의 옵션바**

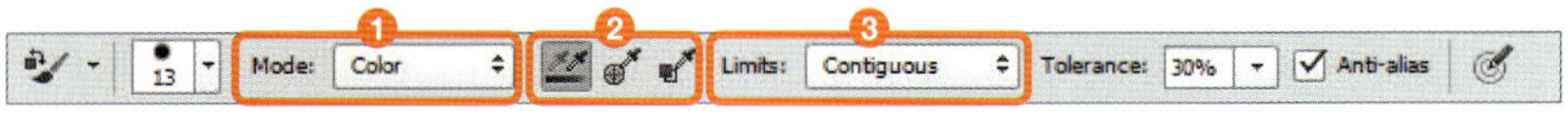

❶ **Mode :** 컬러 리플레이스먼트 툴로 변경할 색상 모드를 선택합니다.
- Hue : 색조를 바꿉니다.
- Saturation : 채도를 바꿉니다.
- Color : 색을 바꿉니다.
- Luminosity : 이미지 색과 전경색을 합성합니다.

❷ **Sampling**
- Continuous : 드래그 시작점부터 끝나는 지점까지 색을 칠합니다.
- Once : 처음 클릭한 부분과 비슷한 색상에 칠합니다.
- Background Swatch : 배경색과 비슷한 색상에 칠합니다.

❸ **Limits :** 이미지에 적용될 색상의 범위를 정합니다.
- Discontiguous : 색상 경계를 포함한 다른 부분까지 포함합니다.
- Contiguous : 경계에 가까운 부분을 부드럽게 포함합니다.
- Find Edges : 가장자리 경계를 인식하여 뚜렷하게 합니다.

혼합 브러시 툴

혼합 브러시 툴은 브러시로 칠하는 색과 이미지의 색을 섞어서 이미지를 회화적으로 나타낼 때 사용합니다. 브러시의 크기와 종류에 따라 다양한 효과를 낼 수 있습니다.

원본 이미지

혼합 브러시 툴 적용

• **혼합 브러시 툴의 옵션바**

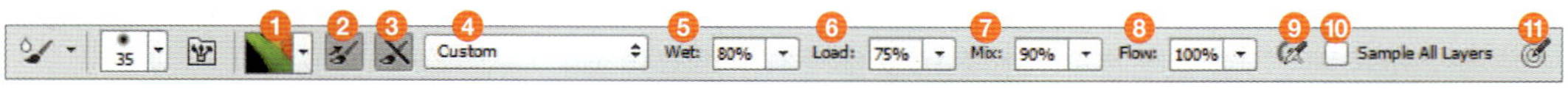

❶ **컬러와 소스 :** 페인팅 소스를 보여줍니다. 보통 전경색을 페인팅 소스로 사용하지만, Alt를 누르고 클릭한 지점의 이미지를 페인팅 소스로 사용할 수 있습니다.

❷ **브러시 혼합 :** 선택하면 브러시의 색과 이미지의 색이 섞여 사용되고, 선택하지 않으면 이미지의 색만 사용합니다.

❸ **색상 혼합 :** 선택하면 브러시를 사용할 때마다 지정된 색으로 초기화되고, 선택하지 않으면 사용할 때마다 색이 섞여 점점 탁해집니다.

❹ **Custom 옵션 :** Wet, Load, Mix, Flow의 옵션을 조절하여 페인팅 소스와 이미지가 섞이는 정도를 설정해 둔 옵션입니다. Dry할수록 소스 색상이 진하고, Wet할수록 소스 색상이 흐립니다.

❺ **Wet :** 페인팅 소스의 양을 조절하는 옵션으로, 수치가 낮을수록 페인팅 소스의 색이 많이 나타납니다.

❻ **Load :** 불러오는 페인팅 소스의 양을 조절합니다.

❼ **Mix :** 페인팅 소스와 이미지의 혼합 비율을 조절하는 옵션으로, 수치가 낮을수록 페인팅 소스의 양이 늘어납니다.

❽ **Flow :** 브러시의 강약을 나타내는 옵션으로 수치가 낮을수록 투명합니다.

❾ **에어브러시 모드 :** 에어브러시 효과를 나타내며 마우스를 누르고 있는 동안 브러시가 점점 퍼져 나갑니다.

❿ **Sample All Layers :** 체크하면 모든 레이어에 효과가 적용되고, 체크하지 않으면 현재 선택된 레이어에만 적용됩니다.

⓫ **Pressure :** 태블릿을 사용할 때 압력을 감지합니다.

복구 툴 : 히스토리 브러시 툴, 아트 히스토리 브러시 툴

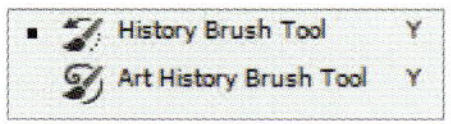

히스토리 브러시 툴(History Brush Tool)은 작업한 이미지를 부분적으로 복구해 주는 툴이고, 아트 히스토리 브러시 툴(Art History Brush Tool)은 스타일을 추가해서 회화적인 느낌으로 만드는 툴입니다.

히스토리 브러시 툴

원본 이미지

가우시안 블러 효과 적용

히스토리 브러시 툴 적용

아트 히스토리 브리시 툴

원본 이미지

아트 히스토리 브러시 적용

지우개 툴 : 지우개 툴, 배경 지우개 툴, 마술 지우개 툴

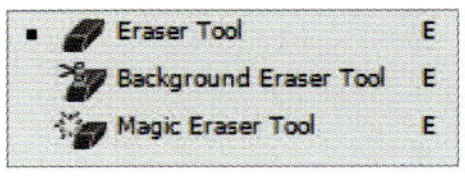

이미지를 지우개 툴(Eraser Tool)로 드래그하면 지운 영역이 투명해집니다. 단, Background 레이어에 있는 이미지를 지우면 투명해지지 않고 드래그한 영역에 배경색이 채워집니다. 배경을 투명하게 만들려면 배경 지우개 툴(Background Eraser Tool), 같은 색상으로 된 영역을 한번에 지우려면 마술 지우개 툴(Magic Eraser Tool)을 사용합니다. 지우개 툴과 배경 지우개 툴은 드래그하면서 지우지만 마술 지우개 툴은 클릭 한 번으로 넓은 영역을 지울 수 있습니다.

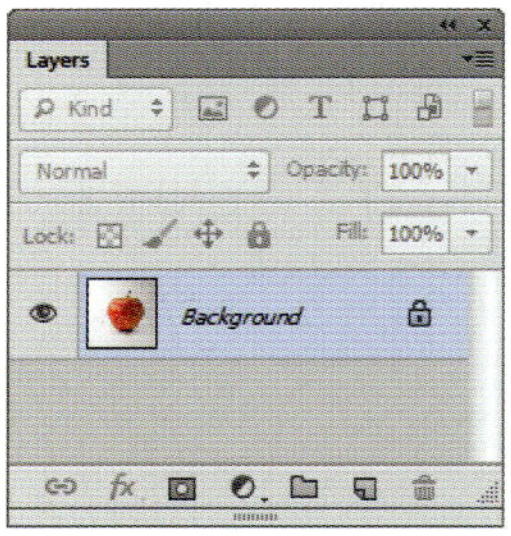

지우개 툴

배경 지우개 툴

마술 지우개 툴

• 지우개 툴의 옵션바

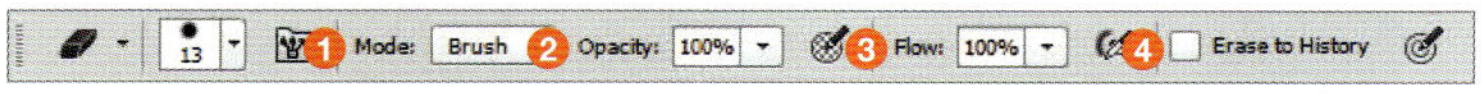

❶ **Mode :** 브러시 모드를 설정합니다.

❷ **Opacity :** 브러시의 불투명도를 조절합니다.

❸ **Flow :** 브러시의 압력을 조절합니다.

❹ **Erase to History :** 체크할 경우 히스토리 브러시와 같은 기능으로 사용됩니다.

• 배경 지우개 툴의 옵션바

❶ **Limits :** 지우고자 하는 범위를 설정합니다.

❷ **Tolerance :** 수치를 조절하여 지우려는 색상의 범위를 설정합니다. 수치가 클수록 색상의 범위가 넓어져서 더 많이 지워집니다.

❸ **Protect Foreground Color :** 전경색과 같은 색상만 남기고 모두 지웁니다.

• 마술 지우개 툴의 옵션바

❶ **Tolerance :** 수치를 조절하여 지우려는 색상의 범위를 설정합니다.

❷ **Anti-alias :** 선택 영역의 경계를 부드럽게 처리합니다.

❸ **Contiguous :** 체크하면 클릭한 곳과 인접한 색만 지우고, 체크를 해제하면 이미지 전체에서 유사한 색상을 지웁니다.

❹ **Sample All Layers :** 모든 레이어에서 유사한 색을 지웁니다.

❺ **Opacity :** 불투명도를 적용하여 이미지를 지웁니다.

CHAPTER 12 그레디언트 툴을 활용한 메인 페이지 만들기

완성예제 미리보기

이미지를 편집하다 보면 이미지에 무엇인가를 그리거나 색을 칠해야 하는 경우가 있습니다. 이런 경우에 브러시 툴, 연필 툴을 이용하여 간단한 그림을 그릴 수 있고, 그레디언트 툴이나 페인트 버킷 툴을 이용하여 원하는 색을 칠할 수도 있습니다. 이번 예제에서는 그레디언트 툴을 사용하여 메인 페이지를 만들어 보며 실제 작업에서 그레디언트 툴이 어떻게 활용되는지 살펴봅니다.

준비 파일 Fruits.jpg
주요 기능 그레디언트 툴, 클리핑 마스크, 선택 영역 반전, 사각 선택 툴, 원형 선택 툴

사각 선택 영역에 그레디언트 적용하기

01 Ctrl + N 을 누르고 [New] 대화상자에서 다음과 같이 설정한 후 [OK]를 클릭하여 작업할 새 창을 만듭니다. Ctrl + O 를 눌러 Fruits.jpg 파일을 열고 새로 만든 작업창으로 이동시킨 후 크기를 조절하고, [Layers] 패널에서 레이어 이름을 Fruits로 변경합니다.

02 [Layers] 패널에서 새 레이어를 추가하고 툴 패널에서 사각 선택 툴( )을 선택한 후 작업창에 드래그하여 다음과 같은 선택 영역을 만듭니다.

03 툴 패널에서 그레디언트 툴( )을 선택하고 옵션바에서 그레디언트 스타일 박스를 클릭하여 [Gradient Editor] 대화상자를 엽니다.

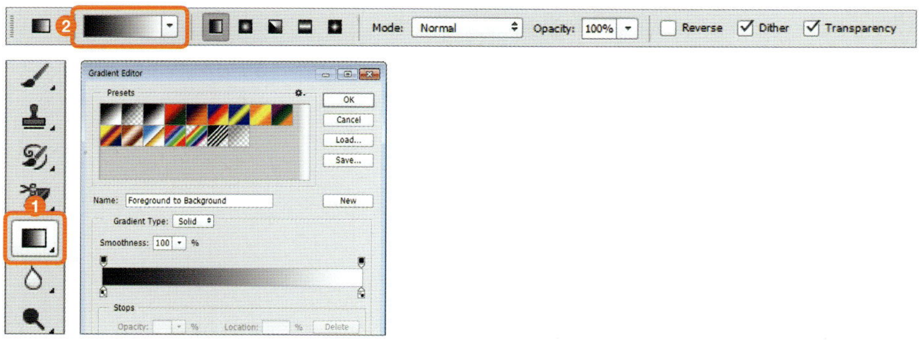

04 그레디언트 바의 좌측 하단에 있는 물감통을 더블클릭한 후 [Color Picker] 대화상자에서 색(#f9b31a)을 설정하고 [OK]를 클릭합니다. 마찬가지로 그레디언트 바의 우측 하단의 물감통을 더블클릭하여 색(#f26321)을 바꿔주고 [OK]를 클릭한 후 [Gradient Editor] 대화상자에서 [OK]를 클릭합니다. 옵션바의 그레디언트 스타일 박스를 보면 그레디언트 스타일이 바뀐 것을 확인할 수 있습니다.

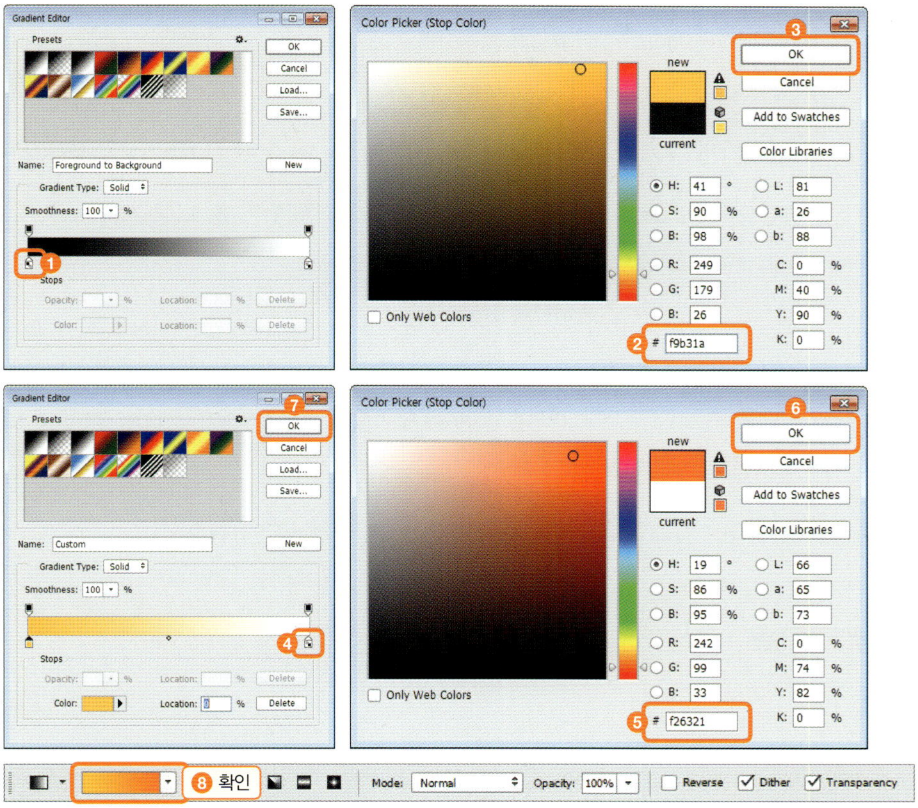

05 작업창의 사각형 선택 영역에서 대각선으로 드래그하여 다음과 같이 그레디언트를 적용한 후 Ctrl + D를 눌러 선택 영역을 해제합니다.

클리핑 마스크를 적용하여 사각형 영역 꾸미기

06 [Layers] 패널에서 새 레이어를 추가하고 툴 패널에서 원형 선택 툴(◌)을 선택합니다. 작업창에 원을 드래그한 후 Ctrl+Shift+I를 눌러 선택 영역을 반전시킵니다.

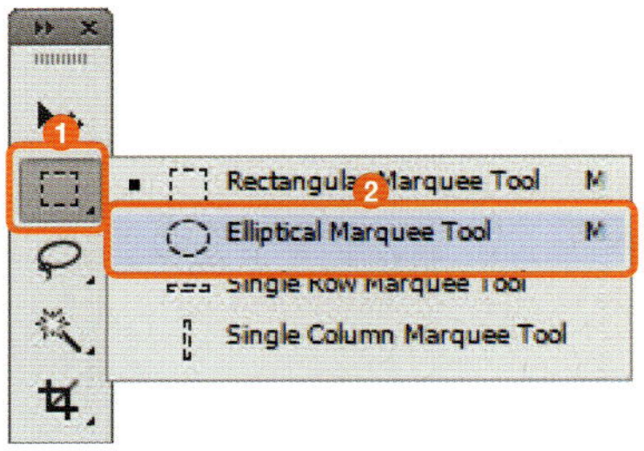

Tip 메뉴바에서 [Select]–[Inverse]를 클릭해도 선택 영역이 반전됩니다.

07 전경색(■)을 흰색으로 설정하고 툴 패널에서 그레디언트 툴(■)을 선택합니다. 그 다음 옵션바에서 그레디언트 스타일 박스를 클릭한 후 [Gradient Editor] 대화상자에서 Presets을 Foreground to Transparent로 설정하고 [OK]를 클릭합니다.

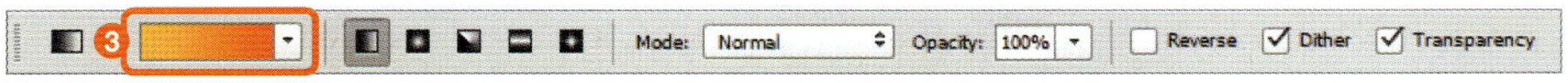

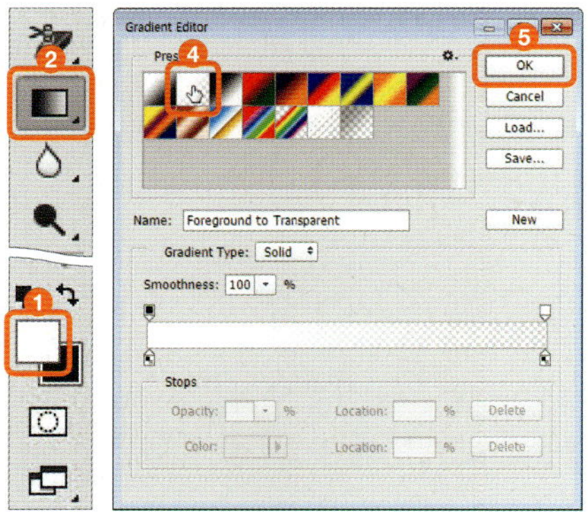

08 작업창에서 원형 선택 영역 하단 부분에 다음과 같이 드래그하여 그레디언트를 적용하고 Ctrl+D를 눌러 선택 영역을 해제합니다.

09 [Layers] 패널에서 Alt를 누른 채 Layers 1과 Box 레이어 사이에 마우스 포인터를 위치시키면 포인터가 변경되는데(↲□) 이때 마우스를 클릭하면 Layer 1 레이어가 Box 레이어 안으로 포함됩니다. 그 다음 Layer 1 레이어의 Opacity를 38%로 줄입니다.

Tip [Layers] 패널에서 위와 같이 레이어를 다른 레이어에 포함시키는 것을 '클리핑 마스크'를 적용했다고 합니다.

NOTE **클리핑 마스크**

클리핑 마스크는 레이어 하단 오브젝트 영역에만 레이어 상단 이미지가 보이도록 만드는 기능이며, 특히 합성 작업을 할 때 유용하게 사용할 수 있습니다. 두 개의 레이어 중 아래쪽 레이어를 마스크로 사용하여 마스크의 영역에서만 위쪽 레이어 이미지가 나타나도록 표현하는 방법으로 마스크를 조정하면 다양한 연출을 할 수 있습니다.

1. Layers 패널의 Background 레이어 위에 Apple 레이어가 있습니다.

2. 클리핑 마스크 처리할 이미지를 가져온 후 Alt를 누른 채 레이어와 레이어 사이를 클릭합니다.

3. 사과 영역에 클리핑 마스크 처리된 이미지만 들어갑니다.

10 위와 같은 방법으로 두 개의 레이어를 더 추가하겠습니다. [Layers] 패널에서 새 레이어를 추가하고 전경색(■)의 색(#d75a0d)을 변경합니다. 원형 선택 툴(◯)로 영역을 선택한 후 Ctrl+Shift+I를 눌러 선택 영역을 반전시킵니다.

11 그레디언트 툴(■)로 아래와 같이 드래그하면 이미지에 그레디언트가 적용됩니다. Ctrl+D를 눌러 선택 영역을 해제합니다.

12 앞에서와 마찬가지로 [Layers] 패널에서 Layers 2 레이어와 Layers 1 레이어 사이를 Alt를 누른 채 클릭하여 클리핑 마스크를 적용합니다.

13 새 레이어를 추가한 후 툴 패널에서 원형 선택 툴( )을 클릭하고 이미지 좌측 하단 부분을 드래그하여 선택합니다.

14 툴 패널에서 그레디언트 툴( )을 선택하고 그레디언트 색(#be4209)을 변경한 후 선택 영역에 그레디언트를 적용합니다. Ctrl+D를 눌러 선택 영역을 해제합니다.

15 위와 같은 방식으로 클리핑 마스크를 적용합니다.

16 툴 패널에서 문자 툴(T.)을 클릭하고 [Charater] 패널에서 각각 다음과 같이 설정한 후 이미지에 텍스트를 입력합니다.

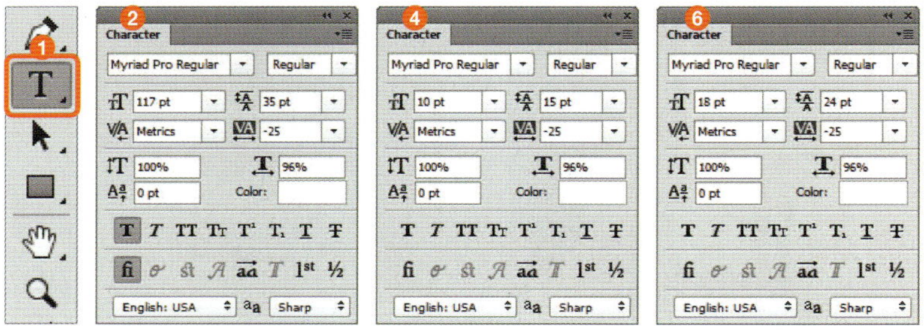

텍스트에 그레디언트 적용하기

17 이번에는 제목 텍스트에 그레디언트를 적용해 보겠습니다. 그레디언트 툴(■.)을 선택하고 옵션바에서 그레디언트 편집 박스를 클릭합니다. [Gradient Editor] 대화상자에서 Gradient Type을 Noise로 바꾸고 [Randomize]를 클릭하여 원하는 그레디언트가 나오면 [OK]를 클릭합니다.

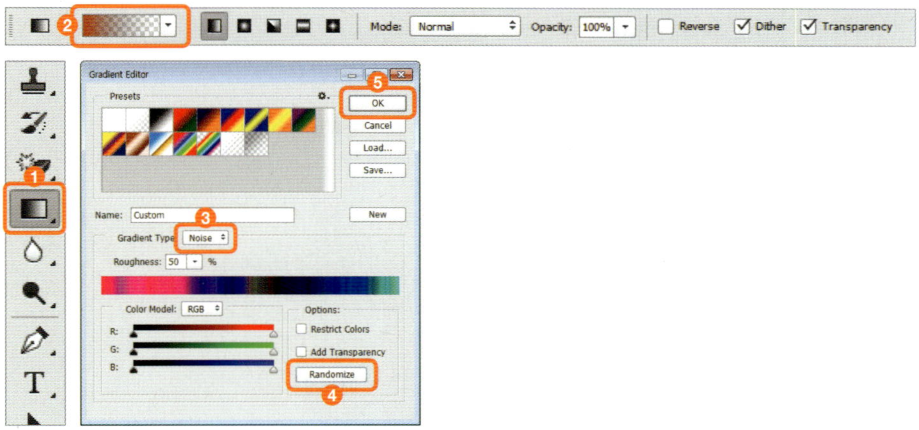

18 새 레이어를 추가하고 사각 선택 툴( )로 텍스트 'Fruits' 부분을 선택 영역으로 만들고 그레디언트 툴( )로 드래그하여 그레디언트를 적용합니다.

19 [Layers] 패널에서 Layers 4 레이어에 클리핑 마스크를 적용하면 텍스트 Fruits에 그레디언트가 적용됩니다.

Tip 그레디언트를 적용할 때 Shift를 누른 채 드래그하면 수직, 수평, 45도로 적용할 수 있습니다.

20 다음과 같이 메인 페이지가 완성됩니다.

그레디언트 툴
페인트 버킷 툴

기본기 다지기

손쉽게 색을 채워주는 그레디언트 툴과 페인트 버킷 툴

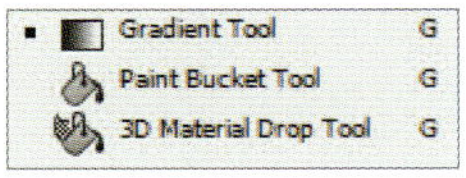

드로잉 관련 툴을 이용하여 색을 넣을 수도 있지만 그레디언트 툴(Gradient Tool)이나 페인트 버킷 툴(Paint Bucket Tool)을 이용하면 쉽게 색을 채울 수 있습니다. 단계적인 색의 변화를 채우려면 그레디언트 툴을, 한 가지 색으로만 채우려면 페인트 버킷 툴을 이용합니다.

배경을 그레디언트 툴로 채운 경우

배경을 페인트 버킷 툴로 채운 경우

Tip 실무에서는 페인트 버킷 툴을 이용하기보다 단축키와 메뉴바를 이용하여 색을 채우는 경우가 많습니다. 전경색을 채울 때는 Alt+Delete를, 배경색을 채울 때는 Ctrl+Delete를 누릅니다. 또한, 메뉴바에서 [Edit]–[Fill]을 이용하여 색이나 패턴 등을 채우기도 합니다.

• 그레디언트 툴의 옵션바

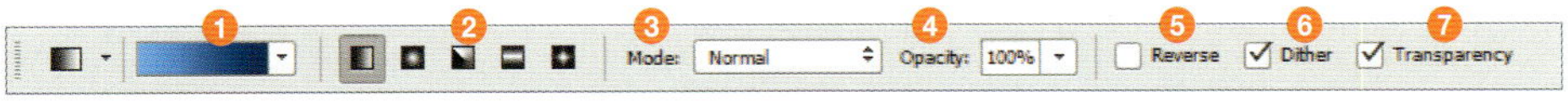

❶ **그레디언트 스타일 :** Gradient Editor 대화상자에서 그레디언트 스타일을 설정합니다.

❷ **그레디언트 모양 :** 다양한 모양의 그레디언트를 선택할 수 있습니다.

선형

원형

원뿔형

방사형

다이아몬드형

❸ **Mode :** 그레디언트가 적용될 때 합성 모드를 설정합니다.

❹ **Opacity :** 그레디언트가 적용될 때 불투명도를 조절합니다.

❺ **Reverse :** 그레디언트 색이 반대로 적용됩니다.

❻ **Dither :** 그레디언트의 경계가 부드러워집니다.

❼ **Transparency :** 설정한 불투명도가 적용됩니다.

NOTE 그레디언트 편집하기

그레디언트 바의 아래에 있는 물감통에서 색상을 선택할 수 있고, 그레디언트 바의 위에 있는 물감통에서는 투명도를 조절할 수 있습니다.

1. 그레디언트 바 하단에 새 물감통을 추가하여 색상 조절하기

[Gradient Editor] 대화상자를 열고 그레디언트 바의 하단 부분을 클릭하면 새 물감통이 만들어집니다. 그레디언트 바의 하단 물감통을 선택하면 Color와 Location이 활성화되어 조정할 수 있습니다. 이 물감통의 색을 바꾸고 싶다면 물감통을 더블클릭하여 [Color Picker] 대화상자에서 원하는 색을 선택하면 됩니다. 물감통을 삭제하고 싶으면 클릭하여 바깥 영역으로 드래그하면 사라집니다.

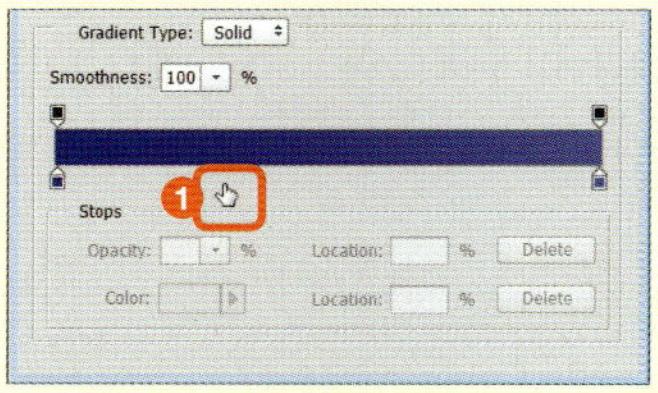

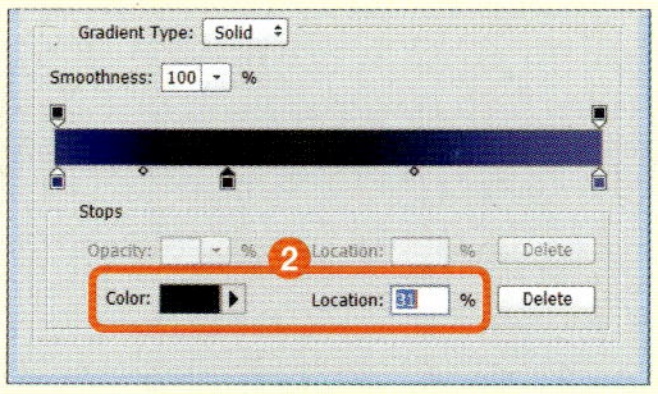

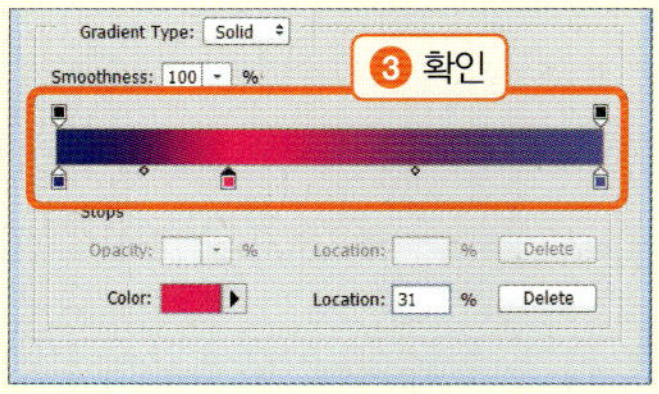

2. 그레디언트 바 상단 물감통으로 불투명도 조정하기

그레디언트 바의 상단 물감통을 선택하면 Opacity와 Location이 활성화되어 조정할 수 있습니다. 우측 상단 물감통을 선택하고 Opacity를 0으로 바꾸면 색이 투명해집니다. 그레디언트 바의 하단 물감통처럼 투명도를 조절하는 상단 물감통도 추가 및 삭제 조정이 가능합니다.

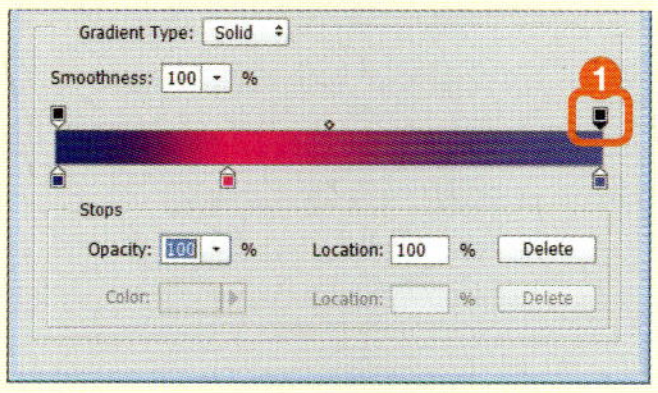

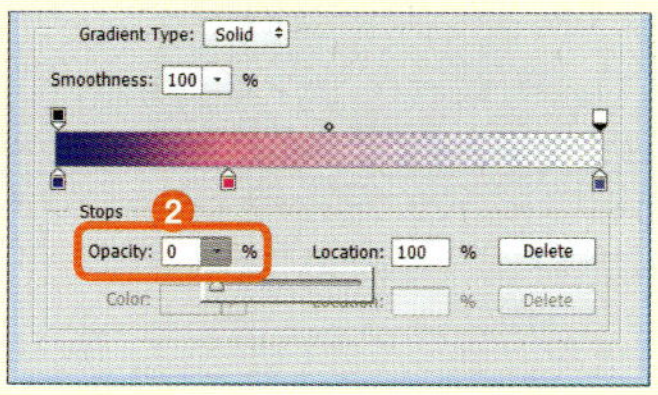

3. 그레디언트 타입 변경하기

이번에는 그레디언트 타입을 바꾸어 보겠습니다. Gradient Type에서 Noise를 선택하면 그레디언트 바의 색 배치가 바뀌게 됩니다. [Randomize]를 클릭하면서 그레디언트 바를 확인하며 원하는 스타일로 변경할 수 있습니다.

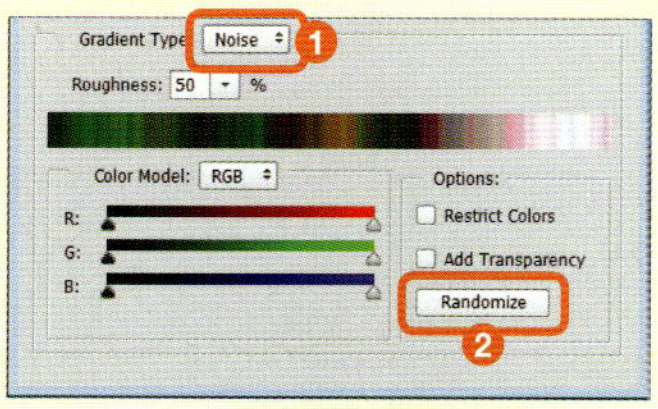

CHAPTER 13

이미지 보정 효과를 적용한 달력 표지 만들기

완성예제 미리보기

이번 장에서는 포토샵의 기본적인 기능인 이미지 보정에 대해 배워봅니다. 이미지를 구성하는 색에는 단순히 색상, 채도, 명도만 있는 것이 아니라 조명이나 대비 같은 빛 개념을 포함하며, 이러한 색을 보정하는 방법은 해당 이미지를 어떤 목적으로 사용하는지에 따라 달라질 수 있습니다. Adjustments 메뉴에 있는 효과들을 하나씩 따라해 보고, 그 이미지들을 클리핑 마스크 처리하여 달력 표지를 만들겠습니다.

준비 파일 Flower_01~Flower_15.jpg, Forest_01.jpg~Forest_05.jpg, Calendar.psd
주요 기능 이미지 보정, 클리핑 마스크

Brightness/Contrast로 이미지 보정하기

01 Flower_01.jpg 이미지 파일을 불러오고 메뉴바에서 [Image]–[Adjustments]–[Brightness/Contrast]를 선택합니다. [Brightness/Contrast] 대화상자에서 Brightness를 88로 설정하고 [OK]를 클릭합니다.

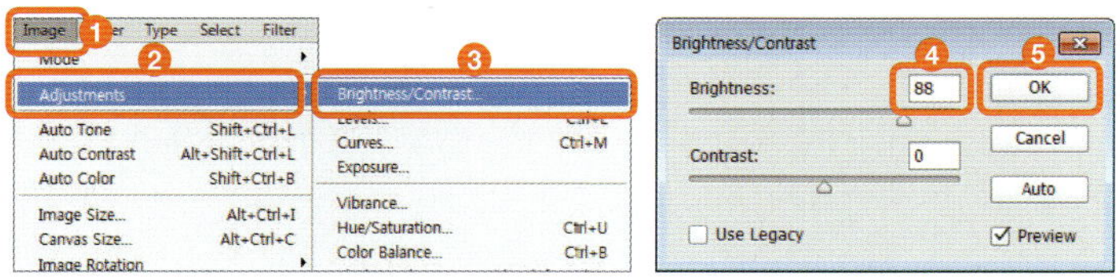

Tip Brightness는 –150부터 150까지, Contrast 50부터 100까지 조절할 수 있습니다. 포토샵 CS2까지는 두 값 모두 –100부터 100까지 조절할 수 있었는데 포토샵 CS2처럼 사용하고 싶다면 Use Legacy를 체크하면 됩니다.

02 다음과 같이 이미지가 Brightness/Contrast로 보정됩니다.

Tip Brightness/Contrast는 이미지의 밝기와 대비만 간단히 보정하고 싶을 때 사용하는 기능입니다.

Levels로 이미지 보정하기

03 Flower_02.jpg 이미지 파일을 불러오고 메뉴바에서 [Image]–[Adjustments]–[Levels]를 선택합니다. [Levels] 대화상자의 Input Levels 항목에서 오른쪽 삼각형을 왼쪽으로 드래그하고 [OK]를 클릭합니다.

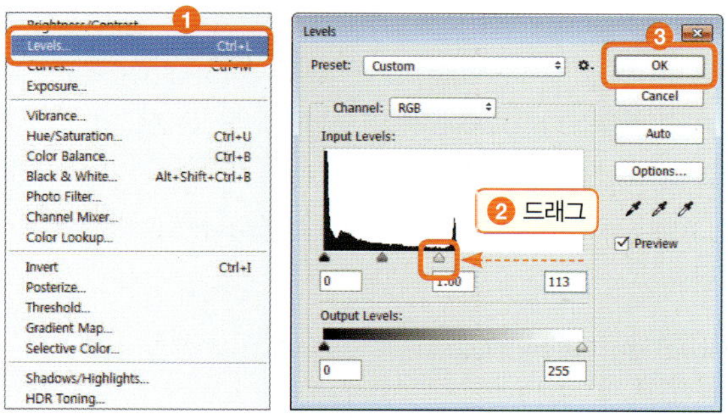

Tip Levels의 단축키는 Ctrl+L입니다.

04 다음과 같이 이미지가 Levels로 보정됩니다.

Tip Levels는 이미지의 색 분포를 조절하는 기능입니다. Levels로 이미지를 밝고 어둡게 조절할 수도 있지만, 양 끝단을 당겨 계조 분포를 넓히거나 좁혀 대비를 조절할 수도 있습니다.

Curves로 이미지 보정하기

05 Flower_03.jpg 이미지 파일을 불러오고 메뉴바에서 [Image]–[Adjustments]–[Curves]를 선택합니다. [Curves] 대화상자에서 그래프 선을 다음과 같이 S자 형태로 조정하고 [OK]를 클릭합니다.

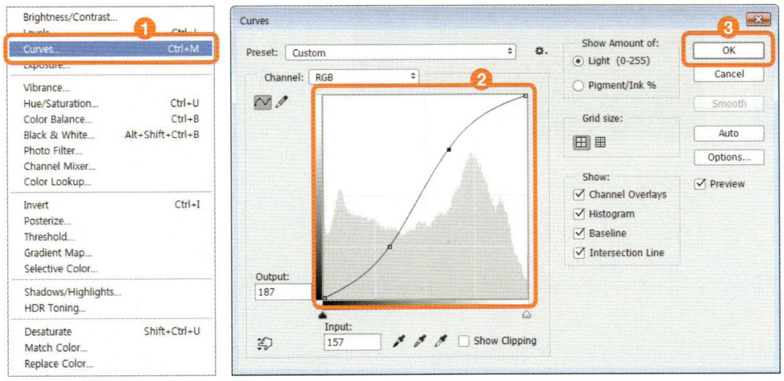

06 다음과 같이 이미지가 Curves로 보정됩니다.

Tip Curves는 Levels와 비슷하게 빛과 색의 농도를 조절하는데 그 중에서도 대비와 하이라이트를 조절하는 기능입니다. Curves는 그래프 선 위를 마우스로 클릭하면 포인트 점이 만들지는데 위로 올리면 이미지는 밝아지고 아래로 내리면 어두워집니다.

Exposure로 이미지 보정하기

07 Forest_01.jpg 이미지 파일을 불러오고 메뉴바에서 [Image]-[Adjustments]-[Exposure]를 선택합니다. [Exposure] 대화상자에서 Exposure를 +2.38로 설정하고 [OK]를 클릭합니다.

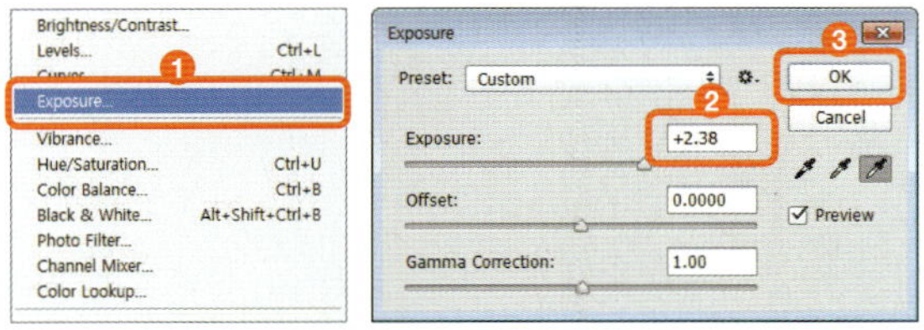

08 다음과 같이 이미지가 Exposure로 보정됩니다.

Tip Exposure는 빠르고 간편하게 이미지의 노출을 바로 잡는 기능입니다.

Vibrance로 이미지 보정하기

09 Flower_04.jpg 이미지 파일을 불러오고 메뉴바에서 [Image]-[Adjustments]-[Vibrance]를 선택합니다. [Vibrance] 대화상자에서 Vibrance를 -70으로 설정하고 [OK]를 클릭합니다.

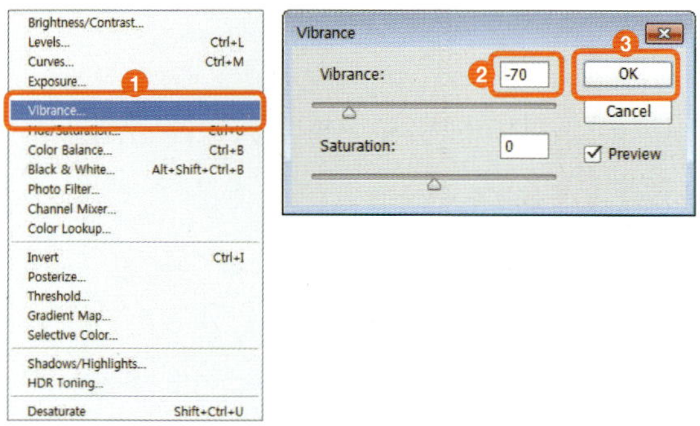

Tip Vibrance 대화상자에서 Vibrance와 Saturation을 함께 조절할 수 있습니다. 원본 사진이 채도가 높아 디테일이 떨어진 경우 Saturation을 낮춰 디테일을 살린 후 Vibrance를 높여 채도를 높이면 효과적입니다. 경우에 따라 두 기능을 병행해서 사용하면 더욱 효과적으로 이미지를 보정할 수 있습니다.

10 다음과 같이 이미지가 Vibrance로 보정됩니다.

Tip Vibrance는 계조 손실을 최소화시키면서 이미지의 채도를 조절하는 기능입니다.

Hue/Saturation으로 이미지 보정하기

11 Flower_05.jpg 이미지 파일을 불러오고 메뉴바에서 [Image]-[Adjustments]-[Hue/Saturation]을 선택합니다. [Hue/Saturation] 대화상자에서 Hue는 –63으로 설정하고 [OK]를 클릭합니다.

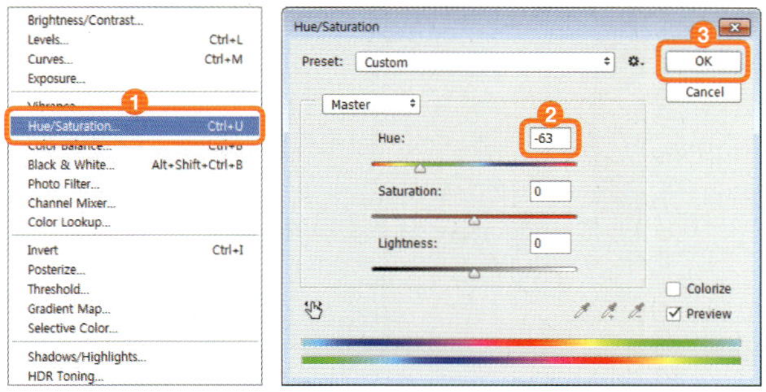

Tip Hue/Saturation의 단축키는 Ctrl+U입니다.

12 다음과 같이 이미지가 Hue/Saturation으로 보정됩니다.

Tip Hue/Saturation은 색의 3속성에 해당하는 색상(Hue), 채도(Saturation), 명도(Lightness)를 조절하면서 색을 보정합니다.

NOTE Colorize

Colorize 옵션을 체크하면 모노톤 이미지로 만들 수도 있습니다.

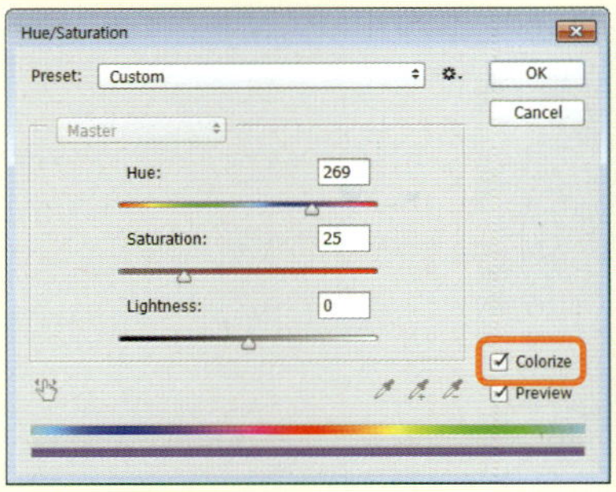

Color Balance로 이미지 보정하기

13 Flower_06.jpg 이미지 파일을 불러오고 메뉴바에서 [Image]-[Adjustments]-[Color Balance]를 선택합니다. [Color Balance] 대화상자에서 Red 쪽으로 삼각형을 드래그하고 [OK]를 클릭합니다.

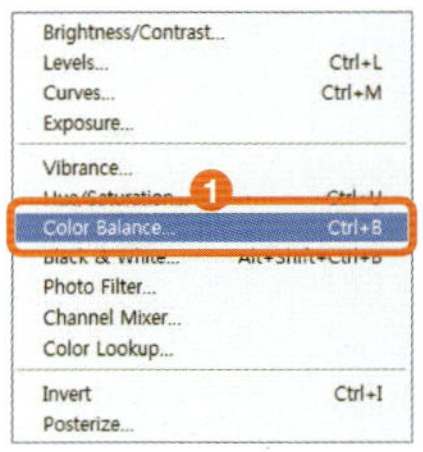

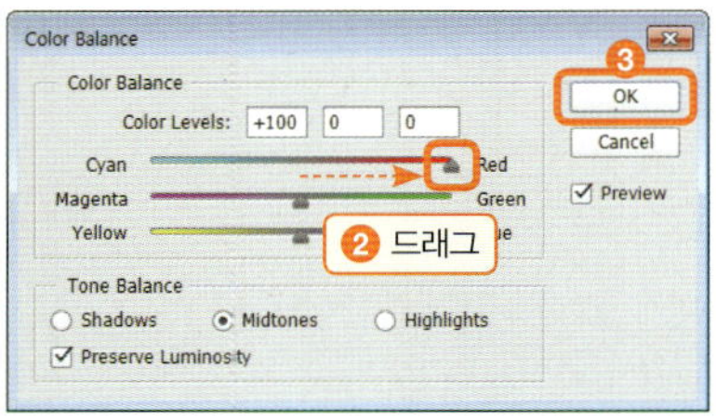

Tip Color Balance의 단축키는 Ctrl+B입니다.

14 다음과 같이 이미지가 Color Balance로 보정됩니다.

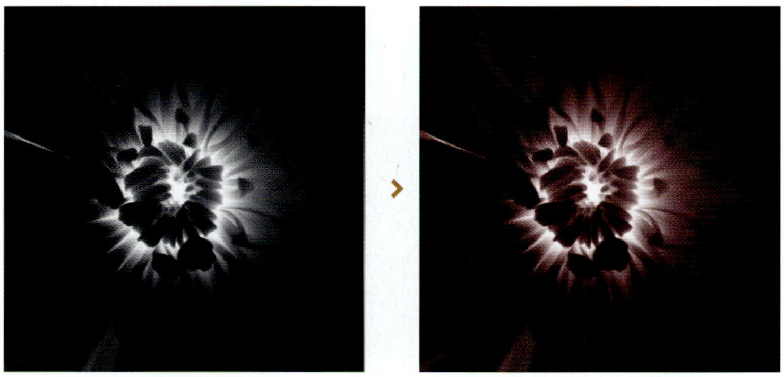

Tip Color Balance는 색을 재조합하여 색의 균형을 맞춰주는 기능입니다.

Black & White로 이미지 보정하기

15 Flower_07.jpg 이미지 파일을 불러오고 메뉴바에서 [Image]-[Adjustments]-[Black & White]를 선택합니다. [Black and White] 대화상자에서 [OK]를 클릭합니다.

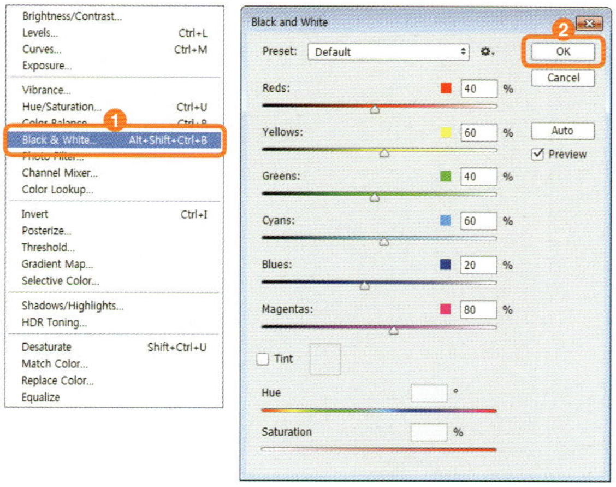

16 다음과 같이 이미지가 Black & White로 보정됩니다.

Tip Black & White는 컬러 이미지를 흑백 이미지로 만들거나 모노톤 이미지로 만들 때 사용하는 기능입니다.

NOTE **TINT**

Black and White 대화상자에서 Tint를 체크하면 모노톤의 이미지로 만들 수 있습니다.

Photo Filter로 이미지 보정하기

17 Forest_02.jpg 이미지 파일을 불러오고 메뉴바에서 [Image]–[Adjustments]–[Photo Filter]를 선택합니다. [Photo Filter] 대화상자에서 Filter는 Sepia, Density는 100%로 설정하고 [OK]를 클릭합니다.

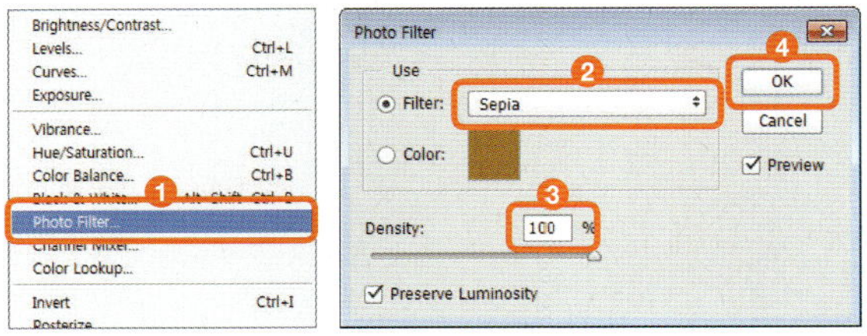

18 다음과 같이 이미지가 Photo Filter로 보정됩니다.

Tip Photo Filter는 전체적인 색감을 보정하거나 색 온도를 보정할 때 사용하는 기능입니다.

Channel Mixer로 이미지 보정하기

19 Flower_08.jpg 이미지 파일을 불러오고 [Channels] 패널을 열어 봅니다.

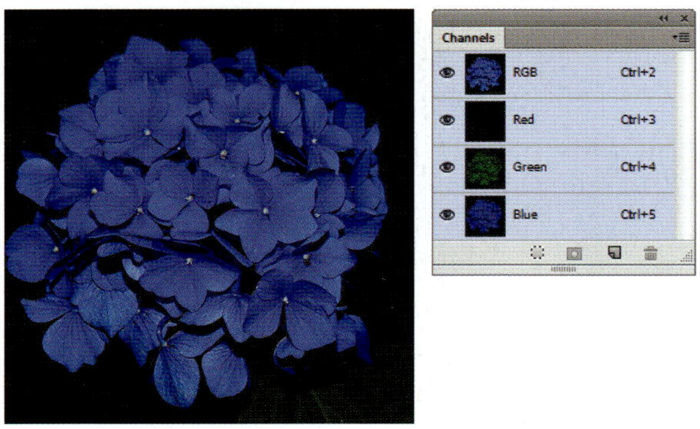

20 메뉴바에서 [Image]–[Adjustments]–[Channel Mixer]를 선택합니다. [Channel Mixer] 대화상자에서 Output Channel을 Blue로, Source Channels의 Blue 값을 –11%로 설정하고 [OK]를 클릭합니다.

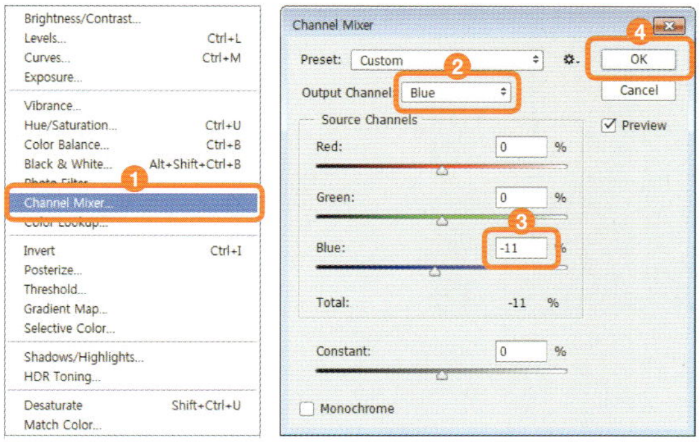

21 파란색이 줄어들어 파란색의 보색인 노란색이 늘어나 파란색이었던 꽃잎이 다음과 같이 녹색으로 변합니다. [Channels] 패널에서도 Blue 채널의 파란색이 줄어든 것을 확인할 수 있습니다.

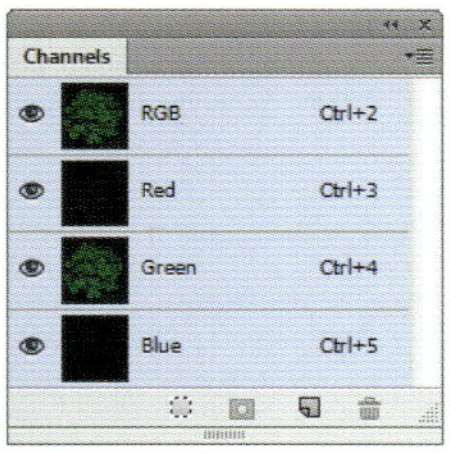

Tip Channel Mixer는 이미지의 색상 채널에 따라 색상을 보정하는 기능입니다.

Color Lookup으로 이미지 보정하기

22 Forest_03.jpg 이미지 파일을 불러오고 메뉴바에서 [Image]–[Adjustments]–[Color Lookup]을 선택합니다. [Color Lookup] 대화상자에서 3DLUT File을 Crisp_Warm.look으로 설정하고 [OK]를 클릭합니다.

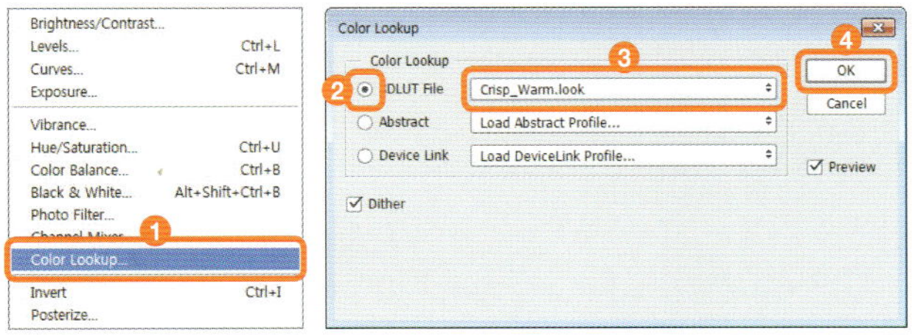

23 다음과 같이 이미지가 Color Lookup으로 보정됩니다.

Tip Color Lookup은 주로 사진 전문가가 사용하는 기능입니다.

Invert로 이미지 보정하기

24 Flower_09.jpg 이미지 파일을 불러오고 메뉴바에서 [Image]−[Adjustments]−[Invert]를 클릭합니다. 다음과 같이 이미지가 Invert로 보정됩니다.

Tip Invert의 단축키는 Ctrl+I입니다.

Tip Invert는 이미지를 보색으로 반전시키는 기능입니다.

Posterize로 이미지 보정하기

25 Flower_10.jpg 이미지 파일을 불러오고 메뉴바에서 [Image]−[Adjustments]−[Posterize]를 클릭합니다. [Posterize] 대화상자에서 Levels를 8로 설정한 후 [OK]를 클릭합니다.

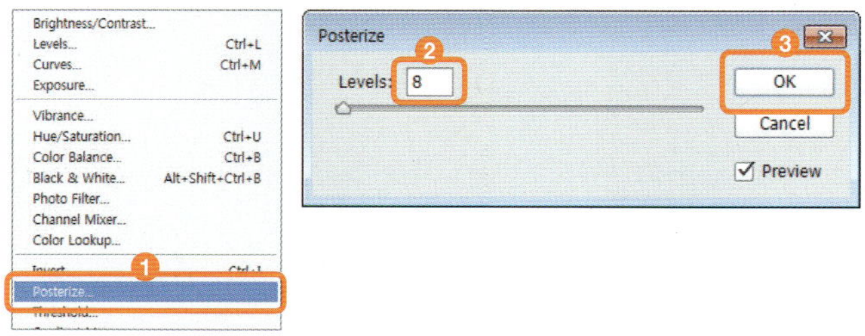

26 다음과 같이 이미지가 Posterize로 보정됩니다.

Tip Posterize는 이미지의 색상을 단순화시켜 표현하는 기능입니다.

Threshold로 이미지 보정하기

27 Flower_11.jpg 이미지 파일을 불러오고 메뉴바에서 [Image]–[Adjustments]–[Threshold]를 클릭합니다. [Threshold] 대화상자에서 Threshold Level을 149로 설정하고 [OK]를 클릭합니다.

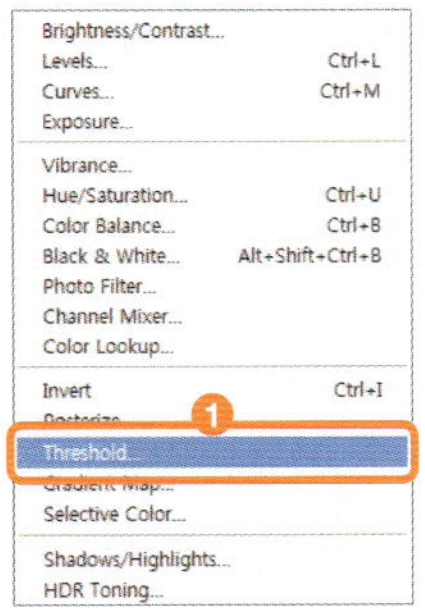

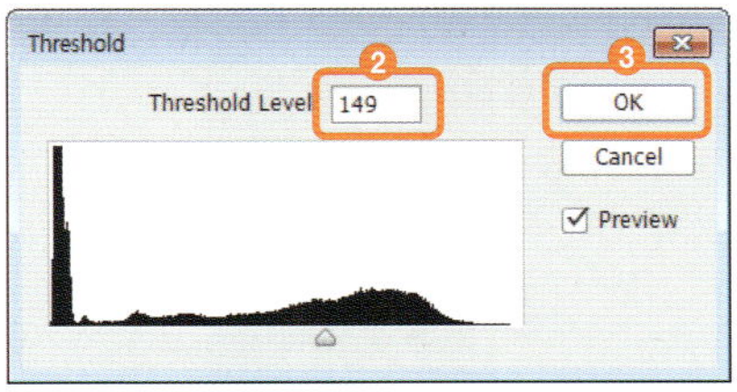

28 다음과 같이 이미지가 Threshold로 보정됩니다.

Tip Threshold는 흰색과 검정색만으로 이루어진 고대비 이미지를 만드는 기능입니다.

Gradient Map으로 이미지 보정하기

29 Flower_12.jpg 이미지 파일을 불러오고 메뉴바에서 [Image]–[Adjustments]–[Gradient Map]을 클릭합니다. [Gradient Map] 대화상자에서 다음과 같이 그레디언트바를 설정한 후 [OK]를 클릭합니다.

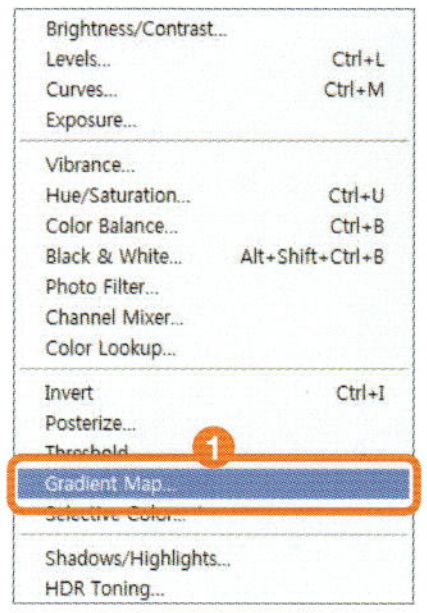

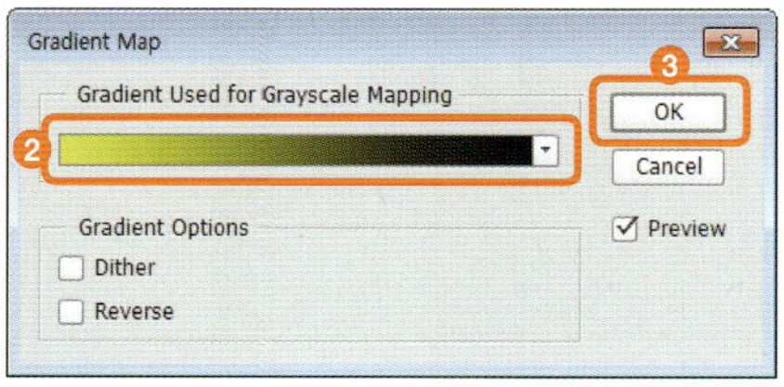

30 다음과 같이 이미지가 Gradient Map으로 보정됩니다.

Tip Gradient Map은 이미지의 명암에 따라 그레디언트를 다르게 적용하는 기능입니다.

Selective Color로 이미지 보정하기

31 Flower_12.jpg 이미지 파일을 불러오고 메뉴바에서 [Image]–[Adjustments]–[Selective Color]를 클릭합니다. [Selective Color] 대화상자에서 Colors는 Reds를 선택하고, Cyan은 –27%, Magenta는 +91%, Yellow는 0%, Black은 +100%로 설정한 후 Method는 Relative를 체크하고 [OK]를 클릭합니다.

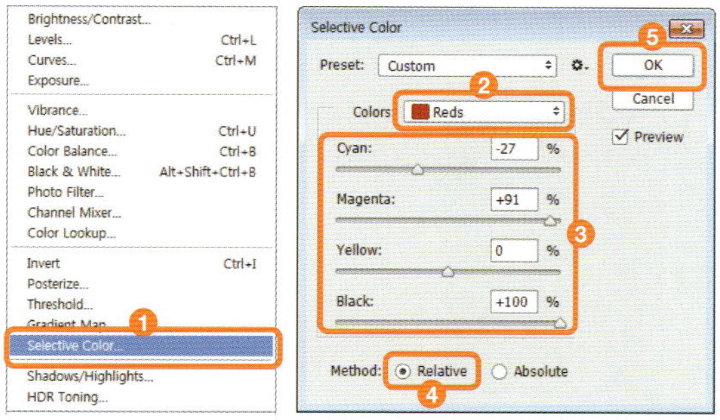

32 다음과 같이 이미지가 Selective Color로 보정됩니다.

Tip Selective Color는 특정 색의 전체적인 색감을 보정할 때 사용하는 기능입니다.

Shadows/Highlights로 이미지 보정하기

33 Forest_04.jpg 이미지 파일을 불러오고 메뉴바에서 [Image]-[Adjustments]-[Shadows/Highlights]를 클릭합니다. [Shadows/Highlights] 대화상자에서 Shadows 파트의 Amount를 41%로 설정하고 [OK]를 클릭합니다.

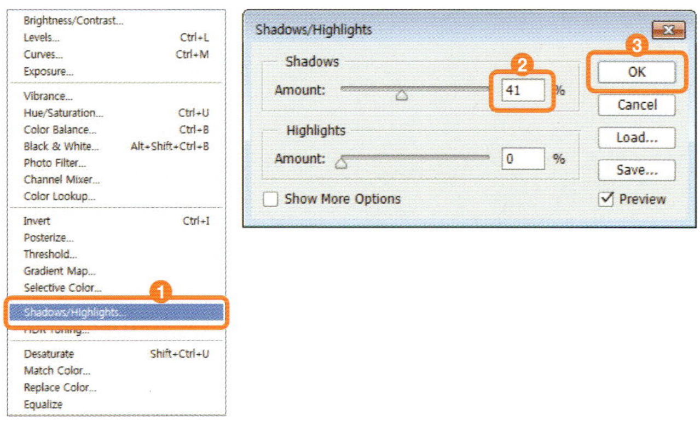

34 다음과 같이 이미지가 Shadows/Highlights로 보정됩니다.

Tip Shadows/Highlights는 이미지의 전체가 아닌 어두운 부분과 밝은 부분을 조절하는 기능입니다.

HDR Toning으로 이미지 보정하기

35 Flower_13.jpg 이미지 파일을 불러오고 메뉴바에서 [Image]–[Adjustments]–[HDR Toning]을 클릭합니다. [HDR Toning] 대화상자에서 다음과 같이 설정하고 [OK]를 클릭합니다.

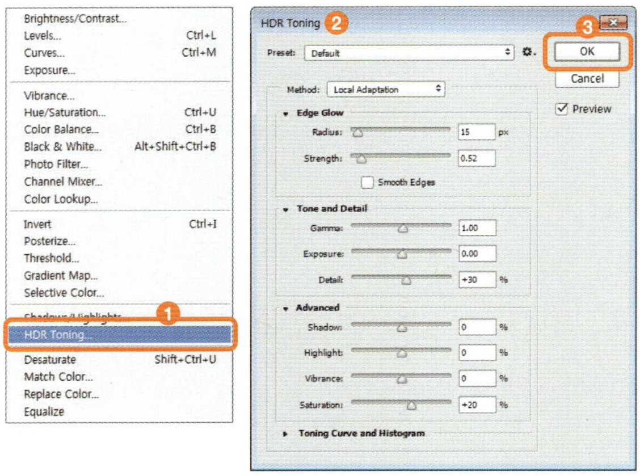

36 다음과 같이 이미지가 HDR Toning으로 보정됩니다.

Tip HDR Toning은 이미지의 가장 밝은 부분과 어두운 부분의 농도차를 조절하는 기능입니다.

Desaturate로 이미지 보정하기

37 Flower_07.jpg 이미지 파일을 불러오고 메뉴바에서 [Image]-[Adjustments]-[Desaturate]를 클릭합니다. 다음과 같이 이미지가 Desaturate로 보정됩니다.

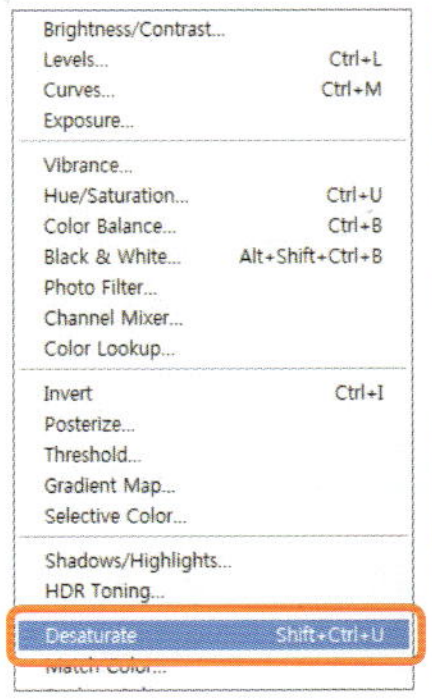

Tip Desaturate의 단축키는 Shift+Ctrl+U입니다.

Tip Desaturate는 채도를 한번에 낮춰 흑백 이미지로 만드는 기능입니다.

Match Color로 이미지 보정하기

38 Flower_03.jpg, Flower_14.jpg 이미지 파일을 불러오고 메뉴바에서 [Image]-[Adjustments]-[Match Color]를 클릭합니다. [Match Color] 대화상자에서 Source를 Flower_03.jpg로 선택하고 [OK]를 클릭합니다.

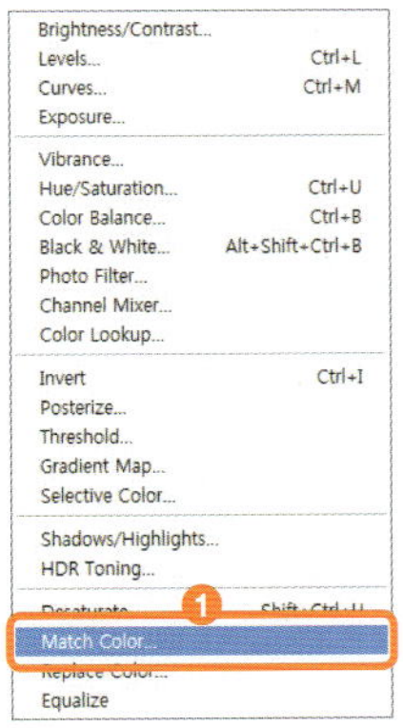

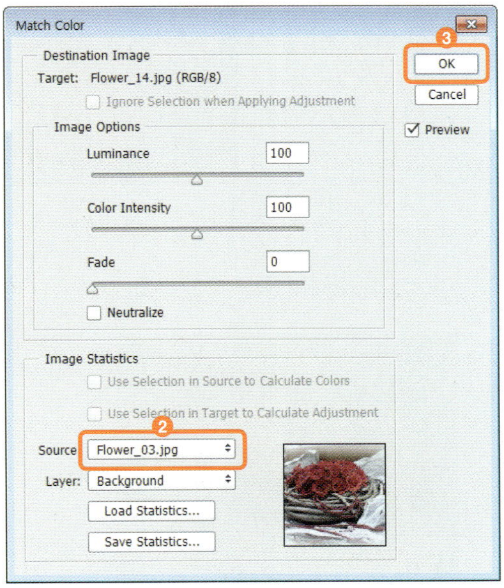

39 Flower_03.jpg 이미지의 색 톤에 맞춰 Flower_14.jpg의 이미지의 색조가 변경됩니다.

Tip Match Color는 서로 다른 조명에서 촬영된 이미지의 색조를 맞추는 기능입니다.

Replace Color로 이미지 보정하기

40 Flower_15.jpg 이미지 파일을 불러오고 메뉴바에서 [Image]–[Adjustments]–[Replace Color]를 클릭합니다. [Replace Color] 대화상자에서 스포이트 아이콘( )을 선택하고 빨간색 꽃잎을 클릭한 후 Hue를 +38로 설정하고 [OK]를 클릭합니다.

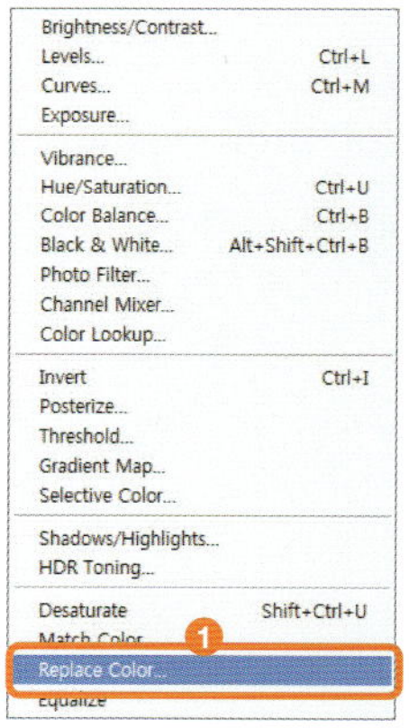

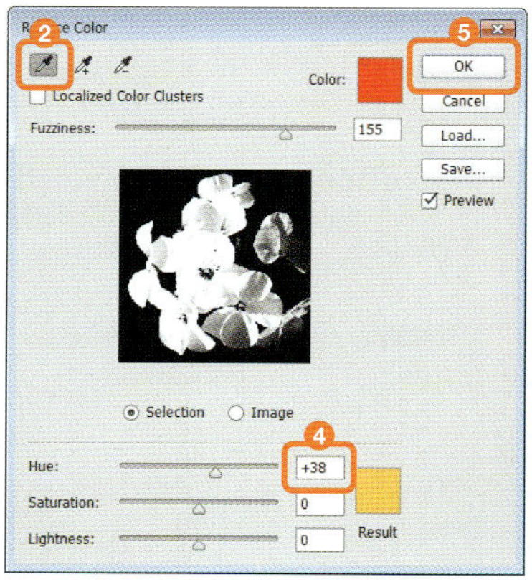

41 다음과 같이 이미지가 Replace Color로 보정됩니다.

Tip Replace Color는 원하는 부분의 색상을 빠르고 쉽게 바꿔주는 기능입니다.

Equalize로 이미지 보정하기

42 Forest_05.jpg 이미지 파일을 불러오고 메뉴바에서 [Image]–[Adjustments]–[Equalize]를 클릭합니다. 다음과 같이 이미지가 보정됩니다.

Tip Equalize는 이미지의 밝기를 균등하게 조절하는 기능입니다.

보정한 이미지들을 모아 달력 표지 만들기

43 이제 예제 소스에서 Calendar.psd를 불러옵니다.

44 앞에서 여러 가지 기능으로 보정한 이미지들을 클리핑 마스크를 적용하여 각 박스에 자유롭게 배치하여 달력 표지를 완성합니다.

기본기 다지기

이미지 보정

포토샵의 기본 기능인 이미지 보정

이미지에서 색은 단순히 색상, 채도, 명도만을 말하는 것이 아니라 조명이나 대비 같은 빛 개념도 포함합니다. 색을 보정하는 방법은 해당 이미지를 어떤 목적으로 사용하는지에 따라 달라질 수 있습니다.

사실 처음에 색을 보정하려면 어디서부터 시작해야 할지 막막할 수도 있습니다. 순서가 정해져 있는 것은 아니지만 기본적인 이미지 보정 과정은 다음과 같습니다.

❶ 전체적인 명암과 색조 범위를 조절합니다.

❷ 특정 부분에 Highlights, Midtone, Shadow를 조정해서 색상과 톤을 맞춥니다.

❸ 필요하다면 이미지를 선명하게 보이도록 합니다.

자동 보정으로 빠르게 보정하기

Auto Tone, Auto Contrast, Auto Color 기능을 이용하면 클릭 한 번으로 빠르게 색을 보정할 수 있습니다.

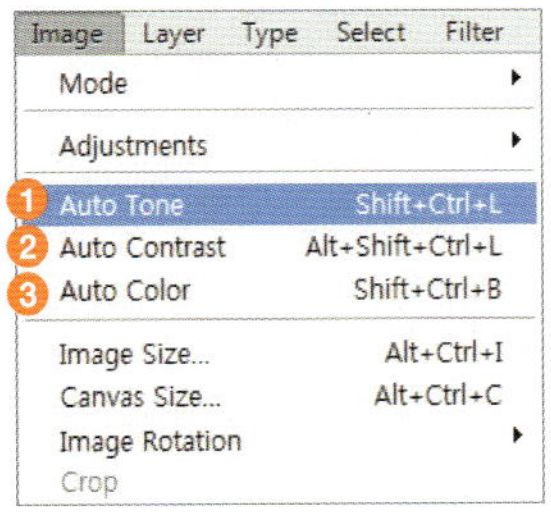

❶ **Auto Tone :** 명도와 대비를 자동으로 보정합니다.

❷ **Auto Contrast :** 대비를 자동으로 보정합니다. 디지털 카메라로 찍은 이미지를 보정하는 데 사용하면 좋습니다.

❸ **Auto Color :** 색을 보정하는 기능으로, 디지털 카메라로 사진을 찍었을 경우 여러 가지 조건에 따라 사진이 원래 색과 다르게 찍히는 경우가 있습니다. 이때 Auto Color를 적용하면 빠르고 간편하게 색을 보정할 수 있습니다.

원본

Auto Tone

Auto Contrast

Auto Color

기본 보정으로 이미지 보정하기

색 보정은 Adjustments 메뉴에서 주로 이루어집니다. 총 21가지 기능 중 자주 쓰이는 15가지 기능은 Adjustments 패널에서도 제공됩니다. Adjustments 메뉴와 Adjustments 패널 중 어느 기능을 사용해도 결과는 동일하지만 약간의 차이는 있습니다. Adjustments 메뉴에 있는 기능을 사용하면 이미지에 바로 적용이 되기 때문에 빠르고 간편하지만, 수정은 할 수 없습니다. 이에 비해 Adjustments 패널을 이용하면 따로 보정 레이어를 만들어 작업하기 때문에 언제라도 수정할 수 있습니다.

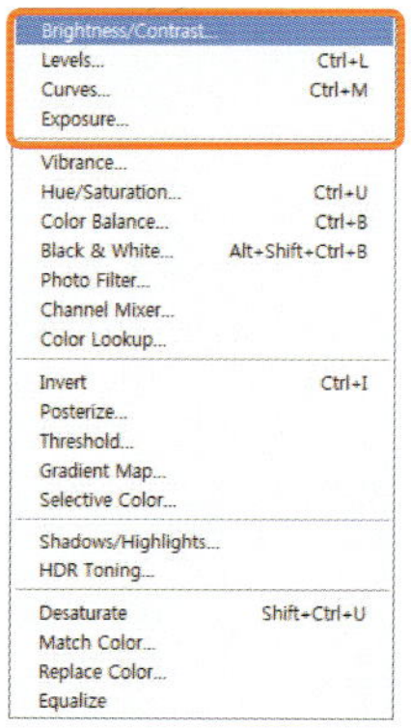

Adjustments 메뉴

Adjustments 패널

1. Brightness/Contrast

Brightness/Contras는 밝기와 대비만 간단히 보정할 수 있는 기능입니다. 특히, 조명이 어두운 실내나 흐린 날에 찍은 사진을 손쉽게 보정할 수 있습니다.

Brightness를 높인 이미지

Contrast를 높인 이미지

· **Brightness/Contrast 대화상자**

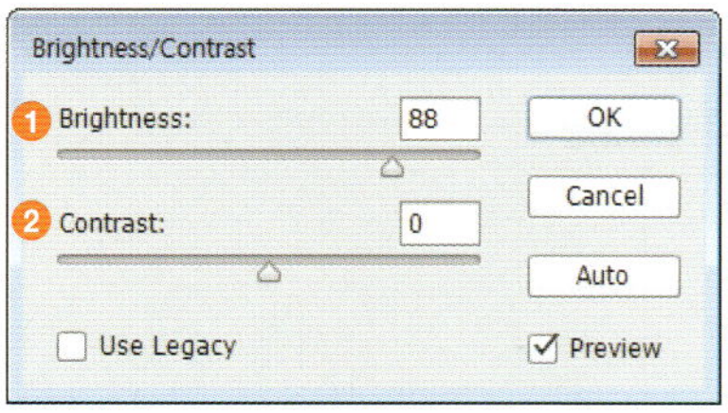

❶ **Brightness :** 이미지의 밝기를 직접 값을 입력하거나 슬라이드 바를 움직여서 조절합니다. 슬라이드 바를 왼쪽으로 움직이면 어두워지고, 오른쪽으로 움직이면 밝아집니다.

❷ **Contrast :** 이미지의 대비를 조절합니다. 슬라이드 바를 왼쪽으로 움직이면 색상 대비가 흐릿해지고, 오른쪽으로 움직이면 뚜렷해집니다.

2. Levels

Levels는 이미지의 색 분포를 조절하는 기능입니다. Levels 대화상자의 히스토그램을 이용하여 이미지에서 가장 밝은 영역(Highlights), 중간 영역(Midtone), 어두운 영역(Shadow)을 조정할 수 있습니다. Levels로 이미지를 밝고 어둡게 조절할 수도 있지만, 양 끝단을 넓히거나 좁히면서 대비를 조절할 수도 있습니다.

히스토그램 바로 아래에 있는 중앙 삼각형을 왼쪽으로 드래그하면 밝은 영역이 넓어지고 어두운 영역이 좁혀지면서 이미지가 밝아집니다. 반대로 오른쪽으로 드래그하면 어두운 영역이 넓어지고 밝은 영역이 좁혀지면서 이미지가 어두워집니다.

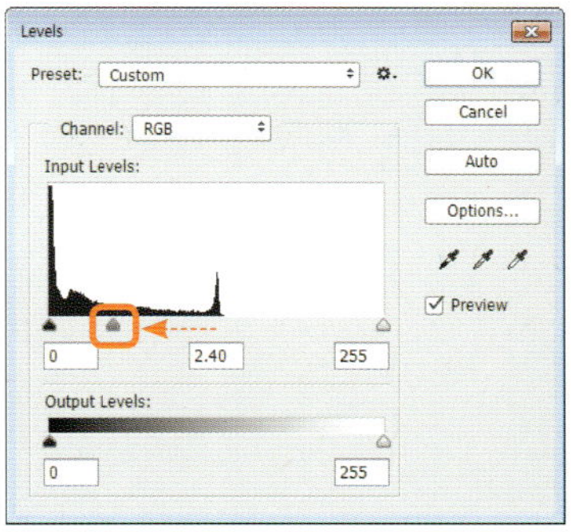

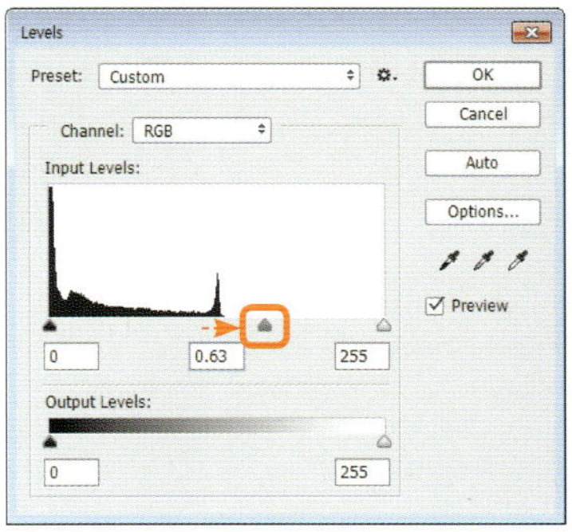

Output Levels 아래에 있는 검정 삼각형을 오른쪽으로 드래그하면 가장 어두운 색이 중간 톤으로 변하면서 밝아집니다. 흰색 삼각형을 왼쪽으로 드래그하면 가장 밝은 톤이 중간 톤으로 변하면서 어두워집니다.

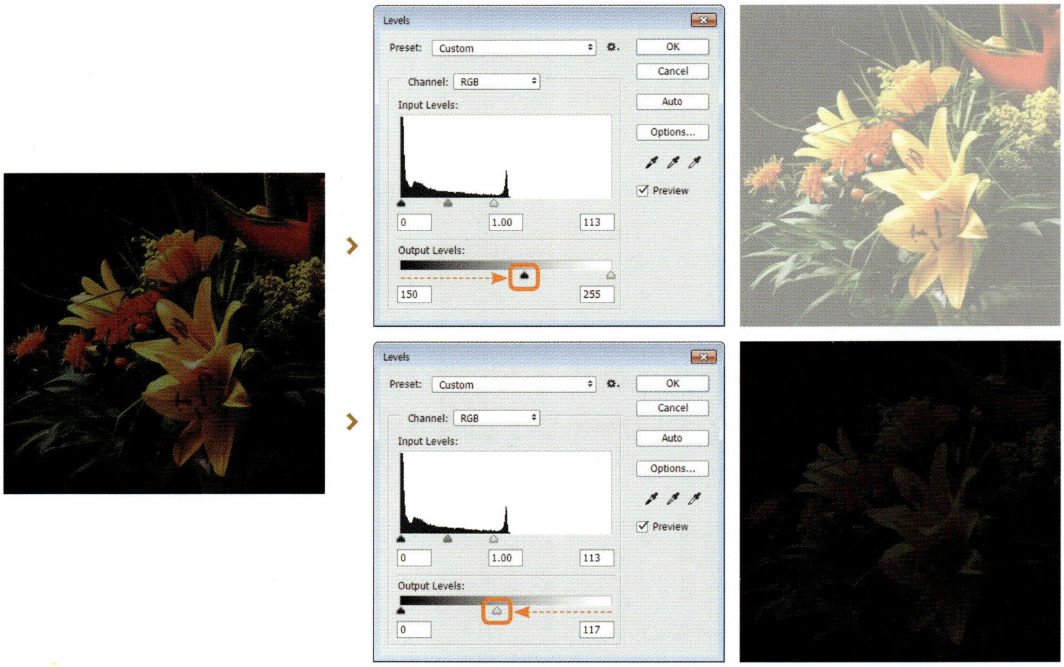

· **Levels 대화상자**

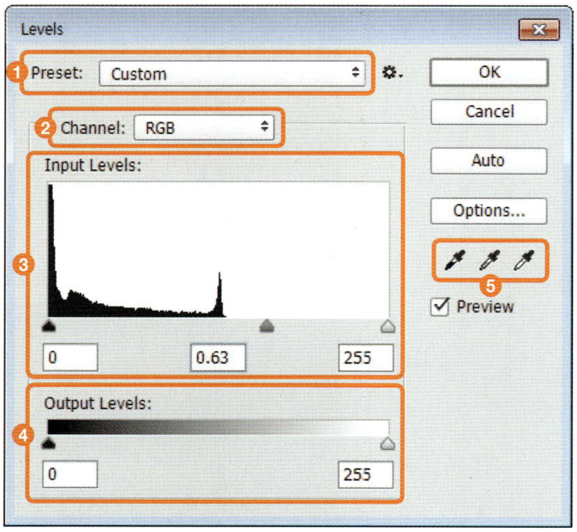

❶ **Preset :** 자주 사용하는 기본 설정값을 제공합니다.

❷ **Channel :** 각 채널별로 보정합니다.

❸ **Input Levels :** 이미지 밝기 분포를 히스토그램으로 나타냅니다. 아래에 있는 각각의 삼각형은 Shadow, Midtone, Highlights로 조절하면 밝기와 대비를 조절할 수 있습니다. 직접 수치를 입력하거나 아래의 삼각형 아이콘을 드래그합니다.

❹ **Output Levels :** 삼각형을 드래그하거나 수치를 직접 입력하여 이미지의 밝기를 조절합니다. 아래의 검정 삼각형을 오른쪽으로 드래그하면 이미지가 밝아지고, 흰색 삼각형 아이콘을 왼쪽으로 드래그하면 이미지가 어두워집니다. 검정색 삼각형과 흰색 삼각형의 좌우 위치가 바뀌면 이미지가 반전됩니다.

❺ **스포이트**

- Set Black Point : 클릭한 지점보다 어두운 지점은 더 어둡게 바꿉니다.
- Set Gray Point : 클릭한 지점을 전체 이미지 명도의 중간점으로 지정합니다.
- Set White Point : 클릭한 지점보다 밝은 지점은 더 밝게 바꿉니다.

3. Curves

Curves는 Levels와 비슷하게 빛과 색의 농도를 조절하며, 그중에서도 대비와 하이라이트를 조절합니다. Curves의 그래프 선 위에서 마우스를 클릭하면 포인트 점이 만들어집니다. 원래 있던 사선의 그래프보다 위로 올리면 이미지는 밝아지고 아래로 내리면 어두워집니다.

Curves는 노출에 대해서 농도를 그래프로 나타낸 것으로 대비를 조절하는 데 유용하게 사용되며, 특히 부분적으로 대비를 조절할 때 유용합니다. Curves의 기울기가 급격해지면 대비가 강해지고, 기울기가 완만해지면 대비도 약해집니다. 또한, 목표값(target color)을 설정하고 이 값을 다른 사진에 일괄적으로 적용하는 데 매우 유용하게 사용될 수 있습니다.

원본

선을 위로 올렸을 때 밝아짐

선을 아래로 내렸을 때 어두워짐

대비가 강해짐

· Curves 대화상자

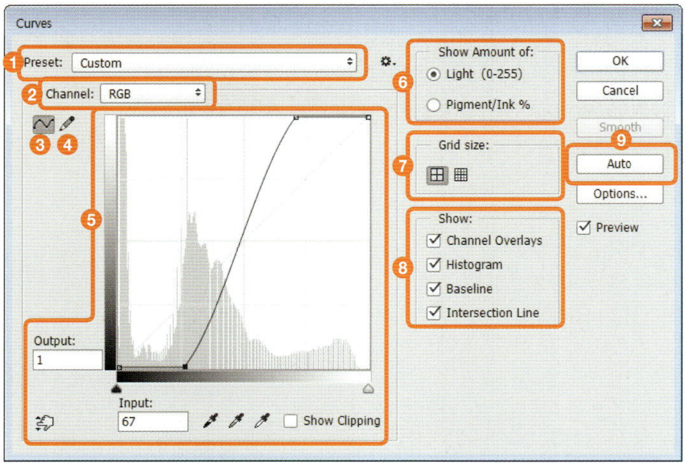

❶ **Preset :** 자주 사용하는 기본 설정값을 제공합니다.

❷ **Channel :** 각 채널별로 보정합니다.

❸ **Edit point to modify the curve :** 포인트를 추가하여 그래프를 조절합니다.

❹ **Draw to modify the curve :** 연필로 선을 그려 그래프를 조절합니다.

❺ **Histogram**

- Output : 선을 올릴수록 이미지가 밝아집니다(Level Output과 같은 기능).
- Input : 선을 오른쪽으로 움직일수록 대비가 줄어듭니다(Level Input과 같은 기능).
- Set Black Point : 클릭한 지점보다 어두운 지점은 더 어둡게 바뀝니다.
- Set Gray Point : 클릭한 지점을 전체 이미지 명도의 중간점으로 지정합니다.
- Set White Point : 클릭한 지점보다 밝은 지점은 더 밝게 바뀝니다.
- Show Clipping : 체크하면 이미지의 흰색과 검은색을 나타냅니다.

❻ **Show Amount of :** Output과 Input에 나타나는 수치를 어떻게 표현할지 선택합니다.

❼ **Grid Size :** 그리드를 4×4 또는 10×10으로 보여줍니다.

❽ **Show :** 그래프에서 나타낼 항목을 선택합니다.

❾ **Auto :** 자동으로 명도와 대비를 보정합니다.

4. Exposure

Exposure는 32비트의 HDR(High Dynamic Range) 이미지의 노출값을 보정하는 데 사용하며 빠르고 간편하게 노출을 잡을 수 있습니다.

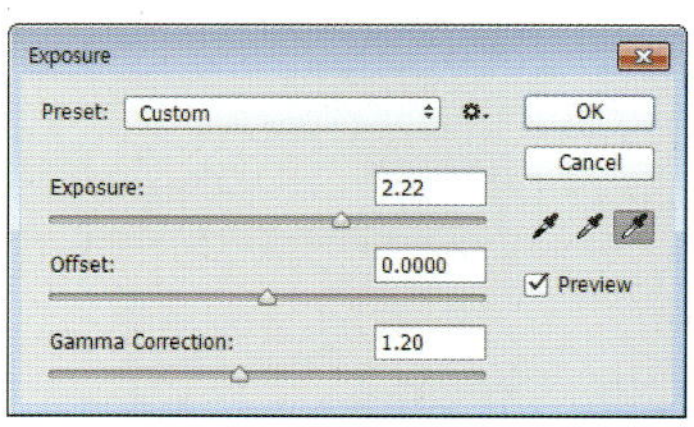

• Exposure 대화상자

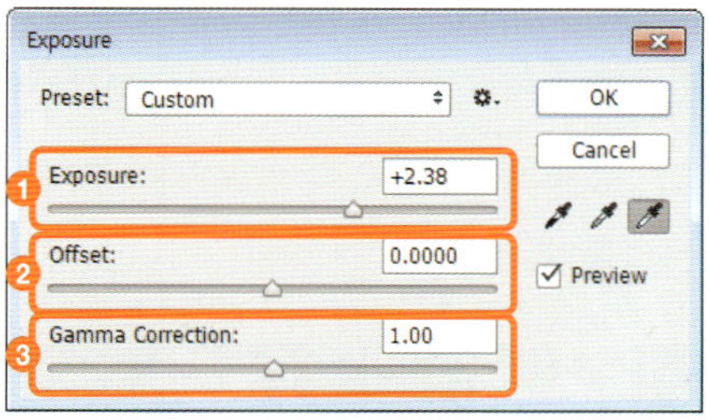

❶ **Exposure** : 노출을 보정합니다.

❷ **Offset** : 이미지의 중간 톤과 어두운 톤을 조절합니다. 슬라이드를 왼쪽으로 드래그하면(수치가 낮아질수록) 이미지는 어둡고 진해지며, 슬라이드를 오른쪽으로 드래그하면(수치가 높아질수록) 밝고 흐려집니다.

❸ **Gamma Correction** : 계조 보정으로, 1을 기준으로 왼쪽으로 드래그하면 이미지가 더 밝아지고, 오른쪽으로 드래그하면 이미지가 더 어두워집니다.

고급 보정으로 세밀하게 보정하기

흑백 이미지 만들기, 색상/채도/명도를 세부적으로 조절하기, 부분적으로 색 교체하기 등 전체적인 색감을 바꾸는 세밀한 보정 기능은 Adjustments 메뉴와 Adjustments 패널의 두 번째 영역에 모여 있습니다.

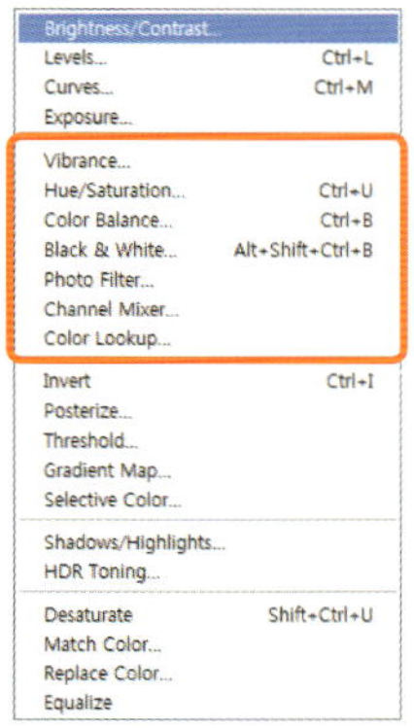

Adjustments 메뉴

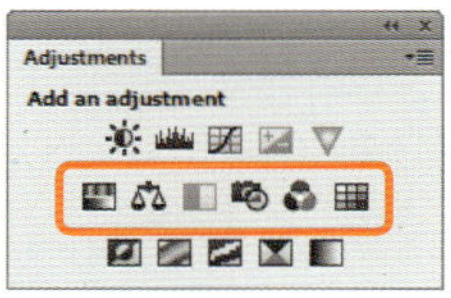

Adjustments 패널

1. Vibrance

Vibrance는 포토샵 CS4에 추가된 기능으로, 이미지의 채도를 보정합니다. Saturation이 무조건 채도를 조절하는데 반해, Vibrance는 계조 손실을 최소화시키면서 채도를 조절합니다.

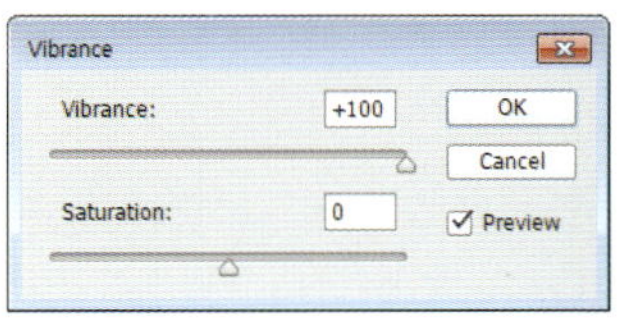

2. Hue/Saturation

Hue/Saturation은 색의 3속성에 해당하는 색상(Hue), 채도(Saturation), 명도(Lightness)를 조절하면서 색을 보정합니다. 스포이트를 이용하여 적용 범위를 넓히거나 좁힐 수 있으며, Colorize 옵션을 이용하여 모노톤 이미지를 만들 수도 있습니다. 포토샵에서 제공하는 색상 보정 기능 중 가장 많이 사용하는 기능이기 때문에 Hue/Saturation의 특성과 효과를 확실히 알아두기를 바랍니다.

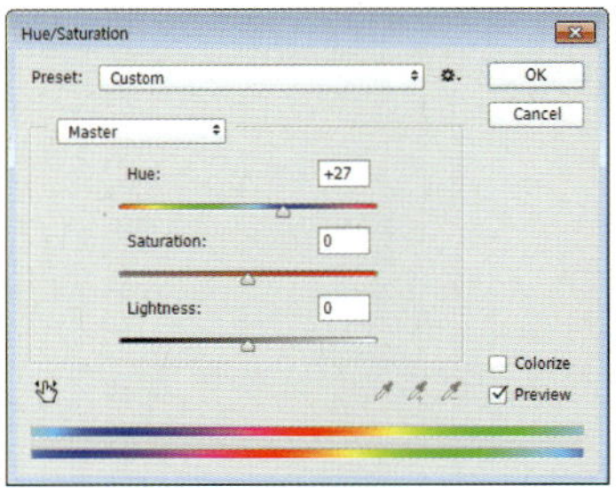

3. Color Balance

Color Balance는 색을 재조합하여 색의 균형을 맞추는 기능입니다.

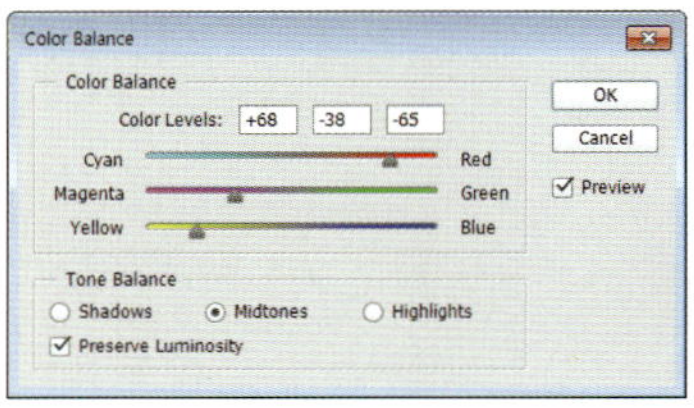

4. Black & White

포토샵 CS3에서 추가된 기능으로, 컬러 이미지를 흑백 이미지로 만들거나 모노톤 이미지로 만들 때 사용합니다. 슬라이드 바를 왼쪽으로 드래그하면 해당되는 색이 밝아지고, 오른쪽으로 드래그하면 해당하는 색이 어두워집니다. 색상별로 흑백 명암을 세밀하게 조정할 수 있으며, 고품질 흑백 이미지로 만들 수 있습니다.

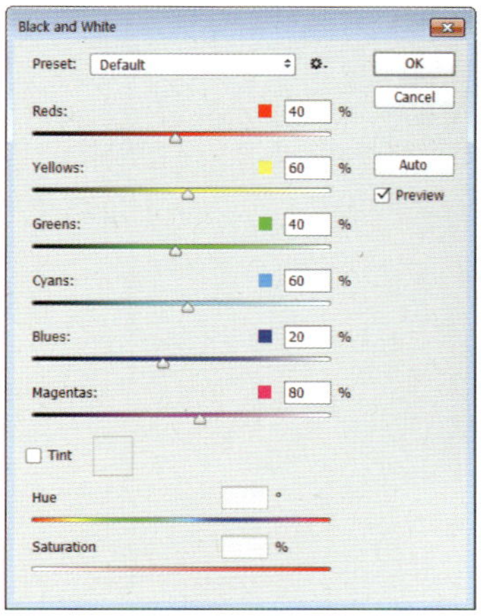

• **Black and White 대화상자**

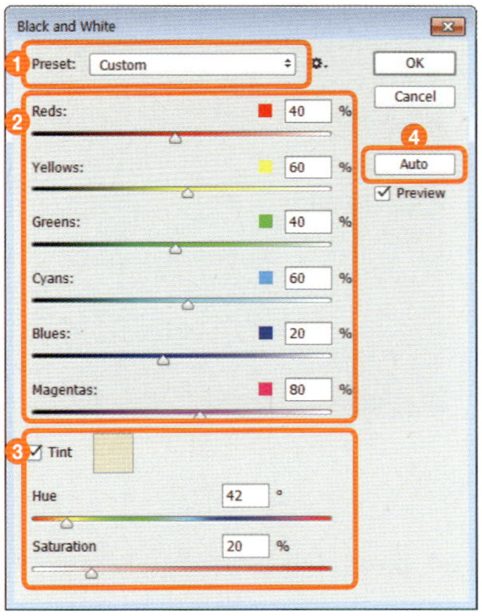

❶ **Preset :** 설정된 흑백톤을 선택합니다. 아래 색상 바를 조절하면 자동으로 Custom으로 바뀝니다.

❷ **색상 바 :** 각 색상별로 흑백 명암을 조절합니다.

❸ **Tint :** 체크하면 모노톤 이미지를 만들 수 있습니다.

- Hue : 모노톤 색상을 조절합니다.
- Saturation : 모노톤 색상의 채도를 조절합니다.

❹ **Auto :** 자동으로 정해진 흑백 이미지로 바뀝니다.

5. Photo Filter

Photo Filter는 색감과 색 온도를 보정하는 효과를 주는 기본 필터와 특수한 효과를 주는 특수 필터로 나눌 수 있습니다. Photo Filter의 기능은 전체적인 색감을 보정하거나 색 온도를 보정할 때 사용할 수 있으며, 특히 일출이나 일몰의 색 온도를 조절할 때 매우 유용합니다.

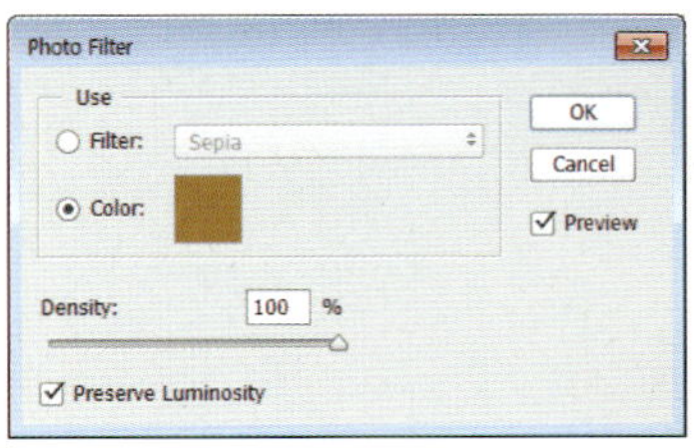

• Photo Filter 대화상자

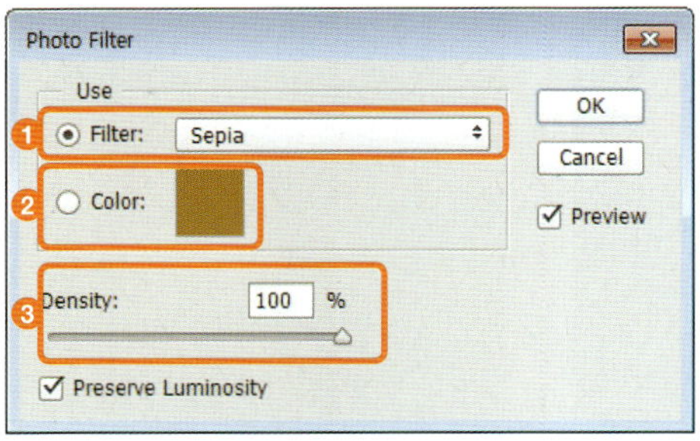

❶ **Filter :** 필터의 종류를 선택합니다.

❷ **Color :** 필터에 적용할 색을 선택합니다.

❸ **Density :** 색의 농도를 조절합니다.

6. Channel Mixer

Channel Mixer는 이미지의 색상 채널에 따라 색상을 보정하는 기능입니다. RGB 모드와 CMYK 모드에서만 사용할 수 있습니다.

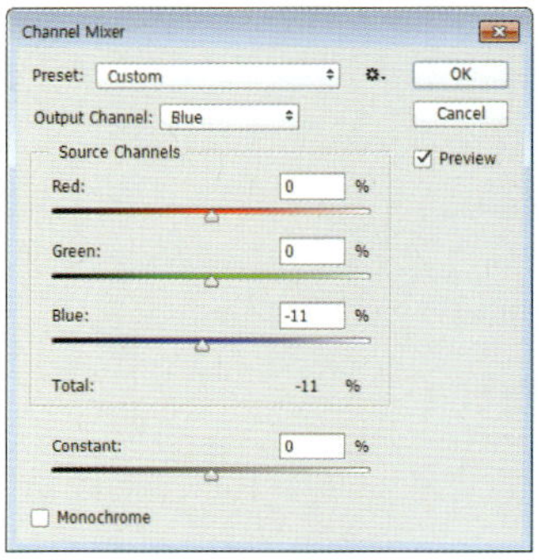

• Channel Mixer 대화상자

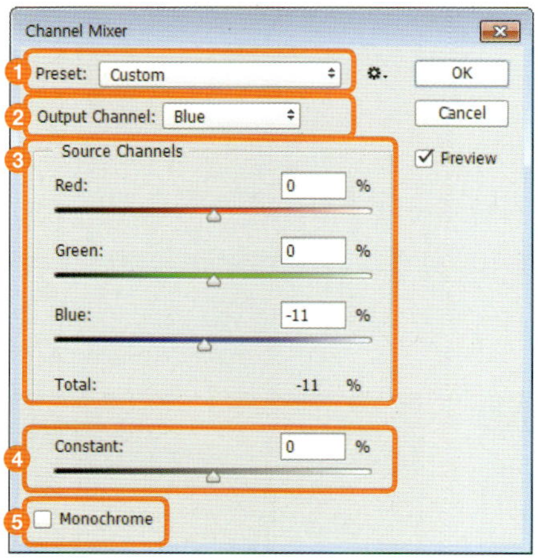

❶ **Preset :** Channel Mixer에서 자주 사용하는 값이 설정되어 있습니다. 주로 흑백 이미지를 만들 때 사용합니다.

❷ **Output Channel :** 조절할 채널을 선택합니다.

❸ **Source Channel :** 각 채널의 색상을 더하거나 빼서 조절하며 Total 값에 그 합이 표시됩니다.

❹ **Constant :** 대비를 조절합니다.

❺ **Monochrome :** 체크하면 흑백 톤으로 명암이 조절됩니다.

7. Color Lookup

사진 전문가들이 주로 사용하는 기능입니다. 3DLUT File은 다른 소프트웨어에서 동일한 색상을 적용하기 위해 사용합니다. Abstract, Device Link는 다른 시스템에서 색의 보정을 일관되게 할 수 있도록 표준 규격을 선택하는 옵션입니다.

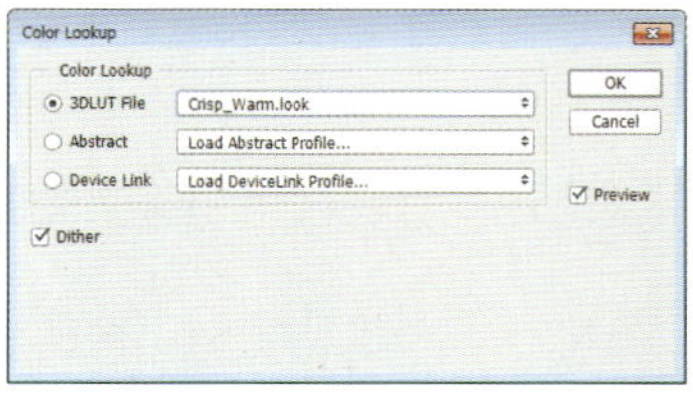

특수 보정으로 극적인 효과내기

Adjustments 메뉴와 Adjustments 패널의 세 번째 영역에는 색 반전, 명도차 평균화, 검은색과 흰색으로만 이미지를 표현, 포스터화 등 극적인 보정 효과를 주는 기능이 모여 있습니다.

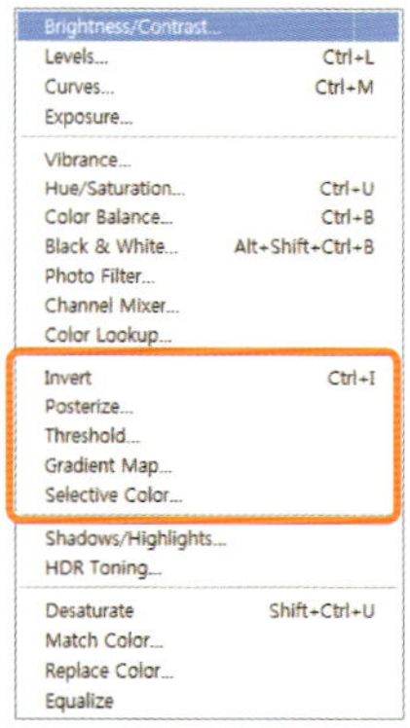

Adjustments 메뉴

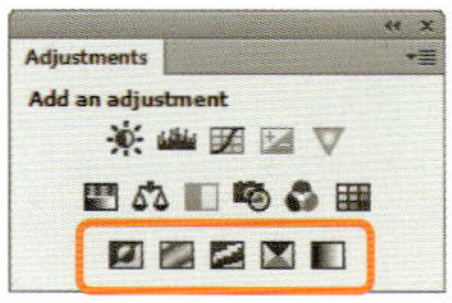

Adjustments 패널

1. Invert

Invert는 이미지를 보색으로 반전시킵니다. 명암과 색상이 반대로 적용되기 때문에 흑백 이미지에 자주 사용되고 엑스레이와 같은 독특한 느낌을 얻으려고 할 때 사용되기도 합니다.

2. Posterize

Posterize는 이미지의 색상을 단순화시켜 표현합니다. Levels에서 색상의 수를 설정하며 최소한의 색으로 강렬한 이미지를 전달하고자 할 때 사용합니다.

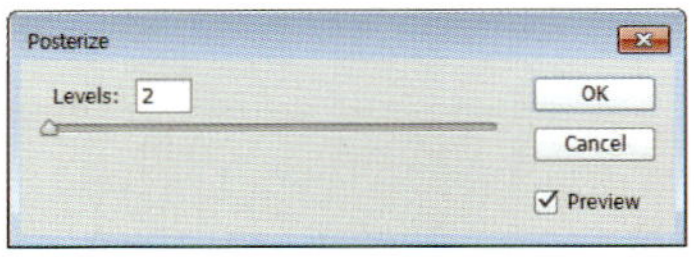

3. Threshold

Threshold는 흰색과 검정색만으로 이루어진 고대비 이미지를 만드는 기능입니다. Threshold 값이 138이면 256 단계를 갖는 명도 차트에서 0~137과 138~255 값으로 나누어 집니다. 이렇게 일정량의 데이터를 두 개의 그룹으로 나누어 먼저 그룹은 0으로, 나중 그룹은 256으로 나타냅니다.

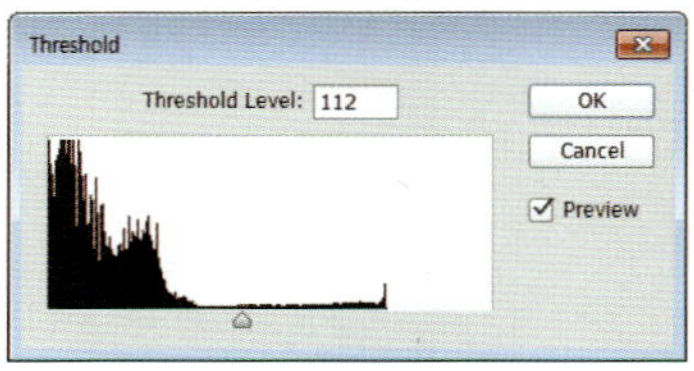

4. Gradient Map

Gradient Map은 그레디언트가 이미지의 명암에 따라 다르게 적용되는 기능입니다.

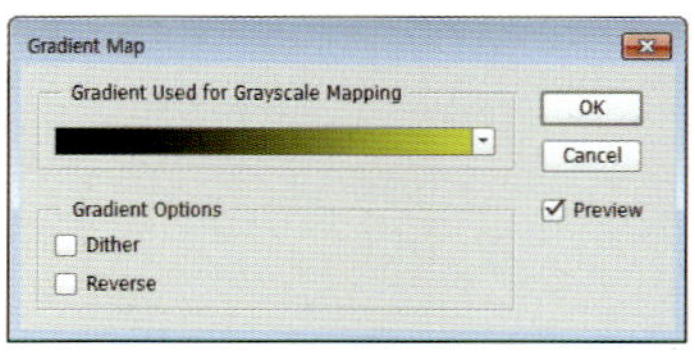

· Gradient Map 대화상자

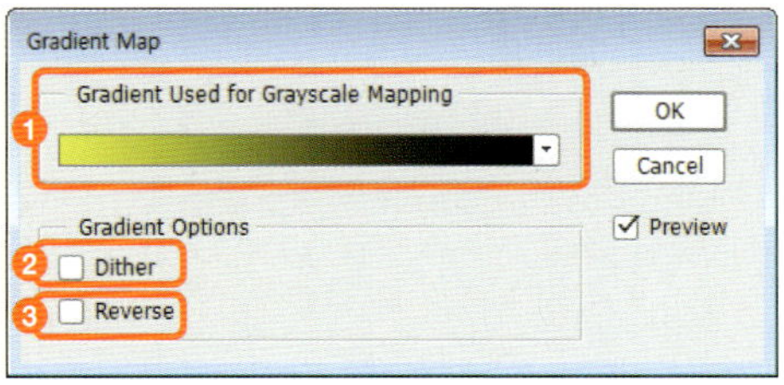

❶ Gradient Used for Grayscale Mapping : 이미지에 적용할 그레이디언트를 원하는 색으로 선택할 수 있습니다. 왼쪽 색이 이미지의 어두운 부분에 적용되는 색이고 오른쪽 색이 이미지의 밝은 부분에 적용되는 색입니다.

❷ Dither : 체크하면 색상의 경계를 부드럽게 표현해 줍니다.

❸ Reverse : 체크하면 그레이디언트의 왼쪽과 오른쪽의 색을 반대로 적용합니다.

5. Selective Color

특정한 색을 다른 색으로 바꿀 때는 Replace Color를 이용하지만, 특정한 색의 전체적인 색감을 보정할 때는 Selective Color를 이용합니다.

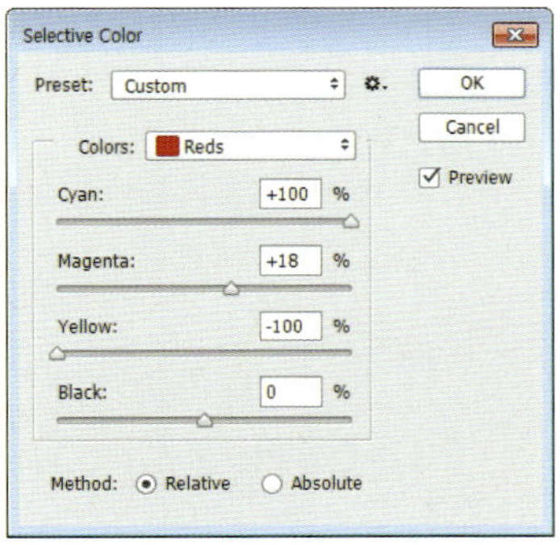

기타 보정

Adjustments 메뉴의 마지막 영역은 자주 사용하는 기능은 아니지만 유용한 색 보정 기능이 모여 있습니다. Adjustments 패널에는 나타나지 않는 기능입니다.

1. Shadows/Highlights

Shadows/Highlights는 이미지 전체가 아닌 어두운 부분과 밝은 부분을 조정합니다.

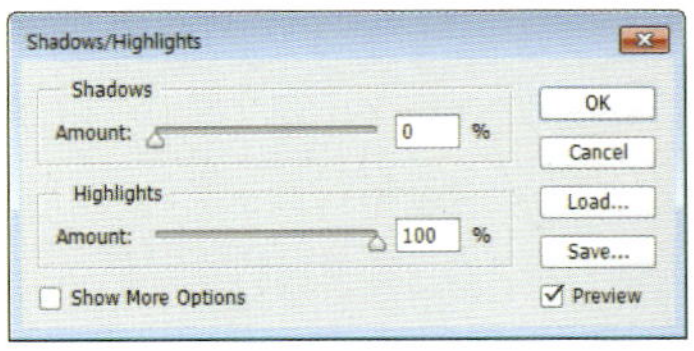

• **Shadows/Highlights 대화상자**

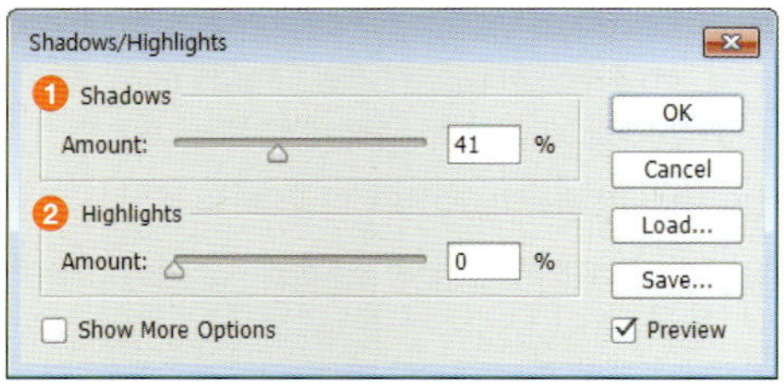

❶ **Shadows :** 어두운 영역을 나타내며 수치를 높일수록 어두운 영역이 밝아집니다.

❷ **Highlights :** 밝은 영역을 나타내며 수치를 높일수록 밝은 영역이 어두워집니다.

2. HDR Toning

HDR은 High Dynamic Range의 약자로 이미지의 가장 밝고 가장 어두운 부분의 농도차를 조절합니다.

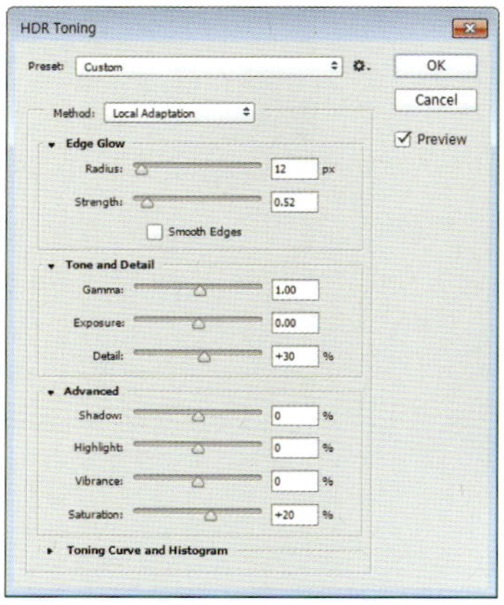

3. Desaturate

Desaturate를 이용하면 채도를 한번에 낮춰 흑백 이미지를 만들 수 있습니다. 세부적으로 조절하지 않고 빠르게 흑백 이미지를 만들 때 사용합니다.

4. Match Color

서로 다른 장소나 공간에서 찍은 이미지는 조명이나 조명 강도가 다르기 때문에 이미지를 나란히 놓았을 때 어색해 보입니다. 이럴 때는 Match Color를 이용하여 색조를 맞춥니다.

바다 이미지를 일몰 이미지의 색조에 맞춰 조정

• Match Color 대화상자

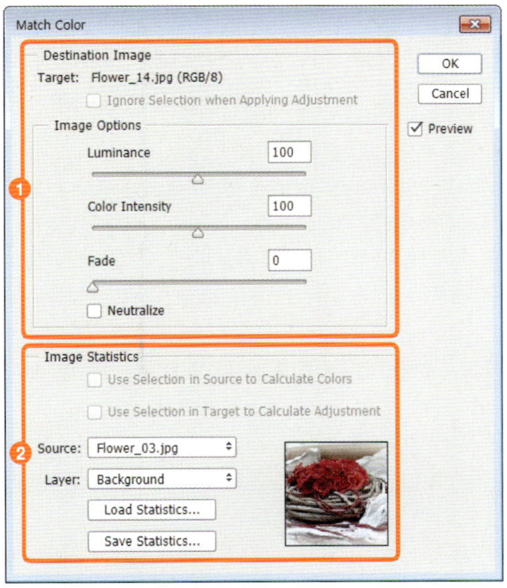

❶ **Destination Image :** 바꿔야 할 이미지의 밝기, 채도 등을 조절합니다.

- Target : 바꿔야 할 이미지 파일 이름입니다.
- Ignore Selection when Applying Adjustments : 체크하면 선택 영역을 무시하고 전체에 옵션값이 적용됩니다.
- Image Options : Luminance(명암), Color Intensity(강도), Fade(농도)를 설정합니다. Neutralize를 체크하면 채도가 떨어집니다.

❷ **Image Statistics :** 기준이 될 이미지의 이름과 레이어를 선택합니다.

- Use Selection in Source to Calculate Colors : 체크하면 기본 이미지의 선택 영역의 색상을 분석해서 적용합니다.
- Use Selection in Target to Calculate Adjustments : 체크하면 바꿔야 할 이미지의 선택 영역의 색상을 분석해서 조정합니다.
- Source : 기준 이미지를 선택합니다.
- Layer : 기본 이미지의 레이어를 선택합니다.
- Load Statistics : Save Statistics로 저장한 설정값을 불러와 적용시킵니다.
- Save Statistics : 설정값을 저장할 수 있습니다.

5. Replace Color

Replace Color는 이름 그대로 원하는 부분의 색상을 빠르고 쉽게 바꿔주는 기능입니다. Replace Color는 선택한 색을 기준으로 바꾸는 것이기 때문에 무채색의 경우, 명암은 바뀌지만 색이나 채도는 바뀌지 않습니다.

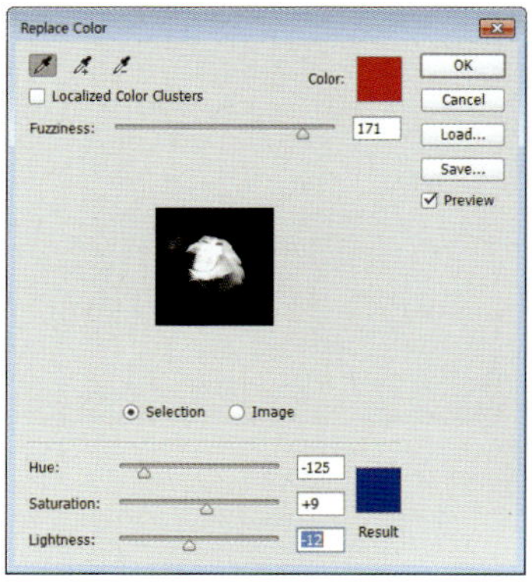

- Replace Color 대화상자

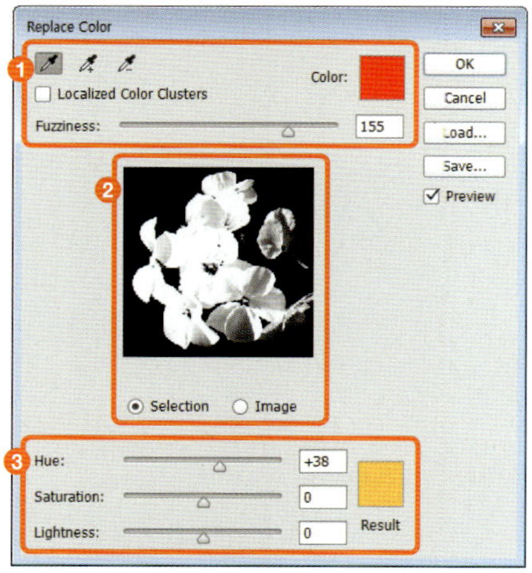

❶ **Selection :** 스포이트를 사용해서 색을 바꾸고 싶은 부분을 선택합니다.

- **첫 번째 스포이트** : 이미지에서 바꿀 색상을 선택합니다.
- **두 번째 스포이트** : 바꿀 색상을 추가로 선택합니다.
- **세 번째 스포이트** : 바꾸기 위해 선택된 색상에서 선택한 색상을 빼줍니다.
- Color : 스포이트로 선택한 색상이 표시됩니다.
- Fuzziness : 스포이트로 선택한 색상의 범위를 설정하는데, 수치가 높을수록 색상의 범위가 넓어집니다.

❷ **보기 화면**

- Selection : 스포이트로 선택된 영역을 흰색으로, 나머지 부분은 검정색으로 나타냅니다.
- Image : 원본 이미지를 보여줍니다.

❸ **Replacement :** 선택 영역으로 된 위치의 Hue, Saturation, Lightness를 조절할 수 있으며, Result는 조절하여 바뀐 색을 보여줍니다.

6. Equalize

Equalize는 이미지의 밝기를 균등하게 조절하는 기능으로 어두운 이미지를 밝게 만들 때 주로 이용합니다.

CHAPTER 14

레이어 스타일을 적용한 버튼 만들기

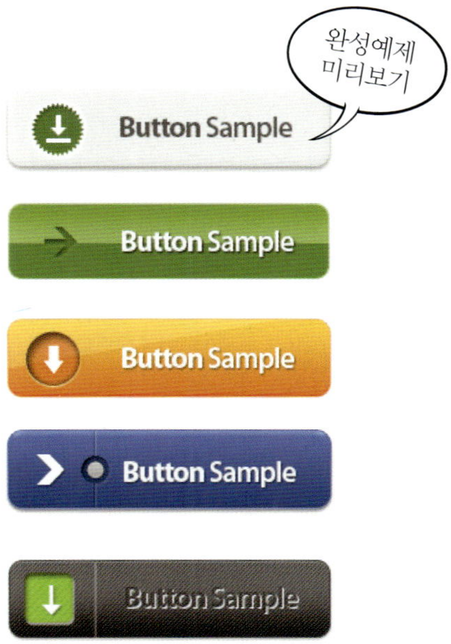

이 장에서는 버튼을 만들어 보며 레이어에 다양한 효과를 줄 수 있는 레이어 스타일을 학습하겠습니다. 레이어 스타일은 이미지나 텍스트를 디자인할 때 많이 사용하는 유용한 기능입니다. 앞의 예제에서처럼 쉽게 색을 수정할 수도 있고 테두리를 넣거나 그림자 효과를 주고 싶을 때에도 사용합니다. 레이어 효과는 레이어의 내용과 연결되어 있어서 레이어의 내용을 이동하거나 편집하면 수정된 내용에 동일한 효과가 적용됩니다. 또한 복사가 가능하기 때문에 다른 레이어에도 쉽게 적용할 수 있습니다.

준비 파일 없음

주요 기능 레이어 스타일, 둥근 사각형 툴, 라인 툴, 문자 툴

버튼 배경 설정하기

01 Ctrl + N 을 누르고 다음과 같이 설정하여 새 창을 만듭니다.

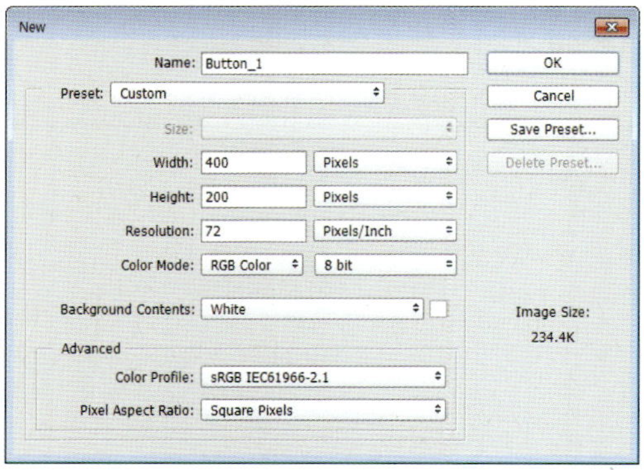

02 전경색(■)의 색을 #97b44e로 변경하고 Alt + Delete 를 눌러 버튼 배경에 전경색을 적용합니다.

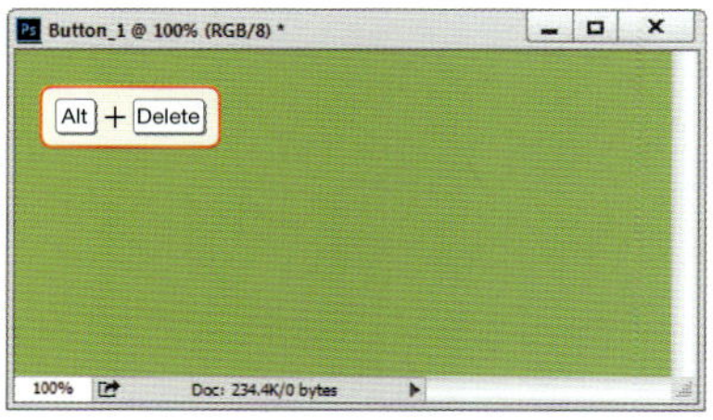

둥근 사각형에 레이어 스타일 적용하기

03 툴 패널에서 둥근 사각형 툴( )을 클릭한 후 옵션바에서 Mode는 Shape, Radius는 10 px로 설정하고 작업창에 드래그하여 둥근 사각형을 만듭니다.

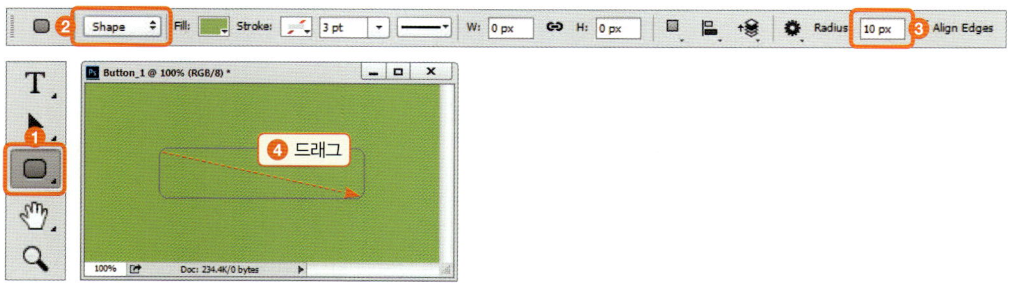

04 [Layers] 패널에서 새로 생성된 Rounded Rectangle 1 레이어의 썸네일을 클릭하여 둥근 사각형의 색을 밝은 회색(#e5e5e5)으로 변경합니다.

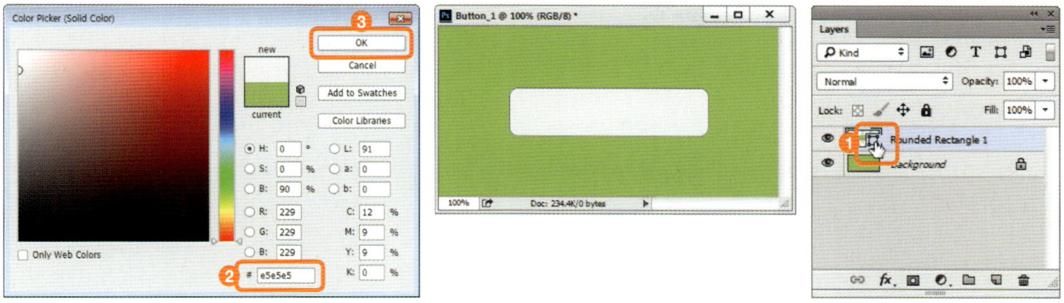

05 [Layers] 패널에서 레이어 스타일(*fx.*)을 클릭하고 Bevel Emboss를 선택합니다. [Layer Style] 대화상자에서 Structure와 Shading 파트의 세부 옵션을 다음과 같이 설정합니다.

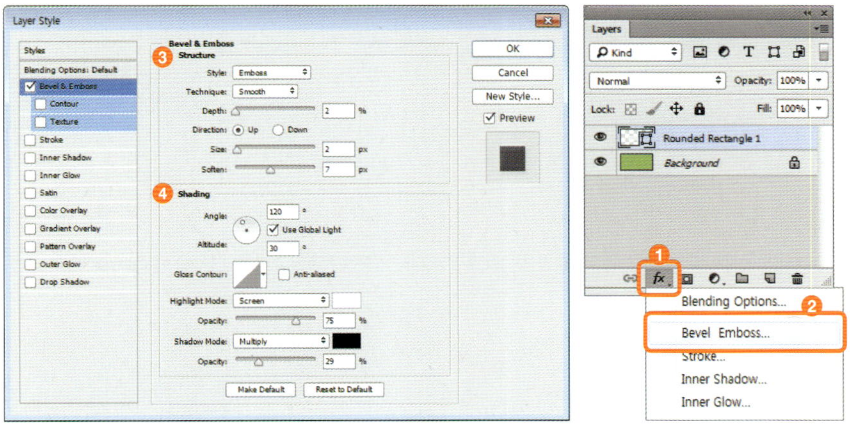

06 [Layer Style] 대화상자에 Drop Shadow를 체크하여 다음과 같이 세부 옵션을 조정합니다.

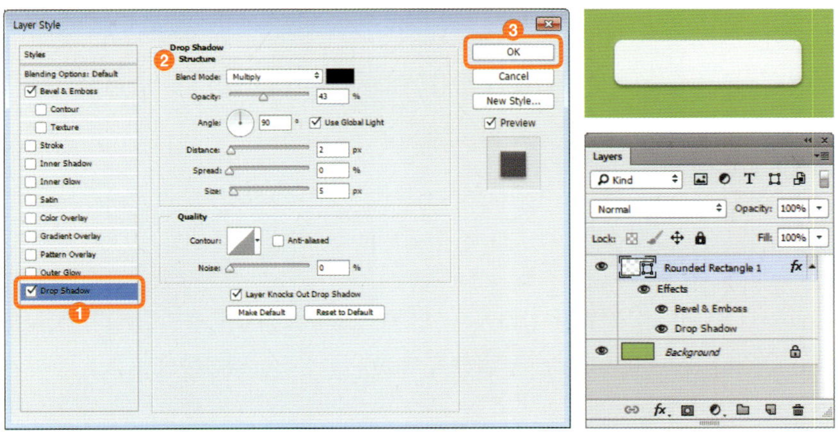

텍스트와 커스텀 셰이프에 레이어 스타일 적용하기

07 툴 패널에서 문자 툴(T.)을 선택하고 작업창의 둥근 사각형 위에 'Button Sample'이라고 입력합니다. [Layers] 패널에서 레이어 스타일(fx.)을 클릭하고 팝업메뉴에서 Color Overlay를 선택합니다. [Layers Style] 대화상자가 열리면 컬러 박스를 클릭하여 색을 진한 회색(#575757)으로 설정하고 [OK]를 클릭합니다.

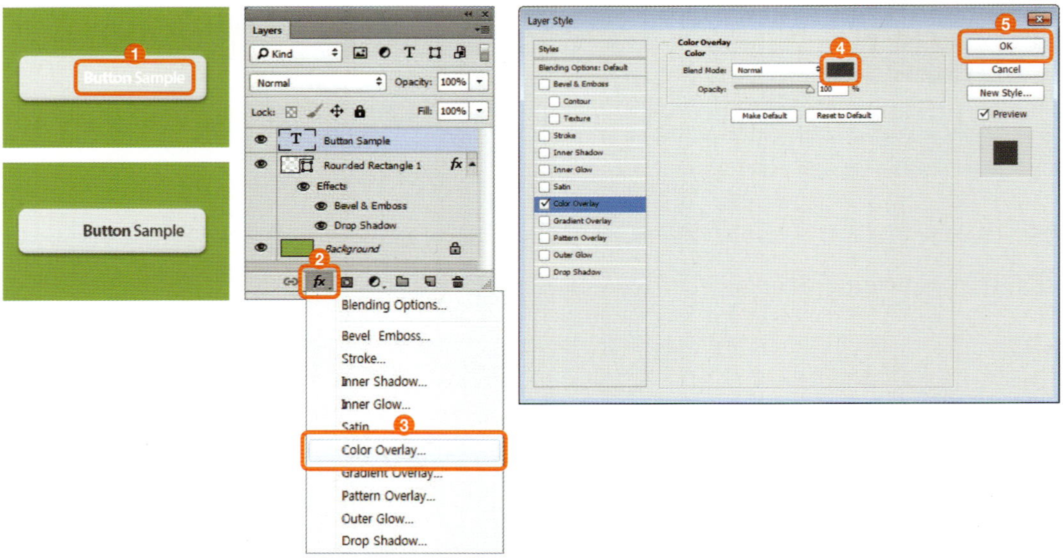

Tip 텍스트의 색은 텍스트를 입력하기 전에 미리 변경하거나 텍스트를 입력한 후에 바꿔도 되지만 레이어 스타일의 Color Overlay를 이용하는 것이 더 편리합니다.

08 툴 패널에서 커스텀 셰이프 툴(.)을 선택합니다. 옵션바의 셰이프 목록 단추를 클릭하고 Seal 셰이프를 선택한 후 작업창의 텍스트 좌측에 드래그합니다.

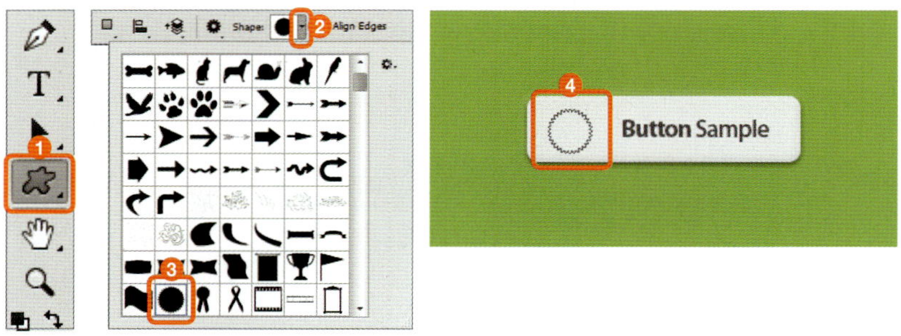

09 [Layers] 패널의 Shape 1 레이어가 선택된 상태에서 레이어 스타일(fx.)을 클릭합니다. [Layer Style] 대화상자에서 Color Overlay를 선택한 후 색을 진한 녹색(#5a7f00)으로 변경합니다.

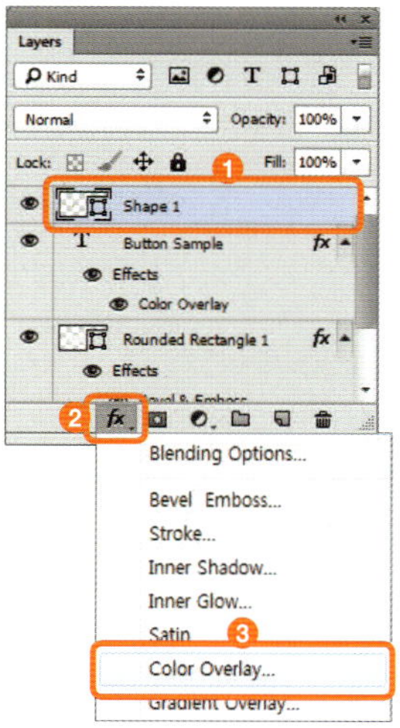

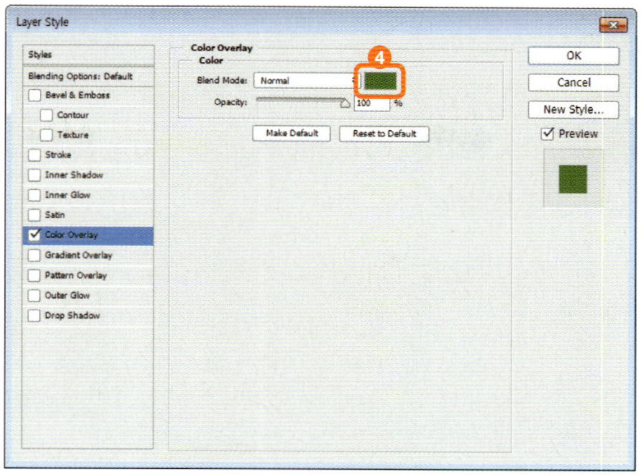

10 좌측 Styles 목록에서 Inner Shadow를 체크하여 다음과 같이 세부 옵션을 설정합니다.

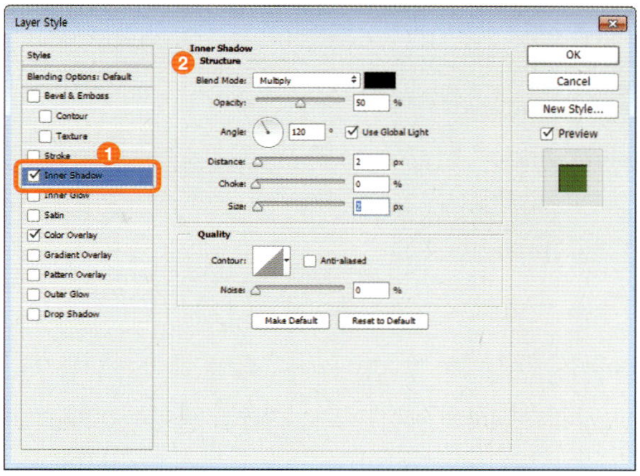

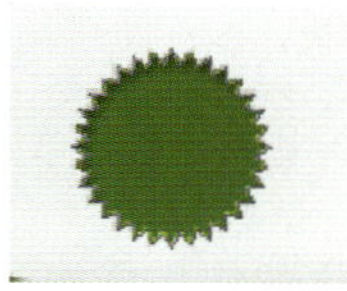

11 계속해서 좌측 Styles 목록에서 Outer Glow를 체크하여 다음과 같이 세부 옵션을 설정한 후 [OK]를 클릭합니다.

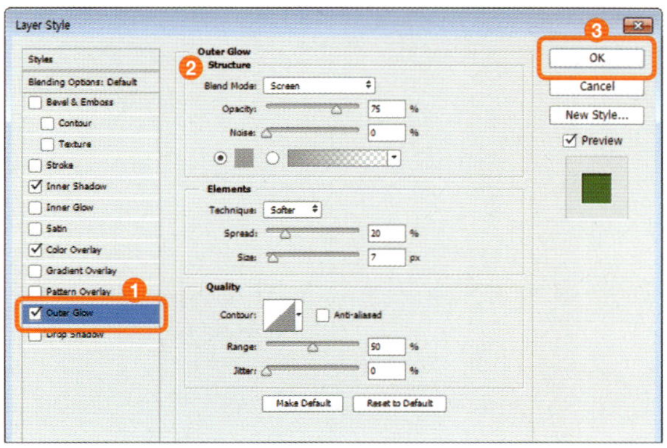

Tip Outer Glow를 설정하면 이미지 바깥쪽에 빛이 발산되는 효과가 적용됩니다.

라인 툴로 화살표 만들기

12 라인 툴로 화살표를 그려 보겠습니다. 툴 패널에서 라인 툴(⁄)을 선택하고 옵션바에서 설정 단추(⚙)를 클릭합니다. 설정창에서 End를 체크하고 Width는 300%, Length는 150%로 설정한 후 세이프 위에 드래그하여 화살표를 만듭니다.

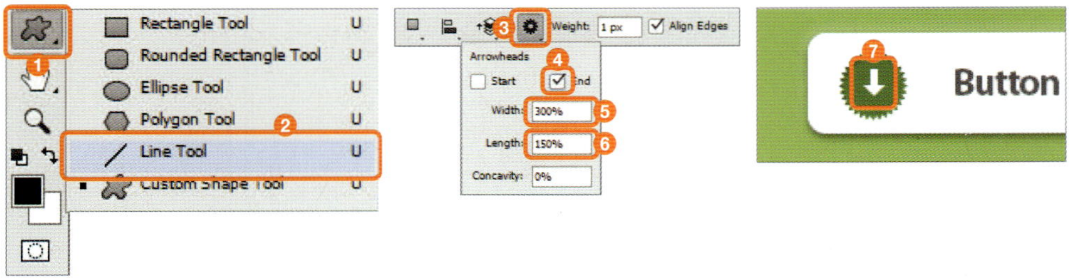

13 다시 옵션바로 돌아가서 End 체크를 해제하고 Weight를 3 px로 변경한 후 화살표 아래에 드래그하여 가로선을 만듭니다.

14 [Layers] 패널에서 지금까지 작업한 모든 레이어들을 선택한 후 Ctrl+G를 눌러 레이어 그룹으로 정리하고 이름을 Button 1로 변경합니다.

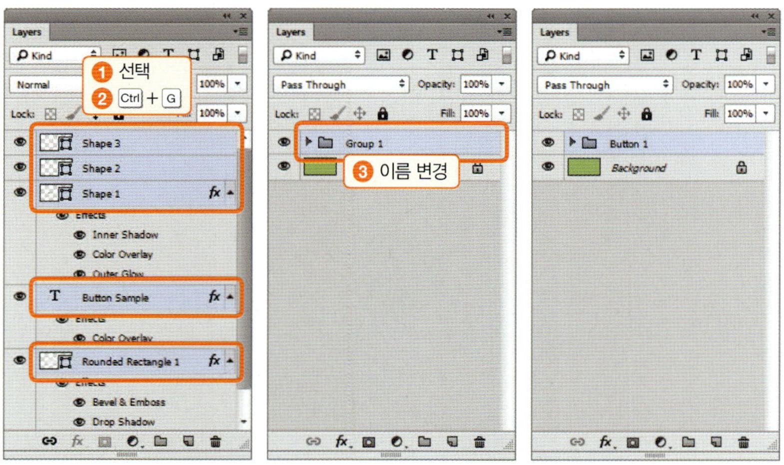

다른 레이어 스타일이 적용된 버튼 만들기

15 이번에는 다른 레이어 스타일을 적용해서 버튼을 만들어 보겠습니다. 처음부터 다시 만들어도 되지만 앞에서 만든 것을 활용하여 만들겠습니다. [Layers] 패널에서 Button 1 레이어 그룹을 복제한 후 눈 아이콘(👁)을 꺼서 안보이게 합니다. 바닥 형태와 텍스트만 필요하므로 Shape 1, Shape 2, Shape 3 레이어를 선택하고 Delete 를 눌러 지워줍니다.

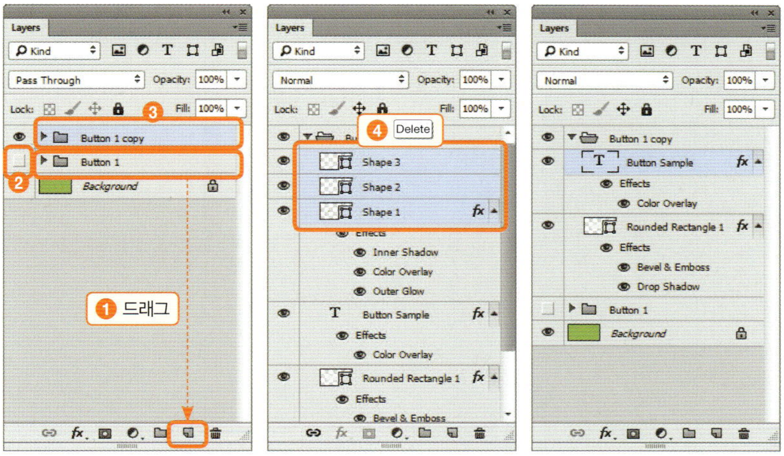

16 다음으로 박스에 적용된 레이어 스타일을 삭제하겠습니다. [Layers] 패널에서 Rounded Rectangle 1 레이어를 선택한 후 아래의 Effects 항목에 마우스 포인터를 위치시키고 클릭한 후 휴지통 아이콘(🗑)까지 드래그하면 레이어 스타일이 삭제됩니다.

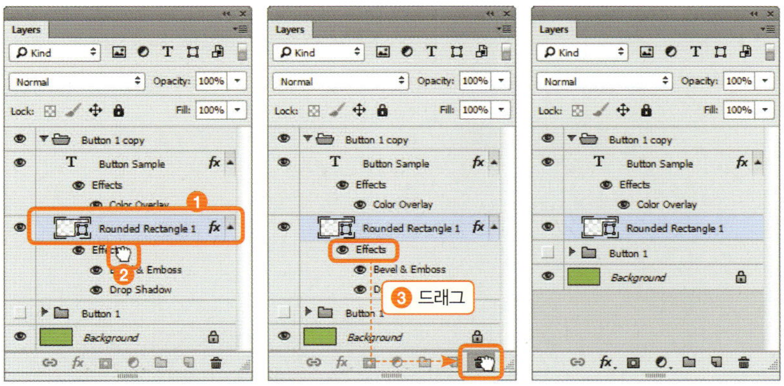

17 레이어 스타일(fx.)을 클릭하고 Gradient Overlay를 선택합니다. [Layer Style] 대화상자에서 Gradient 컬러 박스를 클릭하면 [Gradient Editor] 대화상자가 열립니다. 그레디언트 바의 왼쪽 아래 물감통을 가운데로 드래그한 후 색을 흰색으로 변경합니다.

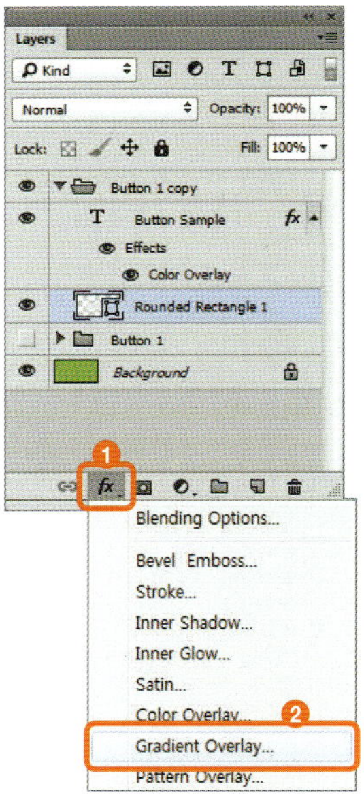

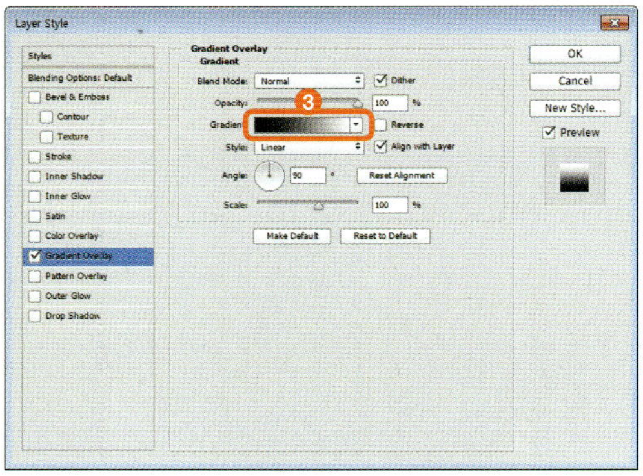

Tip 그레디언트 바를 중심으로 상단은 투명도를, 하단은 색상을 조절합니다.

18 이번에는 그레디언트 바의 투명도를 조절하겠습니다. 좌측 상단에 있는 물감통을 가운데로 드래그하고 Opacity를 0%로 설정한 후, 가운데로 드래그한 물감통 바로 옆을 클릭하여 물감통을 하나 더 추가하고 Opacity를 59%로 설정합니다. 우측 상단의 물감통을 선택하고 Opacity를 23%로 줄인 후 [OK]를 클릭합니다.

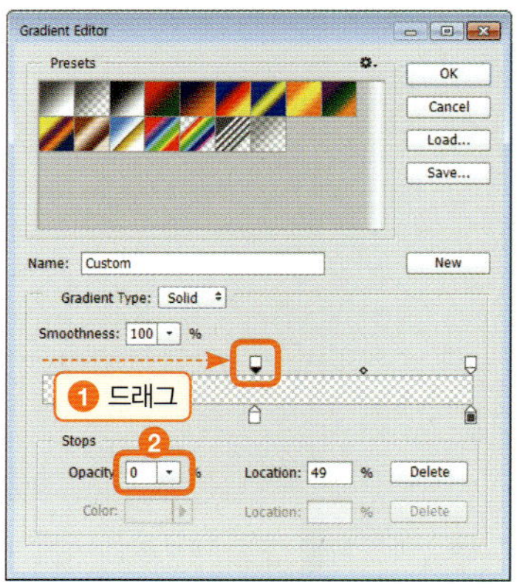

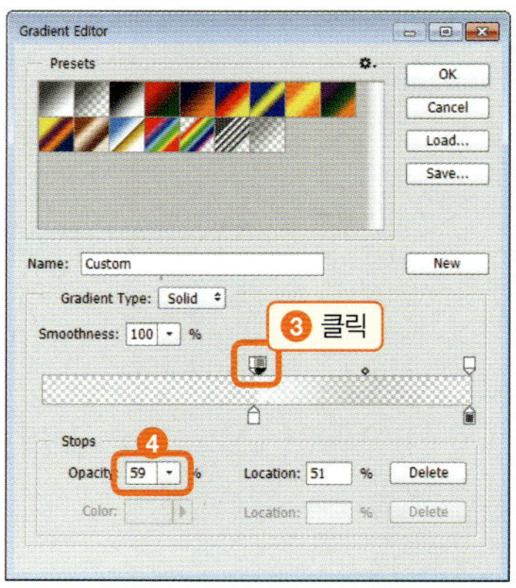

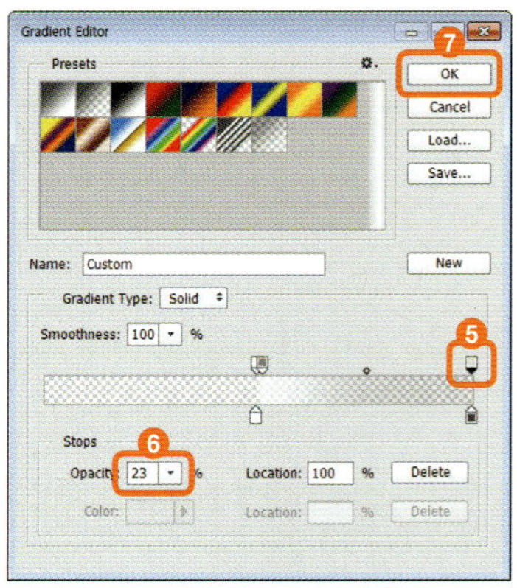

19 [Layers Style] 대화상자에서 Opacity를 60%로 줄이면 버튼에 그레디언트가 적용됩니다.

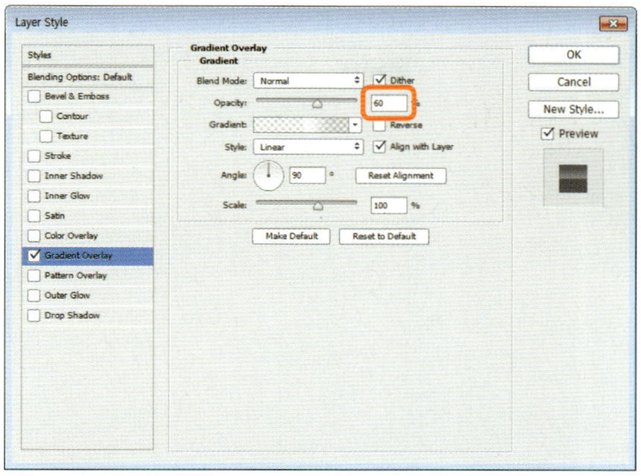

20 다음으로 Styles 목록에서 InnerGlow를 체크하고 다음과 같이 설정합니다.

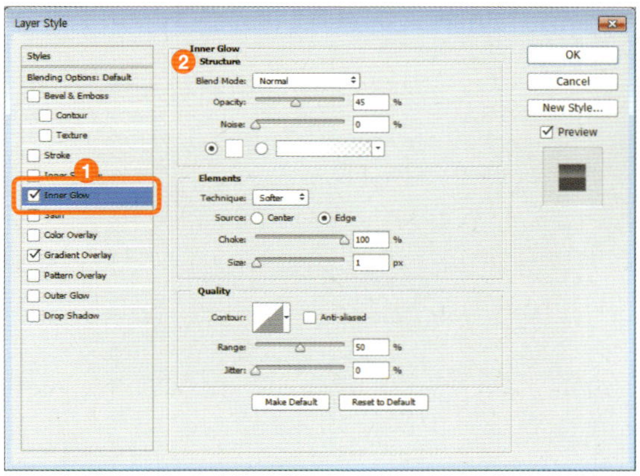

Tip Inner Glow를 체크하면 적용된 이미지의 내부가 밝아집니다.

21 Styles 목록에서 Stoke을 체크하고 Size는 6 px, Position은 Outside, Opacity는 5%로 설정한 후 [OK]를 클릭합니다.

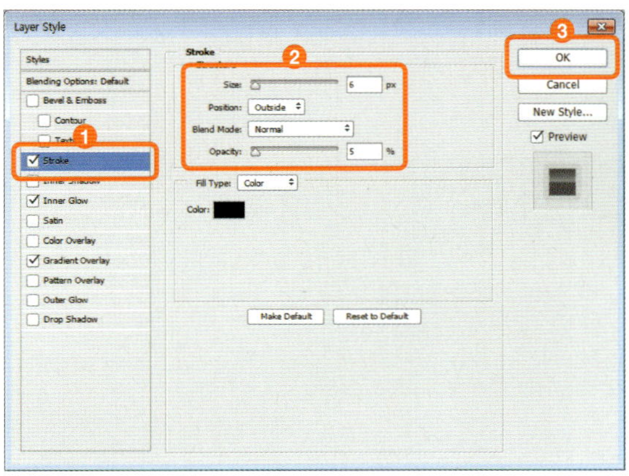

22 [Layers] 패널에서 Button Sample 레이어 아래의 Color Overlay를 더블클릭하고, [Layers Style] 대화상자에서 컬러 박스의 색을 흰색으로 변경합니다.

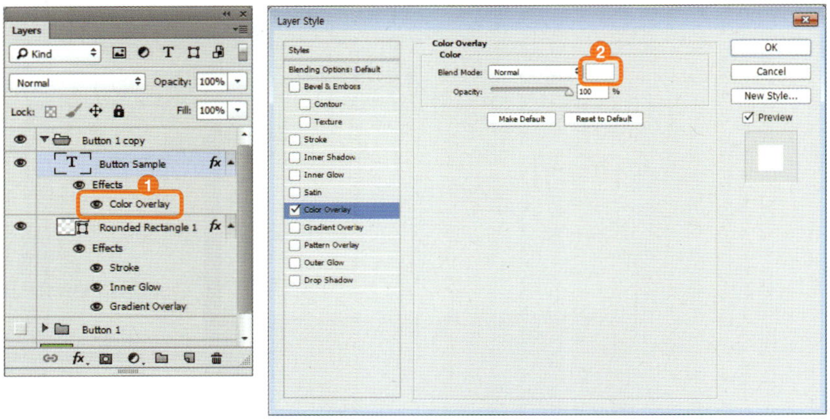

23 Styles 목록에서 Drop Shadow를 체크하고 Opacity, Distance, Spread, Size를 다음과 같이 설정한 후 [OK]를 클릭합니다.

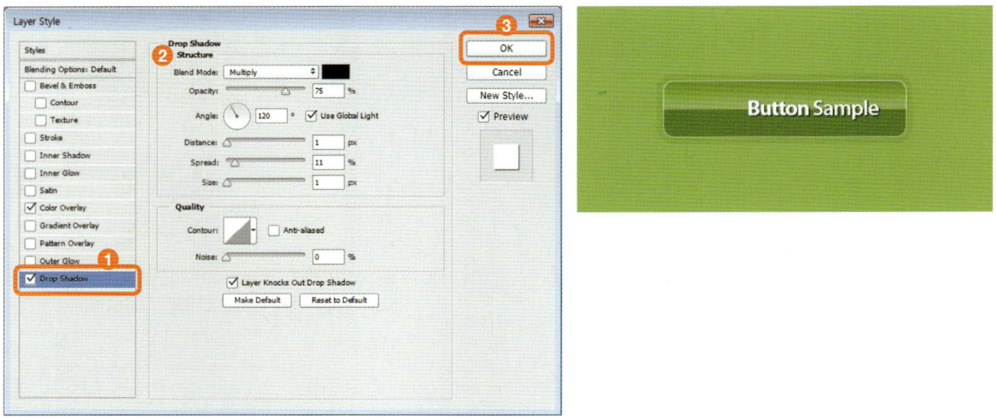

24 툴 패널에서 커스텀 셰이프 툴( )을 선택하고 옵션바의 Shape 목록에서 Arrow 7 화살표를 선택한 후 다음과 같이 텍스트 좌측에 드래그합니다.

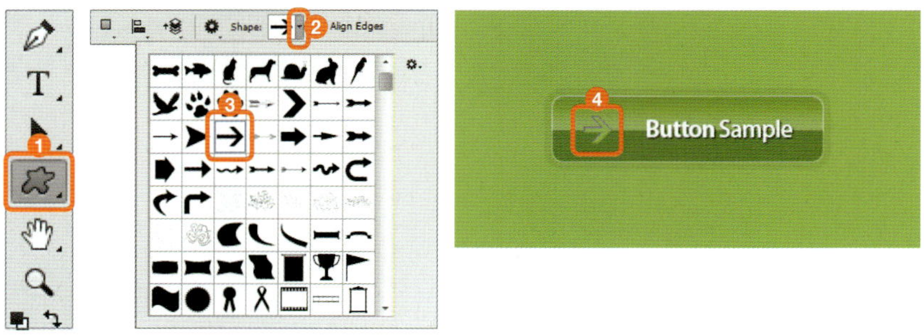

25 [Layers] 패널에서 레이어 스타일(*fx*.)을 클릭하고 Color Overlay를 선택한 후 [Layer Style] 대화상자에서 색을 녹색(#5a7f00)으로 변경합니다.

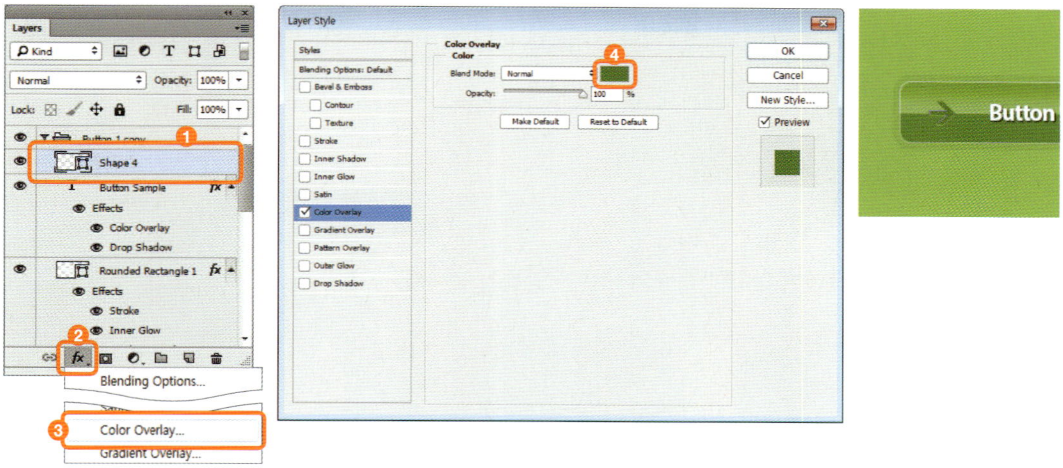

26 좌측 Styles 목록에서 내부에 그림자 효과를 주는 Inner Shadow를 체크하여 다음과 같이 설정합니다. 다음으로 외부에 그림자 효과를 주는 Drop Shadow를 체크하여 다음과 같이 적용한 후 [OK]를 클릭합니다.

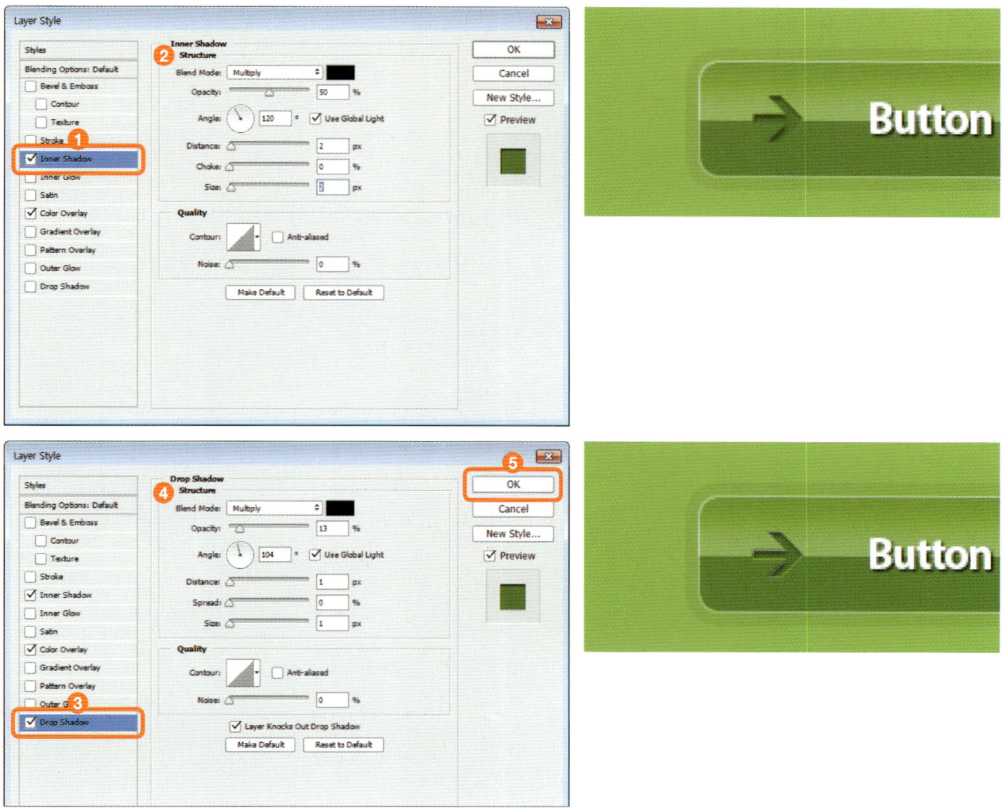

27 다음과 같이 두 번째 버튼이 완성됩니다.

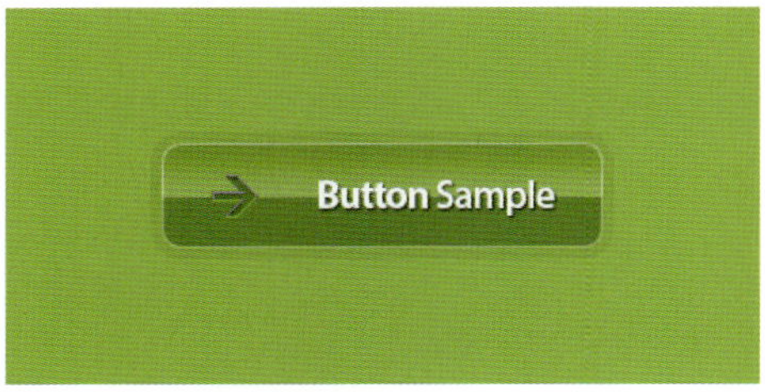

28 배운 내용을 활용하여 다양한 형태의 버튼을 만들어 봅니다.

기본기 다지기

레이어 스타일

레이어에 다양한 효과를 주는 레이어 스타일

포토샵에서는 레이어에 그림자, 엠보싱, 색 등 다양한 효과를 줄 수 있는 레이어 스타일을 제공합니다. 레이어 스타일은 레이어의 내용과 연결되어 있어서 레이어의 내용을 이동하거나 편집하면 수정된 내용에 동일한 효과가 적용됩니다.

Layer Style 대화상자

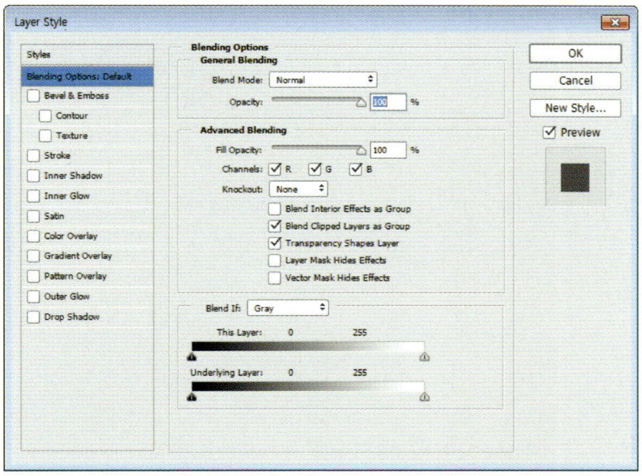

레이어 스타일을 적용하려면 Layer Style 대화상자를 열어야 합니다. Layer Style 대화상자를 불러오는 방법은 총 네 가지가 있는데, 여러 방법 중 편한 방법을 선택해서 사용하면 됩니다.

- 레이어 이름 옆 공간을 더블클릭합니다.

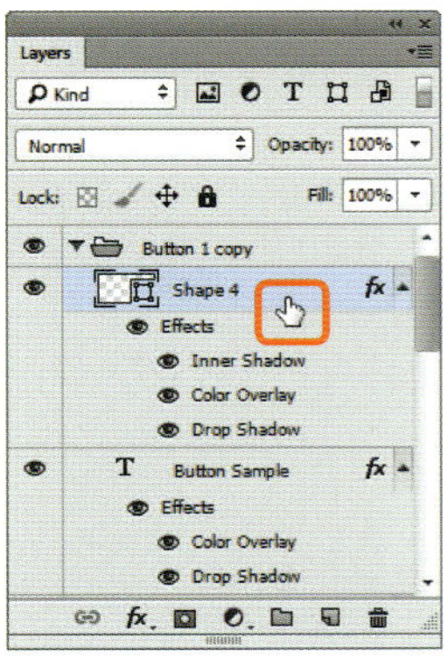

- 레이어 스타일 아이콘(*fx*)을 클릭한 후 Blending Options를 선택합니다.

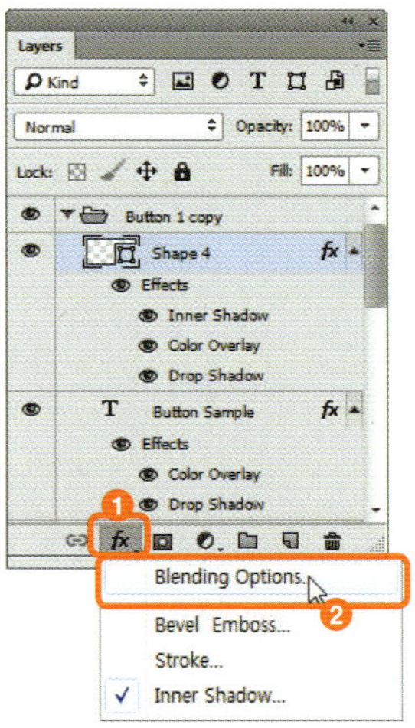

▪ 레이어를 선택하고 마우스 오른쪽 버튼을 클릭한 후 팝업메뉴에서 Blending Options를 선택합니다.

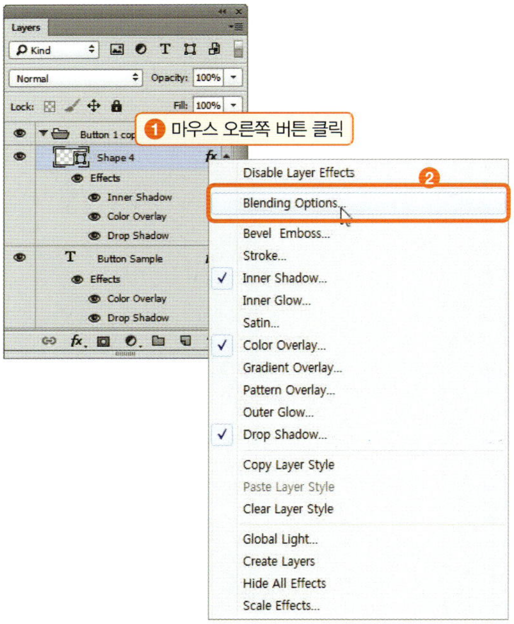

▪ 오른쪽 위에 있는 메뉴 확장 아이콘( )을 클릭한 후 Blending Options를 선택합니다.

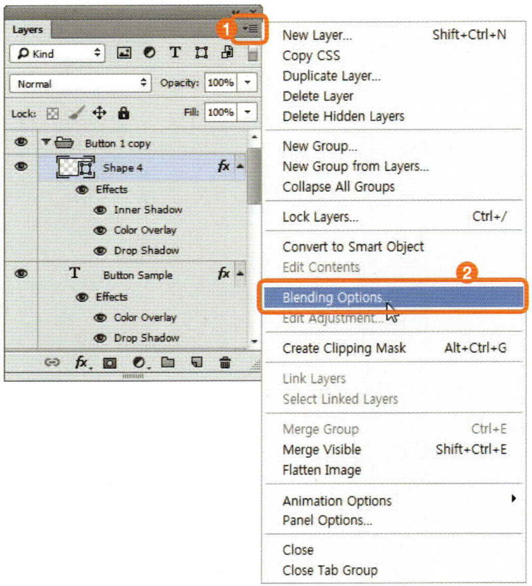

레이어 스타일 효과

1. Bevel and Emboss : 이미지의 내부 또는 외부 방향으로 입체 효과를 줍니다.

2. Stroke : 이미지 가장자리에 테두리를 만듭니다.

3. Inner Shadow : 이미지의 내부에 그림자 효과를 줍니다.

4. Inner Glow : 이미지 내부에 빛이 발산하는 효과를 줍니다.

5. **Satin :** 이미지 금속 재질 효과를 줍니다.

6. **Color Overlay :** 이미지에 사용자가 선택한 색을 채워줍니다.

7. **Gradient Overlay :** 이미지에 그레디언트 효과를 줍니다.

8. **Pattern Overlay :** 이미지에 패턴을 채워줍니다.

9. **Outer Glow :** 이미지 외부에 색상을 퍼지게 하여 빛이 발산되는 효과를 줍니다.

10. **Drop Shadow :** 이미지 외부에 그림자 효과를 줍니다.

레이어 스타일 혼합 적용

다음과 같이 각 레이어의 스타일을 혼합해서 사용할 수 있습니다.

Tip Background 레이어를 제외한 모든 레이어에 스타일을 적용할 수 있기 때문에 레이어 스타일을 적용하고 싶은 이미지는 Background 레이어와 분리해야 합니다.

레이어 스타일 복사하기

방법 1. 레이어 스타일을 복사할 레이어에서 마우스 오른쪽 버튼을 누르고 팝업메뉴에서 Copy Layer Style을 선택합니다. 복사한 스타일을 적용할 레이어로 가서 마우스 오른쪽 버튼을 누르고 팝업메뉴에서 Paste Layer Style을 선택하면 레이어 스타일이 복사됩니다.

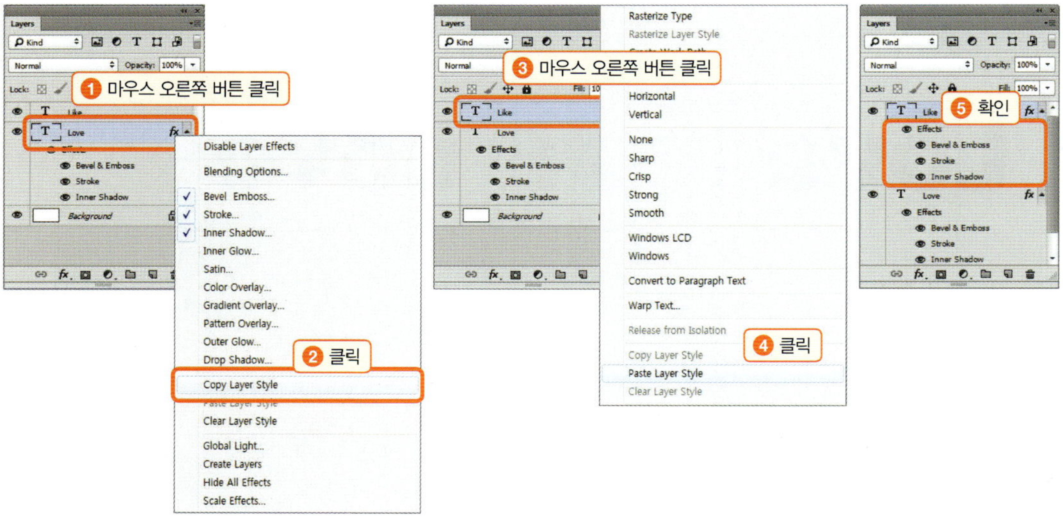

방법 2. 레이어 스타일을 복사할 레이어 하단의 Effects를 Alt를 누른 채 적용할 레이어로 드래그하면 레이어 스타일이 복사됩니다.

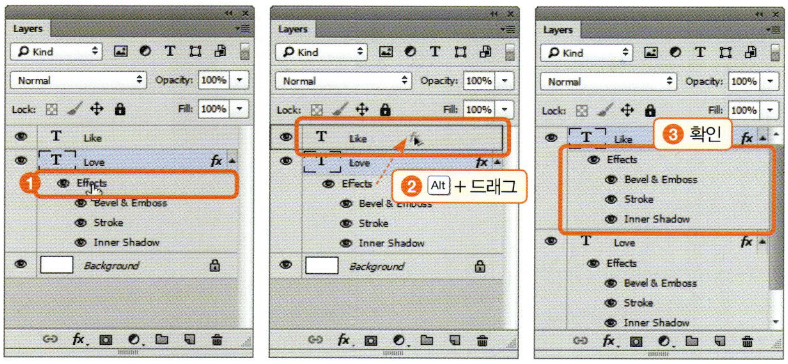

NOTE **Styles 패널**

메뉴바에서 [Window]–[Styles]를 클릭하면 Styles 패널이 열립니다. Styles 패널에 등록되어 있는 스타일을 선택하면 오브젝트에 바로 적용이 됩니다.

CHAPTER 15 합성 작업으로 바탕 화면 만들기

완성예제 미리보기

이번 장에서는 컴퓨터의 바탕 화면을 만들면서 포토샵의 합성 작업에 대해 알아보겠습니다. 포토샵 작업은 이미지 자체를 리터칭하여 꾸미기도 하지만, 이미지에 또 다른 이미지를 합성하여 다양한 작업을 하기 때문에 합성에 대해 제대로 이해해야 합니다. 자연스러운 합성 작업을 위해 블렌드 모드, 레이어 마스크, 불투명도 조절을 사용하는 법을 배우게 됩니다. 이번 장을 학습하고 나면 레이어에 대한 완벽한 이해와 더불어 합성 작업을 손쉽게 할 수 있을 것입니다.

준비 파일 Back.jpg, Books.jpg, Chestnut.jpg, Texture.jpg
주요 기능 블렌드 모드, 레이어 마스크, 레이어 불투명도, 타원형 툴, 문자 툴

블렌드 모드와 레이어 마스크를 이용하여 바탕 화면 만들기

01 Ctrl + N 을 눌러 아래와 같이 설정하여 새 창을 만듭니다.

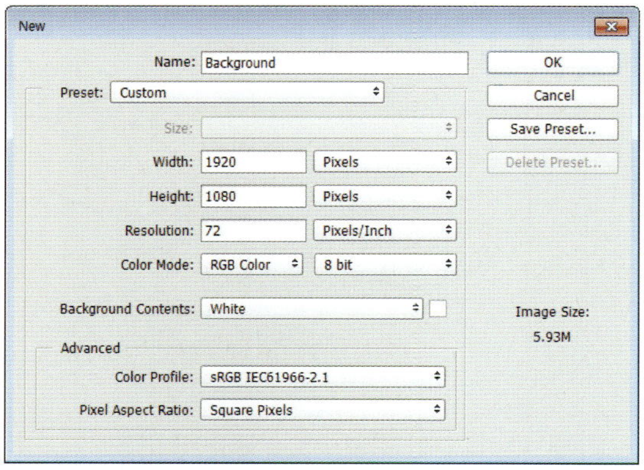

02 Ctrl + O 를 눌러 Texture.jpg 이미지 파일을 불러오고 이동 툴( )로 작업창에 이동시킨 후 [Layers] 패널에서 이동한 레이어의 이름을 바꿉니다.

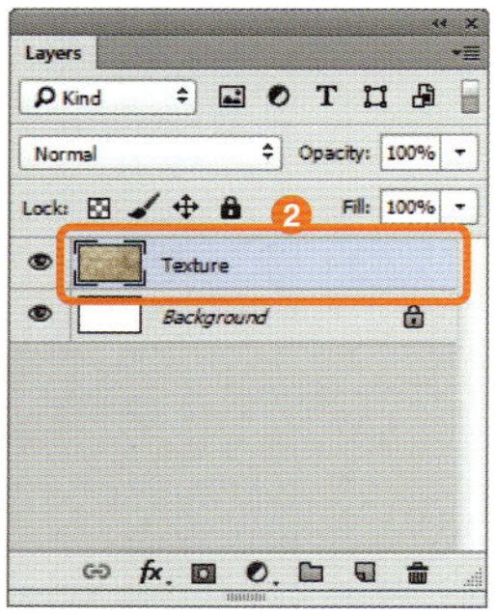

03 Ctrl + O 를 눌러 Chestnut.jpg 이미지 파일을 불러오고 마찬가지로 Chestnut 이미지를 이동 툴( )로 작업창 우측에 이동시킨 후 레이어 이름을 변경합니다.

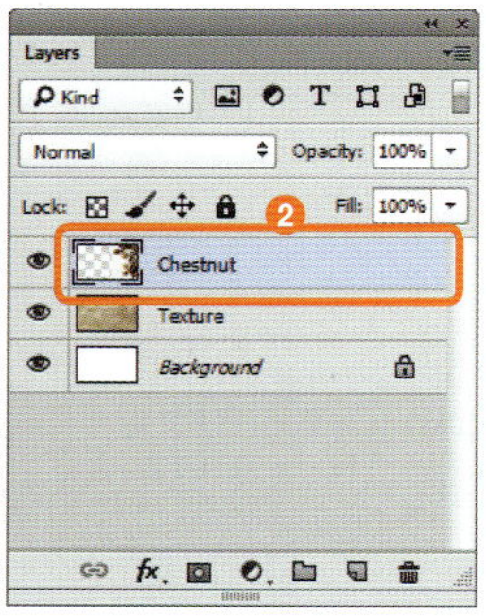

04 레이어의 블렌드 모드를 바꾸어 보겠습니다. [Layers] 패널에서 블렌드 모드를 Normal에서 Multiply로 바꾸어 줍니다.

Tip 레이어 블렌드 모드는 작업 중인 레이어와 하단의 레이어를 합성하는 기능입니다.

05 이미지의 경계를 부드럽게 바꾸어 보겠습니다. [Layers] 패널에서 Chestnut 레이어를 선택하고 마스크 레이어 추가(◘)를 클릭하여 마스크 레이어를 만듭니다. 전경색과 배경색을 검정색과 흰색으로 설정한 후 툴 패널에서 그레디언트 툴(■)을 선택합니다. 옵션바에서 그레디언트 종류를 Foreground to Background로 선택하고 이미지의 경계면에 드래그합니다.

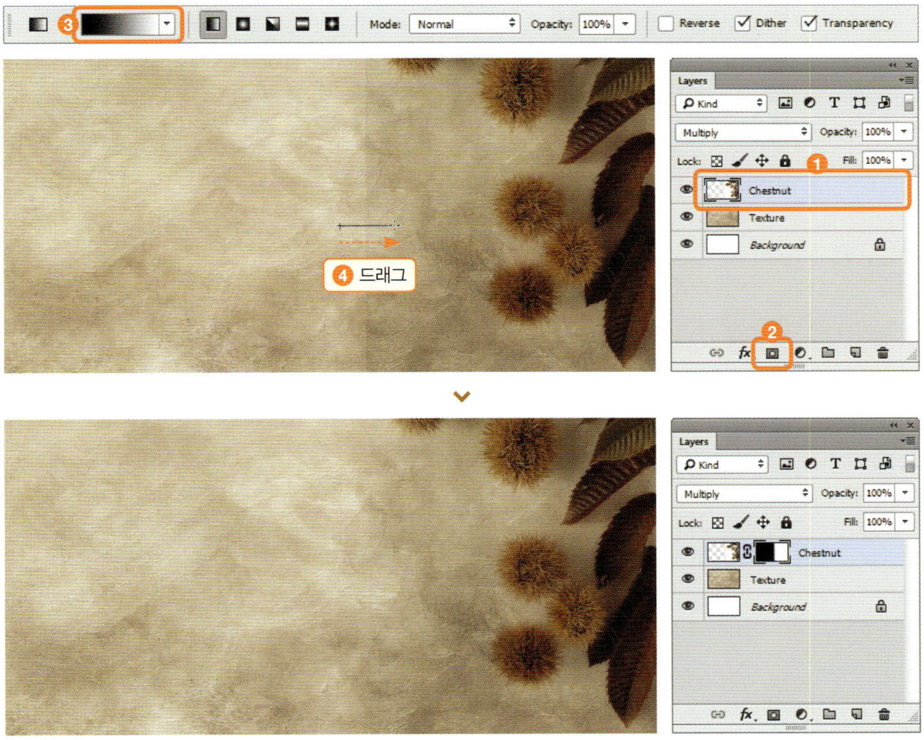

Tip [Layers] 패널을 살펴보면 레이어 마스크 썸네일 영역의 검정색 부분은 가려지는 부분이고 흰색 부분은 보이는 부분이라는 것을 확인할 수 있습니다. 이처럼 레이어 마스크를 이용하면 두 이미지를 자연스럽게 합성할 수 있습니다.

NOTE **레이어 마스크**

레이어 마스크는 레이어를 가리는 역할을 합니다. 레이어 마스크에 검정색을 칠하면 이미지가 가려지고 흰색을 칠하면 이미지가 나타납니다. 이렇게 간단한 원리를 이용하면 정교한 이미지 합성 작업을 할 수 있습니다. 레이어 마스크는 지우개 툴과는 달리 임시로 가려놓는 작업이므로 언제라도 복원할 수 있고, 자연스럽게 합성도 할 수 있습니다.

• 레이어 마스크 적용하기

1. 이미지가 있는 레이어를 선택합니다.

2. 레이어 마스크를 추가합니다.

3. 검정색 브러시 툴로 이미지 윗부분을 드래그하면 이미지가 보이지 않게 됩니다.

4. 흰색 브러시 툴로 드래그하면 이미지가 다시 보입니다.

5. 브러시 툴의 옵션바에서 Opacity를 줄여 드래그하여 투명하게 마스크를 적용합니다.

6. Shift를 누른 채 레이어 마스크를 클릭하면 레이어 마스크가 적용되지 않은 원본 상태를 볼 수 있습니다.

Tip 이미지 썸네일을 선택한 상태이면 이미지가 편집되고, 레이어 마스크 썸네일을 선택한 상태이면 레이어 마스크를 편집할 수 있습니다. 마스크 작업을 하기 전에는 항상 마스크 레이어가 선택되었는지 확인해야 합니다.

Fill, Opacity, 블렌드 모드를 이용하여 바탕 화면 만들기

06 Ctrl+G를 눌러 앞의 예제에서 작업한 레이어들을 그룹으로 만들어 정리해 두고 그룹 추가 아이콘을 눌러 새로운 그룹을 하나 더 만듭니다.

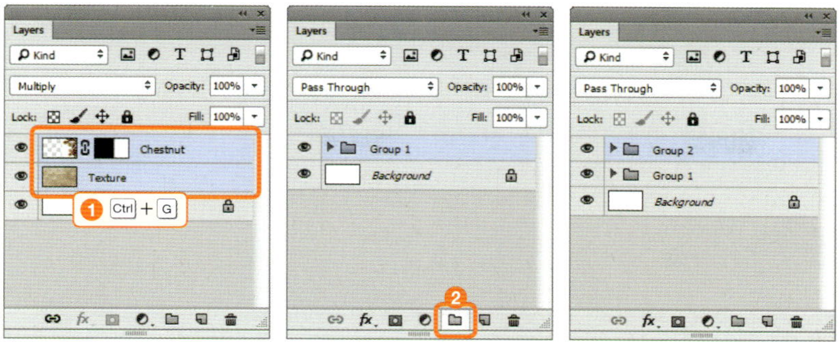

07 Ctrl + O를 눌러 Back.jpg 이미지 파일을 불러옵니다. 이동 툴(▸✥)로 옮겨서 작업창에 배치하고 Group 2 레이어 그룹 안에 새로 이동한 Back 레이어가 포함되도록 합니다.

08 Books.jpg 이미지 파일을 윈도우 탐색기에서 직접 드래그하여 작업창 중앙에 배치한 후 새로 이동한 이미지의 레이어 이름을 Books로 변경합니다.

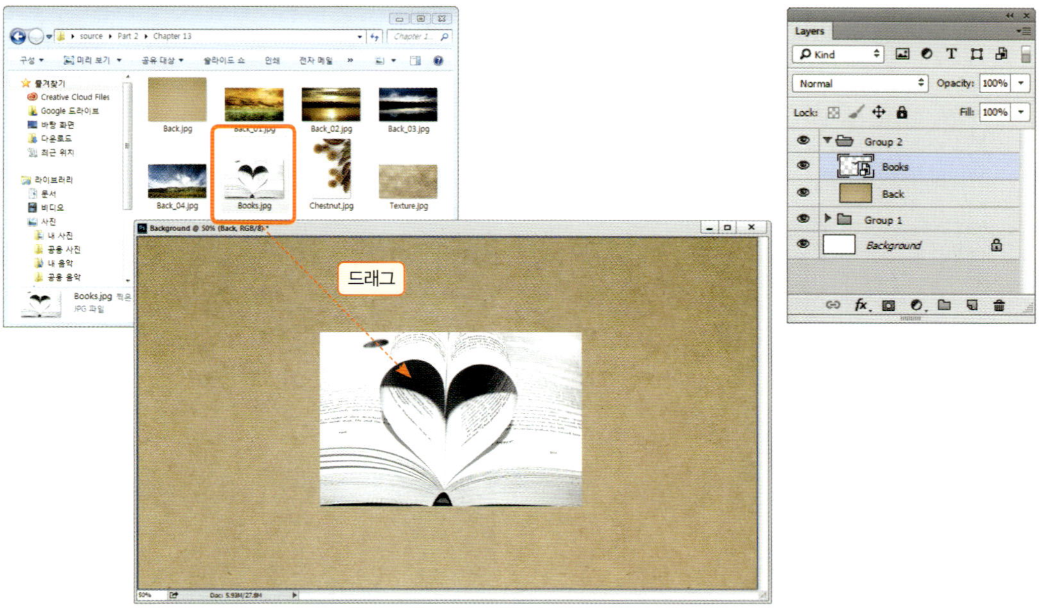

09 Books 레이어의 블렌드 모드를 Linear Burn으로 바꿔주면 흰색을 제외한 모든 색의 명도가 낮아지게 되어 이미지가 자연스럽게 합성됩니다.

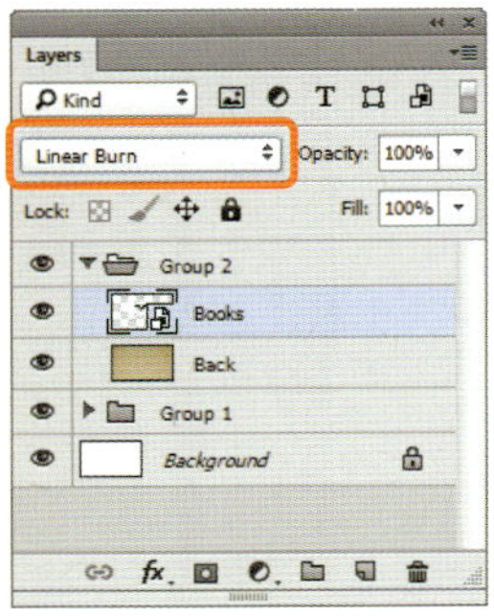

10 Books 레이어에서 레이어 마스크 추가(◘)를 클릭하여 마스크를 추가하고 툴 패널에서 브러시 툴(✓)을 선택합니다. 옵션바에서 Soft Round 브러시를 선택하고 Size는 400 px, Hardness는 0%로 설정합니다. 작업창으로 돌아와 하트의 주변부를 다음과 같이 드래그합니다.

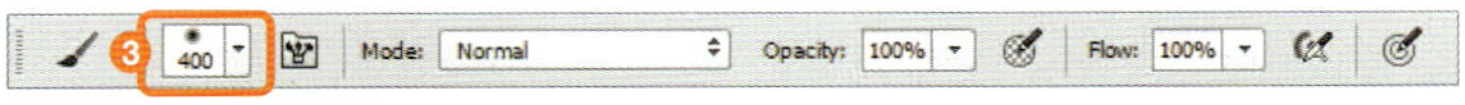

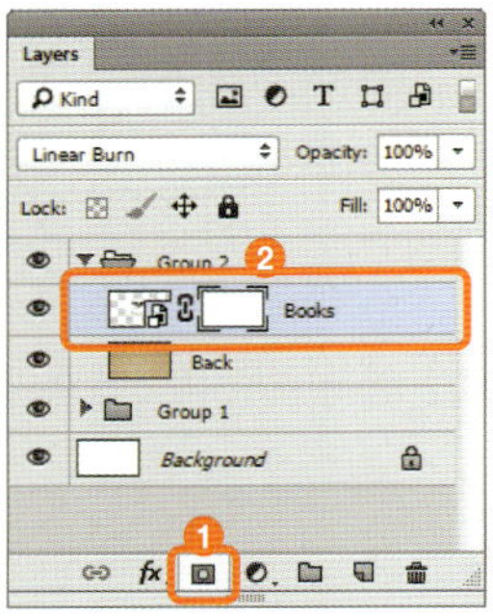

11 툴 패널에서 문자 툴(T)을 선택하고 [Character] 패널을 열어 다음과 같이 설정한 후 텍스트 'LOVE'를 입력합니다.

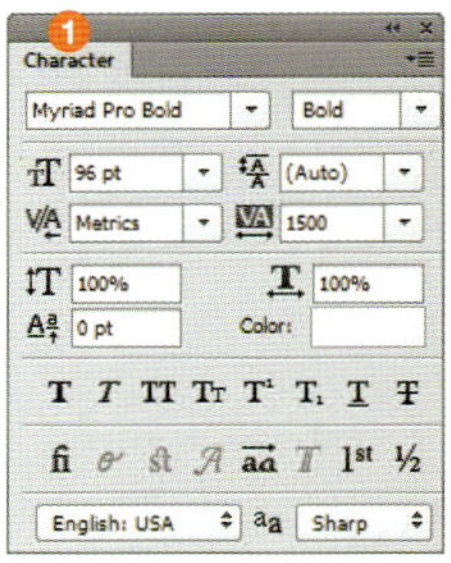

12 [Layers] 패널에서 레이어 스타일(fx.)을 클릭하고 Bevel Emboss를 선택합니다. [Layer Style] 대화상자에서 Depth는 1%, Size는 0 px, Soften은 1 px로 설정하고 [OK]를 클릭합니다.

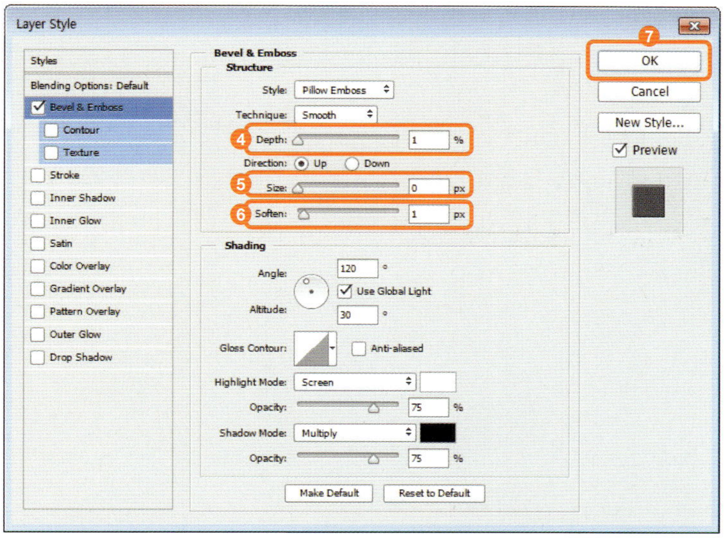

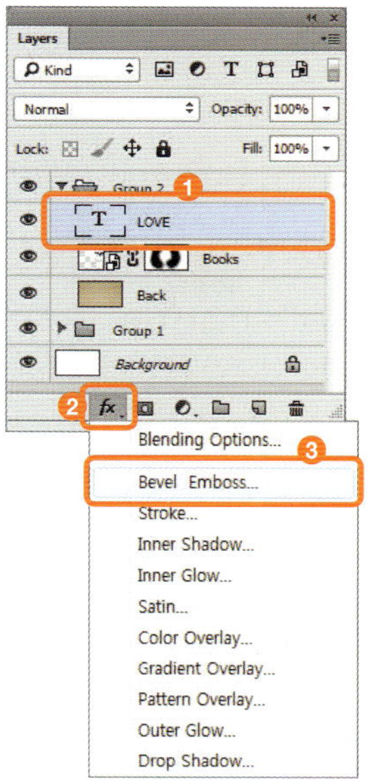

13 [Layers] 패널에서 LOVE 문자 레이어의 Fill을 0%로 설정합니다.

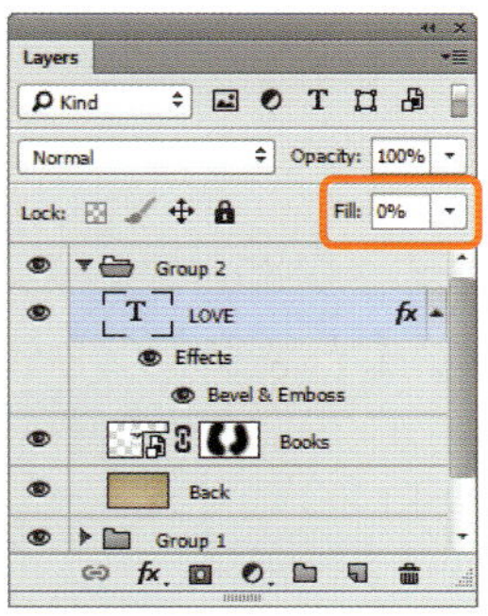

14 툴 패널에서 문자 툴(T,)을 선택하고 [Character] 패널을 아래와 같이 설정한 후 작업창에 텍스트를 입력합니다. [Layers] 패널에서 레이어 스타일(fx,)을 클릭하고 Color Overlay를 선택하여 텍스트의 색을 변경합니다.

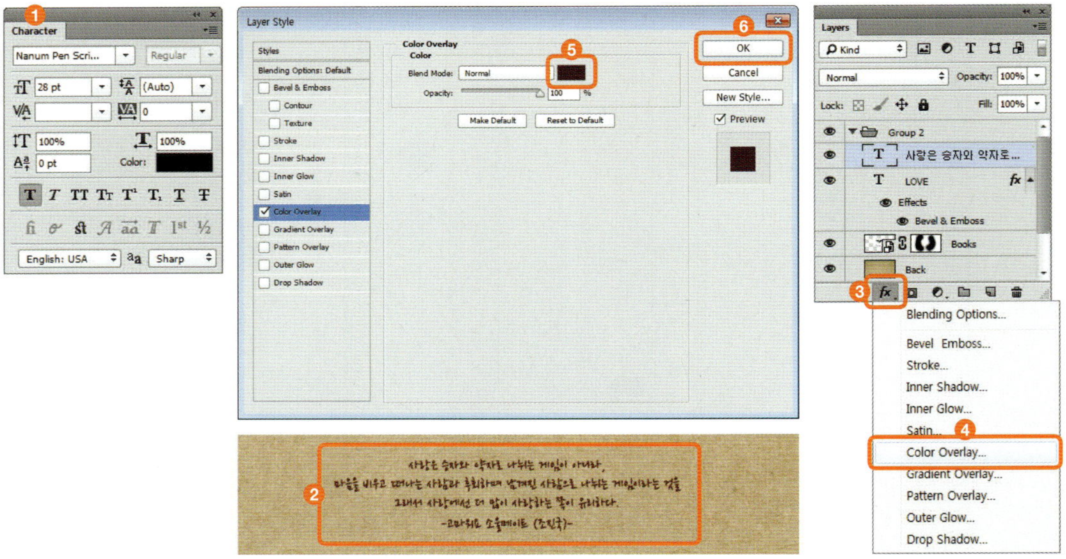

Tip 처음부터 원하는 색을 [Character] 패널에서 설정한 후 텍스트를 입력해도 되지만, 텍스트를 입력한 다음 색을 바꾸고 싶다면 레이어 스타일(fx,)의 Color Overlay를 선택하여 바꾸는 것이 편리합니다.

15 툴 패널에서 타원형 툴(⬭,)을 선택한 후 작업창 우측 상단에 드래그하여 원을 만들고 [Layers] 패널에서 Opacity을 19%로 설정합니다.

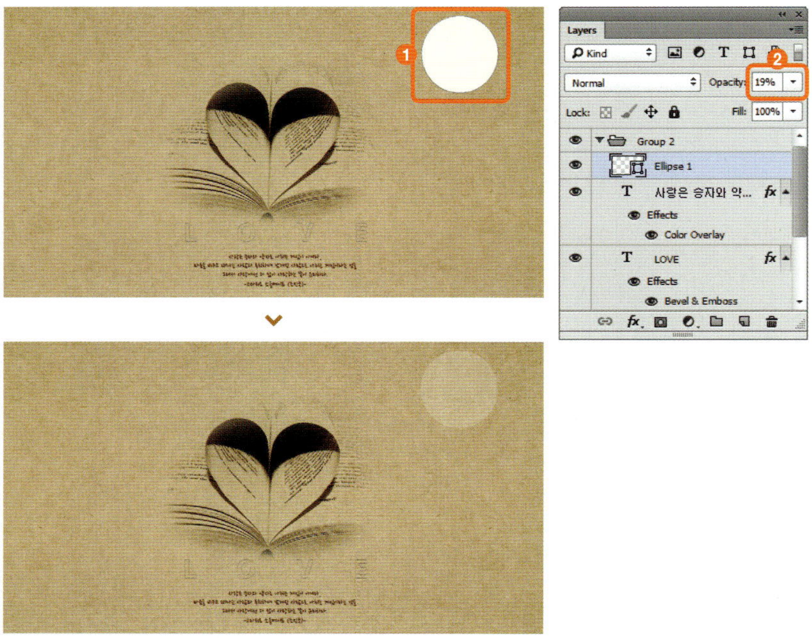

16 [Layers] 패널에서 Ellipse 1 레이어를 Ctrl+J를 두 번 눌러 원을 복제하고 Ctrl+T를 눌러 원의 크기를 각각 조절합니다.

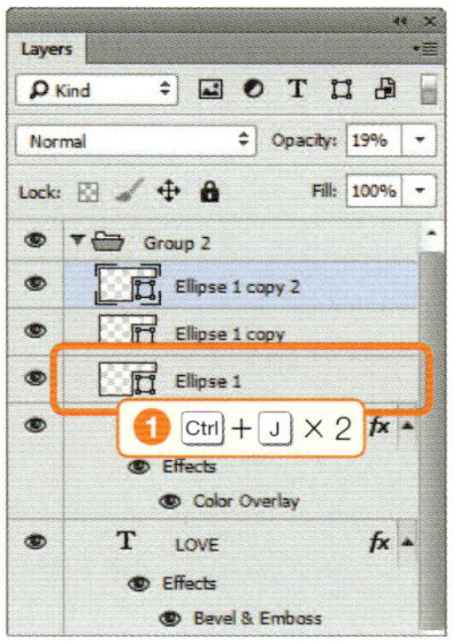

17 다음과 같이 바탕 화면이 완성됩니다.

Layers 패널

기본기 다지기

레이어를 편리하게 다룰 수 있도록 도와주는 Layers 패널

Layers 패널의 구성 요소

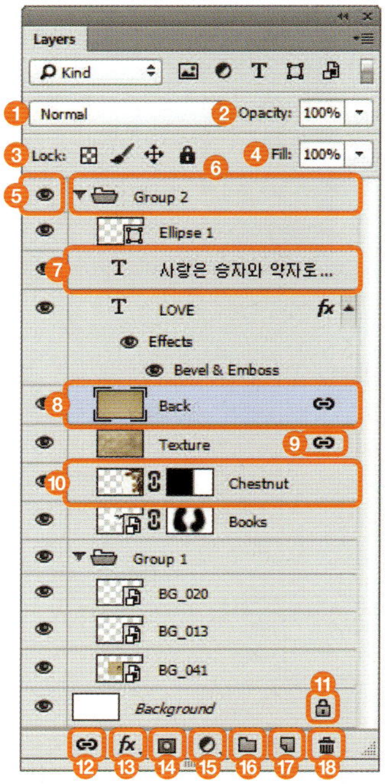

❶ **블렌드 모드 :** 레이어를 어떻게 합성할지 선택합니다.

❷ **Opacity :** 레이어의 불투명도를 조절하며, Background 레이어를 제외한 모든 레이어에 적용할 수 있습니다.

❸ **Lock :** 선택한 레이어를 잠급니다.

- **투명 영역 잠그기 :** 투명 영역에 아무런 작업을 하지 못하도록 합니다.
- **브러시 잠그기 :** 브러시 툴로 작업하지 못하도록 합니다.
- **위치 잠그기 :** 이동 툴로도 옮겨지지 않도록 합니다.
- **모두 잠그기 :** 아무런 작업을 하지 못하도록 합니다.

❹ **Fill :** 레이어 스타일은 그대로 유지되고 이미지의 불투명도만 조절합니다.

❺ **눈 아이콘 :** 레이어를 보이게 하거나 숨깁니다.

❻ **레이어 그룹 :** 관련 있는 레이어들을 그룹으로 묶여 있습니다.

❼ **텍스트 레이어 :** 텍스트 작업을 하고 있는 레이어입니다.

❽ **현재 레이어 :** 현재 작업 중인 레이어입니다.

❾ **링크 레이어 :** 현재 선택된 레이어와 연결된 레이어를 표시합니다.

❿ **레이어 마스크 :** 레이어에 마스크가 적용됩니다.

⓫ **자물쇠 아이콘 :** 자물쇠 표시가 있는 레이어는 편집할 수 없습니다.

⓬ **링크 아이콘 :** 선택한 레이어들을 연결합니다.

⓭ **레이어 스타일 아이콘 :** 선택한 레이어에 효과를 적용합니다.

⓮ **레이어 마스크 아이콘 :** 선택한 레이어에 레이어 마스크를 만듭니다.

⓯ **보정 레이어 아이콘 :** 이미지의 색상, 명도, 채도 등을 수정할 수 있는 보정 레이어를 만듭니다.

⓰ **그룹 만들기 아이콘 :** 새로운 레이어 그룹을 만듭니다.

⓱ **레이어 만들기 아이콘 :** 새로운 레이어를 만듭니다.

⓲ **휴지통 아이콘 :** 선택한 레이어를 삭제합니다.

블렌드 모드

블렌드 모드(Blend Mode)는 레이어가 합성될 때 색상이 혼합되도록 만드는 것입니다. 즉, 위에 있는 레이어와 아래에 있는 레이어를 혼합할 때 어떤 방식으로 색을 혼합할 것인가를 블렌드 모드에서 지정할 수 있습니다. 블렌드 모드는 총 27가지이며, 각 블렌드 모드마다 Opacity와 Fill 옵션을 설정할 수 있습니다. 블렌드 모드는 레이어뿐만 아니라 브러시 툴 같은 드로잉 관련 툴에서도 적용되는 개념이기 때문에 특성을 잘 이해하기 바랍니다. 다음 두 개의 이미지 레이어를 합성해 보면서 각각의 블렌드 모드는 어떻게 다른지 살펴보겠습니다.

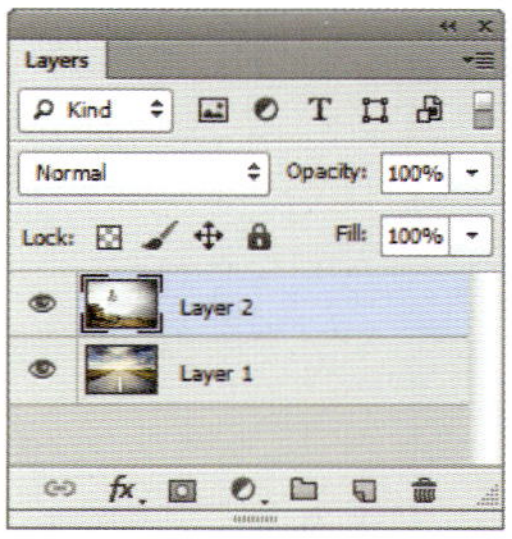

Layers 패널

Layer 1

Layer 2

1. Normal

레이어의 표준 모드로, 아래쪽 레이어와 합성되지 않아 위쪽 레이어의 이미지만 보입니다. Opacity 값을 낮추면 아래쪽 레이어의 이미지가 조금씩 나타납니다.

2. Dissolve

이미지를 픽셀로 바꾼 다음 흩뿌려지도록 합니다. Opacity 값이 크면 픽셀을 많이 흩뿌리고, 작으면 픽셀을 적게 흩뿌립니다. 불투명도가 100%보다 낮을 때 효과가 나타납니다.

3. Darken

위쪽 레이어의 색상이 아래쪽 레이어의 색상보다 밝으면 투명해지고, 어두우면 섞입니다. 밝은 색은 변하지 않고 어두운 색만 더 어두워집니다.

4. Multiply

밝은 색은 흰색과 가까워질수록 더 투명해지고, 어두운 색은 아래쪽 레이어와 섞입니다. 이미지가 전체적으로 어두워집니다.

5. Color Burn

아래쪽 레이어의 이미지가 위쪽 레이어의 색상을 반사시킵니다. 번 툴과 같이 색상 대비가 강해집니다.

6. Linear Burn

흰색을 제외한 모든 색의 명도가 낮아지면서 합성됩니다. 전체적으로 어두워집니다.

7. Darken Color

두 이미지 중 어두운 이미지의 색상을 나타냅니다.

8. Linear Dodge

검은색 부분을 제외한 모든 색의 밝기를 높입니다. 이미지가 전체적으로 밝아집니다.

9. Lighter Color

두 이미지 중 밝은 이미지의 색상을 나타냅니다.

10. Lighten

Darken 모드와 반대로 위쪽 레이어의 색이 밝으면 섞이고, 어두우면 투명해집니다. 어두운 색은 변하지 않고 밝은 색만 더 밝아집니다.

11. Screen

어두운 색은 검은색에 가까워질수록 더욱 투명해지고, 밝은 색은 아래쪽 레이어와 섞이면서 이미지가 전체적으로 밝아집니다.

12. Color Dodge

아래 이미지가 위쪽 레이어의 색을 반사시키는 것과 같은 효과입니다. 색이 밝아지면서 반사되어 강한 조명 아래에 색상이 반사되는 효과가 나타납니다. 닷지 툴을 사용한 것처럼 색상이 밝아집니다.

13. Overlay

Multiply와 Screen을 합친 것과 같습니다. 밝은 색은 더 밝게, 어두운 색은 더 어둡게 만듭니다. 단 가장 밝은 색과 가장 어두운 색은 위쪽 레이어의 색이 유지되고 중간색만 섞입니다.

14. Soft Light

부드러운 조명을 비추는 것처럼 색이 부드럽게 섞입니다. 레이어의 색이 회색보다 밝으면 더욱 밝아지고, 어두우면 더 어두워집니다.

15. Hard Light

강한 조명을 비추는 것처럼 색이 강하게 섞입니다.

16. Vivid Light

혼합한 색이 50% Gray보다 밝으면 이미지는 대비가 적어져서 밝아지고, 50% Gray보다 어두우면 어두운 이미지로 합성됩니다.

17. Linear Light

혼합한 색이 50% Gray보다 밝으면 밝게 하고, 50% Gray보다 어두우면 어둡게 합니다.

18. Pin Light

검은색과 흰색은 아무런 변화가 없습니다. 혼합한 색이 50% Gray보다 밝으면 혼합 색보다 어두운 부분이 바뀌고, 혼합한 색보다 밝은 부분은 아무런 변화가 없습니다. 혼합 색이 50% Gray보다 어두우면 혼합한 색보다 밝은 부분은 색이 바뀌고, 혼합한 색보다 어두운 부분은 변화가 없습니다.

19. Hard Mix

강하게 혼합하여 강렬한 색상 대비가 나타나도록 합니다.

20. Difference

위쪽 레이어의 어두운 색은 아래쪽 레이어의 이미지 색상을 반전시킵니다. 밝은 색은 아무런 변화가 없습니다.

21. Exclusion

Difference와 비슷하지만 좀 더 부드럽고 밝게 표현됩니다.

22. Subtract

각 채널의 기본 색상에서 혼합 색상을 뺍니다.

23. Divide

각 채널의 기본 색상에서 혼합 색상을 나눕니다.

24. Hue

아래쪽 레이어의 명도와 채도가 위쪽 레이어의 색과 합쳐집니다.

25. Saturation

아래쪽 레이어의 색상과 명도가 위쪽 레이어의 채도와 합쳐집니다.

26. Color

아래쪽 레이어의 명도가 위쪽 레이어의 색상과 채도와 합쳐집니다.

27. Luminosity

아래쪽 레이어의 색상과 채도가 위쪽 레이어의 명도와 합쳐집니다.

NOTE 블렌드 모드 확인 방법

어떤 레이어의 블렌드 모드가 이미지와 어울리는지 확인하려면 블렌드 모드를 활성화하고 키보드의 방향키를 위아래로 움직이면서 직접 확인하여 적합한 것을 찾는 것이 편리합니다.

Opacity와 Fill

Opacity와 Fill은 레이어의 불투명도를 나타내며, 값이 낮을수록 투명해져서 아래쪽 레이어가 비춰집니다. 차이점은 Opacity가 레이어 전체의 불투명도를 조절하는 것이면, Fill은 레이어에 있는 개체에 대해서만 불투명도를 조절하는 것입니다. 따라서 Opacity는 이미지와 레이어에 적용된 Effects가 함께 투명해지지만 Fill은 이미지만 투명해지고 Effects는 영향을 받지 않습니다.

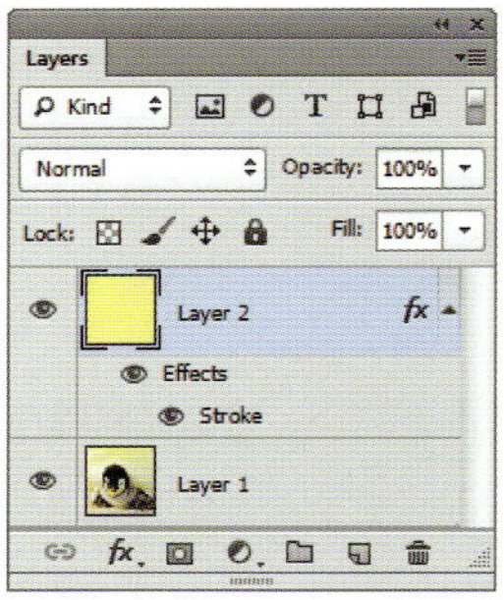

Layers 패널

Layer 1

Layer 2

Opacity 값을 20%로 조정

Fill 값을 20%로 조정

Layers 패널 확장 메뉴

포토샵에서는 레이어를 잘 다룰 수 있도록 다양한 기능을 제공하며, 특히 자주 사용하는 메뉴는 Layers 패널에서 바로 제공합니다. Layers 패널 우측 상단에 있는 메뉴 확장 아이콘(▾≡)을 클릭하면 다양한 메뉴를 확인할 수 있습니다.

❶ **New Layer :** 새로운 레이어를 만듭니다.

❷ **Copy CSS :** 버튼이나 HTML 요소의 이미지를 자동으로 스타일 시트로 만듭니다.

❸ **Duplicate Layer :** 레이어를 복제합니다.

❹ **Delete Layer :** 레이어를 삭제합니다.

❺ **Delete Hidden Layers :** 숨겨진 레이어를 삭제합니다.

❻ **New Group :** 새로운 그룹을 만듭니다.

❼ **New Group from Layers :** 선택된 레이어를 새 그룹으로 만듭니다.

❽ **Collapse All Groups :** 레이어 그룹을 풀어줍니다.

❾ **Lock Layers :** 레이어를 잠급니다.

❿ **Convert to Smart Object :** 벡터 속성을 갖고 있는 스마트 오브젝트로 바꿉니다.

⓫ **Edit Contents :** 스마트 오브젝트로 된 이미지를 하나의 독립된 이미지로 만듭니다.

⓬ **Blending Options :** Layers Style 대화상자를 엽니다.

⓭ **Edit Adjustment :** 보정 레이어를 편집합니다.

⓮ **Create Clipping Mask :** 클리핑 마스크를 만듭니다.

⓯ **Link Layers :** 선택한 레이어를 연결합니다.

⓰ **Select Linked Layers :** 연결된 레이어를 선택합니다.

⓱ **Merge Down :** 선택된 레이어를 기준으로 그 아래 있는 레이어와 합칩니다.

⓲ **Merge Visible :** 보이는 레이어를 하나의 레이어로 합칩니다.

⓳ **Flatten Image :** 모든 레이어를 하나로 합칩니다.

⓴ **Animation Options :** 프레임 애니메이션을 할 때 옵션이 활성화됩니다.

㉑ **Panel Options :** Layers Panel Options 대화상자를 엽니다.

㉒ **Close :** Layers 패널을 닫습니다.

㉓ **Close Tab Group :** Layers 패널의 탭 그룹을 모두 닫습니다.

NOTE **Layer 메뉴**

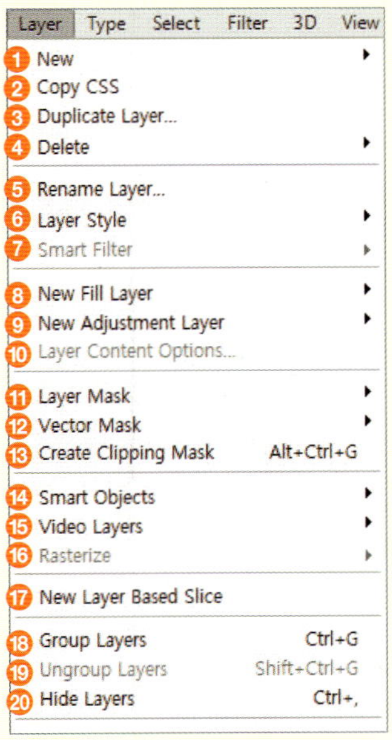

Layers 패널에서 제공하는 메뉴와 또 다른 부가 메뉴를 Layer 메뉴에서 제공합니다.

❶ **New :** 새로운 레이어를 만듭니다.

❷ **Copy CSS :** 버튼이나 HTML 요소의 이미지를 자동으로 스타일 시트로 만듭니다.

❸ **Duplicate Layer :** 레이어를 복제합니다.

❹ **Delete :** 레이어를 삭제합니다.

❺ **Rename Layer :** 레이어 이름을 바꿉니다.

❻ **Layer Style :** 현재 선택된 레이어에 다양한 레이어 스타일을 적용합니다.

❼ **Smart Filter :** 필터가 적용된 레이어를 조정합니다.

❽ **New Fill Layer :** 색이나 패턴이 채워진 레이어를 만듭니다.

❾ **New Adjustment Layer :** 보정 레이어를 만듭니다.

❿ **Layer Content Options :** 이미지에 적용된 보정 레이어의 설정을 수정합니다.

⓫ **Layer Mask :** 현재 선택한 레이어에 마스크를 적용합니다.

⓬ **Vector Mask :** 셰이프나 패스와 같은 벡터 오브젝트를 마스크로 만듭니다.

⓭ **Create Clipping Mask :** 클리핑 마스크를 만듭니다.

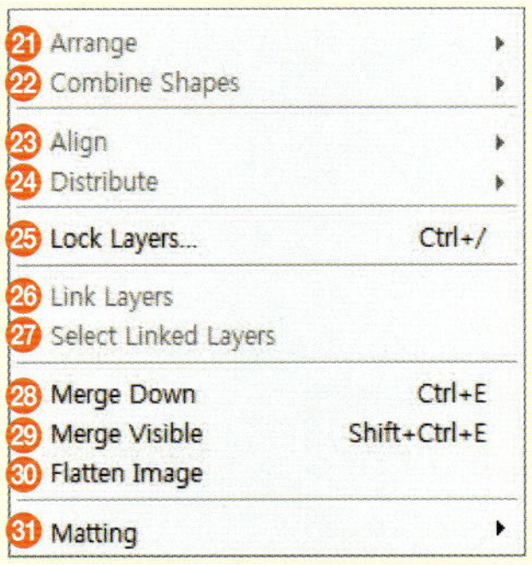

⑭ **Smart Objects :** 벡터 속성을 갖고 있는 스마트 오브젝트로 만듭니다.

⑮ **Video Layers :** 비디오 파일을 불러와 레이어로 만듭니다.

⑯ **Rasterize :** 텍스트 레이어나 셰이프 레이어를 일반 레이어로 만듭니다.

⑰ **New Layer Based Slice :** 레이어가 배경 이미지 위에 있는 경우 레이어를 자동으로 분할합니다.

⑱ **Group Layers :** 새 그룹을 만듭니다.

⑲ **Ungroup Layers :** 현재 선택된 그룹을 해제합니다.

⑳ **Hide Layers :** 레이어를 숨깁니다.

㉑ **Arrange :** 레이어가 겹쳐 있는 위아래의 순서를 바꿉니다.

㉒ **Combine Shapes :** 각각의 셰이프 레이어들을 옵션에 따라 합칩니다.

㉓ **Align :** 레이어들을 정렬합니다.

㉔ **Distribute :** 선택된 레이어들을 화면에서 균등하게 배치합니다.

㉕ **Lock Layers :** 레이어를 잠급니다.

㉖ **Link Layers :** 선택된 레이어들을 묶습니다.

㉗ **Select Linked Layers :** 선택된 레이어와 링크된 레이어를 모두 선택합니다.

㉘ **Merge Down :** 선택된 레이어를 기준으로 그 아래 있는 레이어와 합칩니다

㉙ **Merge Visible :** 보이는 레이어를 모두 합칩니다.

㉚ **Flatten Image :** 모든 레이어를 합칩니다.

㉛ **Matting :** 붙여 넣은 이미지 등의 테두리를 정돈합니다.

CHAPTER

16

채널을 이용하여 바탕 화면 만들기

이미지의 색상과 선택 정보가 담겨 있는 채널은 선택 영역을 다양하게 편집하여 특수 효과를 줄 수 있다는 장점이 있습니다. 사각 선택 툴이나 올가미 툴과 같은 일반 선택 도구를 사용하여 선택 영역을 설정하면 단순한 작업만 할 수 있지만, 채널을 이용하면 선택 영역에 다양한 특수 효과를 줄 수 있습니다. 간단한 컴퓨터 바탕 화면을 만들어 보며 채널에 대해 알아보겠습니다.

준비 파일 Channel.jpg
주요 기능 채널, 사각 선택 툴, Modify

01 Ctrl+O를 눌러 예제 폴더에서 Channel.jpg 이미지 파일을 불러옵니다.

02 메뉴바에서 [Window]-[Channels]를 클릭하면 [Channels] 패널이 열립니다.

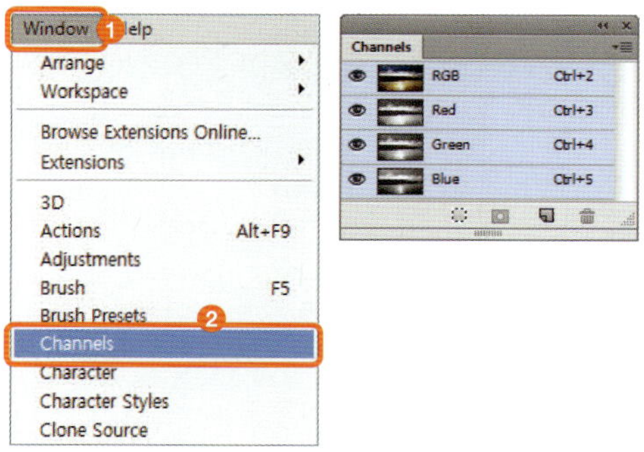

03 툴 패널에서 사각 선택 툴(⬚)을 선택하고 옵션바에서 Feather 값을 30 px로 설정한 후 이미지 전체를 선택합니다.

04 메뉴바에서 [Select]–[Modify]–[Contract]를 선택하고 [Contract Selection] 대화상자가 열리면 Contract By를 30 pixels로 설정한 후 [OK]를 클릭합니다.

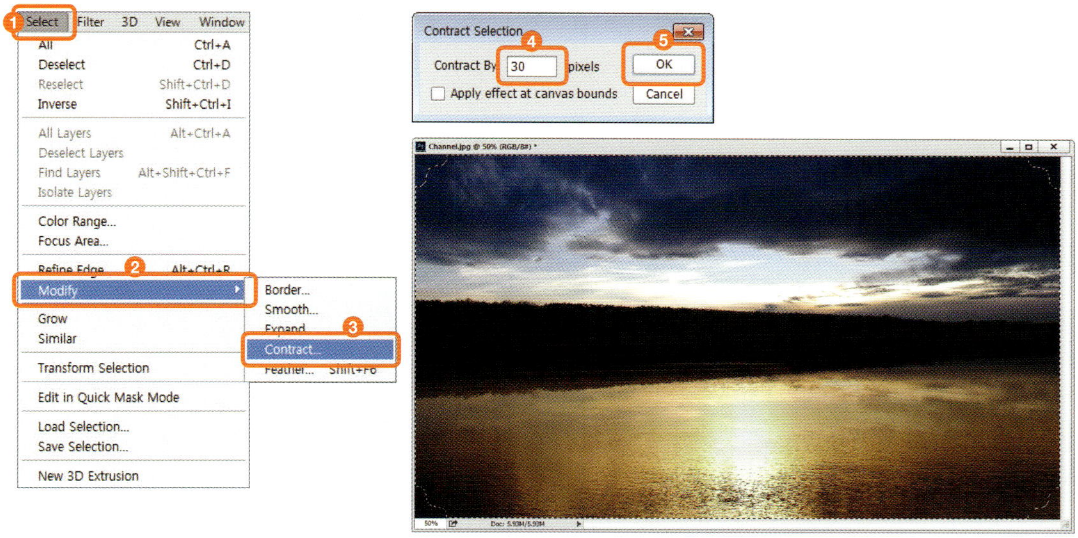

05 [Channels] 패널에서 채널 만들기 아이콘( )을 클릭하여 Alpha 1 채널을 추가한 후 선택하고 Ctrl + D를 눌러 선택 영역을 해제합니다.

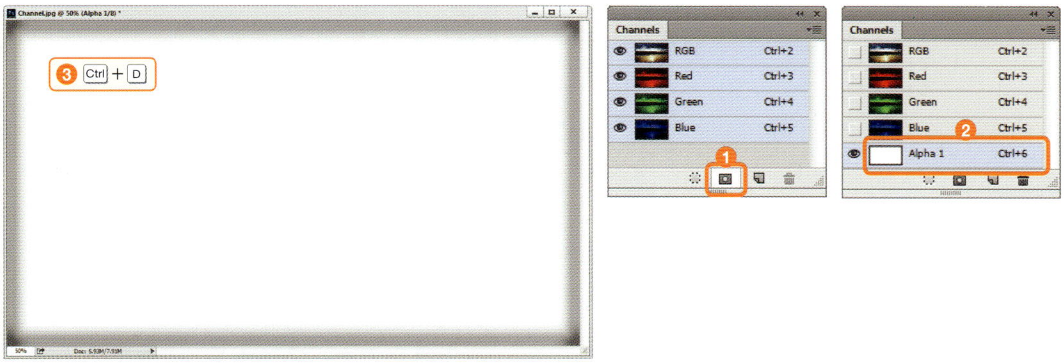

NOTE **Channels 패널의 컬러**

Channels 패널이 흑백으로 보일 때는 메뉴바에서 [Edit]–[Preferencs]–[Interface]를 선택한 후 [Options]–[Show Channels in Color]를 체크하면 됩니다.

06 메뉴바에서 [Filter]-[Pixelate]-[Color Halftone]를 클릭한 후 [Color Halftone] 대화상자가 열리면 다음과 같이 설정하고 [OK]를 클릭합니다.

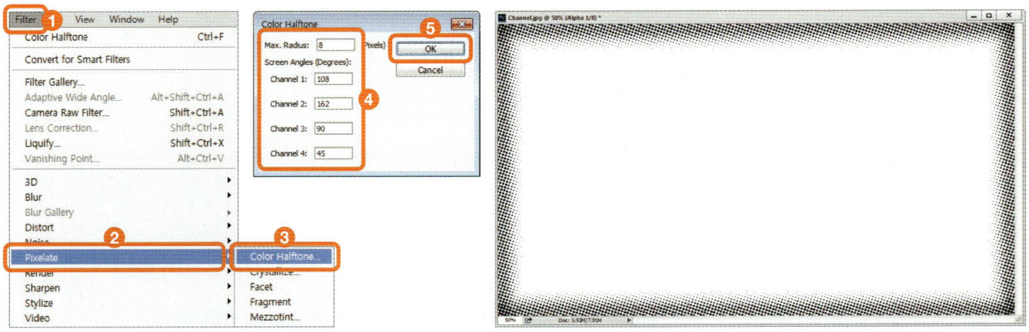

07 [Channels] 패널에서 채널 선택하기 아이콘( )을 클릭한 후 작업창에서 Ctrl+Shift+I를 눌러 선택 영역을 반전시킵니다.

08 채널 만들기 아이콘( )을 클릭하여 Alpha 2 채널을 추가한 후 새로 만들어진 Alpha 2 채널을 선택하고 채널 선택하기 아이콘( ) 클릭합니다.

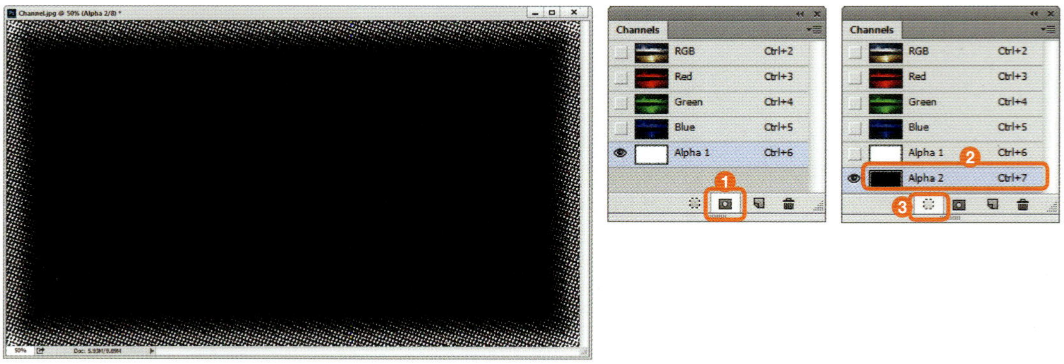

09 [Layers] 패널에서 새 레이어를 추가하고 전경색(■)을 흰색으로 변경한 후 작업창에서 Alt + Delete를 누릅니다. Ctrl + D를 눌러 선택 영역을 해제하고 [Layers] 패널에서 블렌드 모드를 Soft Light로 변경합니다.

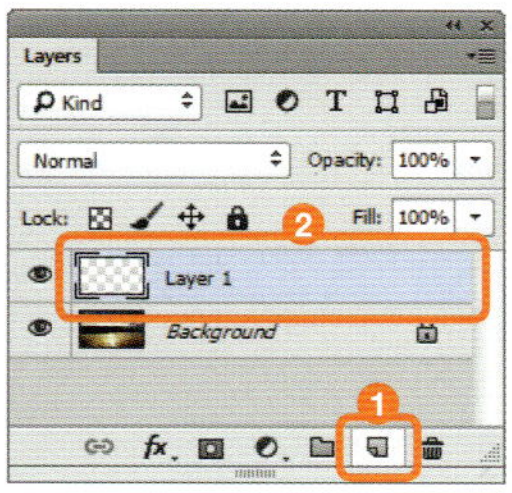

10 다음과 같이 바탕 화면이 완성됩니다.

기본기 다지기

채널

이미지의 색상과 선택 영역을 관리하는 채널

채널에는 이미지의 색상과 선택 영역의 정보가 담겨 있고, 선택 영역을 다양하게 편집하여 특수 효과를 줄 수 있습니다. 채널은 흑백 음영에 의해 256단계로 표현되는데 적용된 어떤 효과가 흰색인 경우 100% 적용되는 것이고, 회색인 경우 50%, 검정색인 경우 0%가 적용됩니다. 다시 말하면, 어떤 효과를 적용할 때 흑백 음영에 따라 채널이 적용되는 것입니다.

색상 채널

Channels 패널에서 색상 채널은 이미지를 구성하는 색상 정보를 저장하는 채널로 이미지 모드에 따라 구성됩니다. RGB 모드는 Red, Green, Blue 채널로 구성되고, CMYK 모드는 Cyan, Magenta, Yellow, Black 채널로 구성되어 있습니다.

• **Channels 패널**

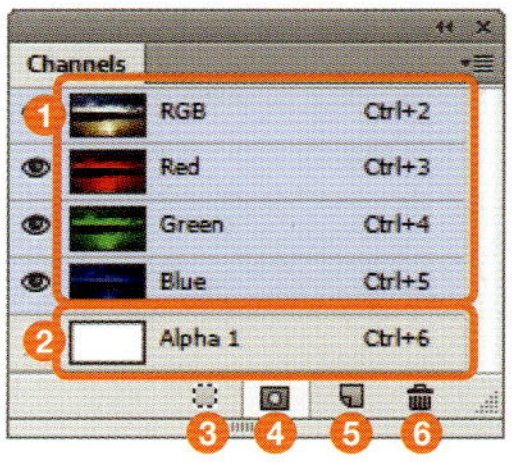

❶ **색상 채널 :** 이미지 모드에 따라 색상 정보를 가지고 있는 채널입니다.

❷ **알파 채널 :** 선택 영역을 저장하고 있는 채널로 흑백으로 표시합니다.

❸ **채널 선택하기 :** 채널을 선택 영역으로 만듭니다.

❹ **채널 만들기 :** 선택 영역을 채널로 만듭니다.

❺ **새 채널 만들기 :** 새로운 알파 채널을 만듭니다.

❻ **휴지통 :** 선택한 채널을 삭제합니다.

알파 채널

색상 정보를 가지고 있는 색상 채널과는 달리 알파 채널은 선택 영역의 정보를 저장하고 있는 채널입니다. 선택 영역을 저장하여 합성하는 데 주로 사용되며, 저장된 선택 영역에 여러 가지 변형을 할 수도 있습니다.

• **알파 채널 만들기**

01 [Channels] 패널의 우측 상단 확장 아이콘(▾≡)을 클릭한 후 New Channel을 선택합니다.

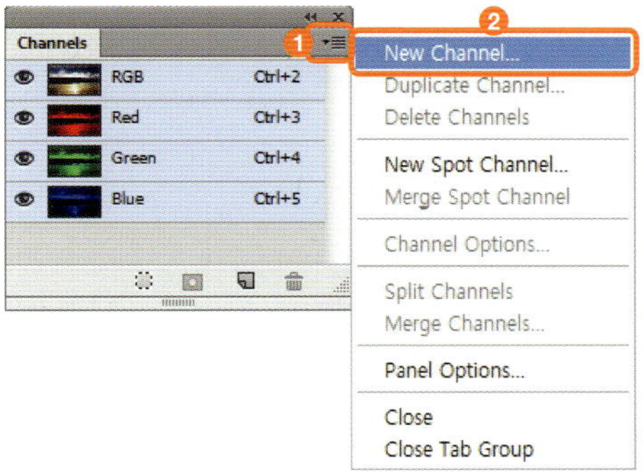

02 [New Channel] 대화상자에서 Color Indicates는 Masked Area, 색은 빨강, Opacity는 50%로 설정한 후 [OK]를 클릭하면 [Channels] 패널에 Alpha 1 채널이 생성됩니다.

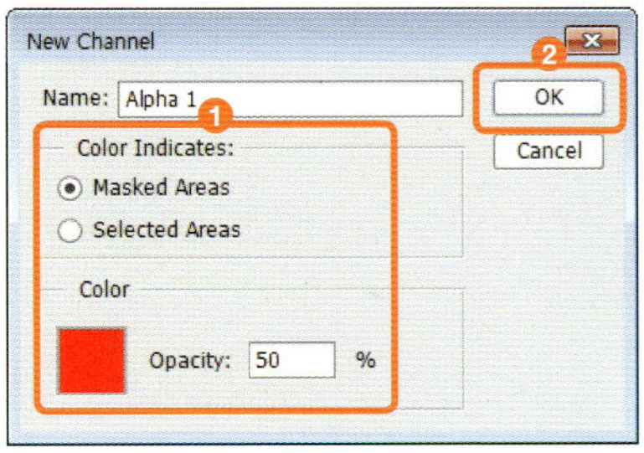

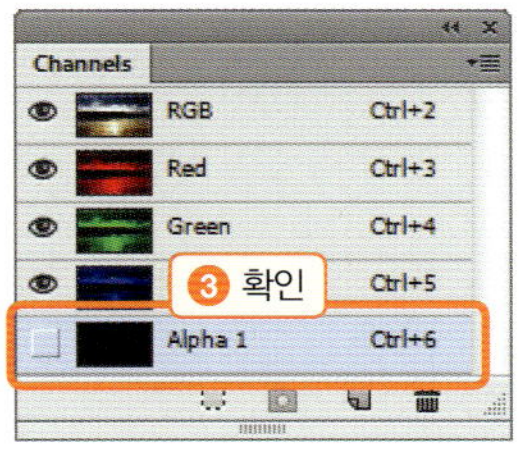

Tip Channels 패널에서 채널 만들기 아이콘(◘)을 클릭해도 새 채널을 만들 수 있습니다.

NOTE **New Channel 대화상자**

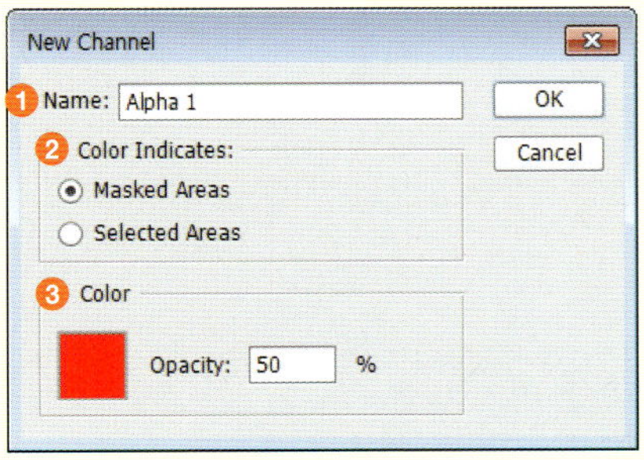

❶ **Name :** 알파 채널의 이름을 입력합니다.

❷ **Color Indicates :** 색을 선택 영역에 표시할지 마스크 영역에 표시할지 선택합니다.

- Masked Area : 검정색 알파 채널이 만들어집니다. 선택 영역은 흰색 영역으로 표시되며 브러시 툴로 만들 수 있습니다.
- Selected Area : 흰색 알파 채널이 만들어집니다. 선택 영역은 검정색으로 표시되며, 브러시 툴로 만들 수 있습니다.

❸ **Color :** 채널에 표시할 색상과 Opacity를 설정합니다.

스팟 채널

스팟 채널이란 알파 채널처럼 특수한 목적으로 제작된 채널입니다. 인쇄용 이미지를 작업할 때는 CMYK 모드를 사용하는데 금색, 은색, 형광색 같은 별색은 CMYK 모드에서 만들 수 없습니다. 이 별색을 출력할 때 스팟 채널을 사용합니다.

• 스팟 채널 만들기

01 [Channels] 패널에서 우측 상단의 확장 아이콘(▾≡)을 클릭한 후 New Spot Channel을 선택합니다.

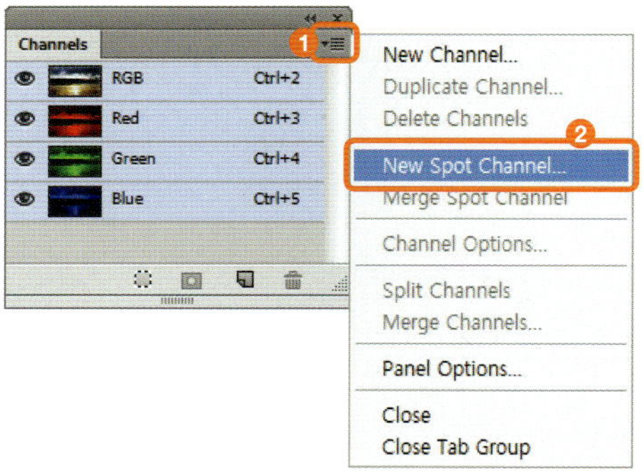

02 [New Spot Channel] 대화상자가 열리면 Color와 Solidity를 아래와 같이 설정하고 [OK]를 클릭하면 [Channels] 패널에 Spot Color 1 채널이 생성됩니다.

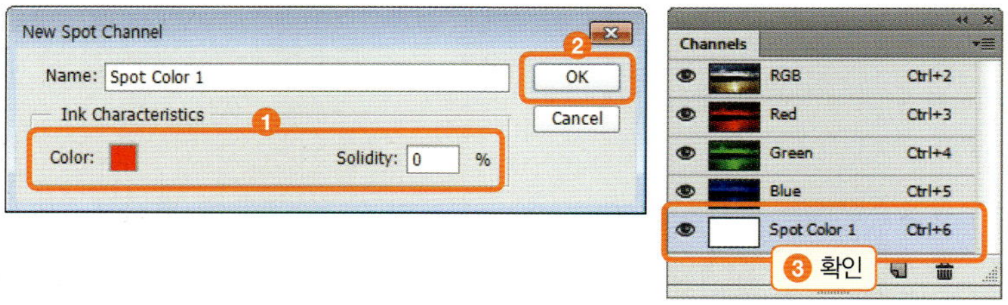

CHAPTER 17

셰이프 툴을 이용하여 메뉴 소개판 만들기

완성예제 미리보기

이번 장에서는 형태를 늘리거나 줄여도 깨지지 않는 벡터의 속성을 지닌 셰이프 툴을 이용하여 메뉴 소개판을 만들어 보겠습니다. 또한, 같은 형태의 디자인을 반복하고 그 안에 있는 콘텐츠를 수정하는 작업을 하기 위해 레이어 그룹을 효율적으로 사용하는 방법도 알아보겠습니다.

준비 파일 Cake.jpg, Hamberger.jpg, Salad.jpg
주요 기능 둥근 사각형 툴, 타원형 툴, 레이어 스타일, 레이어 그룹, 클리핑 마스크

둥근 사각형 툴과 타원형 툴로 틀 잡기

01 Ctrl+N을 눌러 [New] 대화상자에서 다음과 같이 설정하고 [OK]를 클릭하여 새 창을 만듭니다. 툴 패널에 있는 전경색(■)의 색(#4d4d4d)을 변경한 후 작업창에서 Alt+Delete를 눌러 선택한 전경색으로 채웁니다.

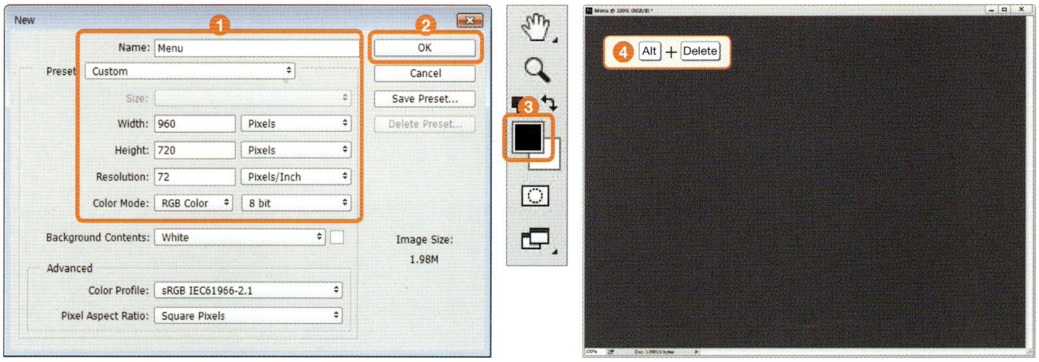

02 툴 패널에서 둥근 사각형 툴(▢)을 선택합니다. 옵션바에서 패스 형태는 Shape로 설정한 후 Fill 박스를 누르고 Color Picker( )를 클릭하여 색(#f1573f)을 변경합니다. 다시 옵션바에서 Radius를 10 px로 설정한 후 작업창에 드래그하여 둥근 사각형을 만듭니다.

03 툴 패널에서 타원형 툴(⬭)을 선택하고 작업창의 둥근 사각형 중앙 위쪽에 드래그하여 원을 만듭니다. [Layers] 패널에서 새 레이어의 이름을 Shape 2로 변경하고 썸네일을 더블클릭하여 [Color Picker] 대화상자에서 흰색을 선택한 후 [OK]를 클릭합니다.

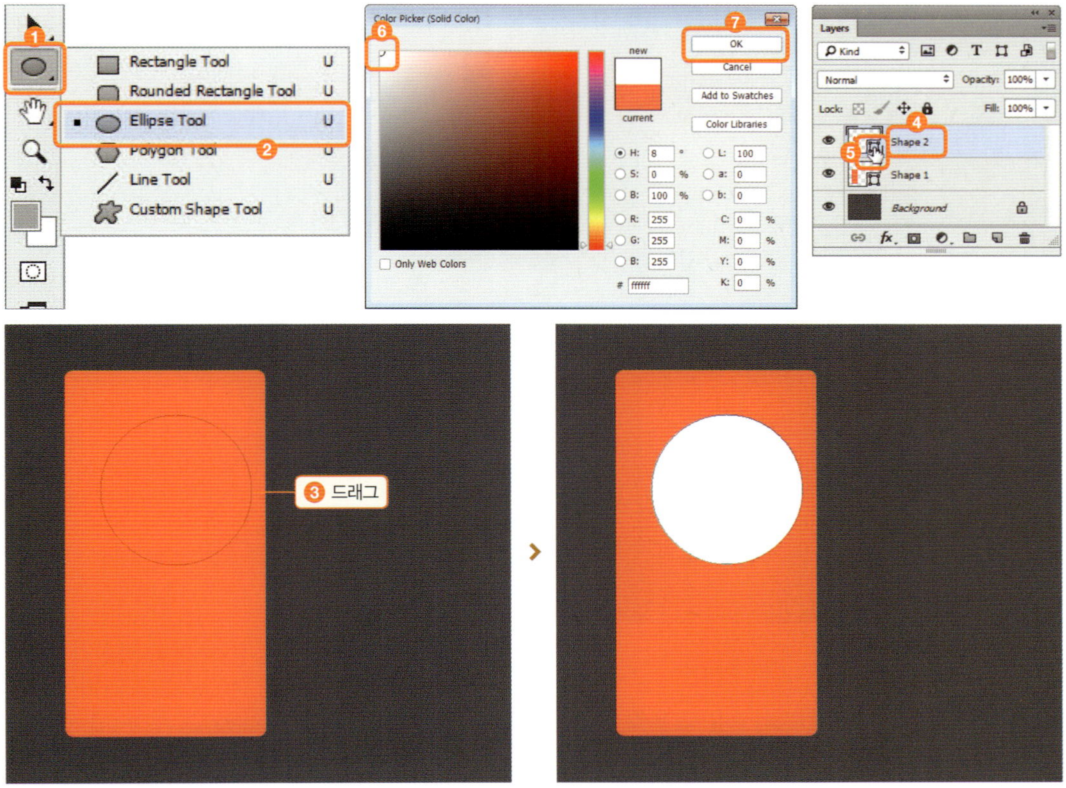

04 [Layers] 패널에서 Shape 1 레이어와 Shape 2 레이어를 선택합니다. 툴 패널에서 이동 툴(▸✣)을 선택하고 가운데 정렬 버튼을 눌러서 정렬합니다.

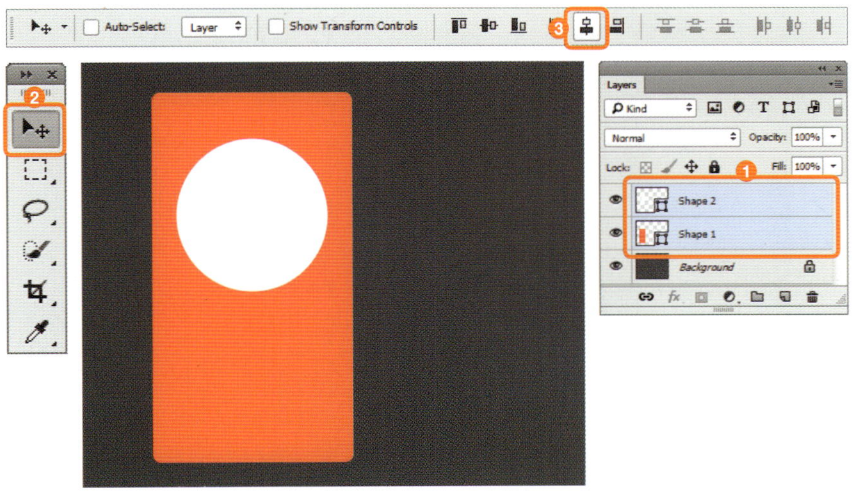

이미지를 클리핑 마스크 처리하고 레이어 그룹으로 만들기

05 Salad.jpg 파일을 열고 이동 툴( )로 작업창에 가져온 후 크기를 조절합니다. [Layers] 패널에서 새로 이동한 Salad 레이어와 Shape 2 레이어 사이를 Alt를 누른 채 클릭하여 클리핑 마스크를 적용합니다.

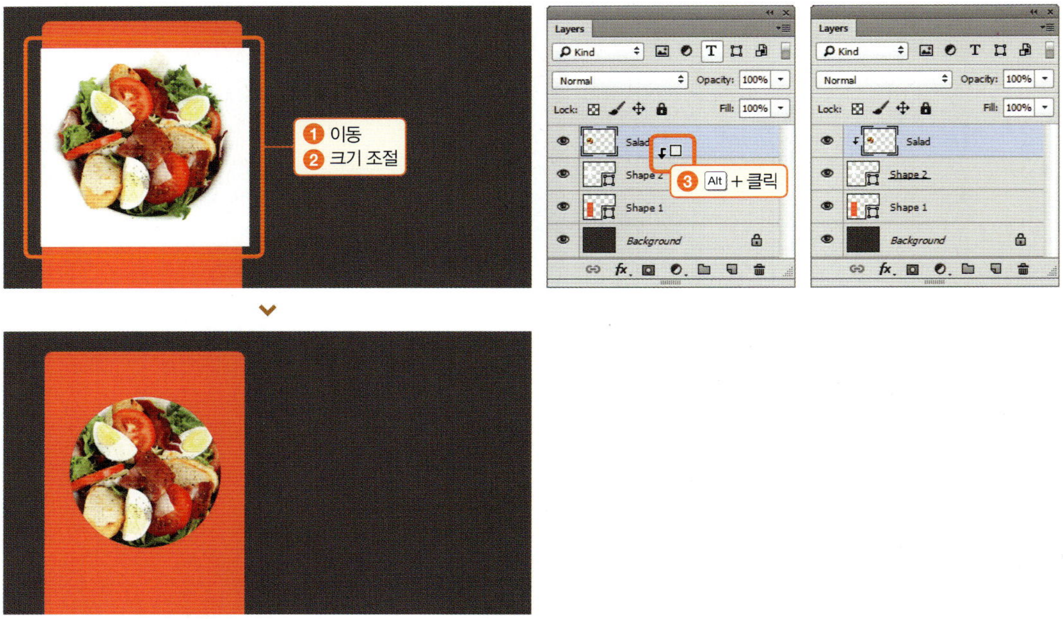

06 Shape 2 레이어에 스타일을 적용해 보겠습니다. [Layers] 패널에서 Shape 2 레이어를 선택한 후 레이어 스타일(fx.)을 누르고 Stroke를 클릭합니다. [Layer Style] 대화상자가 열리면 Size는 8 px, Position은 Inside, Color는 흰색으로 설정합니다.

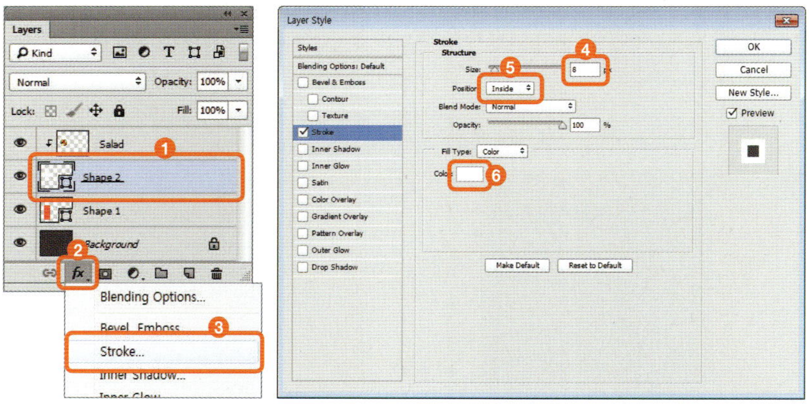

07 다음 왼쪽 스타일 목록에서 Inner Shadow를 체크합니다. Inner Shadow 항목에서 Opacity는 75%, Angle은 120°, Distance는 13 px, Choke는 14%, Size는 18 px로 설정한 후 [OK]를 클릭하면 이미지 안쪽에 그림자가 적용됩니다.

08 툴 패널에서 문자 툴(T)을 선택하고 [Character] 패널에서 옵션을 조정하고 텍스트를 입력합니다.

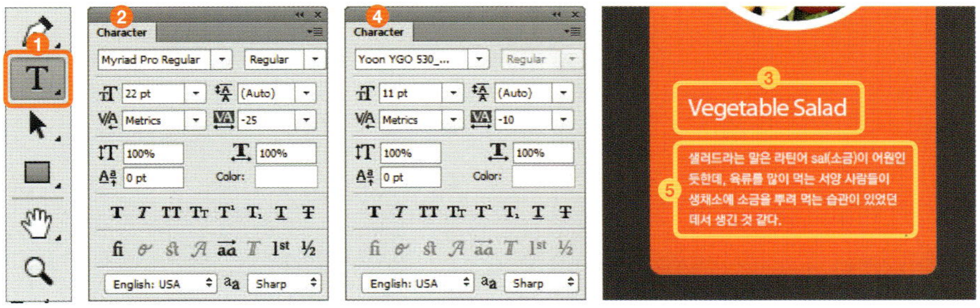

09 [Layers] 패널에서 Shift를 누른 채 레이어들을 선택하고 Ctrl+G를 눌러 그룹으로 만듭니다.

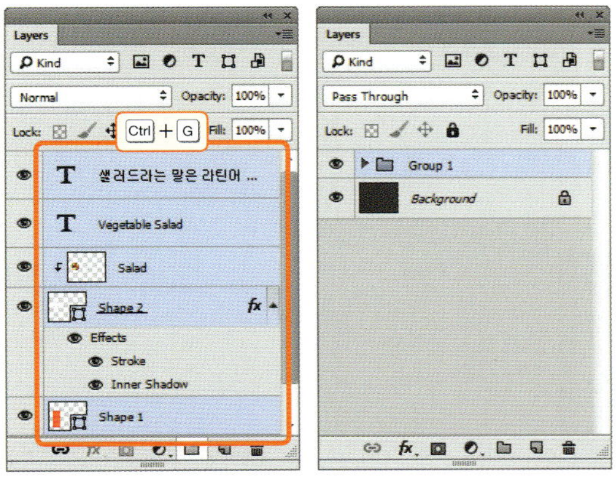

NOTE **레이어 그룹**

1. 레이어 그룹 만들기

Shift 를 누르고 그룹으로 만들 레이어를 모두 선택한 후 레이어 그룹 아이콘(📁)으로 드래그합니다. Group 1 레이어 그룹이 생성되면서 그 안에 레이어들이 포함되게 됩니다. 이렇게 레이어를 레이어 그룹 안에 넣으면 회전, 이동 및 변형이 쉽고, 레이어가 많아질 경우 쉽게 구분할 수 있어서 편리합니다.

2. 레이어 그룹 보기

레이어 그룹 아이콘 왼쪽에 있는 ▶ 아이콘을 클릭하면 레이어 그룹 안에 포함된 레이어를 모두 볼 수 있습니다. 다시 레이어를 숨기려면 ▼ 아이콘을 클릭하면 됩니다.

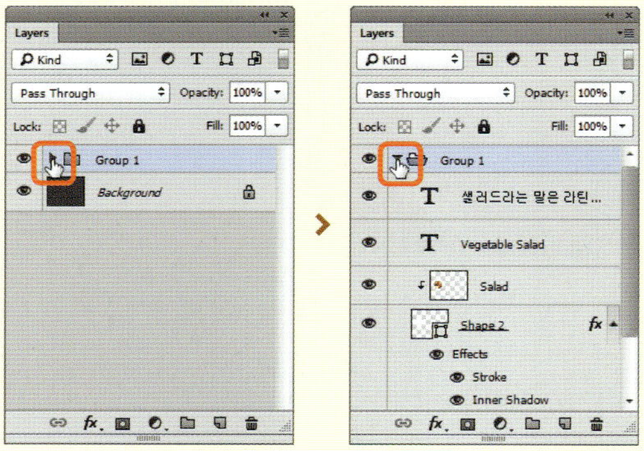

레이어 그룹을 복제하여 작업하기

10 레이어 그룹을 복제하는 방법도 레이어를 복제하는 방법과 같습니다. [Layers] 패널의 Group 1 레이어를 선택한 상태에서 Ctrl + J 를 두 번 눌러 두 개의 레이어 그룹을 복제합니다. 생성된 레이어 그룹의 이름을 각각 Hamberger, Cake로 바꾸고, 이동 툴(▸✥)을 선택한 후 작업창에서 각 레이어를 Shift 를 누른 채 수평 이동하여 다음과 같이 배치합니다.

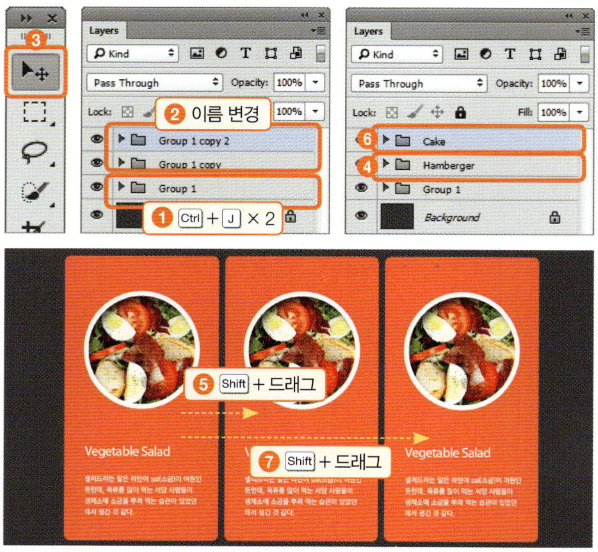

11 이제 복제한 레이어 그룹들을 하나씩 바꿔보겠습니다. Hamberger 레이어 그룹에 있는 Shape 1 레이어의 썸네일을 더블클릭하여 색(#f37521)을 변경합니다. 예제 소스 폴더에서 Hamberger.jpg 이미지를 열고 작업창으로 가져온 후 클리핑 마스크를 적용합니다. Salad 레이어는 삭제합니다.

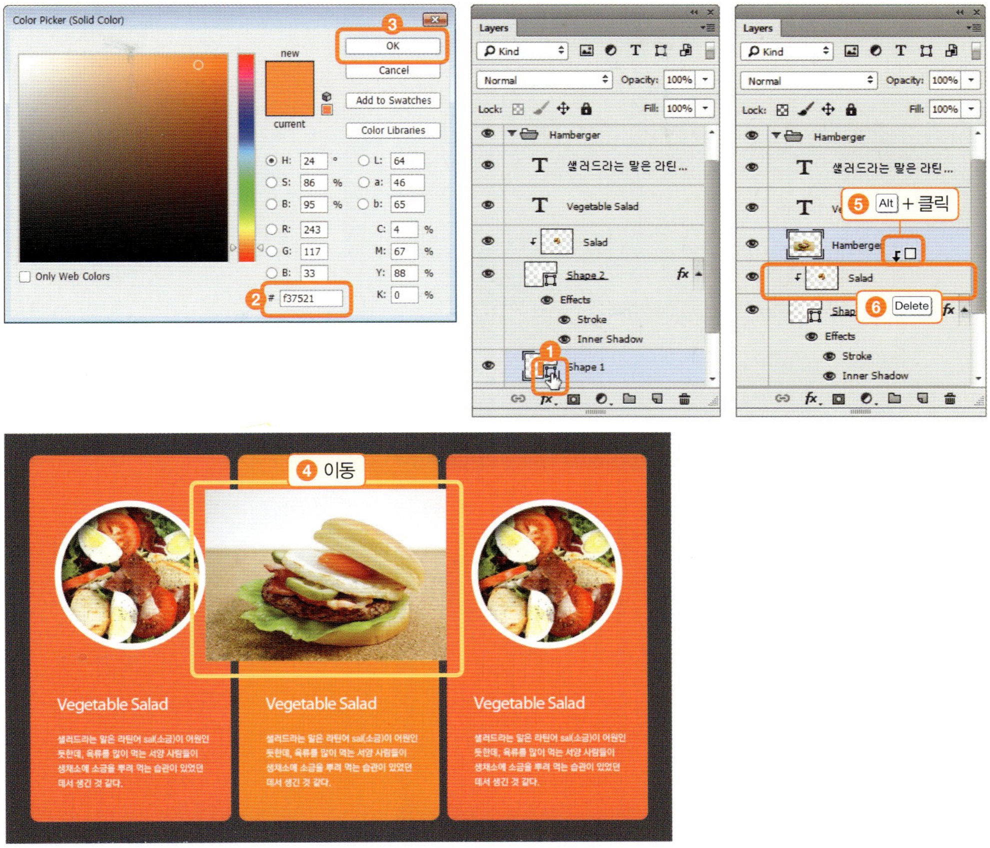

12 툴 패널에서 문자 툴(T)을 선택하고 다음과 같이 텍스트를 이미지에 맞게 변경합니다.

13 이번에는 Cake 레이어 그룹을 변경해 보겠습니다. Cake 레이어 그룹 안에 있는 Shape 1 레이어의 썸네일을 더블클릭하여 색(#fac20b)을 변경한 후, Cake.jpg 이미지를 열고 작업창으로 이동시킨 후 클리핑 마스크를 적용하고 텍스트를 변경합니다.

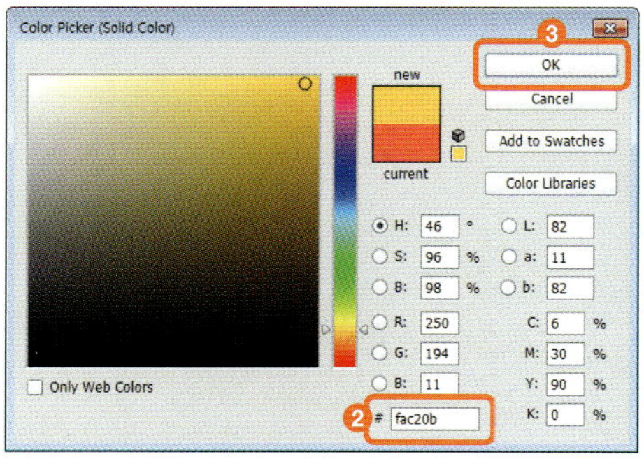

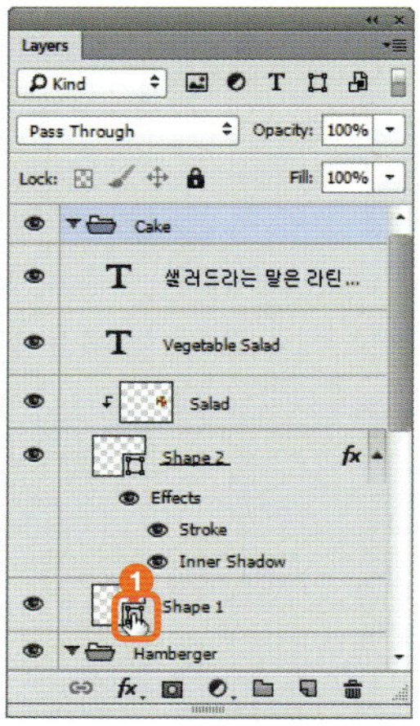

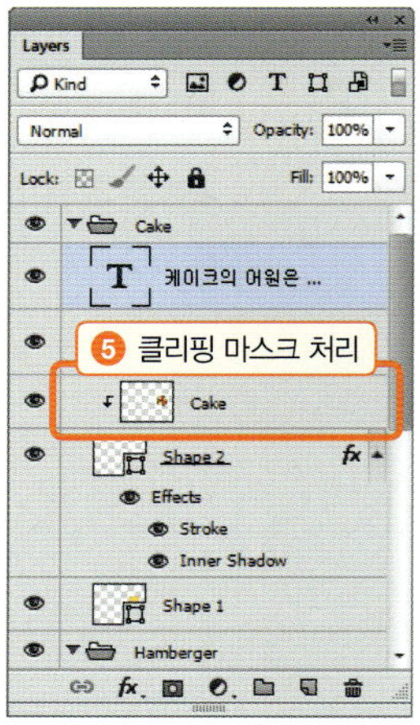

14 이미지 상단에 제목을 입력합니다.

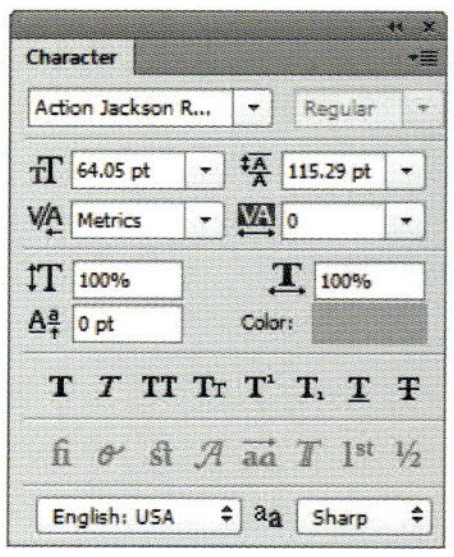

15 다음과 같이 메뉴 소개판이 완성됩니다.

기본기 다지기

벡터 이미지를 만들 때 사용하는 셰이프 툴

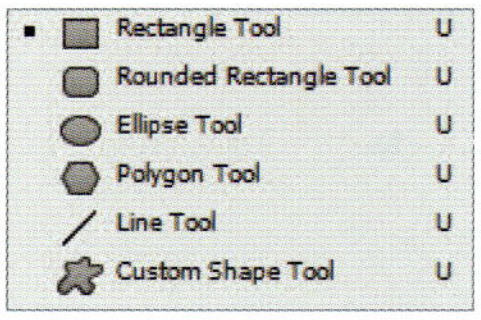

벡터 형식의 도형을 만들 때는 셰이프 툴을 사용합니다. 셰이프의 모양에 따라 사각형 툴( ), 둥근 사각형 툴( ), 타원형 툴( ), 다각형 툴( ), 라인 툴( )을 선택해서 사용합니다. 또한, 다양한 모양으로 셰이프를 만들려면 커스텀 셰이프 툴( )을 사용하는데, 펜 툴을 이용해서 원하는 모양을 직접 만든 오브젝트를 패스로 만들어 커스텀 셰이프 툴에 등록하여 사용할 수도 있습니다.

셰이프 툴을 이용하여 만든 이미지

NOTE 늘이고 줄여도 깨지지 않는 벡터 이미지

비트맵 방식은 점, 선, 도형, 이미지를 픽셀(Pixel)을 찍어서 나타냅니다. 따라서 점이 많으면 많을수록 이미지 용량이 커지고 처리 속도도 느려집니다. 이에 반해 벡터 방식은 점, 선, 도형, 이미지 등을 표현할 때 좌표와 수식으로 표현하는 이미지를 말합니다. 수식을 기억하는 방식이기 때문에 이미지를 확대 · 축소 · 회전해도 이미지의 선명도가 떨어지지 않습니다. 또한 비트맵 이미지에 비해 용량도 크지 않아 이미지 작업을 할 때 유용합니다.

비트맵 이미지

비트맵 확대 이미지

벡터 이미지

벡터 확대 이미지

이러한 벡터의 원리를 포토샵으로 가져온 것이 바로 벡터 툴입니다. 벡터 툴로 작업한 오브젝트는 크기를 변경하거나 회전시켜도 깨지지 않습니다. 펜 툴, 셰이프 툴, 문자 툴이 바로 이러한 벡터 툴입니다.

셰이프 툴의 옵션바

• 사각형 · 둥근 사각형 · 타원형 툴의 옵션바

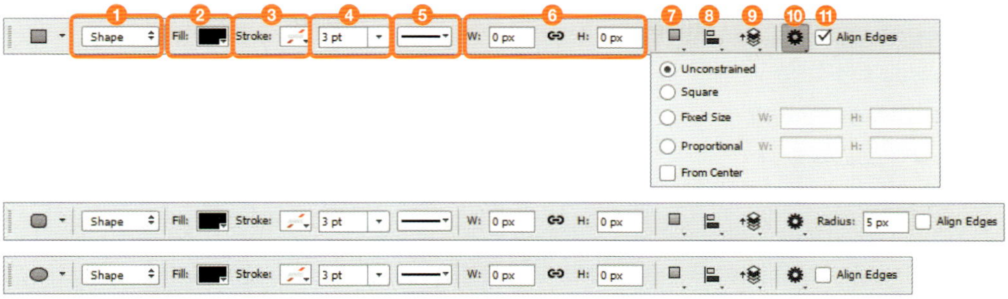

❶ **패스 형태 :** 패스 형태를 Shape, Path, Pixels 모드로 설정합니다.

NOTE Shape, Path, Pixels 모드

1. Shape 모드 : 작업창에 드래그하면 자동으로 새로운 셰이프 레이어가 만들어지고, 만든 셰이프 안에 전경색이 채워집니다. 안쪽에 채워지는 색상은 언제든지 Color 패널에서 바꿀 수 있습니다. 셰이프 레이어를 일반 레이어로 만들고 싶으면 메뉴바에서 [Layer]–[Rasterize]–[Shape]를 클릭하면 됩니다.

2. Path 모드 : 패스만 만들어 줄 뿐 색을 채우지도 않고 레이어를 만들지도 않습니다. 패스는 Path 패널에서 Make Selection을 클릭하거나 Ctrl + Enter 를 눌러 선택 영역으로 만들 수 있습니다.

3. Pixels 모드 : 레이어를 만들지 않고 원하는 색과 모양으로 셰이프를 만들 수 있지만, Shape 레이어처럼 적용된 색을 바꿀 수는 없습니다.

❷ **Fill :** 셰이프에 칠할 방식(채우지 않기, 색, 그레이디언트, 패턴)을 선택합니다.

❸ **Stroke :** 외곽선에 칠할 방식(채우지 않기, 색, 그레이디언트, 패턴)을 선택합니다.

❹ **Shape Stroke Width :** 테두리 선의 두께를 설정합니다.

❺ **Shape Stroke Option :** 테두리 선의 형태를 설정합니다.

❻ **W/H :** 가로와 세로의 길이를 설정합니다.

❼ **Path Operations :** 형태를 조절합니다.

❽ **Path Alignment :** 위치를 정렬합니다.

❾ **Path Arrangement :** 순서를 정합니다.

❿ **Shape 설정**

- Unconstrained : 드래그하는 대로 선택한 셰이프(사각형, 둥근 사각형, 원형)를 그립니다.
- Square : 가로/세로 같은 비율로 셰이프를 만듭니다.
- Fixed Size : 가로/세로 입력한 수치대로 셰이프를 만듭니다.
- Proportional : 가로/세로 비율을 입력한 대로 셰이프를 만듭니다.
- From Center : 클릭한 지점을 중심으로 셰이프를 만듭니다.

⓫ **Align Edges :** 가장자리 맞춤 기능입니다.

• 다각형 툴의 옵션바

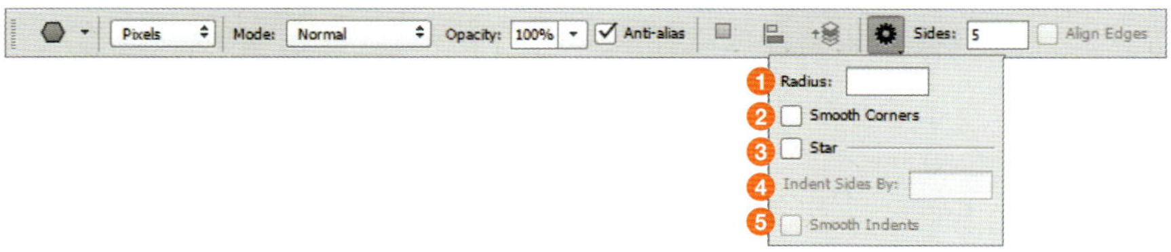

❶ **Radius :** 지름 크기를 설정합니다.

❷ **Smooth Corners :** 둥근 모서리를 만듭니다.

❸ **Star :** 별처럼 뾰족한 모서리를 만듭니다.

❹ **Indent Sides By :** 들어가는 면의 깊이를 조절합니다.

❺ **Smooth Indents :** 체크하면 들어간 부분을 곡선으로 나타냅니다.

• 라인 툴의 옵션바

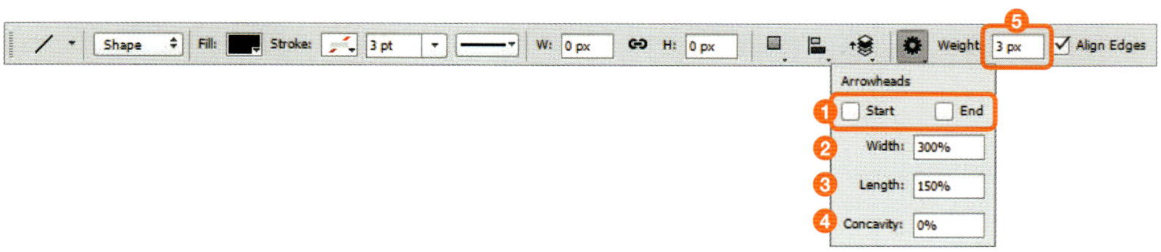

❶ **Start/End :** 시작, 끝 부분에 화살표가 생깁니다.

❷ **Width :** 화살표의 두께를 설정합니다.

❸ **Length :** 화살표의 길이를 설정합니다.

❹ **Concavity :** 화살표의 삼각형 안쪽의 모양을 정합니다.

❺ **Weight :** 선의 두께를 지정합니다.

CHAPTER

18

커스텀 셰이프 툴을 이용한 로고 만들기

완성예제 미리보기

이번 장에서는 커스텀 셰이프 툴을 활용하여 로고를 만들어 보겠습니다. 포토샵에는 미리 정의된 형태들을 이용하여 쉽게 그림을 그릴 수 있도록 도와주는 커스텀 셰이프 툴이 있습니다. 커스텀 셰이프 툴은 벡터 기반의 이미지이기 때문에 왜곡해도 픽셀 손상이 일어나지 않는다는 장점이 있습니다. 또한 펜툴로 만든 것을 등록하여 사용할 수도 있고, 인터넷에서 무료로 다운받은 셰이프를 불러와서 쓸 수도 있습니다.

준비 파일 Texture.jpg

주요 기능 커스텀 셰이프 툴, 타원형 툴, 이미지 회전, 레이어 스타일, 닷지 툴

커스텀 셰이프 툴로 로고 중앙 꾸미기

01 Ctrl + N 을 누르고 [New] 대화상자가 열리면 다음과 같이 설정하여 새 창을 만듭니다.

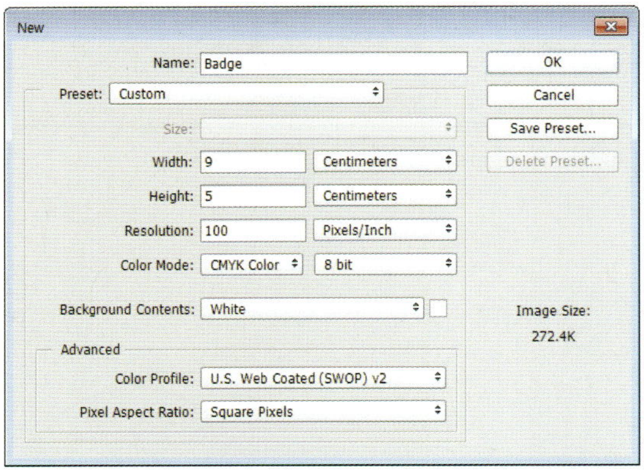

02 예제 소스 폴더에서 Texture.jpg 이미지를 열고 이동 툴( )로 작업창에 이동시킵니다.

03 툴 패널에서 커스텀 셰이프 툴( )을 클릭하고 옵션바의 Fill에서 어두운 밤색(#2d1706)을 선택한 후 셰이프 선택 목록 단추를 클릭하고 Seal을 선택한 후 작업창 중앙에 드래그합니다.

NOTE **셰이프 선택 목록**

커스텀 셰이프 툴을 선택하고 옵션바에서 셰이프 선택 목록 단추를 클릭하면 셰이프 목록이 나타납니다. 목록 옆의 설정 아이콘(⚙)을 클릭하면 팝업메뉴가 열리는데 여기서 All을 선택하면 포토샵에서 제공되는 셰이프들을 모두 볼 수 있습니다.

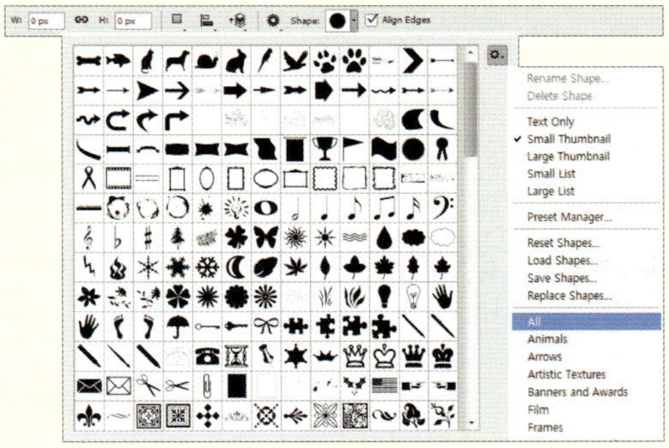

04 [Layers] 패널에서 Shape 1레이어를 선택하고 Ctrl+J를 눌러 복제한 후 작업창에서 Ctrl+T를 눌러 복제된 이미지를 회전시킵니다.

05 툴 패널에서 타원형 툴( )을 선택한 후 작업창 이미지 중앙에 원을 드래그하여 그립니다. [Layers] 패널에서 Ellipse 1 레이어의 썸네일을 클릭하고 색을 밝은 밤색(#4a260b)으로 변경합니다.

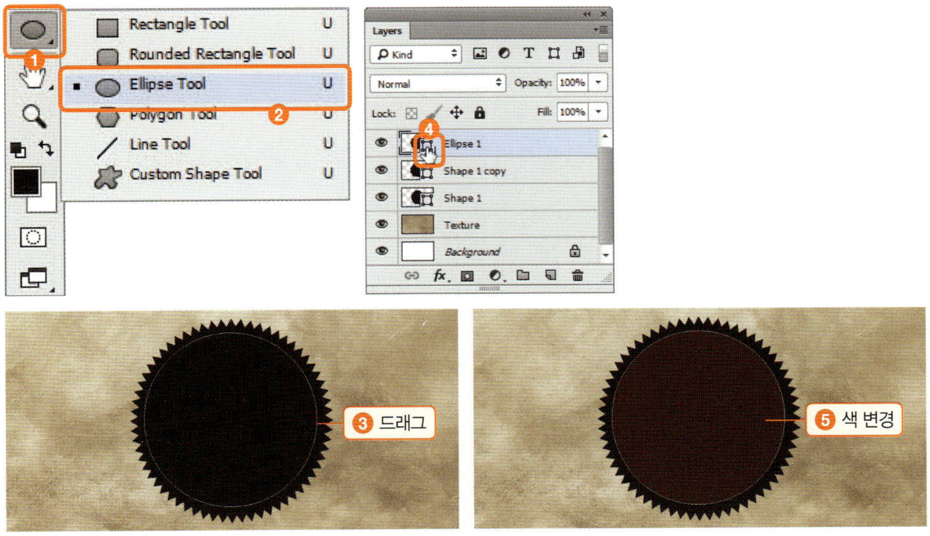

06 패스를 따라 점선을 만들겠습니다. 타원 셰이프 툴의 옵션바에서 패스 형태를 Path로 변경합니다. [Layers] 패널에서 새 레이어를 추가하고 이미지 안에 원형 패스를 드래그하여 만듭니다.

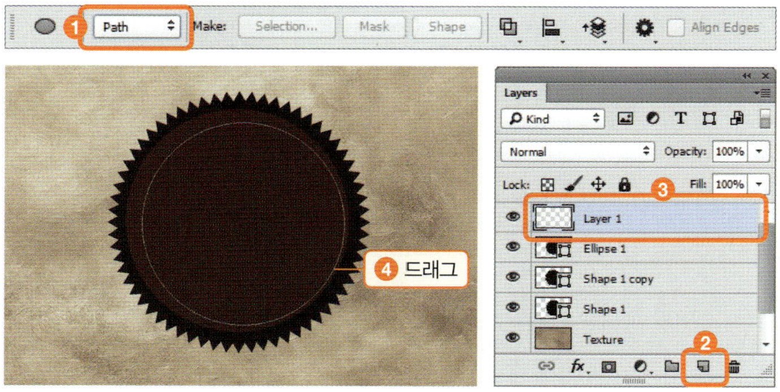

07 툴 패널에서 전경색(■)을 #f4f4f4로 변경한 후 문자 툴(T)을 선택하고 패스 근처에 마우스를 가져가면 포인터 모양이 바뀝니다. 이때 패스를 클릭하고 키보드의 [.]을 눌러 점선을 만듭니다. [Character] 패널에서 폰트의 종류나 크기를 변경하면 원하는 형태와 크기의 점선을 만들 수 있습니다.

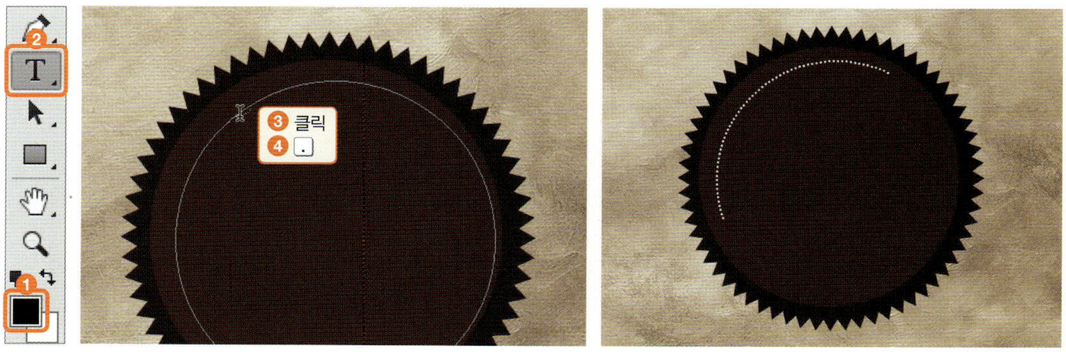

08 [Layers] 패널에서 [Shift]를 누른 채 4개의 레이어를 선택하고 이동 툴( )을 클릭한 후 옵션바의 정렬 버튼을 클릭하여 가운데 정렬합니다.

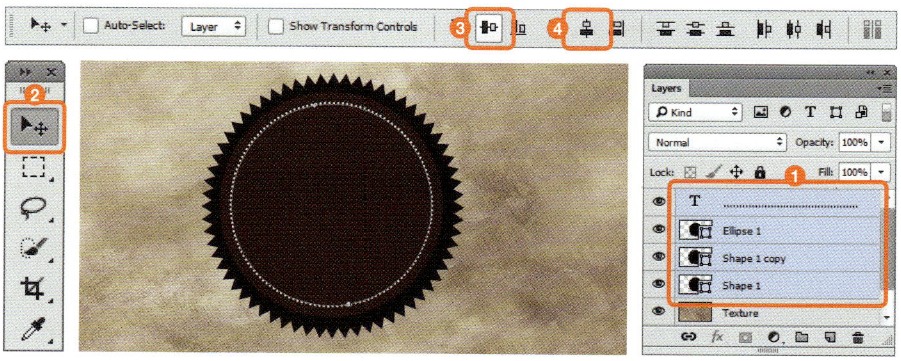

09 [Layers] 패널의 레이어들이 선택된 상태에서 Ctrl+G를 눌러 선택된 레이어들을 그룹으로 만들고, 레이어 그룹의 이름을 Circle로 바꿉니다.

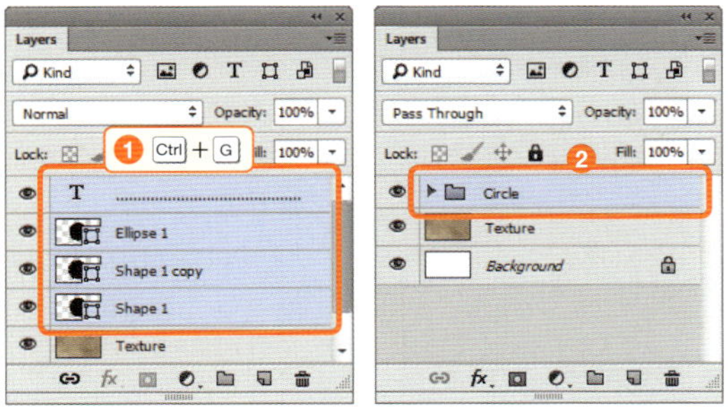

로고 리본 만들기

10 로고 아랫부분에 리본을 만들어 보겠습니다. [Layers] 패널에서 새 레이어를 추가하고 전경색(■)은 어두운 빨간색(#9d2032)을 선택한 후, 툴 패널에서 사각 선택 툴(⬚)로 로고 하단을 드래그하여 선택 영역으로 만들고 Alt+Delete를 눌러 전경색을 적용합니다. Ctrl+D를 눌러 선택 영역을 해제합니다.

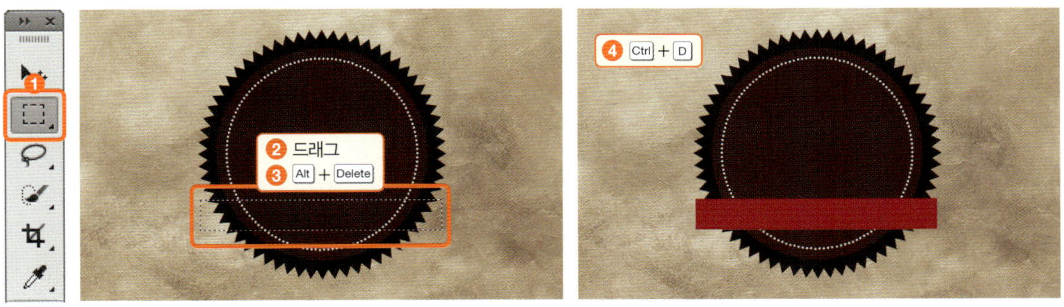

11 리본에 질감을 추가해 보겠습니다. 전경색(■)을 밝은 빨간색(#78101f)으로 바꾸고, 메뉴바에서 [Filter]–[Noise]–[Add Noise]를 선택합니다. [Add Noise] 대화상자에서 Amount를 5%로 설정하고 Monochromatic을 체크한 후 [OK]를 클릭합니다.

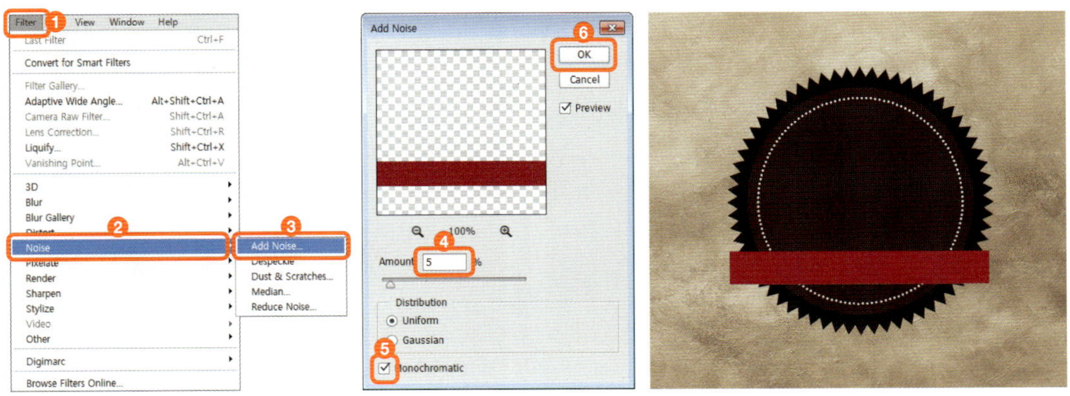

12 [Layers] 패널에서 Ctrl+J를 눌러 레이어를 복제한 후 작업창에서 이동 툴( )로 복제한 이미지를 아래로 드래그하여 이동시킵니다.

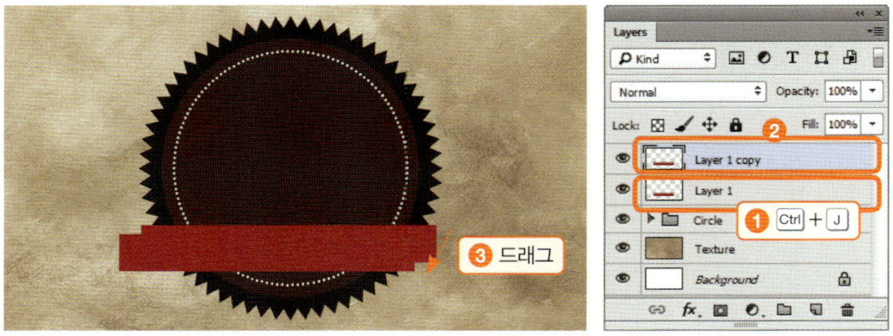

13 메뉴바에서 [Image]–[Adjustment]–[Hue/Saturation]을 클릭한 후 [Hue/Saturation] 대화상자가 열리면 Saturation을 –47로 조정하여 채도를 낮추고 [OK]를 클릭합니다. 그 다음에 [Layers] 패널에서 Layer 1 copy 레이어를 Layer 1 레이어 아래로 드래그하여 내립니다.

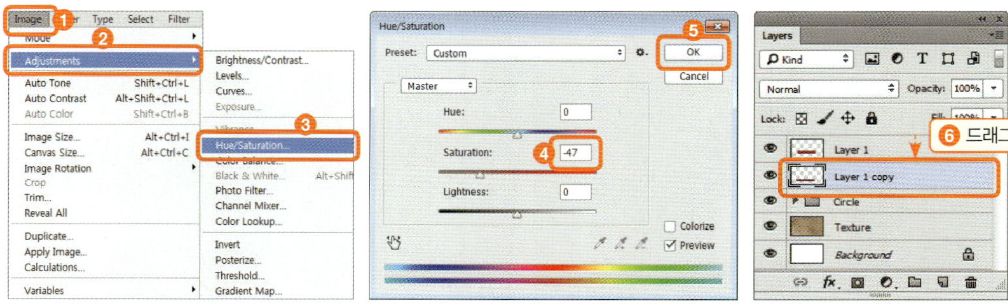

Tip Ctrl+U를 눌러도 [Hue/Saturation] 대화상자를 열 수 있습니다.

14 사각형의 한쪽 끝을 리본 모양처럼 보이도록 잘라내겠습니다. 툴 패널에서 사각 선택 툴( )을 선택하고, 하단 바 이미지 옆에 드래그하여 정사각형의 선택 영역을 만듭니다. 그 다음 마우스 오른쪽 버튼을 클릭하고 팝업메뉴에서 Transform Selection을 선택한 후, 조절점이 나오면 90°로 회전하고 바 이미지 위로 드래그한 후 Enter를 누릅니다.

Tip 메뉴바의 [Select]-[Transform Selection]을 클릭해도 조절점이 나옵니다.

15 Delete를 눌러 선택 영역을 지우고 Ctrl+D를 눌러 선택 영역을 해제합니다. 사각 선택 툴(⬚)로 다음과 같이 필요 없는 부분을 드래그하여 선택하고 Delete를 눌러 선택 영역을 지우고 Ctrl+D를 눌러 선택 영역을 해제합니다.

16 [Layers] 패널에서 레이어 이름을 Ribon으로 바꾸고 Ctrl+J를 눌러 레이어를 복제합니다. Ribon copy 레이어를 선택한 채 메뉴바에서 [Edit]-[Transform]-[Flip Horizontal]을 클릭하여 이미지의 좌우를 반전시키고, 이동 툴(✣)을 선택하여 오른쪽으로 드래그합니다.

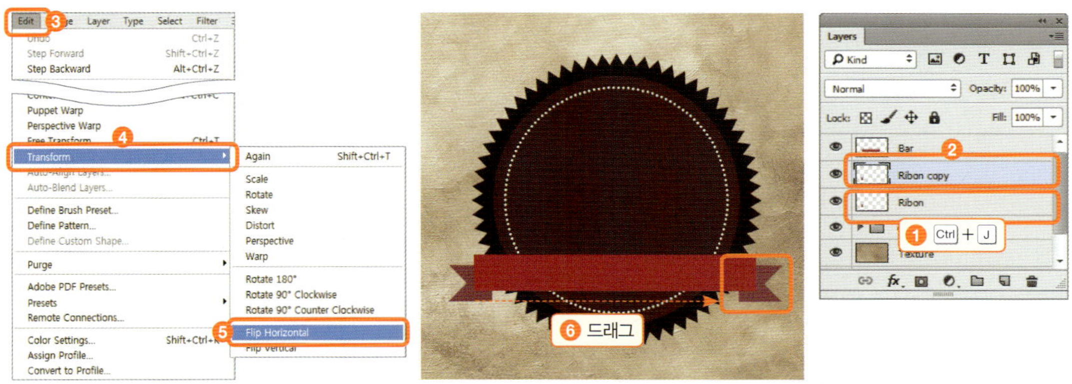

텍스트 꾸미고 닷지 툴로 마무리하기

17 [Layers] 패널에서 리본에 관련된 레이어 3개를 선택하고 하단에 링크 아이콘(⊖)을 클릭하여 묶어준 후 문자 툴(T.)로 텍스트를 입력합니다.

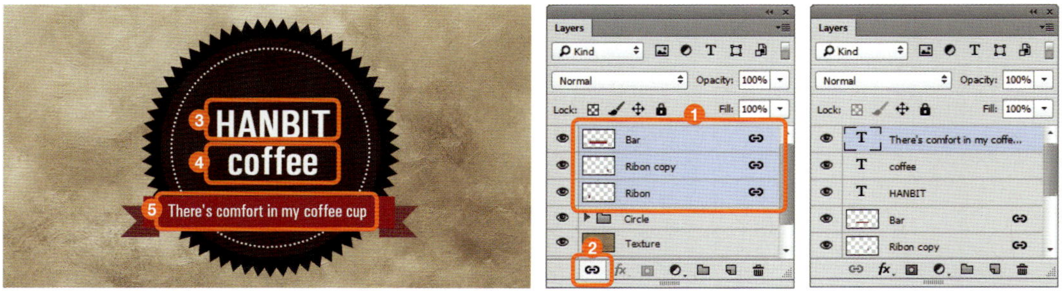

18 텍스트에 그레디언트를 적용해 보겠습니다. [Layers] 패널에서 HANBIT 레이어를 선택하고 레이어 스타일(fx.)을 클릭한 후 Gradient Overlay를 선택합니다. [Layers Style] 대화상자에서 Gradient 박스를 클릭합니다.

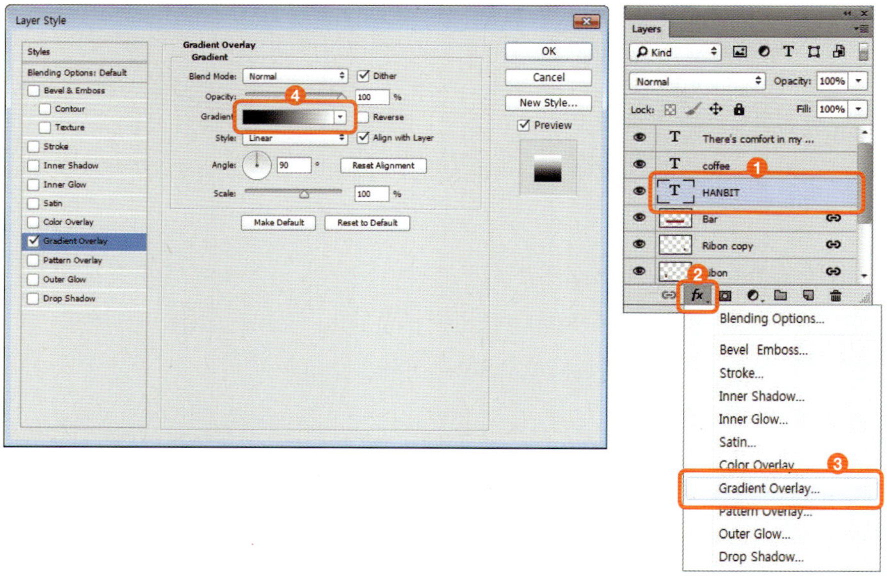

19 [Gradient Editor] 대화상자에서 그레디언트 바의 좌측 하단 물감통의 색은 #fafafa로 변경하고, 중앙에 물감통을 두 개 추가하여 각각의 색을 #dadada, #ffffff로 설정한 후 [OK]를 클릭합니다. [Layers Style] 대화상자에서도 [OK]를 클릭하면 텍스트 HANBIT에 그레디언트가 적용됩니다.

20 [Layers] 패널에서 Alt를 누른 채 HANBIT 레이어 우측에 레이어 스타일(fx)을 coffee 레이어에 드래그하여 스타일을 복사합니다.

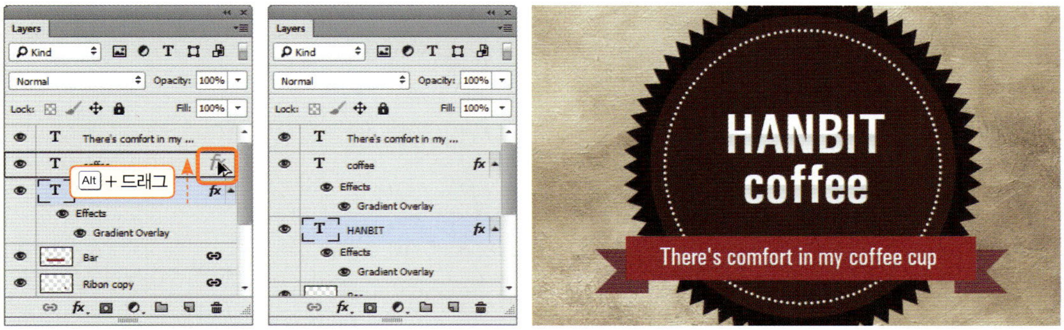

21 로고 아래에 명암을 조절해 보겠습니다. [Layers] 패널에서 Texture 레이어를 복제하고 툴 패널에서 닷지 툴( )을 선택한 후, 옵션바에서 브러시 사이즈를 400으로 설정하고 로고 주변을 드래그하여 어둡게 만듭니다.

22 다음과 같이 로고가 완성됩니다.

기본기 다지기

커스텀 셰이프 툴

다양한 셰이프 형태를 모아 놓은 커스텀 셰이프 툴

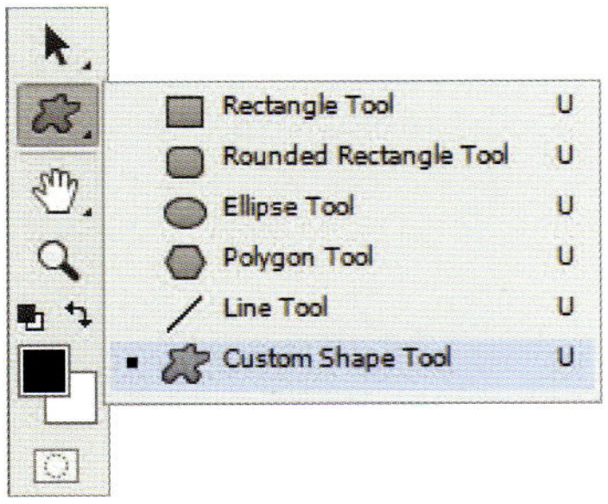

커스텀 셰이프 툴( )은 미리 정의되어 있는 다양한 셰이프들을 사용하여 쉽게 셰이프를 만들 수 있도록 해주는 편리한 툴입니다. 브러시나 패턴은 쉽게 구하여 쓸 수 있지만 크기를 확대/축소할 경우 이미지가 깨지기도 합니다. 하지만 커스텀 셰이프 툴은 벡터 기반의 이미지이기 때문에 사이즈를 조정해도 깨지지 않아서 훨씬 폭넓게 사용할 수 있습니다.

셰이프 선택 목록

툴 패널에서 커스텀 셰이프 툴을 선택하고 옵션바의 셰이프 선택 목록 단추를 클릭하면 셰이프 선택 목록이 열립니다. 여기에는 포토샵에서 기본적으로 제공하는 다양한 셰이프들이 들어 있어 원하는 모양을 선택하여 자유롭게 쓸 수 있으며, 또한 패스로 직접 그린 셰이프를 등록할 수도 있습니다. 또한, 셰이프 선택 목록의 오른쪽 상단에 있는 설정 버튼( )을 누르면 다운받은 셰이프들을 불러와서 쓸 수 있습니다.

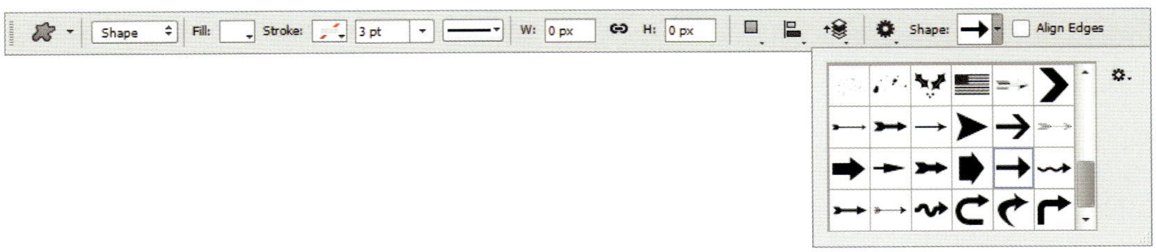

커스텀 셰이프 툴 직접 등록하기

펜 툴로 수정하거나 그린 것을 커스텀 셰이프 툴에 등록해서 사용할 수 있습니다. 커스텀 셰이프 툴로 등록하는 방법을 알아봅니다.

01 펜 툴의 Shape 모드로 작업창에 다음과 같이 그립니다.

02 메뉴바에서 [Edit]−[Define Custom Shape]를 선택합니다.

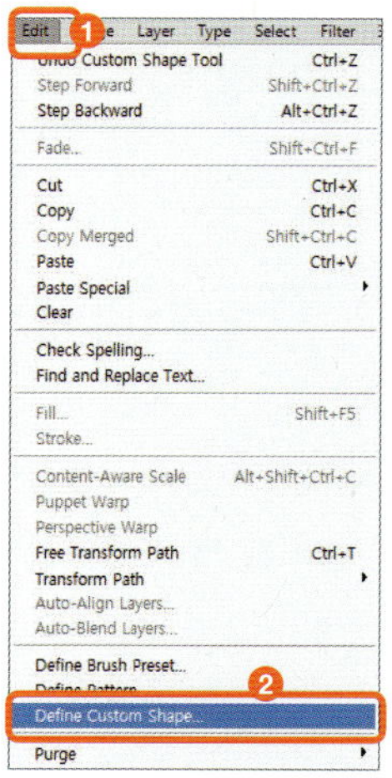

03 [Shape Name] 대화상자에서 Name을 입력하고 [OK]를 클릭한 후, 셰이프 선택 목록을 열면 새로운 커스텀 셰이프 툴이 등록된 것을 확인할 수 있습니다.

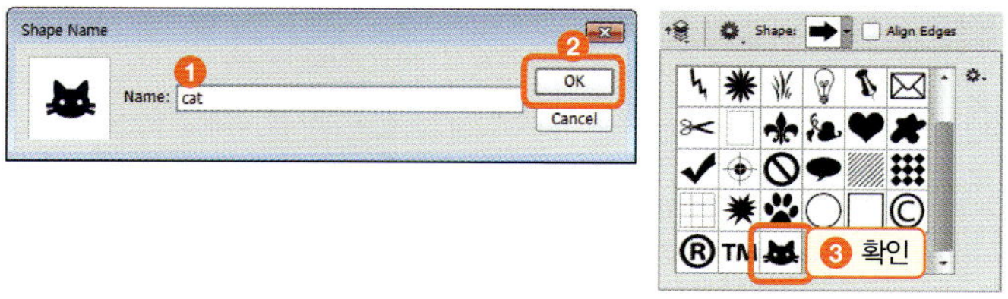

다운받은 무료 셰이프 툴 불러오기

인터넷에서 검색하여 무료 셰이프 툴 파일을 다운받습니다. 커스텀 셰이프 툴을 선택하고 옵션바에서 셰이프 선택 목록을 연 후 설정 버튼(⚙.)을 클릭합니다. 팝업메뉴에서 Load Shape를 클릭하고 다운받은 파일을 찾아 선택하면 목록에 다운받은 무료 셰이프 툴이 추가된 것을 확인할 수 있습니다.

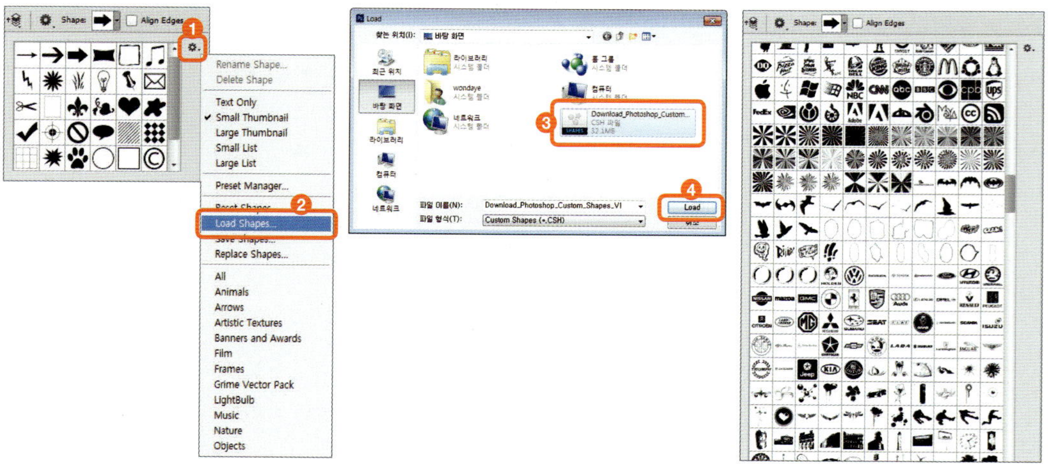

CHAPTER 19 펜 툴을 이용하여 메인 페이지 만들기

완성예제 미리보기

웹 페이지나 브로슈어 디자인을 보면 이미지가 사각형이나 원형 같은 정형의 프레임 안에 들어있는 경우도 있지만 누끼 이미지가 있는 경우도 있습니다. 누끼 이미지란 이번 장에서 배울 예제처럼 오브젝트가 배경과 따로 분리된 이미지를 말합니다. 이렇게 이미지의 형태를 따서 넣으면 다른 이미지들과 같이 조합하여 구성할 수 있기 때문에 다양한 콘셉트를 구현하기에 수월합니다. 이번 장에서는 간단한 메인 페이지를 만들면서 이미지를 정교하게 따주는 펜 툴에 대해 배워봅니다.

준비 파일 Apple.jpg, Berry.jpg, Berry2.jpg, Beverage.jpg, Fruits.jpg, Juice.jpg, Path_01.jpg, Path_02.jpg
주요 기능 펜 툴, 사각 선택 툴, 이미지 회전, 문자 툴

메인 페이지의 배경 설정하기

01 Ctrl + N을 누르고 다음과 같이 설정하여 새 창을 만듭니다.

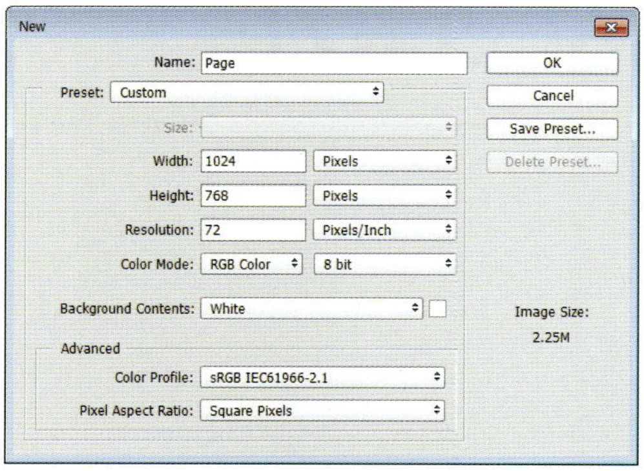

02 새 레이어를 추가하고 이름은 Gray로 변경합니다. 툴 패널에서 사각 선택 툴( )을 선택하고, 작업창 윗부분을 드래그하여 선택 영역을 만듭니다. 전경색( )은 밝은 회색(#ebeaf0)으로 설정하고 Alt + Delete를 눌러 색을 적용합니다. 아랫부분도 같은 방법으로 노란색(#f5cc63)을 적용합니다.

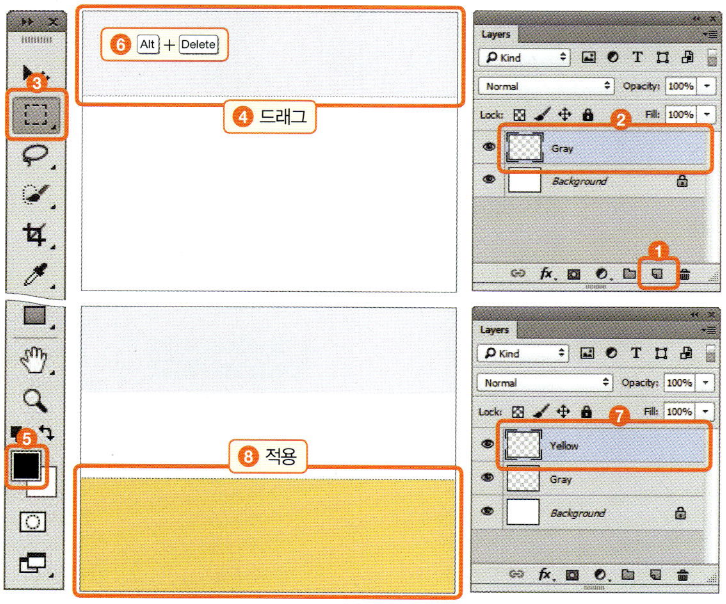

펜 툴로 이미지를 누끼 따고 배치하기

03 Juice.jpg 파일을 열고 툴 패널에서 펜 툴( )을 클릭한 후 옵션바에서 Path로 설정합니다.

04 아래와 같이 Juice.jpg 이미지를 펜 툴로 작업하여 패스 영역으로 만듭니다.

❶ 빨대 입구 부분을 클릭합니다.

❷ 2번째 지점은 직선 구간이므로 다음 지점을 클릭합니다.

❸ 3번째 지점은 곡선 구간이므로 다음 지점을 클릭한 상태에서 드래그합니다.

❹ 4번째 지점은 직선 구간이므로 다음 지점을 클릭합니다.

❺ 5번째 지점은 약간 곡선 구간이므로 다음 지점을 클릭한 상태에서 드래그합니다.

❻ 패스 방향을 바꾸기 위해 Alt를 누른 채 마우스를 핸들러 오른쪽 끝부분에 놓습니다. 커서 모양이 ↖ 로 바뀌면 드래그하여 패스 방향을 아래로 내립니다.

❼ 6번째 지점은 직선 구간이므로 다음 지점을 클릭합니다.

❽ 7번째 지점은 약간 곡선 구간이므로 다음 지점을 클릭한 상태에서 드래그합니다.

❾ 8번째 지점을 선택하기 위해 Alt를 누른 채 앵커 포인트를 클릭하면 왼쪽 핸들러가 사라집니다.

❿ 8번째 지점은 곡선 구간이므로 다음 지점을 클릭한 상태에서 드래그합니다.

⓫ 패스 방향을 바꾸기 위해 Alt를 누른 채 마우스를 핸들러 왼쪽 끝부분으로 이동시킵니다. 커서 모양이 ↖ 로 바뀌면 바뀌면 드래그하여 패스 방향을 위로 올립니다.

⓬ 9번째 지점은 직선 구간이므로 다음 지점을 클릭합니다.

⑬ 10번째 지점은 곡선 구간이므로 다음 지점을 클릭한 상태에서 드래그합니다.

⑭ 패스 방향을 바꾸기 위해 Alt를 누른 채 마우스를 핸들러 오른쪽 끝부분으로 이동시킵니다. 커서 모양이 바뀌면 드래그하여 패스 방향을 위로 올리고 11번째 지점을 클릭합니다.

⑮ 12번째 지점은 곡선 구간이므로 다음 지점을 클릭한 상태에서 드래그합니다.

⑯ 13번째 지점은 직선 구간이므로 다음 지점을 클릭합니다.

⑰ 처음 찍은 점으로 돌아와 마지막 점을 찍으려고 하면 펜 툴 옆에 동그라미 표시가 나타납니다. 이 지점을 클릭하면 패스가 닫히면서 완성됩니다.

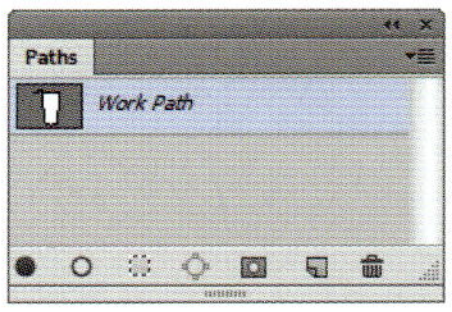

⑱ 펜 툴 작업이 완료되면 [Paths] 패널에 Work Path가 만들어집니다.

⑲ [Paths] 패널에서 패스를 선택 영역 만들기 아이콘을 누르거나 Ctrl+Enter를 누르면 선택 영역이 활성화됩니다.

NOTE 펜 툴로 작업할 때 유용한 단축키

1. Ctrl : 직접 선택 툴로 전환합니다.
2. Alt : 포인트 변환 툴로 전환합니다.
3. Ctrl + + : 화면을 확대합니다.
4. Ctrl + - : 화면을 축소합니다.
5. Spacebar : 화면을 이동합니다.

05 위에서 작업한 이미지를 이동 툴( )로 작업창에 가져옵니다. Ctrl+T를 눌러 크기를 조정하고 메뉴바에서 [Edit]–[Transform]–[Flip Horizontal]을 선택하여 좌우를 반전시킵니다.

06 [Layers] 패널에서 Ctrl+J를 눌러 Juice 레이어를 복제하고 이동 툴( )로 복제된 이미지를 드래그하여 아래와 같이 나란히 놓습니다.

07 Fruits.jpg 파일을 열고 아래와 같이 이미지를 펜 툴( )로 작업하여 패스 영역으로 만듭니다.

❶ 사과의 왼쪽 부분을 클릭합니다.

❷ 2번째 지점을 클릭한 채 오른쪽으로 드래그하면서 사과의 외곽 형태에 맞춥니다.

❸ Alt를 누른 채 앵커 포인트를 클릭하면 오른쪽 핸들러가 없어집니다.

❹ 3번째 지점인 오렌지 윗부분을 클릭한 채 드래그합니다.

❺ 앞에서와 마찬가지로 Alt를 누른 채 앵커 포인트를 클릭하면 오른쪽 핸들러가 없어집니다.

❻ 4번째 지점을 클릭한 채 아래로 드래그합니다.

❼ 패스 방향을 바꾸기 위해 Alt를 누른 채 마우스를 오른쪽 핸들러 끝부분에 놓으면 커서 모양이 ▷ 로 바뀝니다. 위로 드래그하여 패스 방향을 바꿉니다.

❽ 5번째 지점을 클릭한 채 오른쪽으로 드래그합니다.

❾ 6번째 지점을 클릭한 채 드래그합니다.

❿ 앞에서와 같은 방법으로 계속해서 작업합니다.

⓫ 처음 찍은 점으로 돌아와 마지막 점을 찍으려고 하면 펜 툴 옆에 동그라미 표시가 나타나는데 이 지점을 클릭합니다.

⓬ 패스가 닫히면서 펜 툴을 이용한 작업이 완료됩니다.

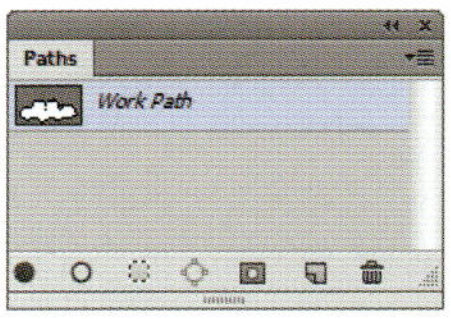

⓭ 펜 툴 작업이 완료되면 [Paths] 패널에 Work Path가 만들어집니다.

⓮ Ctrl+Enter를 누르면 선택 영역이 활성화됩니다.

Tip 펜 툴로 선택 영역을 만들 때는 최대한 경계에 맞춰서 선택하는 것이 일반적이지만, 펜 툴 작업을 할 때 배경에 따라 끝선이 지저분해 보이는 경우가 있습니다. 따라서 필요한 부분보다 약간 안쪽으로 패스를 따면 훨씬 깔끔하게 작업할 수 있습니다.

08 위에서 작업한 이미지를 이동 툴( )을 사용하여 작업창으로 가져옵니다. Ctrl+T를 눌러 크기를 조정하고 메뉴바에서 [Edit]–[Transform]–[Flip Horizontal]을 눌러 좌우를 반전시킵니다.

09 과일 이미지 아래에 그림자를 만들어 보겠습니다. 새 레이어 Shadow를 추가하고 Fruits 레이어 아래로 내립니다. 브러시 툴( )을 선택한 후 옵션바의 브러시 설정창에서 Size는 145 px, Hardness는 0%인 Soft Round 브러시로 설정하고 이미지의 아랫부분을 드래그하여 그림자를 넣습니다.

10 [Layers] 패널에서 Shift를 누른 채 Fruits 레이어부터 Juice 레이어까지 선택하고, Ctrl+G를 눌러 그룹으로 만든 후 레이어 그룹의 이름을 Fruits로 바꿉니다.

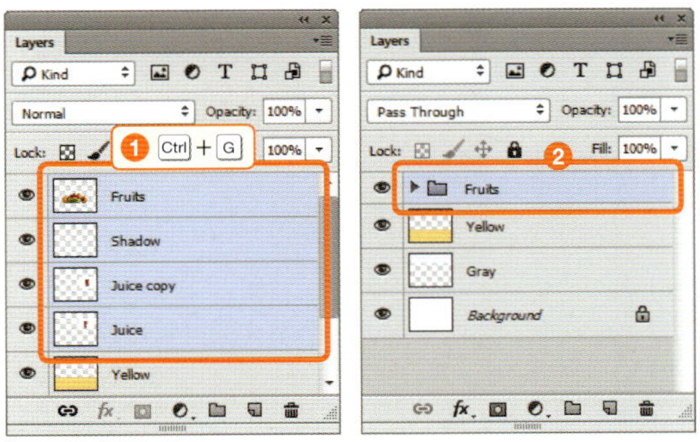

텍스트를 입력하고 마무리하기

11 문자 툴(T)을 선택하고 [Character] 패널에서 제목과 본문을 각각 다음과 같이 설정한 후 텍스트를 입력합니다.

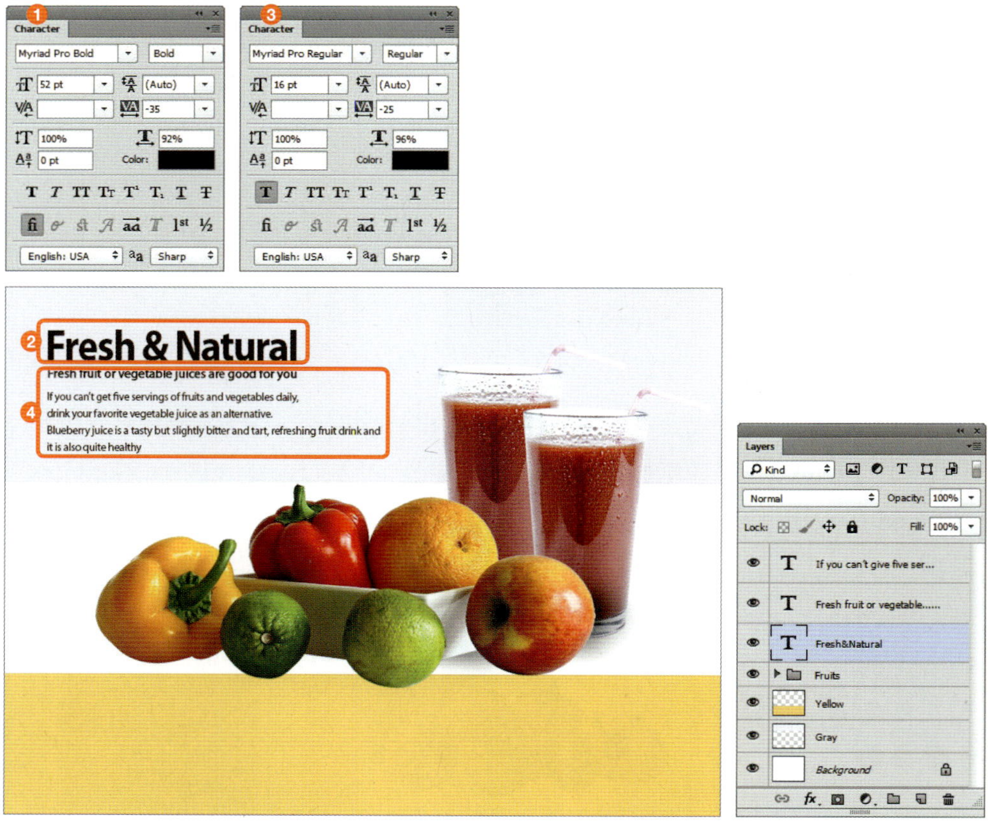

12 Ctrl + G 를 눌러 문자 레이어들을 그룹으로 정리하고 이름을 Fresh&Natural로 바꿉니다.

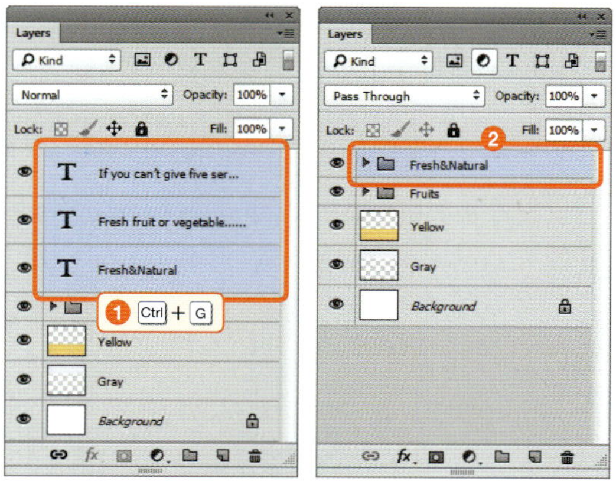

13 두 번째 이미지 그룹도 펜 툴을 이용하여 다음과 같이 완성해 봅니다.

NOTE **Hue/Saturation 대화상자**

예제에서 컵에 있는 주스의 색 톤을 바꾸기 위해서는 [Hue/Saturation] 대화상자를 열어야 합니다. 메뉴바의 [Image]–[Adjustments]–[Hue/Saturation]을 선택하거나 Ctrl + U 를 누르면 [Hue/Saturation] 대화상자가 열리며, 여기서 색 톤을 보정할 수 있습니다.

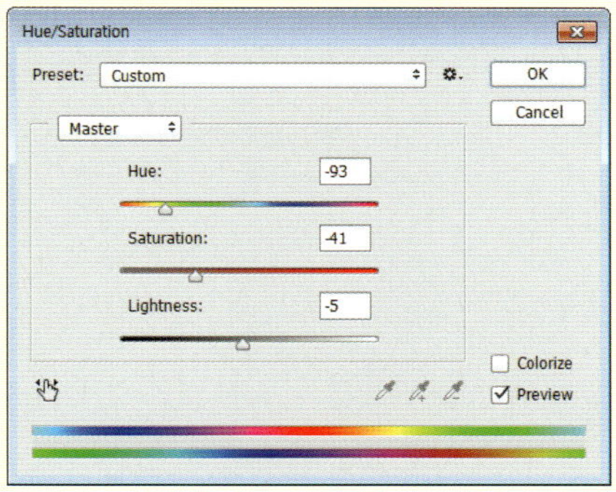

펜 툴

기본기 다지기

포인트를 연결하여 패스를 만드는 펜 툴

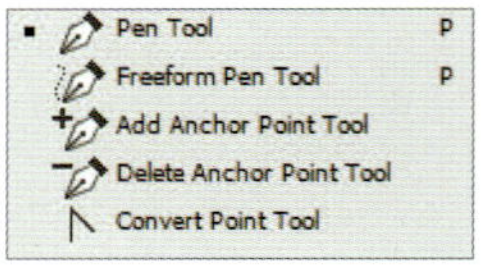

펜 툴(Pen Tool)은 다른 툴에 비해 익숙해지는 데 시간이 걸리는 툴이지만 익숙해지면 여러모로 유용한 툴입니다. 특히 이미지에서 배경을 제외한 오브젝트만 잘라내거나 정교한 작업을 하고자 할 때 반드시 필요한 툴입니다.

패스와 펜 툴

펜 툴을 사용하려면 패스의 개념을 먼저 이해해야 합니다. 패스란 펜 툴로 연결한 선을 말합니다. 브러시 툴이나 연필 툴로 만든 선은 실제로 마우스를 드래그하여 만든 선인데 반해, 패스는 눈에는 보이지만 실제로 만든 선이 아닌 가상의 선입니다. 패스를 이루는 요소를 살펴보면 다음과 같습니다.

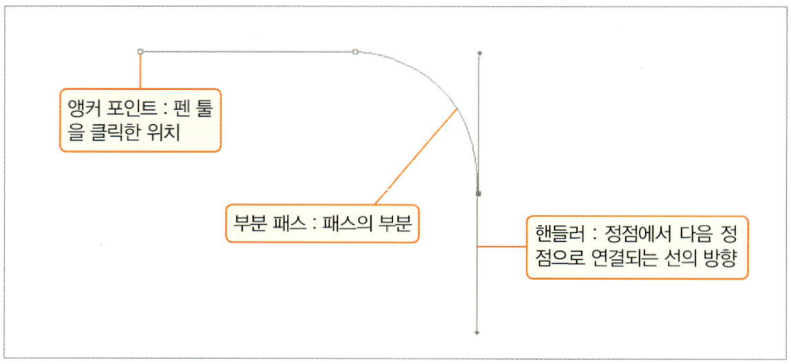

펜 툴로 패스를 만들면 작업한 패스가 Paths 패널에 Work Path로 기록됩니다. 해당 패스는 사라지는 것이 아니기 때문에 계속 사용할 수 있습니다. Paths 패널에서 사용할 수 있는 옵션은 다음과 같습니다.

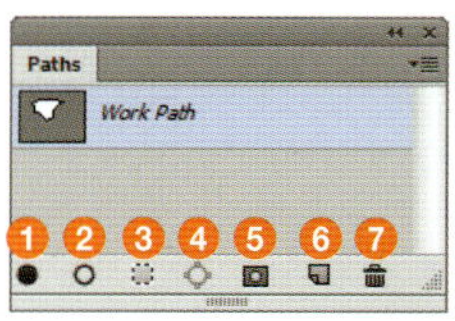

❶ **채우기 :** 패스에 전경색을 채워줍니다.

❷ **외곽선 만들기 :** 패스 외곽에 전경색으로 선을 만듭니다.

❸ **선택 영역으로 만들기 :** 패스를 선택 영역으로 만듭니다.

❹ **패스로 만들기 :** 선택 영역을 패스로 바꿔줍니다.

❺ **벡터 마스크 만들기 :** 레이어 패널에 벡터 마스크를 만듭니다.

❻ **새 패스 레이어 만들기 :** 새로운 패스 레이어를 추가합니다.

❼ **휴지통 :** 선택된 패스를 제거합니다.

펜 툴 다루기 1 : 직선 만들기

펜 툴로 클릭한 지점이 연결되어 하나의 셰이프를 만들 수 있습니다. 펜 툴은 클릭할 때마다 직선이 만들어지며, 처음 클릭한 지점을 마우스 포인터로 클릭하면 패스가 닫히면서 도형이 만들어집니다. 펜 툴로 삼각형을 만들어 보겠습니다.

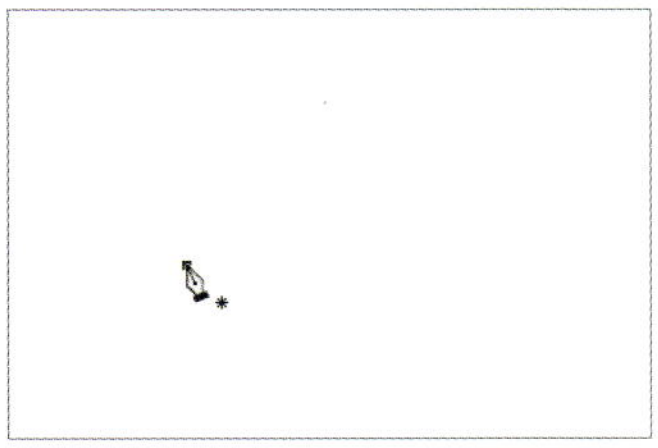

❶ 펜 툴을 선택하고 작업창에 마우스 포인터를 가져가면 커서가 펜 모양으로 바뀌며, 클릭하면 점이 그려집니다.

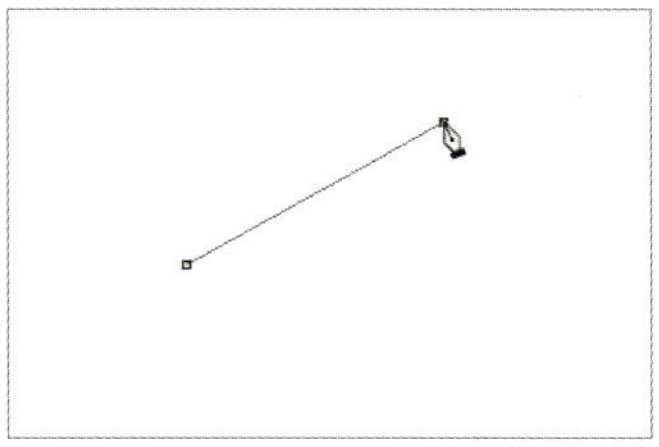

❷ 마우스 포인터를 옆으로 이동한 후 클릭하면 직선이 그려집니다.

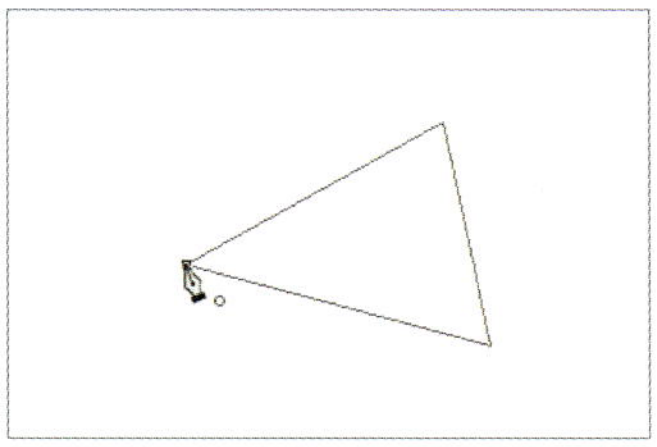

❸ 첫 클릭한 지점으로 마우스 포인터를 가져가면 펜 모양의 포인터 옆에 동그라미 모양이 나타나고, 이때 클릭하면 패스가 만들어 집니다.

Tip Shift를 누른 상태에서 클릭하면 45도 각도로 패스가 만들어집니다.

Path01.jpg 이미지를 불러와서 다음과 같이 패스를 만들어 봅니다. 패스를 만든 후 Paths 패널을 확인해 보면 작업한 패스가 Work Path 안에 저장된 것을 확인할 수 있습니다.

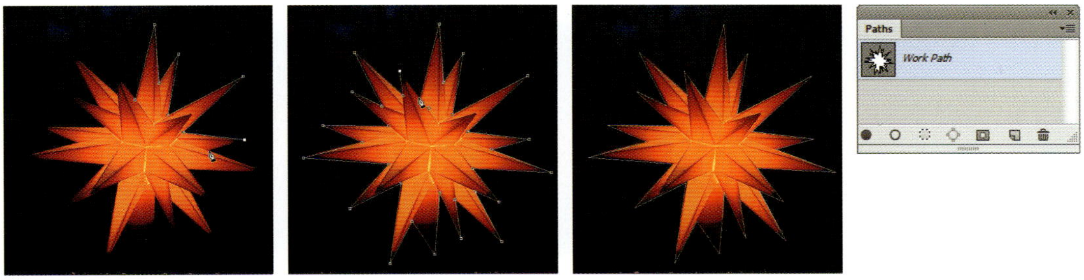

펜 툴 다루기 2 : 곡선 만들기

1. 곡선 그리기 기초

펜 툴을 클릭&드래그하면 곡선을 만들 수 있습니다. 핸들러는 한 점에서 양방향으로 두 개가 생기는데 이것은 점을 기준으로 앞쪽 패스와 뒤쪽 패스의 방향을 정해준다고 보면 됩니다. 이것은 직선과 곡선 방향선이 있느냐 없느냐 차이입니다.

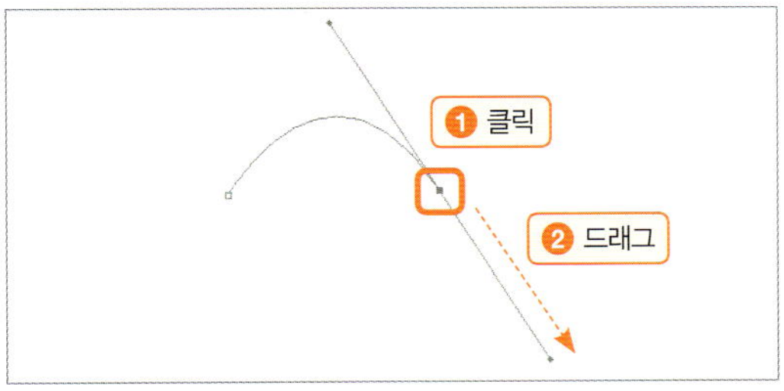

두 번째 클릭할 때 마우스에서 손을 떼지 않고 드래그하면 핸들러가 생기면서 곡선을 만들 수 있습니다.

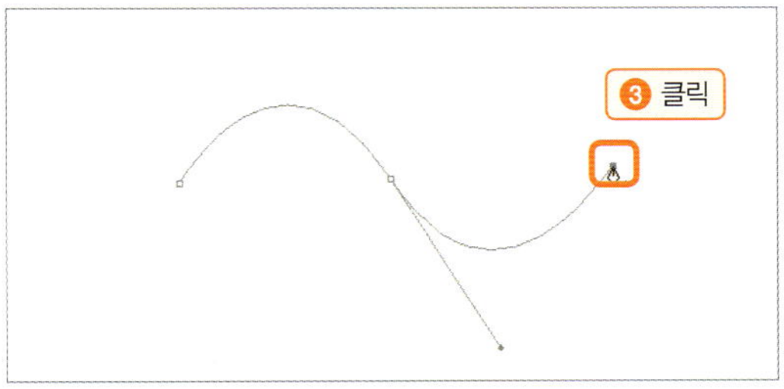

세 번째 지점에 다시 점을 찍으면 곡선이 만들어진 상태에서 연결된 패스가 만들어집니다.

2. 곡선 그리는 방법

곡선을 그린 상태에서 다음 선분을 그리게 되면 처음 그린 방향이 계속 이어져 나오게 됩니다. 펜 툴을 사용할 때 곡선과 직선이 같이 있는 경우에는 직선을 곡선과 함께 사용해야 합니다. 이럴 때는 다음과 같이 작업합니다.

곡선에서 곡선을 그리는 방법 1 : 한쪽 핸들러 없애기

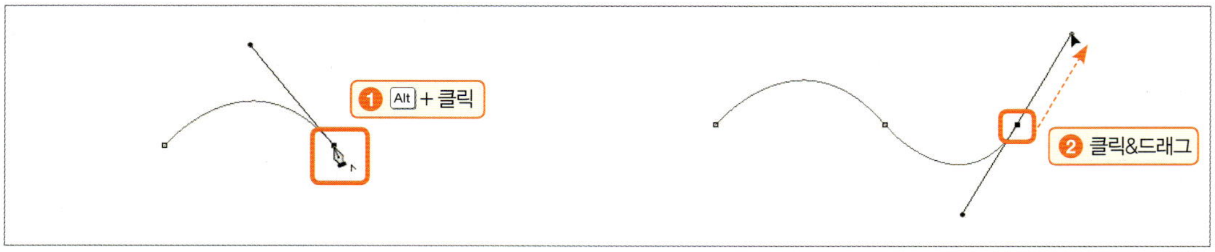

Alt를 누른 상태에서 앵커 포인트를 클릭하면 한쪽 핸들러가 없어집니다. 한쪽 핸들러가 없어졌기 때문에 다음 지점을 클릭하여도 핸들러는 영향을 주지 않아 패스를 원하는 방향으로 그릴 수 있습니다. 세 번째 점을 클릭&드래그하여 곡선을 그립니다.

곡선에서 곡선을 그리는 방법 2 : 핸들러 방향 바꾸기

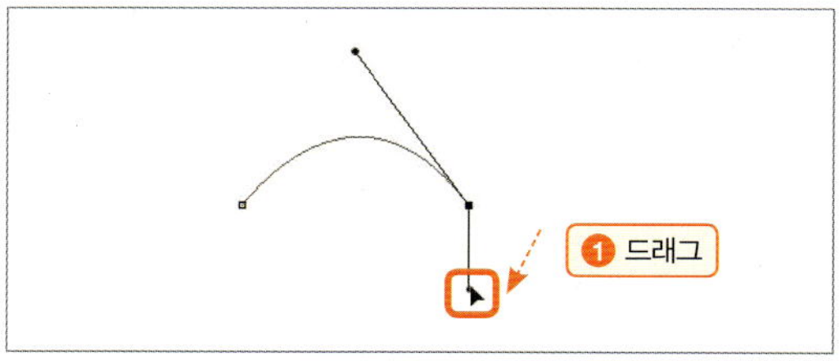

Alt를 누른 상태에서 핸들러 끝을 클릭&드래그하여 원하는 방향으로 핸들러를 조절합니다.

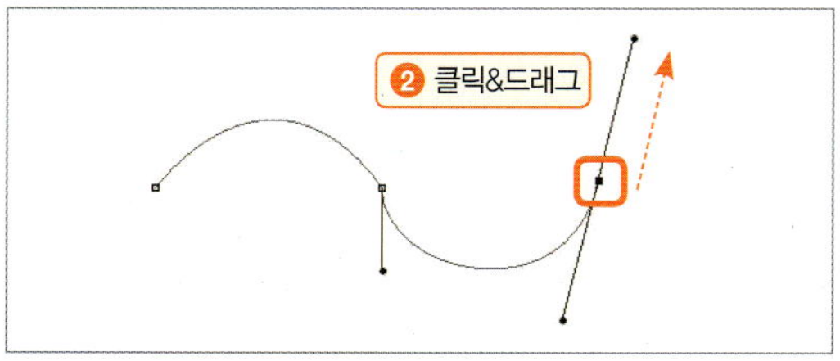

세 번째 점을 클릭&드래그하여 곡선을 그립니다.

곡선에서 직선을 그리는 방법

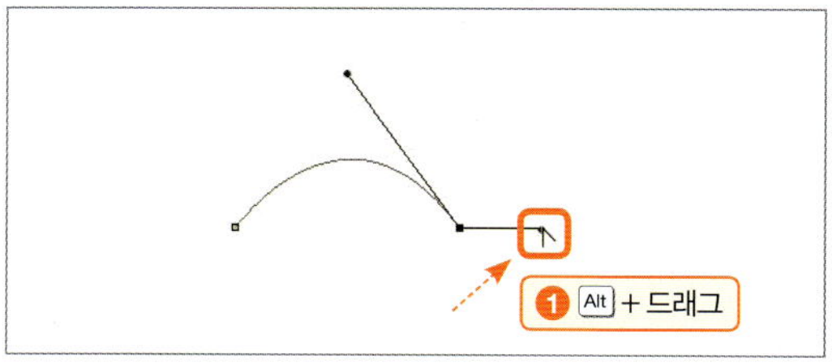

Alt를 누른 상태에서 핸들러 끝을 클릭&드래그하여 원하는 직선 방향으로 조절합니다.

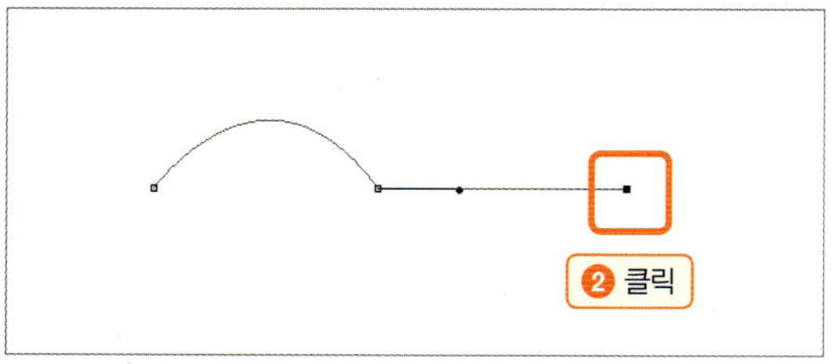

세 번째 점 클릭하여 직선을 그립니다.

3. 정원을 그리는 방법

❶ 12시 지점을 클릭합니다.

❷ 3시 지점을 클릭한 후 드래그합니다.

❸ Alt를 누른 채 3시 지점을 클릭하면 한쪽 핸들러가 사라집니다.

❹ 6시 지점을 클릭한 후 드래그합니다.

❺ Alt를 누른 채 6시 지점을 클릭하면 한쪽 핸들러가 사라집니다.

❻ 9시 지점을 클릭하고 드래그합니다.

❼ Alt를 누른 채 9시 지점을 클릭하면 한쪽 핸들러가 사라집니다.

❽ 시작점인 12시 지점을 클릭한 후 드래그하면 패스가 닫힙니다.

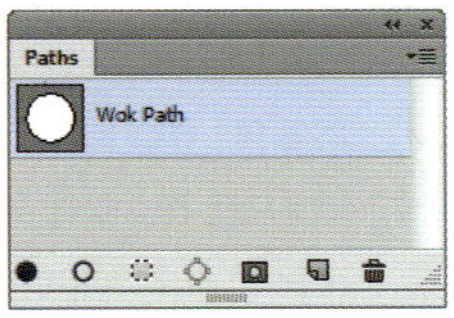

❾ [Paths] 패널에 Work Path가 생성됩니다.

⑩ 수정할 부분이 있으면 Ctrl을 누른채 앵커 포인트를 클릭하면 핸들러가 다시 나타납니다.

⑪ 앵커 포인트를 드래그하여 조정합니다.

⑫ Ctrl+Enter를 누르면 패스 영역이 선택 영역으로 활성화됩니다.

펜 툴 다루기 3 : 기타 펜 툴과 패스 선택 툴 알아보기

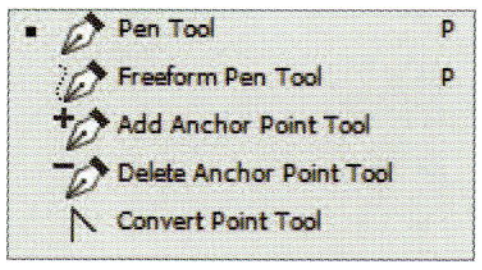

이외에도 연필을 사용하듯 패스를 만들 수 있는 프리폼 펜 툴(Freeform Pen Tool), 패스에 앵커 포인트를 추가할 수 있는 앵커 포인트 추가 툴(Add Anchor Point Tool), 패스에 앵커 포인트를 제거할 수 있는 앵커 포인트 삭제 툴(Delete Anchor Point Tool), 곡선 패스를 직선으로 바꿀 수 있는 포인트 변환 툴(Convert Point Tool) 등이 있습니다.

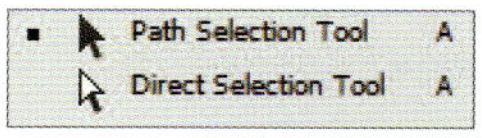

만들어진 패스를 조정할 때는 패스 선택 툴(Path Selection Tool)과 직접 선택 툴(Direct Selection Tool)을 사용합니다. 패스나 셰이프 하나에서 전체를 선택할 때는 패스 선택 툴을, 부분을 선택할 때는 패스 직접 선택 툴을 사용합니다.

CHAPTER

20

문자 툴을 활용하여 카드 만들기

완성예제 미리보기

이번 장에서는 문자 툴로 텍스트 작업을 하는 방법에 대해 자세히 학습합니다. 문자 툴이 가지고 있는 다양한 옵션과 속성들을 살펴보고 원형으로 텍스트를 입력하는 방법, 패스를 따라 텍스트를 입력하는 방법, 한자 입력 방법 등 텍스트를 입력하는 다양한 방법에 대해 살펴볼 것입니다. 이번 예제를 통해 텍스트도 디자인의 중요한 요소임을 알 수 있을 것입니다.

준비 파일 Lovecard.jpg

주요 기능 문자 툴, 한자 입력, 패스 따라 텍스트 입력, 자석 올가미 툴, 펜 툴, 타원형 툴

문자 툴로 다양한 형태의 텍스트 입력하기

01 Ctrl + N 을 누르고 다음과 같이 설정하여 새 창을 만든 후 Lovecard.jpg 이미지를 불러오고 이동 툴( )로 작업창에 위치시킵니다.

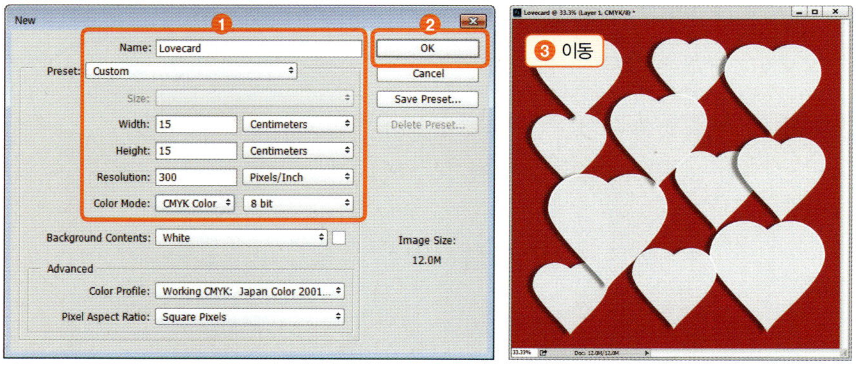

02 툴 패널에서 문자 툴(T)을 선택하고 [Character] 패널에서 아래와 같이 설정한 후 작업창에 하트 이미지 위를 클릭하여 '사랑'이라고 입력합니다.

Tip [Character] 패널에서 수치 값을 조절할 수 있는 문자 아이콘에 마우스 포인터를 위치시키면 손 모양으로 포인터가 바뀌면서 좌우 화살표가 나타납니다. 이때 좌측과 우측으로 드래그하면서 텍스트 크기를 조절할 수 있습니다.

03 [Character] 패널에서 텍스트 크기를 24 pt로 바꾸고 대문자 표기(TT)를 선택한 후 다른 하트 이미지 위에 영문 소문자로 'love'라고 입력합니다.

Tip 영문 소문자로 입력했어도 대문자로 표기되는 이유는 Character 패널에 대문자 표기(TT)를 선택했기 때문입니다.

04 [Character] 패널에서 텍스트 크기를 30 pt로 바꾸고 밑줄(T)를 클릭한 후 하트 이미지 위에 '사랑'이라고 입력합니다.

05 문자 툴로 텍스트를 입력하는 방법은 2가지가 있습니다. 첫 번째 입력 방법은 Point Text 입력 방법으로, 다음과 같이 작업창을 직접 클릭하여 텍스트를 입력하는 방법입니다.

06 두 번째 입력 방법은 Paragraph Text 입력 방법으로 문자 툴(T)을 선택한 후 작업창에 드래그하여 글상자를 만들고 텍스트를 입력하는 방식입니다. 텍스트 입력이 끝났으면 Ctrl + Enter 를 누릅니다.

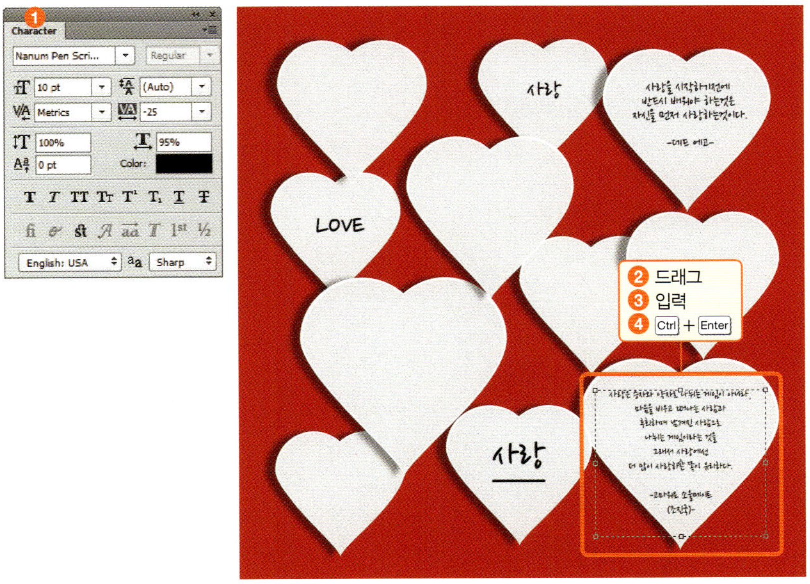

NOTE **Point Text 입력 방법과 Paragraph Text 입력 방법**

1. Point Text 입력 방법

워드 프로그램에서처럼 처음 텍스트를 입력할 곳을 클릭해서 입력하는 방법입니다. Point Text 입력 방법을 사용하면 Paragraph 패널 옵션 중 오른쪽 4가지를 사용할 수 없습니다.

2. Paragraph Text 입력 방법

문자 툴을 선택하고 작업창에 텍스트가 들어갈 영역을 드래그한 후 그 안에 텍스트를 입력하는 방법입니다. 이렇게 드래그하여 텍스트를 입력하면 바운딩 박스가 나타나는데 이 바운딩 박스의 크기에 따라 줄 바꿈이 자동으로 정렬됩니다. 바운딩 박스보다 내용이 많아지면 텍스트가 사라지게 되는데 이때 조절점을 늘려 바운딩 박스를 확장하면 됩니다. Paragraph Text 입력 방법을 사용하면 Paragraph 패널 옵션 모두를 사용할 수 있습니다.

한자 입력 및 세로 문자 입력하기

07 이번에는 한자를 입력해 보겠습니다. [Character] 패널을 다음과 같이 설정하고 한글 '애'를 입력한 후 한자를 눌러 열리는 한자 목록에서 한자를 선택합니다. 그런데 폰트 중에는 한자를 지원하지 않는 폰트도 있으므로 한자가 나오지 않으면 다른 폰트로 바꿔 줍니다.

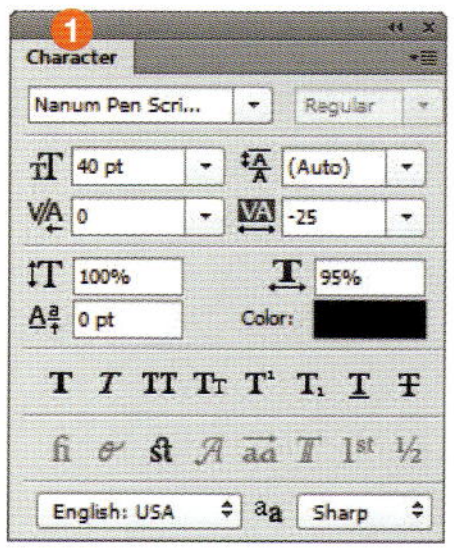

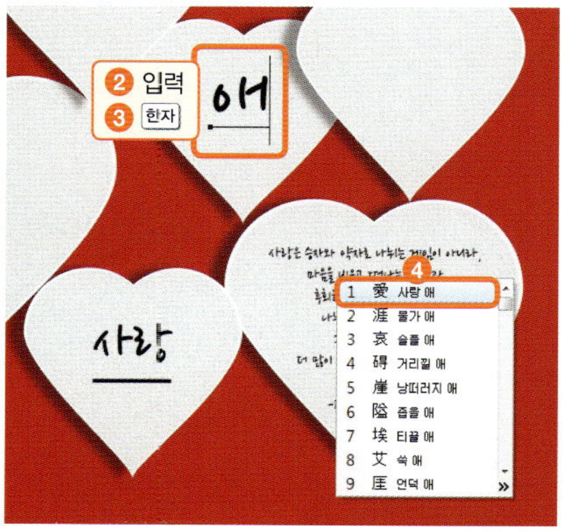

08 툴 패널에서 세로 문자 툴(↓T)을 선택하고 텍스트를 입력합니다.

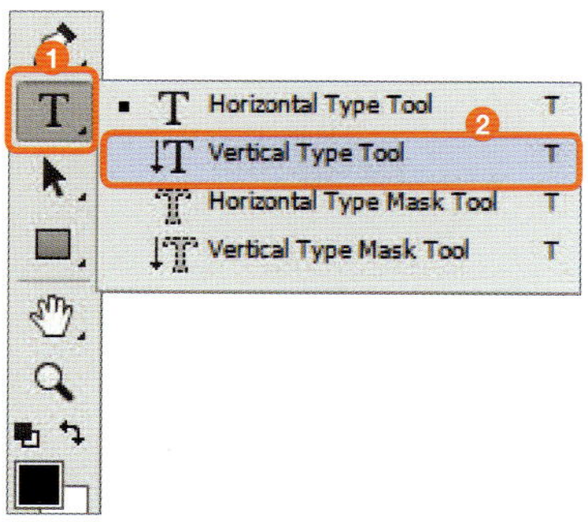

패스 따라 텍스트 입력하기

09 이번에는 패스 영역을 만들고 그 내부에만 텍스트가 입력되도록 만들겠습니다. 툴 패널에서 자석 올가미 툴( )을 선택하여 하트를 선택 영역으로 만들고 [Paths] 패널에서 패스 만들기( )을 클릭하여 패스로 등록합니다. 문자 툴(T)로 패스 내부를 클릭하여 내용을 입력합니다. 여백이 부족하기 때문에 Ctrl + T를 눌러 크기를 줄입니다.

Tip 원하는 영역에만 텍스트를 입력할 때는 먼저 해당 영역을 패스로 만들어야 합니다. 위에서처럼 선택 영역으로 만든 후 패스로 저장해도 되고, 펜 툴을 패스 모드로 설정하여 원하는 영역을 따라 드래그하면 패스로 저장됩니다.

10 이번에는 패스를 따라 텍스트를 입력해 보겠습니다. 먼저 펜 툴( )을 이용하여 하트 모양대로 패스를 만들고 문자 툴(T)을 선택하여 패스 라인 위로 마우스를 가져갑니다. 커서 모양이 바뀔 때 클릭하고 텍스트를 입력하면 만든 패스를 따라 텍스트가 입력됩니다.

11 Ctrl+T를 눌러 조절점이 나오게 하고, Shift+Alt를 누른 채 조절점을 안쪽으로 드래그한 후 Enter를 누르면 하트 안으로 텍스트가 들어옵니다.

12 이번에는 타원형 툴로 패스를 따라 텍스트를 입력해 보겠습니다. 툴 패널에서 타원형 툴( )을 선택하고 옵션바에 패스 형태를 Path로 설정합니다. 하트 위에 원을 그린 후 문자 툴(T)을 선택하고 그린 원 라인 위에 마우스 포인터를 위치시킵니다. 포인터 모양이 바뀌면 클릭하고 텍스트를 입력하면 원을 따라 텍스트가 입력됩니다.

13 방향 조절이 필요하면 Ctrl+T를 누르고 우측 상단위에 ↷ 화살표 표시가 나타나면 원을 회전시켜 텍스트 위치를 다음과 같이 조정합니다.

14 마지막으로 이미지 좌측 상단의 하트에 텍스트를 입력한 후 옵션바에서 아이콘을 클릭합니다. [Warp Text] 대화상자에서 Style은 Arc, Bend는 –29%로 설정한 후 [OK]를 누르면 텍스트가 변형됩니다.

15 다음과 같이 카드가 완성됩니다.

기본기 다지기

문자 툴

텍스트를 입력할 때 사용하는 문자 툴

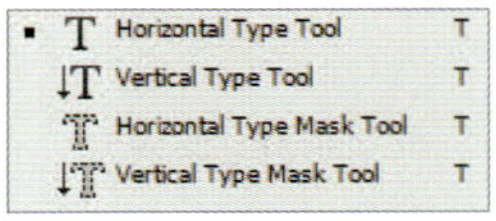

텍스트를 가로로 입력할 때는 가장 기본적인 가로 문자 툴(Horizontal Type Tool T.)을, 세로로 입력할 때는 세로 문자 툴(Vertical Type Tool ↓T.)을 사용합니다. 입력한 문자의 선택 영역만 사용하고자 할 때는 문자 마스크 툴을 이용하는데, 가로 문자 영역을 선택 영역으로 만들려면 가로 문자 마스크 툴(Horizontal Type Mask Tool T.), 세로 문자 영역을 선택 영역으로 만들려면 세로 문자 마스크 툴(Vertical Type Mask Tool ↓T.)을 이용합니다.

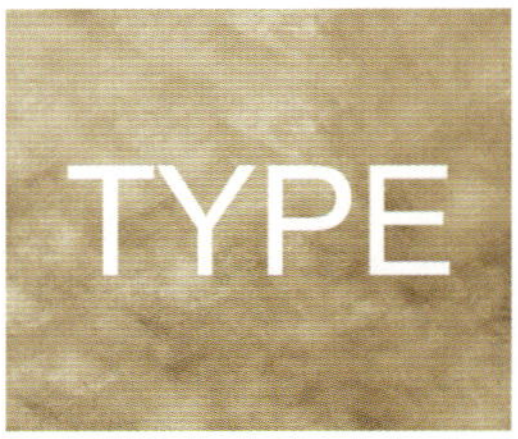

가로 문자 툴

세로 문자 툴

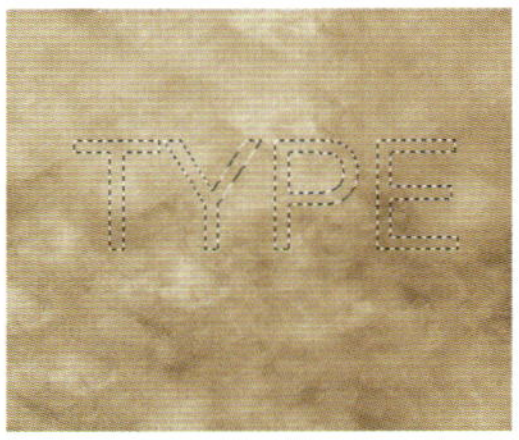

가로 문자 마스크 툴

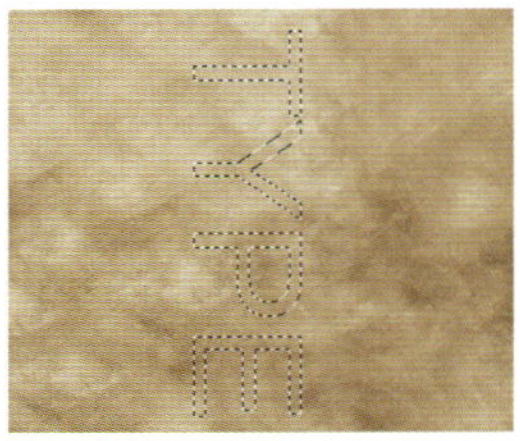

세로 문자 마스크 툴

원형으로 텍스트 입력하기

펜 툴로 원하는 패스를 만든 다음 패스 테두리를 따라 텍스트가 입력되도록 만들 수 있습니다. 커피 잔에 담긴 커피를 따라 텍스트를 입력해 보겠습니다.

❶ 이미지에 타원형 툴(◯.)로 패스를 만듭니다.

❷ 문자 툴을 선택하고 패스 위에 커서가 바뀌었을 때 클릭합니다.

❸ 텍스트를 입력하면 다음과 같이 원형으로 입력됩니다.

• **문자 툴의 옵션바**

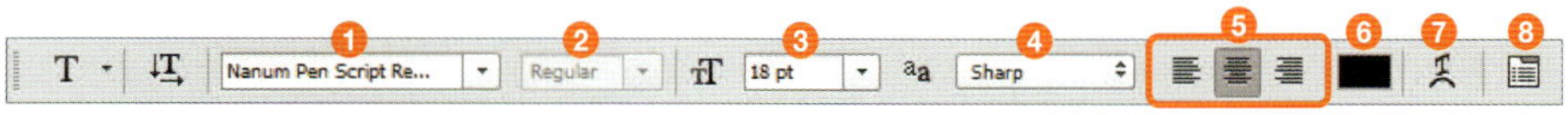

❶ **글꼴 :** 글꼴의 종류를 선택합니다.

❷ **글꼴 스타일 :** 글꼴의 스타일을 설정합니다.

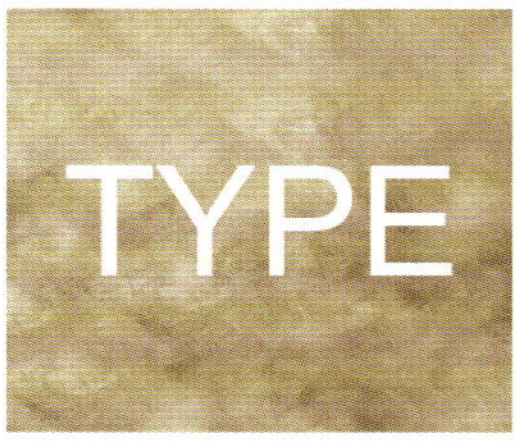

Regular

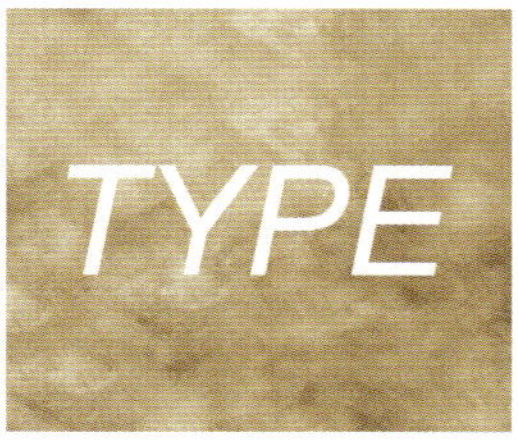

Italic

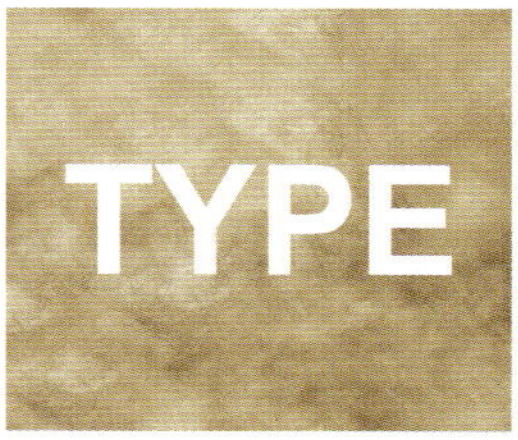

Bold

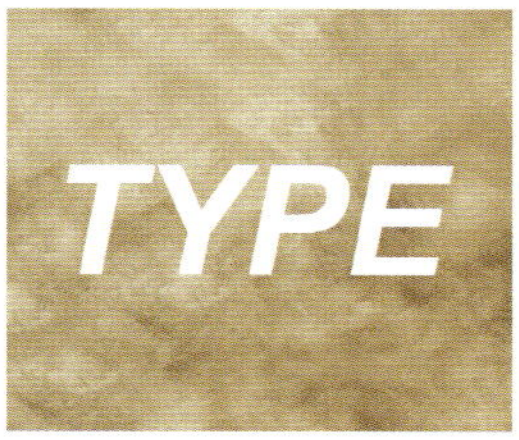

Bold Italic

❸ **글꼴 크기 :** 글꼴의 크기를 설정합니다.

❹ **Anti-alias :** 이미지의 가장자리를 부드럽게 만들어 줍니다.

- None : Anti-alias가 적용되지 않아 텍스트의 테두리가 거칠게 처리됩니다.
- Sharp : Anti-alias가 적용되고, 텍스트의 테두리가 선명해집니다.
- Crisp : Anti-alias가 적용되고, 텍스트의 테두리가 깨끗하게 처리됩니다.
- Strong : Anti-alias가 Crisp보다 강하게 적용되어 더 굵고 선명해집니다.
- Smooth : Ant-alias가 적용되고, 텍스트의 테두리가 부드러워집니다.

❺ **문단 정렬 :** 문단을 왼쪽 정렬, 가운데 정렬, 오른쪽 정렬로 설정할 수 있습니다.

❻ **컬러 박스 :** 글꼴의 색을 설정합니다.

❼ **Warped Text :** 텍스트의 모양을 왜곡시켜 변형합니다.

None

Arc

Arc Lower

Arc Upper

Arch

Bulge

Shell Lower

Shell Upper

Flag

Wave

Fish

Rise

Fisheye

Inflate

Squeeze

Twist

❽ **Character와 Paragraph 패널 열기 :** Character 패널과 Paragraph 패널을 열어줍니다.

NOTE Character 패널과 Paragraph 패널

1. Character 패널

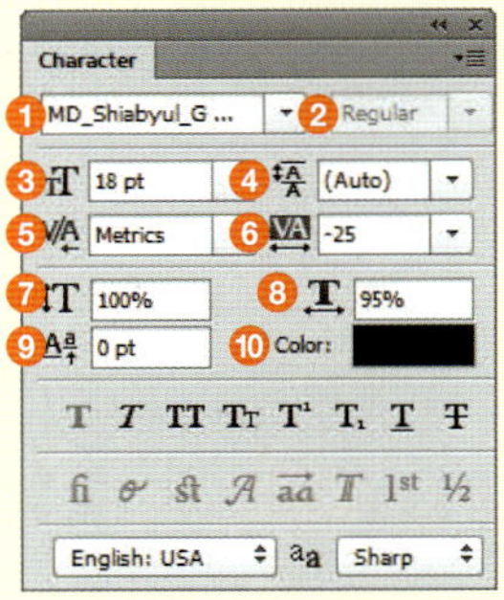

❶ 글꼴의 종류를 선택합니다.
❷ 글꼴의 스타일을 설정합니다.
❸ 글꼴의 크기를 설정합니다.
❹ 행과 행 사이의 간격을 조정합니다.
❺ 마우스 커서가 있는 위치에서 좌우 텍스트의 간격을 조정합니다.
❻ 텍스트를 드래그하여 블록으로 설정한 부분의 텍스트의 간격을 조정합니다.
❼ 텍스트의 높이를 조절합니다.
❽ 텍스트의 너비를 조절합니다.
❾ 선택한 텍스트의 기본 높이를 설정합니다.
❿ 텍스트의 색상을 설정합니다.

2. Paragraph 패널

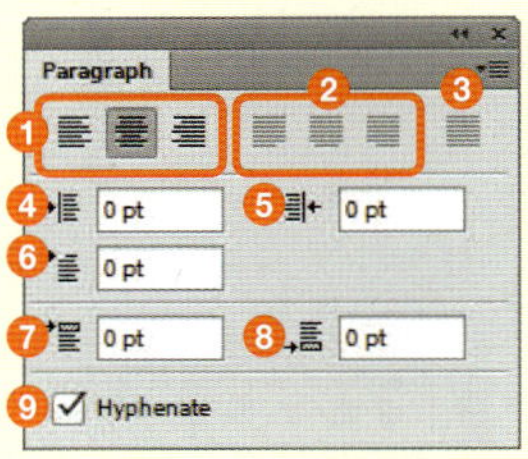

❶ 문단을 정렬합니다.
❷ 끝부분에 만들어지는 여백을 정렬합니다.
❸ 양쪽 정렬합니다.
❹ 왼쪽 여백을 설정합니다.
❺ 오른쪽 여백을 설정합니다.
❻ 첫 번째 줄에서 들여쓰기 간격을 설정합니다.
❼ 위쪽 여백을 설정합니다.
❽ 아래쪽 여백을 설정합니다.
❾ 영어 단어가 자동 줄 바꿈으로 두 줄로 되었을 경우 하이픈을 표시하여 한 단어로 나타냅니다.

NOTE 벡터 방식의 래스터화

벡터 방식의 텍스트 레이어는 일반 레이어와는 달리 필터 효과와 페인팅 도구 등의 효과를 일부 적용할 수 없습니다. 이런 효과를 적용하거나 도구를 사용하려면 이미지 변형에 제약이 있기 때문에 래스터화 해야 합니다. 래스터화 한다는 것은 벡터 그래픽을 그에 대응하는 픽셀 이미지로 바꾸어 주는 것을 말합니다. 텍스트 래스터화를 하면 텍스트 레이어가 일반 레이어로 변환되어 레이어 내용에 여러 가지 변형을 적용할 수 있지만 텍스트로 편집할 수는 없습니다.

• 레스터화를 하는 다양한 방법

1. 작업창의 텍스트 위에 마우스 오른쪽 버튼을 클릭하면 나오는 팝업메뉴에서 Rasterize Type을 선택합니다.

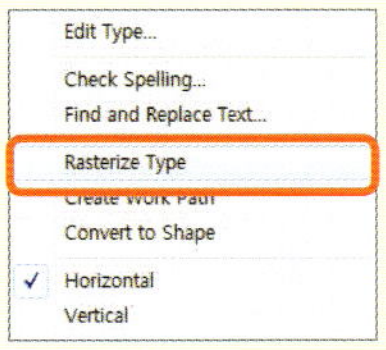

2. Layers 패널의 텍스트 레이어 위에 마우스 버튼을 클릭하면 나오는 팝업메뉴에서 Rasterize Type을 선택합니다.

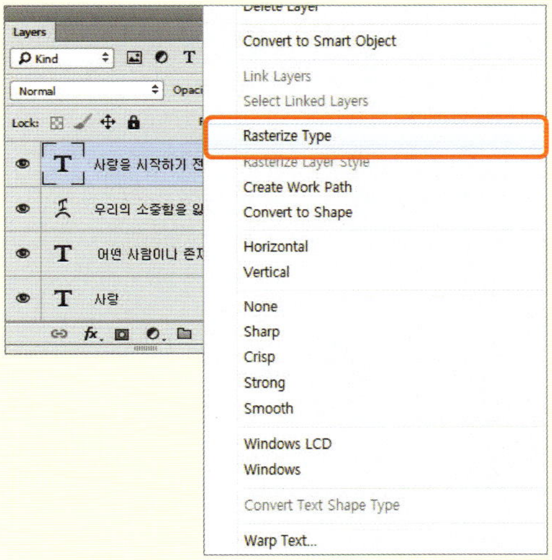

3. 메뉴바에서 [Layer]–[Rasterize]–[Type]을 선택합니다.

• 레스터화의 결과

텍스트 레이어가 일반 레이어로 바뀝니다.

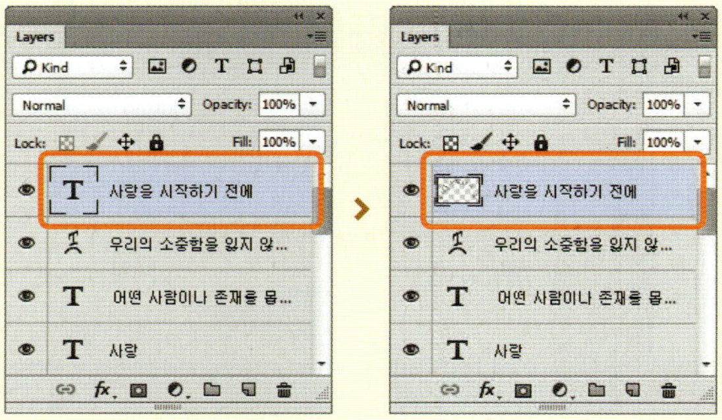

CHAPTER
21

패턴을 활용하여 주차 번호판 만들기

완성예제 미리보기

반복과 리듬의 요소를 가지고 있는 패턴은 통일성과 함께 시각적인 흥미로움을 줍니다. 패턴을 이루는 형태들은 기하학적으로 정교하거나 불규칙적으로 분포되며 몇 가지 반복적인 규칙에 의해 만들어지는 것이 일반적이기 때문에 디자인을 할 때 이 패턴을 적절히 활용하면 심플하면서도 멋진 이미지를 만들 수 있습니다. 이번 장에서는 주차 번호판을 만들며 패턴을 활용하는 방법을 학습하겠습니다.

준비 파일 없음
주요 기능 패턴, 커스텀 셰이프 툴, 문자 툴

주차 번호판에 활용할 패턴 만들고 등록하기

01 먼저 패턴을 만들어 보겠습니다. Ctrl+N을 눌러 새 창을 만들고 [Layers] 패널에서 새 레이어를 추가합니다. 전경색(■)은 진한 주황색(#ee522e)을 선택하고 Alt+Delete를 눌러 색을 적용합니다.

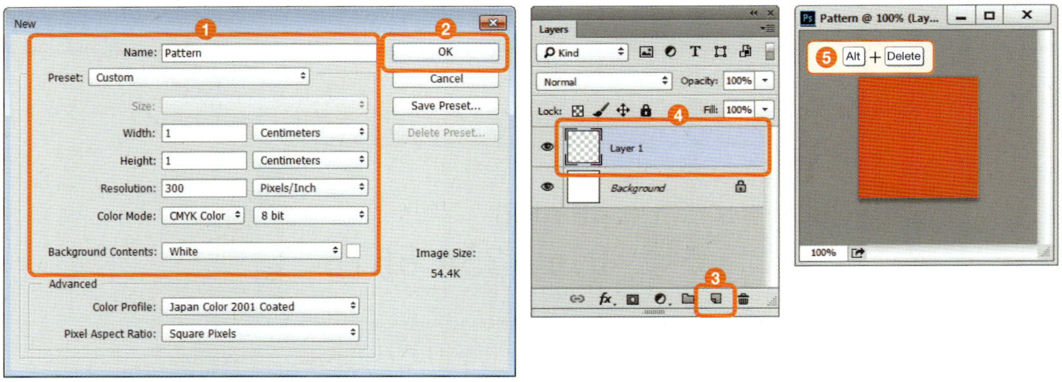

02 전경색(■)을 밝은 회색(#dededd)으로 설정하고, 툴 패널에서 커스텀 셰이프 툴(✿)을 선택합니다. 옵션바에서 Shape는 Tile 3을 선택한 후 작업창에 드래그합니다.

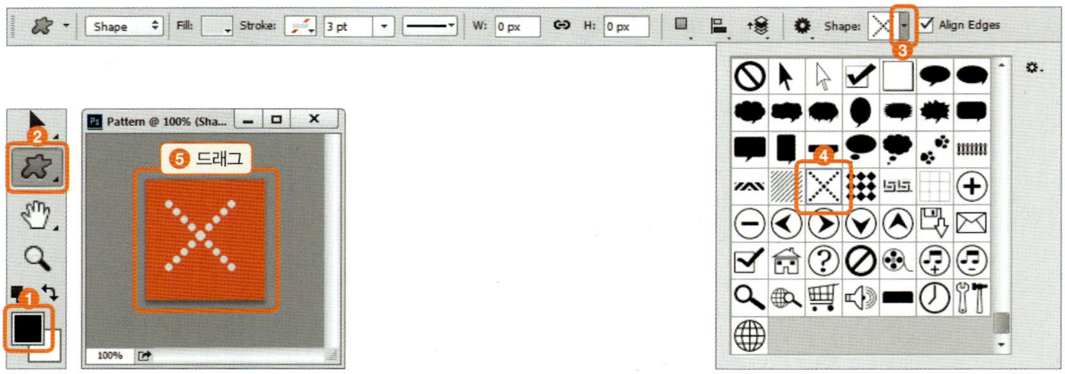

03 [Layers] 패널에서 Layer 1과 Shape 1 레이어를 선택한 후 툴 패널에서 이동 툴(▸✥)을 클릭하고 옵션바에서 수직 가운데 맞춤과 수평 가운데 맞춤을 선택하여 정렬합니다.

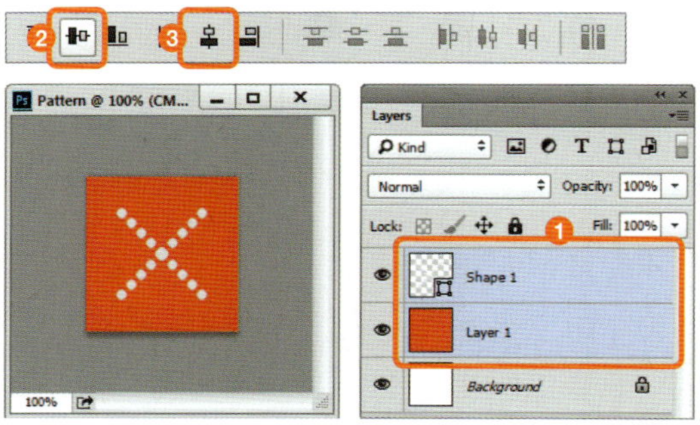

04 작업창의 크기를 넓혀 보겠습니다. 메뉴바에서 [Image]–[Canvas Size]를 선택하고 [Canvas Size] 대화상자가 열리면 Anchor는 왼쪽 상단을 기준점으로 하고 Width와 Height를 각각 2 Centimeters로 설정한 후 [OK]를 클릭합니다.

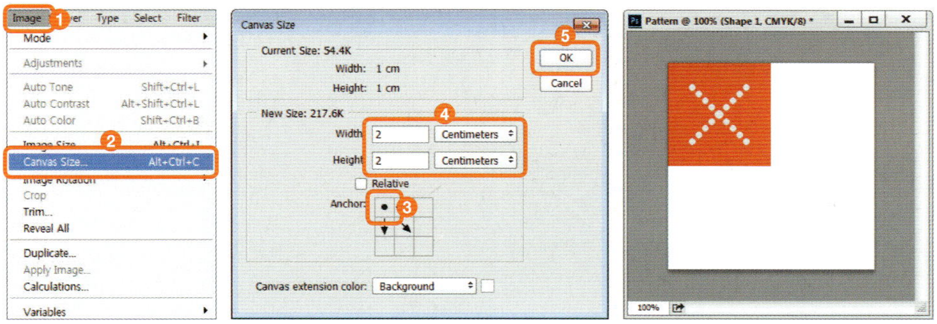

Tip [Canvas Size] 대화상자를 여는 단축키는 Ctrl+Alt+C입니다.

05 Layer 1과 Shape 1 레이어를 새 레이어 만들기 아이콘( )으로 드래그하여 복제합니다. 이동 툴( )로 작업창에 복제한 2개의 레이어의 위치를 오른쪽 하단으로 드래그합니다.

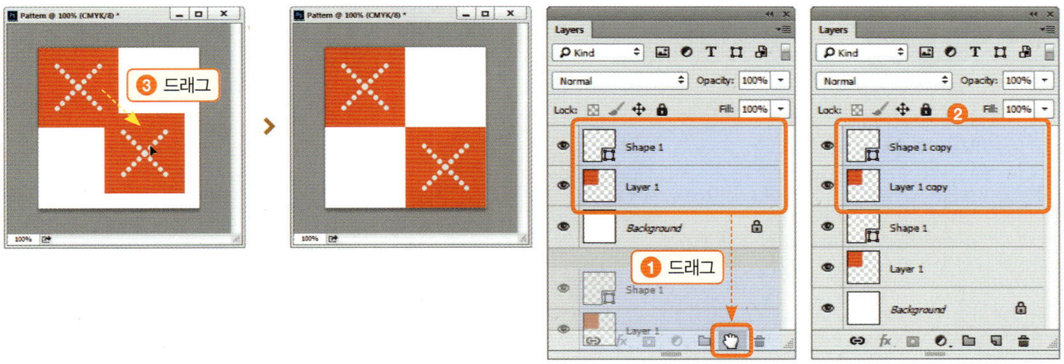

06 전경색( )을 짙은 남색(#0a2b4a)으로 설정하고 [Layers] 패널에서 Ctrl을 누른 채 Layers 1 copy 레이어의 썸네일을 클릭하여 선택 영역으로 만듭니다. 작업창에서 Alt+Delete를 눌러 전경색을 적용하고 Ctrl+D를 눌러 선택 영역을 해제합니다.

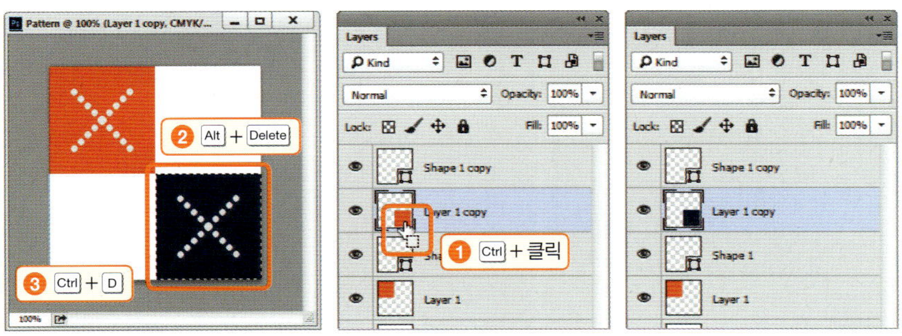

07 [Layers] 패널에서 새 레이어를 만들고 툴 패널에서 사각 선택 툴( )을 선택한 후 작업창에 드래그합니다. 전경색( )을 민트색(#71c9cc)으로 변경하고 Alt + Delete 를 눌러 전경색을 적용한 후 Ctrl + D 를 눌러 선택 영역을 해제합니다.

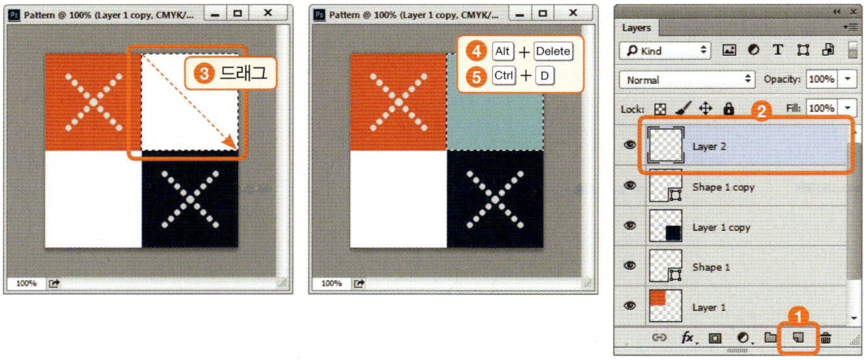

08 툴 패널에서 커스텀 셰이프 툴( )을 클릭하고 옵션바에서 Shape는 Tile 2를 선택합니다. 전경색( )은 밝은 회색(#dededd)을 선택하고 우측 상단에 드래그합니다.

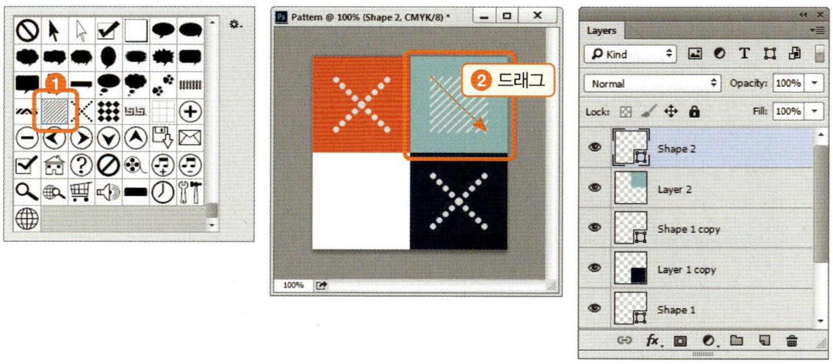

09 [Layers] 패널에서 Background 레이어를 선택하고 Alt + Delete 를 눌러 전경색을 적용합니다.

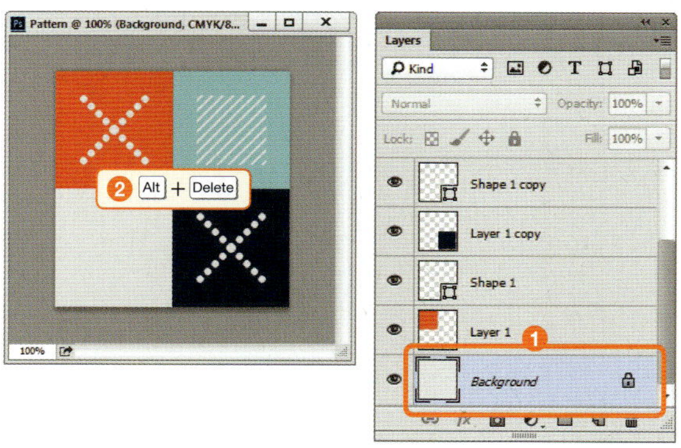

10 메뉴바에서 [Edit]–[Define Pattern]을 클릭하고 [Pattern Name] 대화상자에서 Name에 이름을 입력한 후 [OK]를 클릭하여 패턴을 등록합니다.

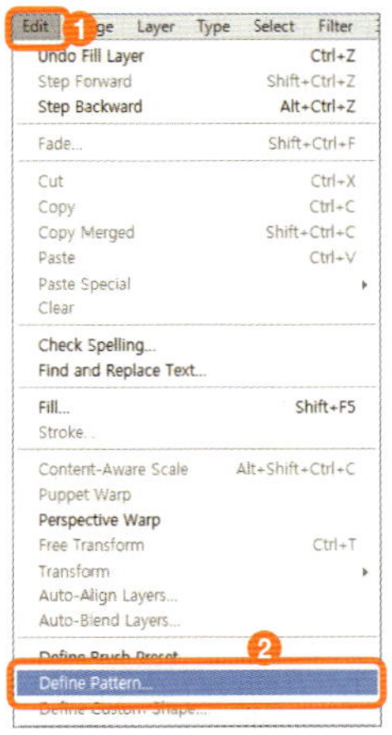

주차 번호판 배경에 패턴 적용하기

11 이제 패턴을 적용할 작업창을 만들겠습니다. Ctrl + N 을 눌러 다음과 같은 새 창을 만듭니다.

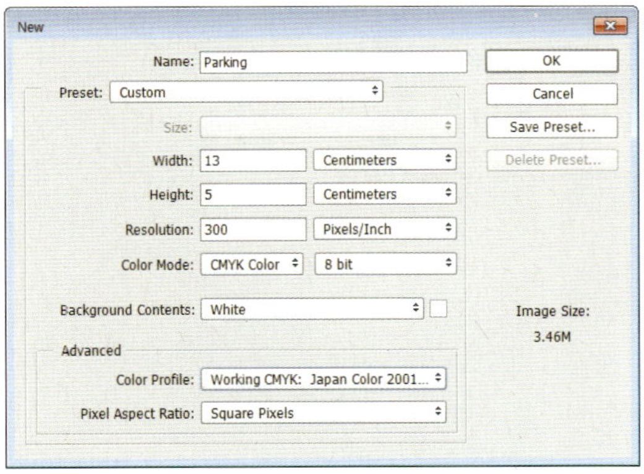

12 메뉴바에서 [Edit]–[Fill]을 클릭하고 [Fill] 대화상자에서 Contents는 Pattern을 선택한 후 Custom Pattern에서 목록 단추를 클릭하고 새로 등록한 패턴을 선택한 후 [OK]를 클릭합니다.

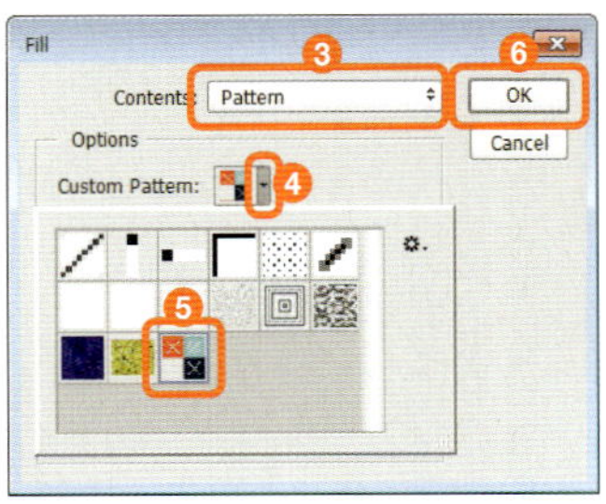

13 툴 패널에서 둥근 사각형 툴( )을 선택합니다. 상단 옵션바에서 패스 형태는 Shape, Fill은 흰색을 선택하고, Stroke는 Color Picker( )를 클릭하여 짙은 남색(#0a2b4a), Radius는 50 px로 설정한 후 작업창 중앙에 드래그하여 둥근 사각형을 만듭니다.

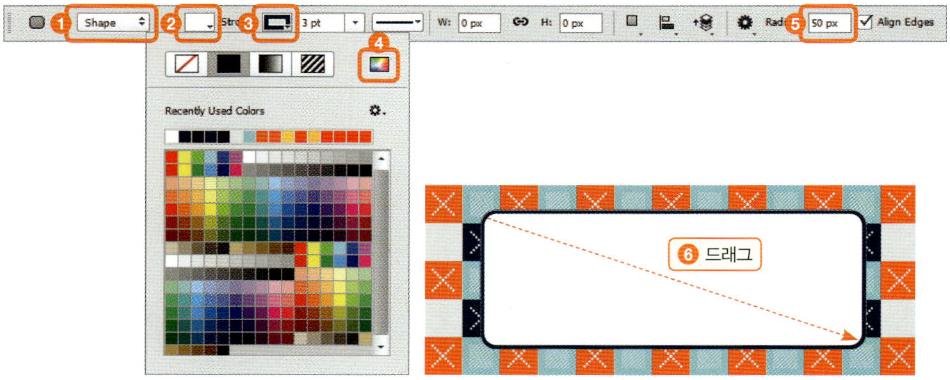

14 문자 툴(T)을 선택하고 텍스트를 입력합니다. 툴 패널에서 커스텀 셰이프 툴( )을 클릭하고 옵션바에서 Shape는 Car 2를 선택한 후 텍스트 왼쪽에 드래그합니다.

15 마지막으로 바닥의 패턴이 비치도록 Rounded Rectangle 1 레이어의 Opacity를 92%로 설정하고 작업을 마무리 합니다.

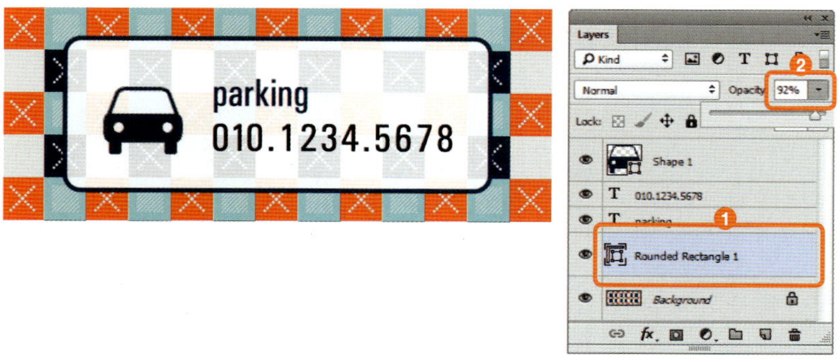

16 앞에서 배운 예제를 바탕으로 패턴을 이용하여 다양한 주차 번호판을 완성해 봅니다.

기본기 다지기

패턴

반복 효과를 주는 패턴

패턴을 잘 활용하면 상대적으로 넓은 영역을 통일성있게 반복적으로 채워주기 때문에 완성도 있고 짜임새 있는 디자인을 할 수 있습니다. 등록한 패턴을 사용하는 방법에 대해 알아봅시다.

• **Fill 대화상자**

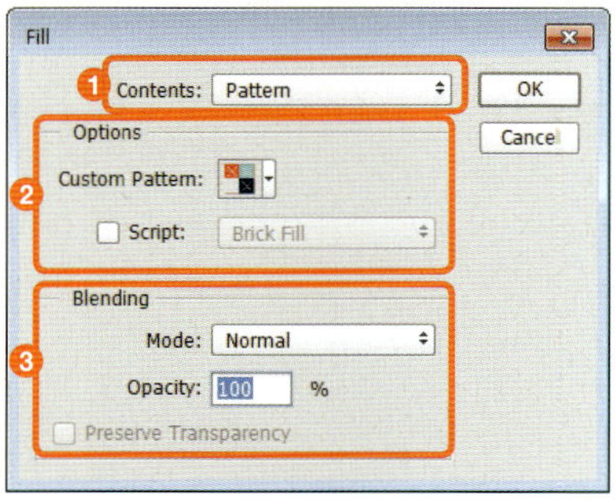

❶ **Contents :** 어떤 방식으로 채울지 설정합니다.

❷ **Options**

- Custom Pattern : 패턴 목록에서 원하는 패턴을 선택합니다.
- Script : 체크하면 포토샵에 내장된 스크립트로 만든 것을 채울 수 있습니다.

❸ **Blending**

- Mode : 어떤 방식으로 합성할지 설정합니다.
- Opacity : 불투명도를 조절합니다.
- Preserve Transparency : 투명도를 보존합니다.

등록한 패턴을 사용하는 방법 1

01 먼저 등록할 패턴을 준비하고 메뉴바에서 [Edit]–[Define Pattern]을 선택하여 패턴을 등록합니다.

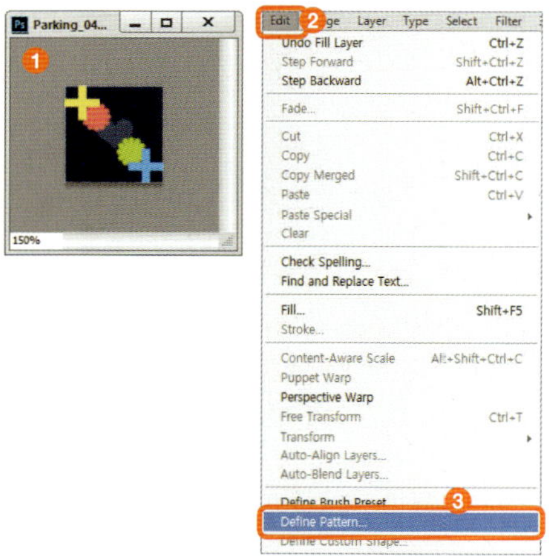

02 새 창을 하나 만들고 메뉴바에서 [Edit]–[Fill]을 선택합니다. [Fill] 대화상자에서 Contents는 Pattern으로 바꾸고 Custom Pattern에서 등록한 패턴을 선택한 후 [OK]를 클릭하면 작업창이 패턴으로 채워집니다.

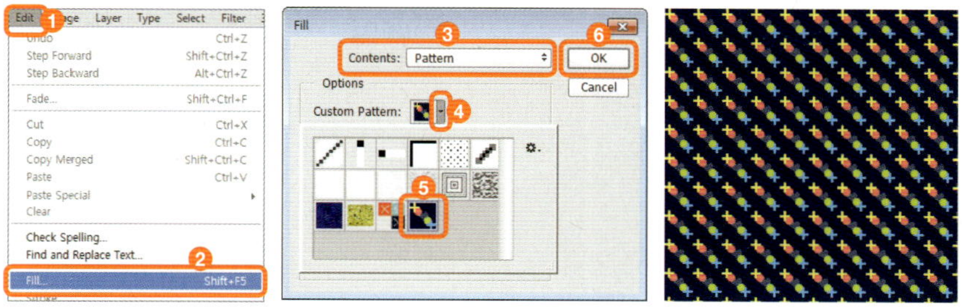

등록한 패턴을 사용하는 방법 2 ——

01 앞에서와 마찬가지로 일단 패턴을 등록합니다.

02 새 창을 만들고 새 레이어를 추가하여 임의의 색을 채운 후 [Layers] 패널에서 레이어 스타일(*fx.*)을 클릭하고 Pattern Overlay를 선택합니다.

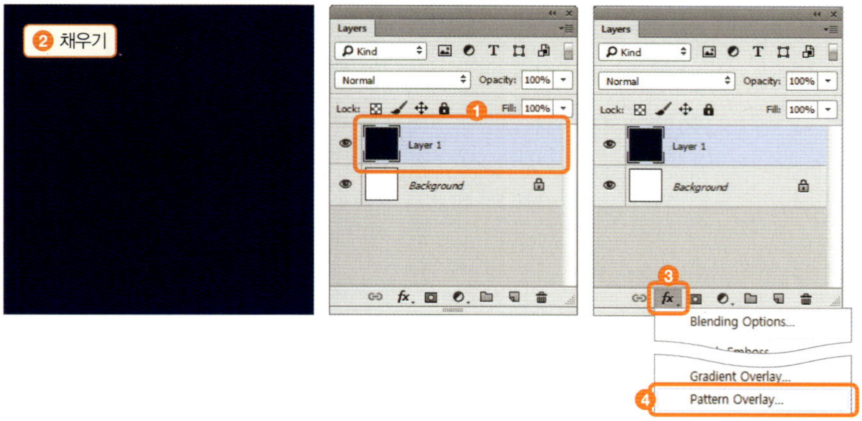

03 [Layer Style] 대화상자에서 등록한 패턴을 선택하고 [OK]를 클릭하면 패턴이 적용됩니다.

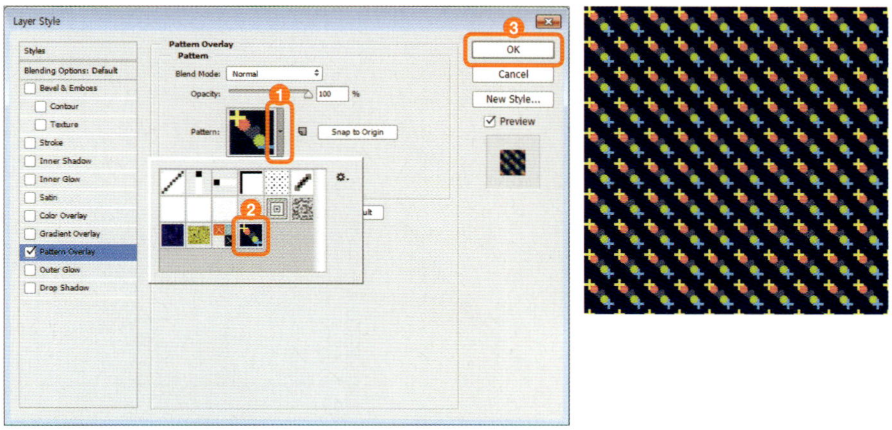

04 커스텀 셰이프 툴에서 셰이프를 선택하여 위와 같이 Pattern Overlay를 적용해도 해당 레이어에 패턴이 채워지는 것을 확인할 수 있습니다.

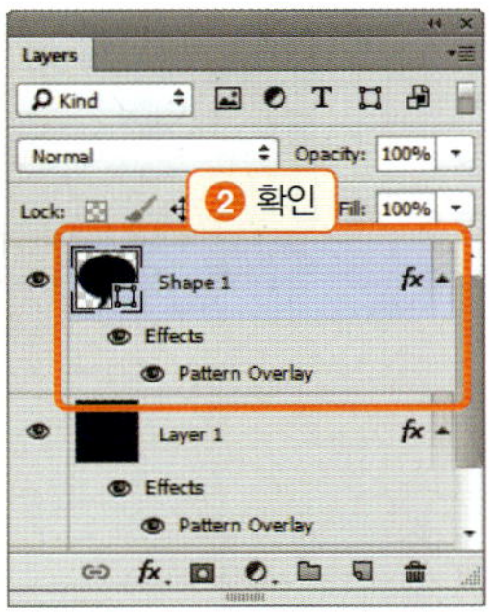

CHAPTER 22

스케치 효과로 명함 만들기

완성예제 미리보기

사람의 손으로 무엇인가를 표현하는 그림 가운데 가장 기본적인 방법이 스케치입니다. 우리는 주로 디자인 작업을 디지털로 하고 있지만 가끔은 아날로그의 감성이 필요할 때가 있습니다. 포토샵에서는 마스크, 브러시 등을 활용한 리터치 기법으로 스케치 효과를 낼 수 있습니다. 이번 장에서는 스케치 느낌의 이미지를 살려 개인 명함을 만들어 봅니다. 이번 예제를 통해 레이어 마스크와 질감이 있는 브러시를 사용하는 또 다른 방법을 알게 될 것입니다.

준비 파일 Girl.jpg
주요 기능 레이어 마스크, 브러시 툴, 필터 갤러리, 보정 레이어

모델 이미지의 경계 선명하게 만들기

01 Ctrl + O를 눌러 Girl.jpg 이미지 파일을 불러옵니다.

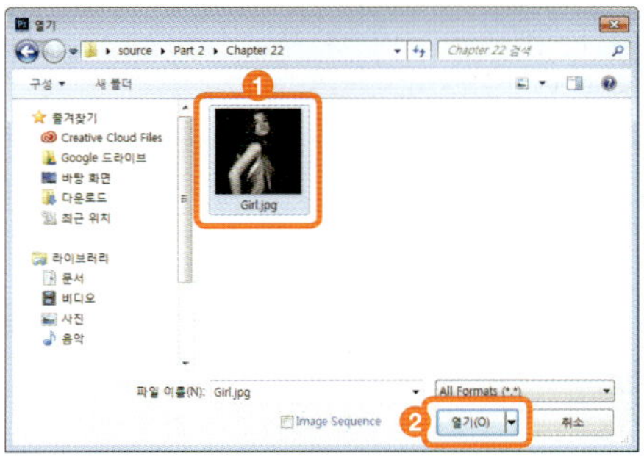

Tip 만약 작업하게 된 이미지가 컬러 이미지라면 이미지를 불러온 상태에서 메뉴바의 [Image]-[Adjustments]-[Desaturate]를 클릭하면 흑백 이미지로 만들 수 있습니다.

02 [Layers] 패널의 Background 레이어에서 Ctrl + J를 눌러 레이어를 복제한 후 메뉴바에서 [Filter]-[Filter Gallery]를 클릭합니다.

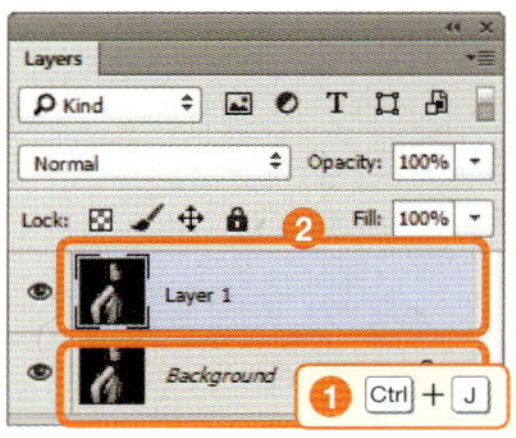

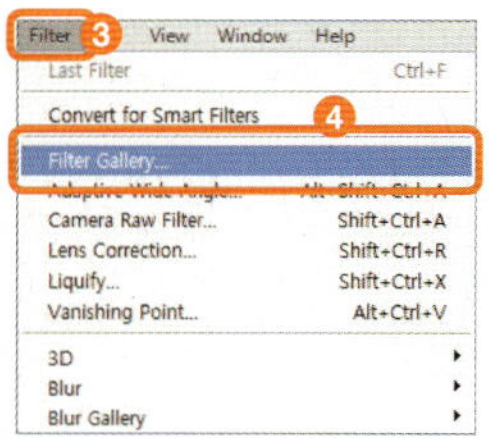

03 [Filter Gallery] 대화상자가 열리면 [Brush Strokes]-[Crosshatch]를 클릭합니다. 오른쪽 설정창에 Stroke Length는 3, Sharpness는 2, Strength는 1을 입력하고 [OK]를 클릭하면 다음과 같이 모델 이미지의 경계가 더 선명해집니다.

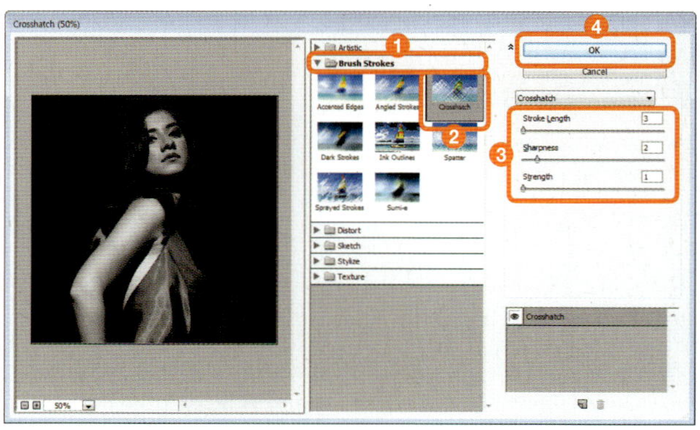

Tip Brush Strokes 필터를 이용하면 이미지에 붓으로 덧칠한 효과가 적용되어 회화적인 느낌을 줍니다. 그중 Crosshatch는 이미지에 연필로 드로잉한 느낌을 주어 자주 사용하는 필터입니다.

이미지에 스케치 효과 적용하여 명함 만들기

04 이번에는 스케치북처럼 흰 캔버스를 만들겠습니다. [Layers] 패널에서 새 레이어 Layer 2를 만들고 전경색(■)은 기본으로 설정한 후 작업창에서 Ctrl + Delete를 눌러 배경색인 흰색으로 채웁니다.

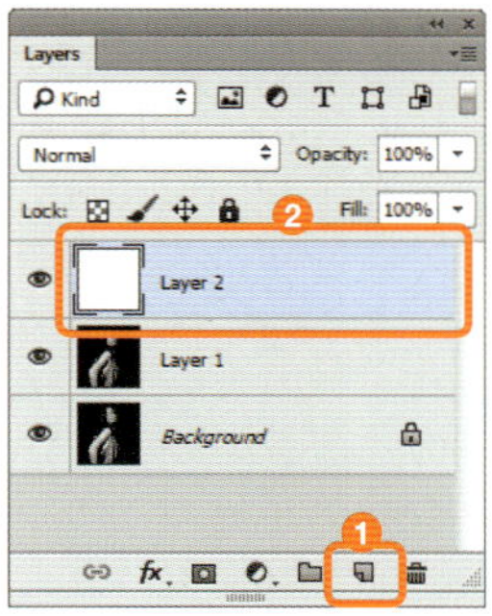

05 Layer 2 레이어에서 레이어 마스크 추가 아이콘(◘)을 클릭하여 레이어 마스크를 추가합니다. 툴 패널에서 브러시 툴( )을 클릭하고 옵션바에에서 브러시 종류는 Rough Round Bristle, Size는 141 px로 설정하고, Opacity는 20%, Flow는 5%로 조정합니다.

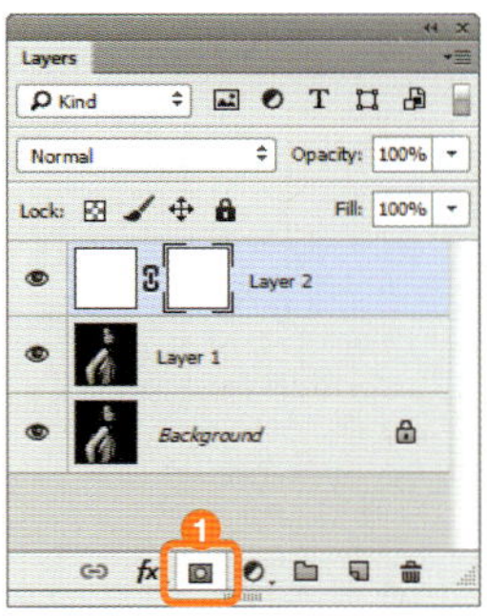

Tip 만약 예제에 사용되는 Default 브러시 세트가 아닌 다른 브러시 세트가 나타난다면 브러시 설정창의 오른쪽 상단의 톱니바퀴 아이콘을 클릭하여 Reset Brushes를 선택하면 브러시가 초기화됩니다.

06 붓을 길게 칠하듯 브러시를 한쪽 방향으로 크게 드래그하고 반대쪽 방향으로도 드래그하면 레이어 아래에 있던 흑백 이미지가 마스크를 통해 나타나기 시작합니다.

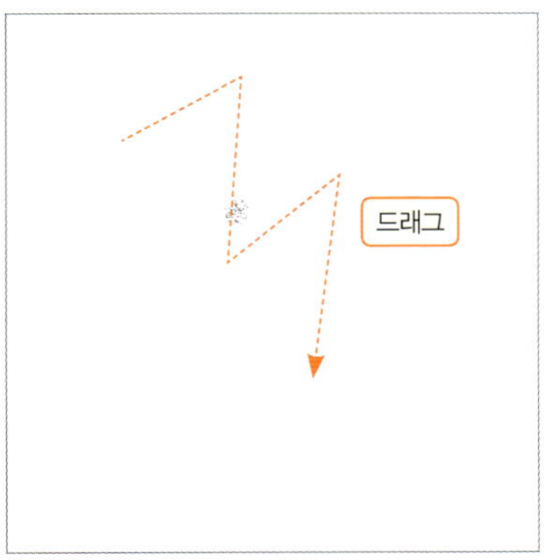

07 옵션바에서 브러시 크기를 50 px로 줄입니다. 왼쪽 눈과 오른쪽 눈 부분이 진하게 나타나도록 터치하듯 살짝 드래그합니다.

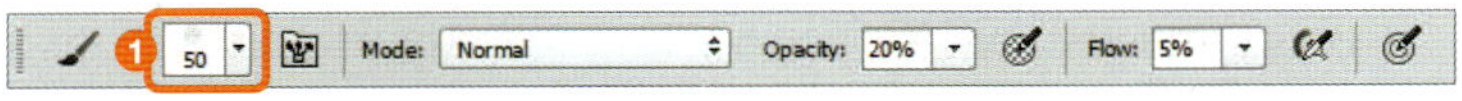

08 코 부분과 입술 부분을 드래그하여 진하게 만들어줍니다.

09 이제 머리카락 부분과 상대적으로 더 어두운 턱 아래 목선 부분을 드래그합니다. 얼굴의 윤곽을 잡아주기 위에 얼굴의 테두리 부분도 드래그합니다.

10 전체적인 톤을 확인하면서 옷의 꺾인 부분과 모델의 바깥쪽을 꼼꼼히 드래그하여 더 입체적으로 만듭니다.

11 [Layers] 패널에서 보정 레이어 아이콘(◐.)을 클릭하고 Levels을 선택합니다. [Properties] 패널이 열리면 히스토그램 좌측 하단의 삼각형 단추를 오른쪽으로 드래그하면서 톤을 조정합니다.

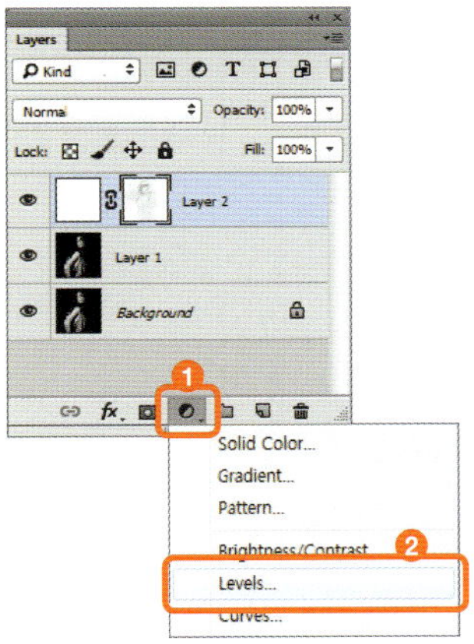

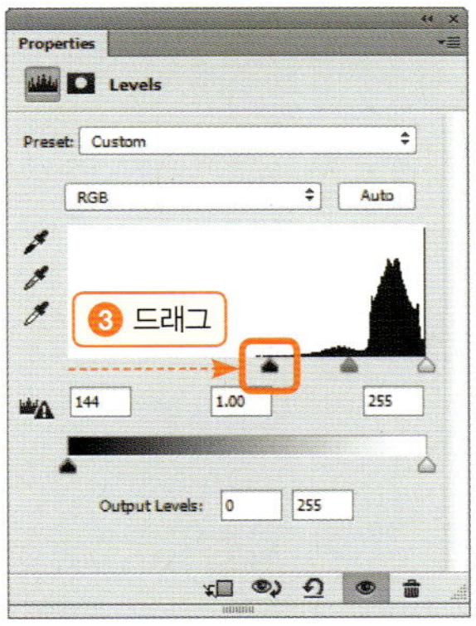

12 다음과 같이 이미지의 톤이 변경됩니다.

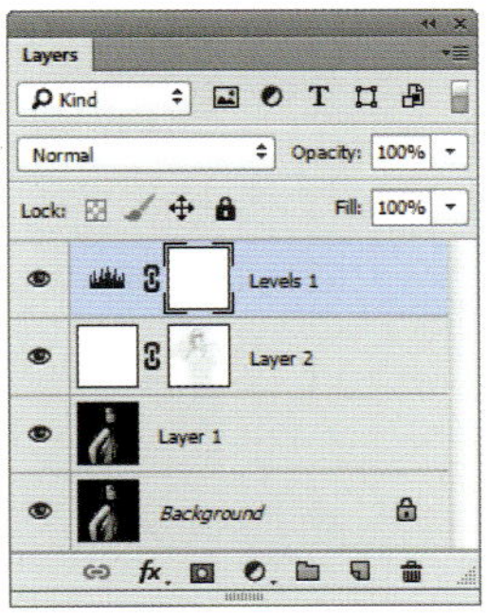

13 Ctrl+A를 눌러 전체를 선택하고 Ctrl+Shift+C를 눌러 화면에 보이는 전체를 복제한 후 Ctrl+V를 누르면 현재 보이는 화면이 전체 복제되어 레이어가 추가됩니다.

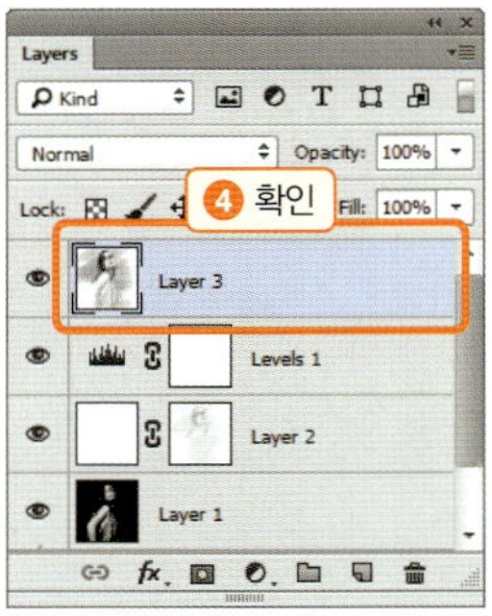

14 Ctrl+N을 눌러 세로 명함 크기의 새 창을 만듭니다.

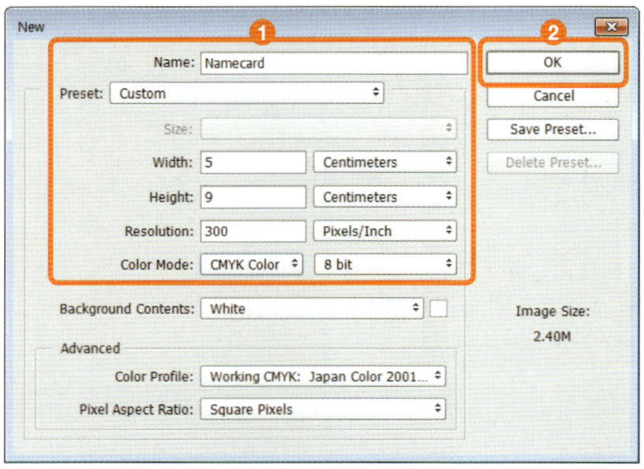

15 전경색(■)을 검정색으로 바꾸고 Alt+Delete를 눌러 바탕에 적용시킨 후 앞에서 작업한 Layer 3 레이어를 이동 툴( )을 이용하여 새로 만든 창 상단에 배치합니다.

16 하단에는 문자 툴(T,)로 정보를 입력하여 명함을 완성합니다.

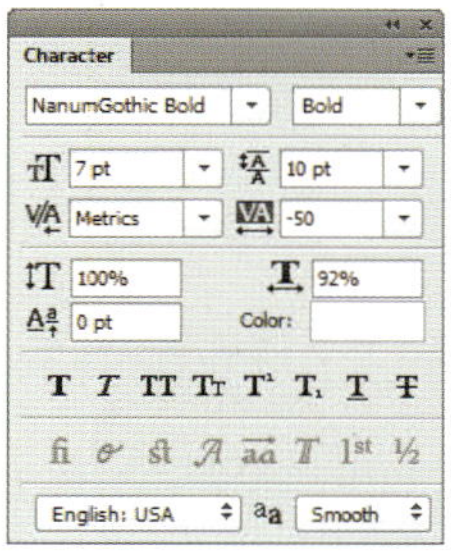

기본기 다지기

Adjustments 메뉴 보정 레이어

Adjustments 메뉴와 보정 레이어를 이용한 이미지 보정

앞에서 배웠듯이 이미지를 보정할 때는 메뉴바에 있는 Adjustments 메뉴와 패널에 있는 보정 레이어를 사용합니다. 기능은 같지만 Adjustments 메뉴는 레이어에 바로 적용되어서 보정이 되고, Layers 패널의 보정 레이어는 선택한 레이어 위에 보정 레이어를 만들어서 아래에 위치한 모든 레이어의 이미지가 함께 보정됩니다.

보정 레이어를 이용하면 원본 이미지에 변형 없이 보정을 할 수 있습니다. 메뉴바에 있는 Adjustments 메뉴를 사용하면 바로 이미지에 흡수되어 보정되지만, 보정 레이어는 독립된 층으로 원본 레이어를 손상시키지 않고 별도의 레이어로 관리할 수 있어 쉽게 수정 및 삭제할 수 있습니다.

Adjustments 메뉴로 이미지 보정하기

01 메뉴바에서 [Image]–[Adjustments]–[Hue/Saturation]을 클릭하고 [Hue/Saturation] 대화상자에서 Hue 값을 +30으로 조정합니다.

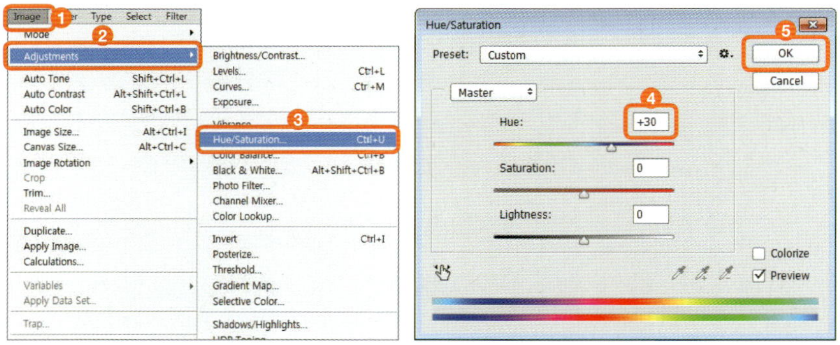

02 다음과 같이 이미지가 변경되고 [Layers] 패널에 있는 Background 레이어에 바로 적용됩니다.

보정 레이어로 이미지 보정하기

1. Layers 패널에서 직접 보정

01 [Layers] 패널에서 보정 레이어 아이콘(◐.)을 클릭하고 Hue/Saturation을 선택합니다.

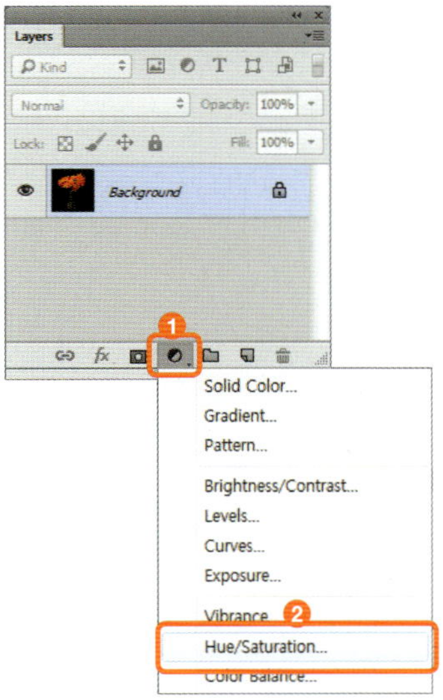

02 다음과 같이 [Properties] 패널이 열리면 Hue 값을 30으로 조정합니다.

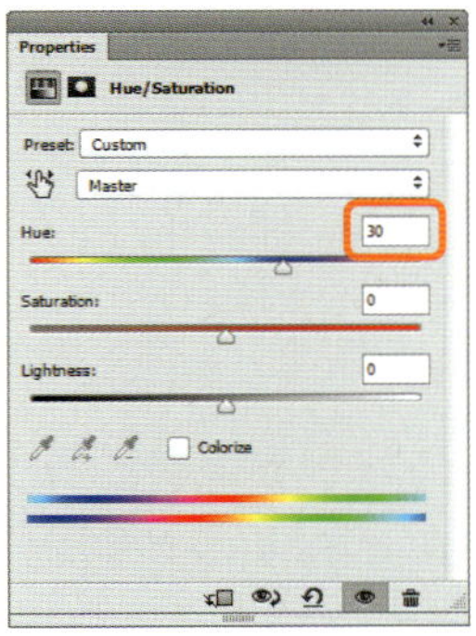

03 [Layers] 패널의 Background 레이어 위에 새 보정 레이어가 생성되면서 이미지가 보정됩니다.

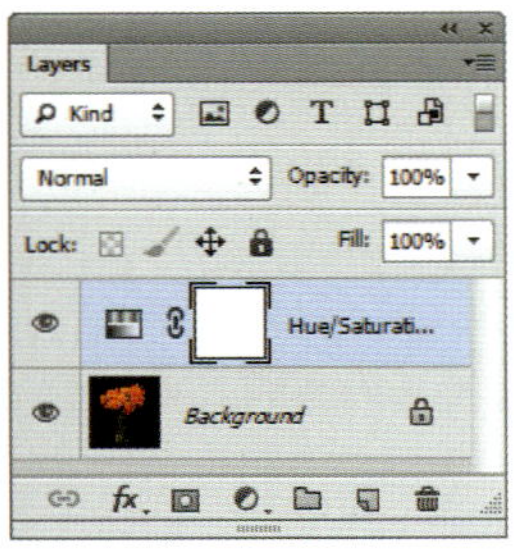

2. Adjustments 패널을 사용하여 보정

01 메뉴바에서 [Window]–[Adjustments]를 클릭하면 [Adjustments] 패널이 열립니다. 여기서 Hue/Saturation 아이콘을 클릭하면 열리는 [Properties] 패널에서 Hue 값을 30으로 조정합니다.

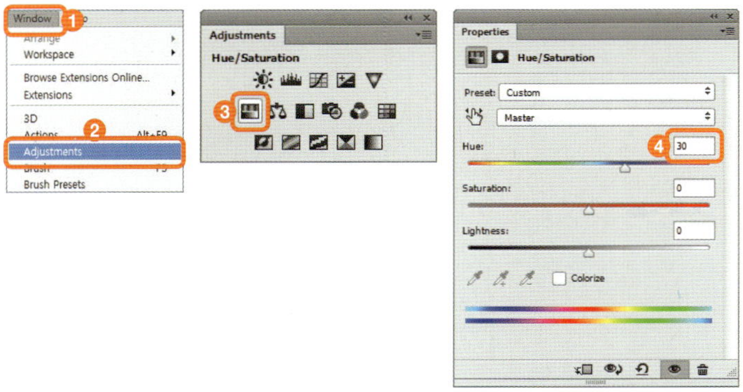

02 [Layers] 패널의 Background 레이어 위에 새 보정 레이어가 생성되면서 이미지가 변경됩니다.

Adjustments 메뉴와 보정 레이어를 이용한 이미지 보정의 차이점

Adjustments 메뉴로 하는 이미지 보정과 보정 레이어로 하는 이미지 보정을 비교해 보겠습니다. 우선 Adjustments 메뉴를 이용한 보정입니다. 이미지 왼쪽 상단 첫 번째 원에 해당하는 레이어를 선택하고 Adjustments 메뉴를 이용하여 다음과 같이 보정하겠습니다.

이번에는 보정 레이어로 이미지를 보정해 보겠습니다. [Adjustments] 패널을 열고 Hue/Saturation을 보정한 후 [Layers] 패널을 보면 보정 레이어 아래의 레이어에 모두 적용되어 다음과 같이 변경됩니다.

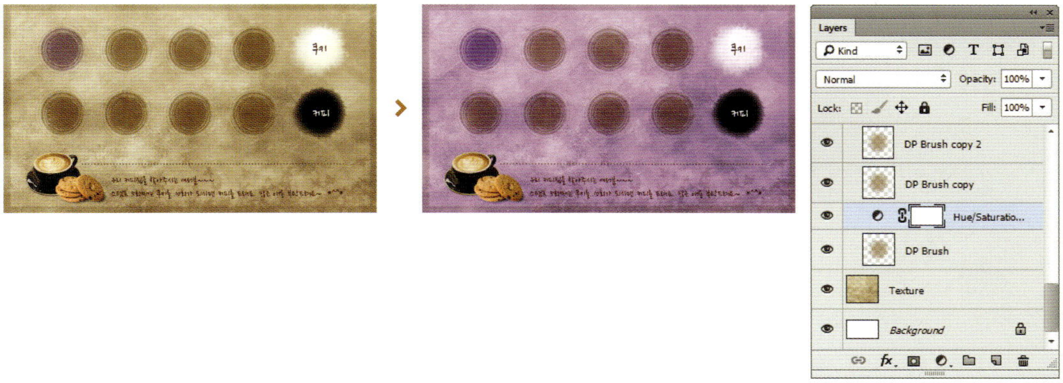

위에서 확인할 수 있는 것처럼 보정 레이어를 만들면 그 아래에 있는 레이어들은 모두 영향을 받게 됩니다. 따라서 현재 레이어 이미지에만 적용할 경우에는 Adjustments 메뉴를 이용해야 합니다. 그런데 여기서 마스크 기능을 이용하면 보정 레이어도 해당 레이어에만 보정 효과를 적용할 수 있습니다. 다음 과정을 확인해 봅시다.

먼저 [Layers] 패널에서 Ctrl을 누른 채 해당 레이어의 썸네일을 클릭한 후 보정 레이어 아이콘(◐.)을 클릭하고 Hue/Saturation을 선택합니다.

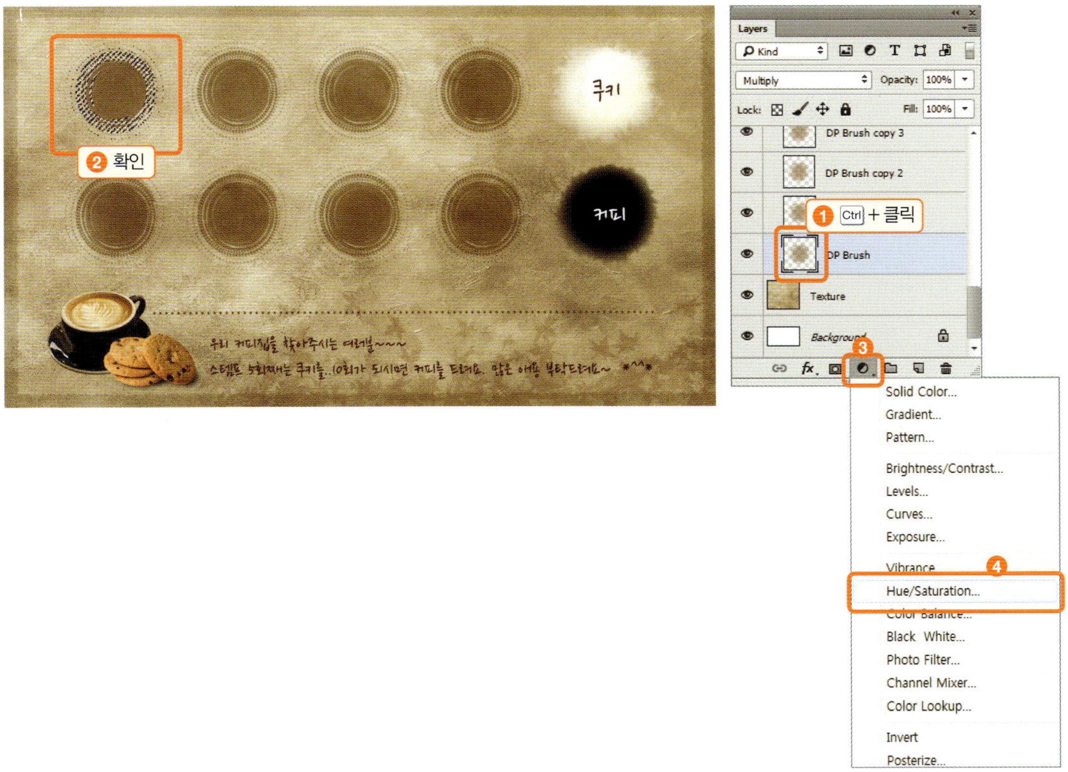

[Layers] 패널의 보정 레이어에 마스크가 적용되면서 선택된 왼쪽 상단의 원만 보정이 됩니다.

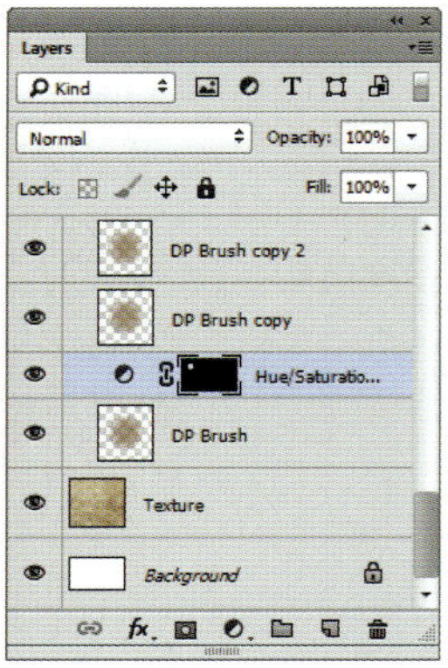

CHAPTER 23

망점 효과로 스마트폰 배경 화면 만들기

완성예제 미리보기

이번 장에서는 앱 아이콘들과 잘 어울릴 수 있는 심플한 느낌의 스마트폰 배경 화면을 만들어 보겠습니다. 특히, 이번 예제에서는 퀵 마스크 모드와 하프톤 효과를 이용하여 망점 효과를 주도록 하겠습니다. 퀵 마스크 모드는 대개 망점 테두리를 만들 때 자주 이용하며, 하프톤 효과는 팝아트 이미지나 그래픽 이미지를 만드는 데 효과적으로 사용됩니다.

준비 파일 Flower.jpg
주요 기능 퀵 마스크 모드, 하프톤 효과, 그레디언트 툴

01 Ctrl + N 을 눌러 새 창을 만든 후 Flower.jpg 이미지 파일을 불러와서 새 창에 배치합니다.

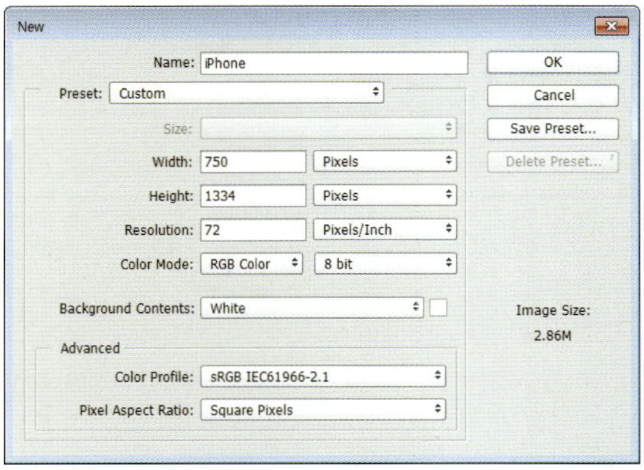

02 전경색(■)은 #e5d4c2로 설정한 후 툴 패널에서 그레디언트 툴(■)을 클릭하고 옵션바에서 Foreground to Transparent 그레디언트를 선택합니다. 새 레이어를 추가하고 작업창의 하단 부분에서 위쪽으로 드래그하여 그레디언트를 적용합니다.

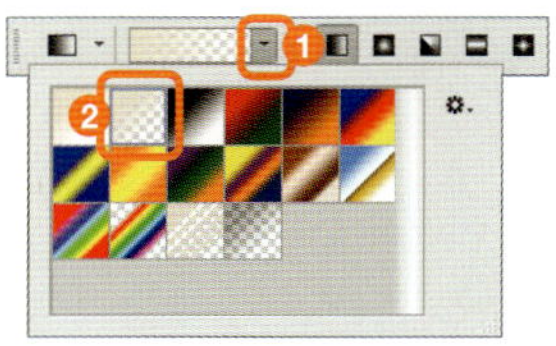

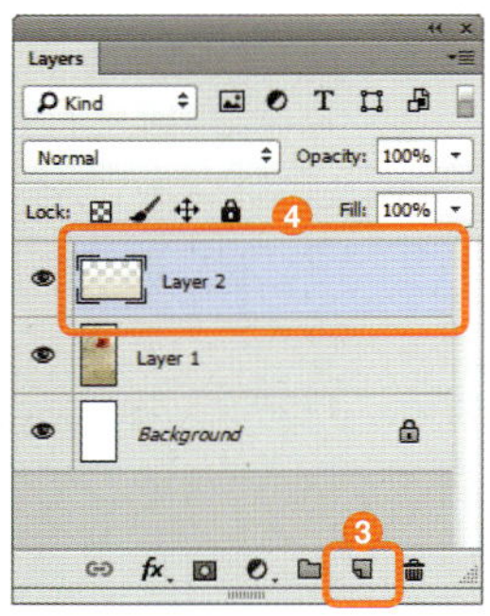

03 Layer 2 레이어의 썸네일을 Ctrl을 누른 채 클릭하여 이미지를 선택 영역으로 만든 후, 툴 패널에서 퀵 마스크 모드( )를 클릭하여 퀵 마스트 모드를 적용합니다.

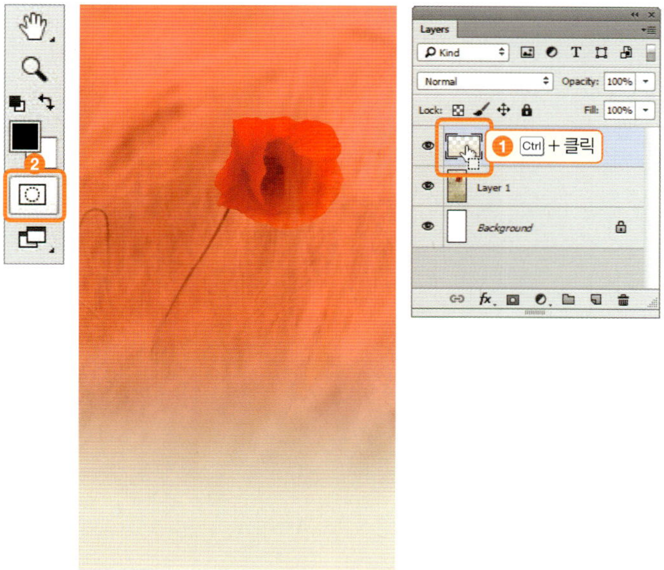

04 메뉴바에서 [Filter]–[Pixelate]–[Color Halftone]을 선택하고 [Color Halftone] 대화상자에서 아래와 같이 수치를 입력하고 [OK]를 클릭합니다.

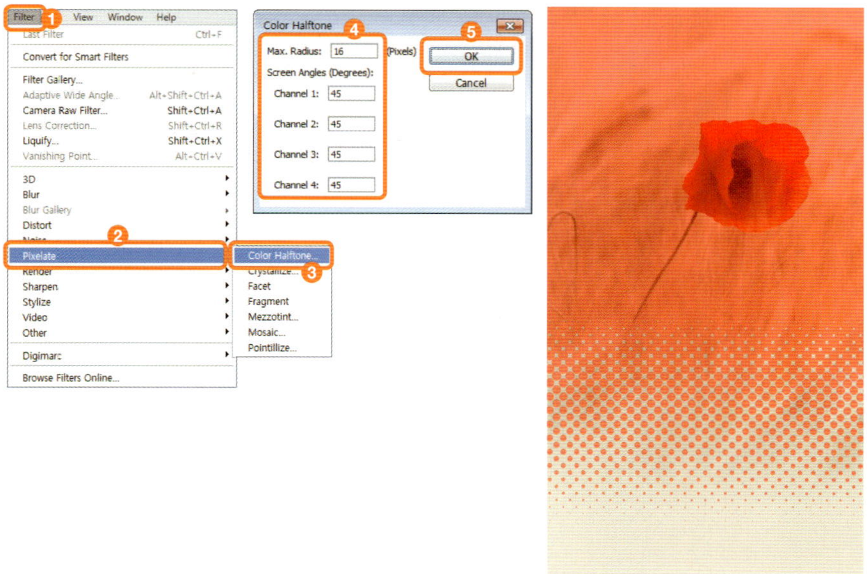

Tip Ctrl을 누른 채 레이어의 썸네일 이미지를 클릭하면 해당 레이어에 있는 이미지의 형태로 선택 영역이 활성화됩니다.

Tip [Color Halftone] 대화상자의 Max Radius는 망점 크기의 최댓값을, Screen Angels는 망점의 각도를 의미합니다.

05 툴 패널에서 퀵 마스크 모드( )를 눌러서 일반 모드로 돌아옵니다. 작업창에서 Ctrl + Shift + I 를 눌러 선택 영역을 반전시키고 Delete 를 눌러서 선택 영역을 지운 후, Ctrl + D 를 눌러 선택 영역을 해제합니다.

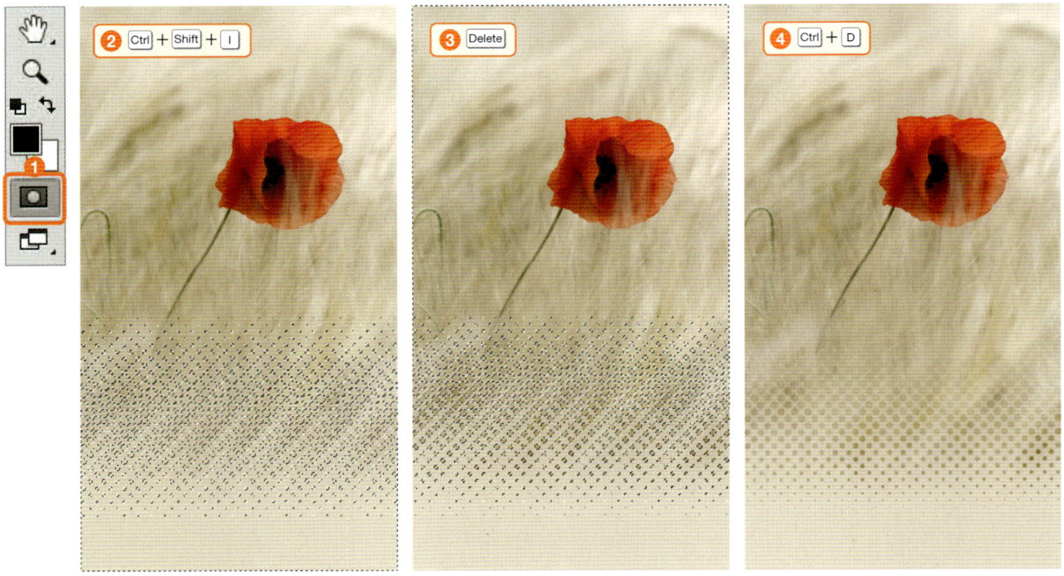

NOTE **일반 모드와 퀵 마스크 모드에서 필터를 적용했을 때의 차이**

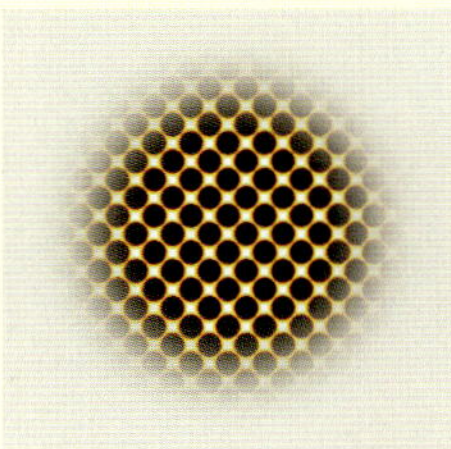

일반 모드에서 필터 적용

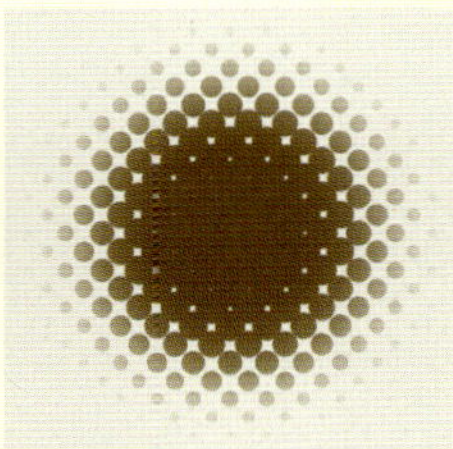

퀵 마스크 모드에서 필터 적용

06 [Layers] 패널에서 Layer 2 레이어의 블렌드 모드를 Multiply로 변경합니다.

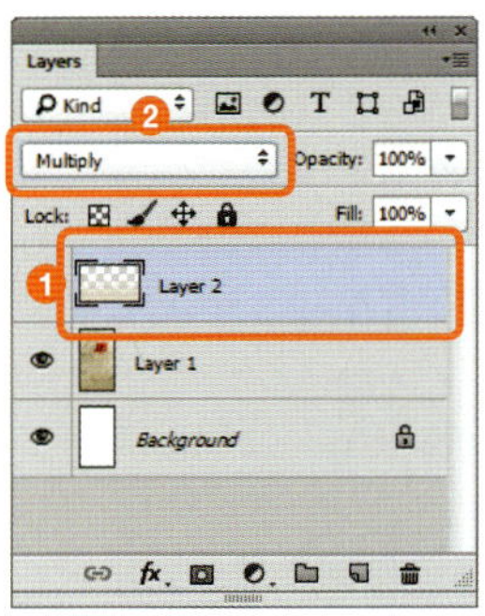

07 다음과 같이 스마트폰 배경 화면이 완성됩니다.

기본기 다지기

특수 효과를 적용하는 가장 빠른 길, 필터 I

포토샵은 기본적으로 여러 가지 종류의 필터를 제공합니다. 필터를 사용하면 간단한 방법으로 이미지에 여러 특수 효과를 줄 수 있습니다. 하지만 사용하기 간편하다고 해서 과도하게 사용하면 이미지의 품질을 떨어뜨릴 수 있으므로 적절히 사용하는 것이 좋습니다.

포토샵을 설치하고 곧바로 사용할 수 있는 필터를 내장 필터라고 하는데, 이 필터는 Filter 메뉴에서 사용할 수 있습니다.

Filter 메뉴

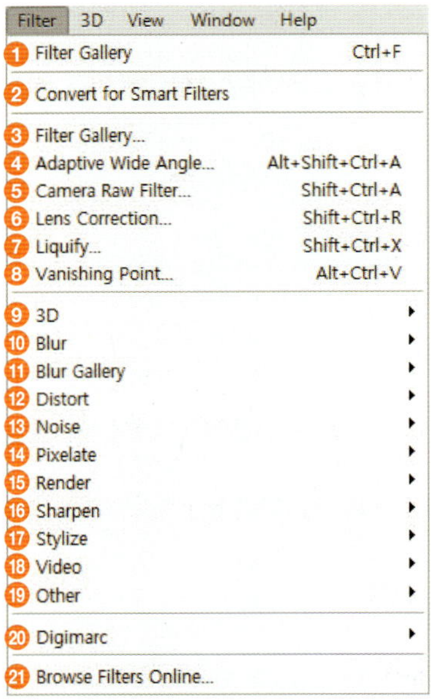

1. **Filter Gallery :** 방금 전에 실행한 필터를 적용합니다.
2. **Convert for Smart Filters :** 스마트 필터로 바꿉니다.
3. **Filter Gallery... :** Filter Gallery 대화상자를 열어 이미지에 필터를 미리 적용해 그 결과를 확인한 후 적용할 수 있습니다.
4. **Adaptive Wide Angle :** 어안 렌즈나 광각 렌즈로 촬영한 사진에서 구부러져 보이는 개체를 손쉽게 바로 잡을 수 있습니다.
5. **Camera Raw Filter :** 이미지에 Camera Raw의 조정 사항을 적용할 수 있습니다.
6. **Lens Correction :** 광각 렌즈의 왜곡 현상을 조정합니다.
7. **Liquify :** 사진의 형태를 수정합니다.
8. **Vanishing Point :** 투시된 이미지를 소실점에 맞게 수정합니다.
9. **3D :** 3D 입체로 만들어 주는 필터입니다.
10. **Blur :** 이미지 초점을 흐리게 하는 필터입니다.
11. **Blur Gallery :** 다양한 블러 필터들이 있습니다.
12. **Distort :** 이미지를 볼록하게 하거나 구부리게 하는 등의 왜곡 효과를 주는 필터입니다.
13. **Noise :** 이미지에 노이즈를 더하거나 제거하는 필터입니다.
14. **Pixelate :** 픽셀 모양, 색상, 배열 방식 등을 조절하여 독특한 효과를 주는 필터입니다.
15. **Render :** 몇 가지 특수 효과를 연출할 수 있는 필터입니다.
16. **Sharpen :** 이미지 선명도를 조정하는 필터입니다.
17. **Stylize :** 이미지에 다양한 질감을 적용하는 필터입니다.
18. **Video :** 포토샵에서 작업한 이미지를 영상 매체로 가져갈 때 해당 매체에 맞게 색상 체계를 바꿉니다.
19. **Other :** 기타 필터를 모아놓았습니다.
20. **Digimarc :** 작업 이미지에 저작원 정보를 입력합니다.
21. **Browse Filters Online :** 이미지 저작권 정보를 지정하거나 저작권 정보를 읽을 수 있습니다.

Filter Gallery

Filter Gallery는 메뉴바에서 [Filter]-[Filter Gallery]를 클릭하면 열리며, 여기에는 여러 종류의 필터가 들어있습니다. Filter Gallery에는 회화적인 느낌을 주는 필터인 Artistic, Brush Strokes, Sketch와 이미지를 왜곡하거나 변형하는 필터인 Distort, Stylize, 그리고 여러 가지 형태의 질감을 적용하는 필터인 Texture가 있습니다.

1. Artistic

여러 가지 미술 도구나 화가들의 독특한 터치를 이미지에 적용한 필터입니다. 15가지로 구성되어 있으며 RGB Color 이미지와 Grayscale 이미지에만 효과가 적용됩니다.

Colored Pencil

Cutout

Dry Brush

Film Grain

Fresco

Neon Glow

Paint Daubs

Palette Knife

Plastic Wrap

Poster Edges

Rough Pastels

Smudge Stick

Sponge

Underpainting

Watercolor

2. Brush Strokes

다양한 방식으로 이미지에 터치를 더하는 필터로 Artistic 필터와 비슷합니다. Artistic 필터와 마찬가지로 RGB Color 이미지와 Grayscale 이미지에만 효과가 적용됩니다.

Accented Edges

Angled Strokes

Crosshatch

Dark Strokes

Ink Outlines

Spatter

Sprayed Strokes

Sumi-e

3. Distort

이미지를 변형하여 왜곡 효과를 주는 필터입니다.

Diffuse Glow

Glass

Ocean Ripple

4. Sketch

손으로 직접 그린 듯한 스케치 효과를 주는 필터입니다. 필요에 따라 전경색이나 배경색이 덧칠되며 질감을 더하는 경우도 있습니다. 대부분 전경색과 배경색에 영향을 받으므로 전경색과 배경색을 잘 선택한 후 적용하는 것이 중요합니다.

Bas Relief

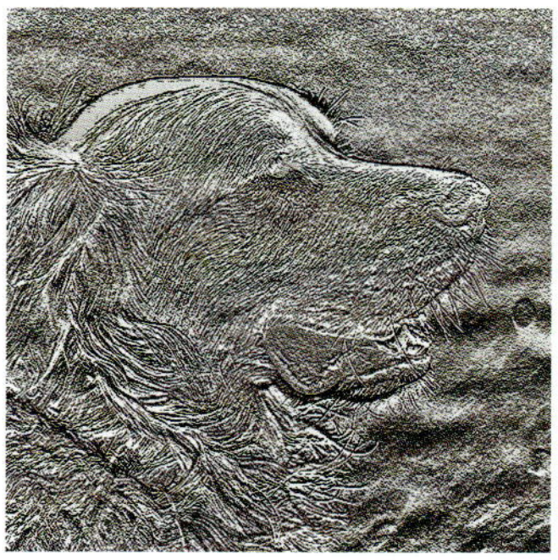

Chalk&Charcoal

Charcoal

Chrome

Conte Crayon

Graphic Pen

Halftone Pattern

Note Paper

Photocopy

Plaster

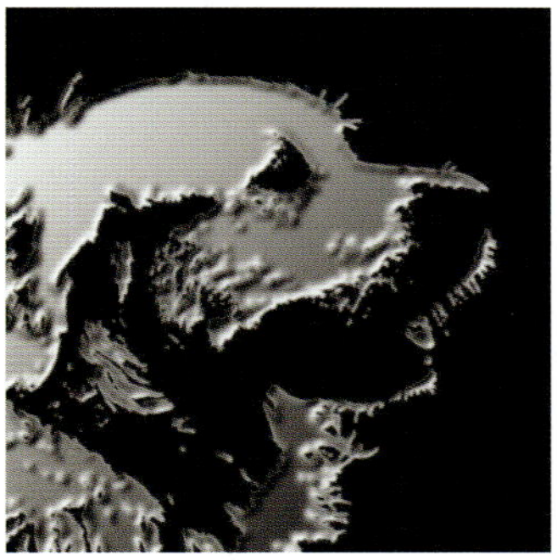

Reticulation

Stamp

Torn Edges

Water Paper

5. Stylize

Stylize는 이미지의 픽셀, 모양, 배열에 변형을 가해 이미지 스타일을 강하게 바꾸어 주는 필터로, Glowing Edges가 있습니다.

원본

Glowing Edges

6. Texture

이미지에 여러 가지 형태의 질감을 적용하는 필터이며, 고급스러운 분위기의 질감을 표현하기 좋습니다.

Craquelure

Grain

Mosaic Tiles

Patchwork

Stained Glass

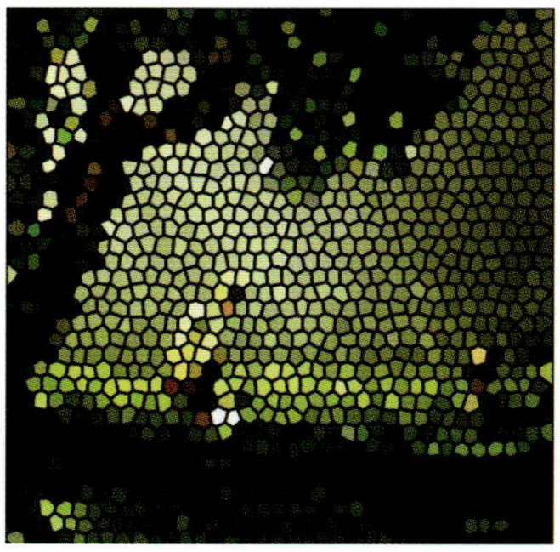

Texturizer

Adaptive Wide Angle

어안 렌즈나 광각 렌즈로 촬영한 사진에서 구부러져 보이는 개체를 바로잡을 때 사용합니다. 왜곡된 부분을 수정하기 위해서 기준이 되는 부분에 처음과 끝을 클릭하면 렌즈 정보를 토대로 자동으로 곡선이 만들어집니다. 렌즈 정보가 없는 경우는 클릭&드래그하면 직선이 그려지고 직선 중간에 큰 원이 만들어집니다. 원의 중앙점을 클릭&드래그하면 곡선으로 변형되어 기준선을 만들 수 있습니다.

• Adaptive Wide Angle 대화상자

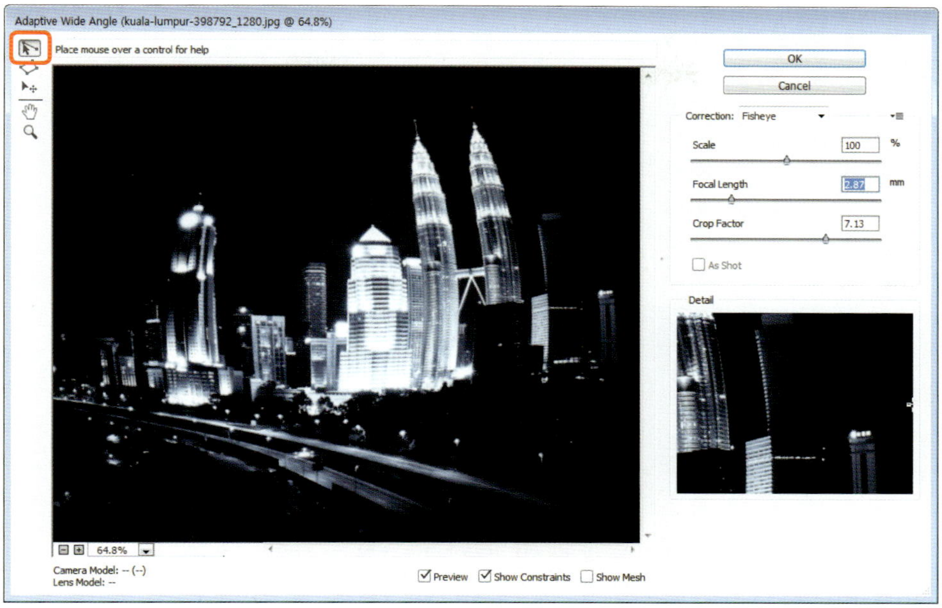

- Constraint Tool : 이미지 위를 클릭해서 기준선을 만들거나 기준점을 이동할 수 있습니다. 곡선인 부분을 클릭&드래그하면 자동으로 직선이 됩니다. Shift를 누른 채 드래그하면 곡선이 직선으로 바뀝니다.

Camera Raw Filter

Raw 파일과 같은 고용량 이미지만 후반 편집을 하던 기능을 jpg 같은 일반 파일 이미지도 편집할 수 있도록 지원하는 전문 편집 기능입니다.

• Camera Raw Filter 대화상자

❶ **Zoom Tool :** 이미지를 확대/축소합니다.

❷ **Hand Tool :** 미리 보기 화면이 100%를 넘는 경우, 보여지는 화면을 중심으로 이동합니다.

❸ **White Balance Tool :** 스포이트로 흰색으로 보여야 할 부분을 클릭합니다.

❹ **Color Samper Tool :** 색상을 선택합니다.

❺ **Target Adjustment Tool :** 선택 영역의 Curve 값을 조정합니다.

❻ **Spot Remove Tool :** 결점으로 생각되는 부분을 마우스 왼쪽 버튼을 누르고 드래그하여 원의 크기를 조절한 후, 마우스 버튼을 떼면 주변에서 소스를 가져와 수정합니다.

❼ **Red Eye Remove Tool :** 적목 현상을 제거합니다.

❽ **Adjust Brush Tool :** 조정하고 싶은 부분을 칠해주고 마우스 버튼을 떼면 값이 적용되고 포인트가 생깁니다.

❾ **Gradient Filter Tool :** 노출, 명도, 대비, 선명도, 색상 등이 점진적으로 변하도록 합니다.

Lens Correction

카메라 기종에 따른 촬영 결과를 보여주는 필터입니다. Custom 모드의 Vignette 옵션을 조정하여 로모 카메라로 찍은 비네팅 효과(주변부의 빛이 줄어들어 가장자리가 어두워지는 효과)도 쉽게 낼 수 있습니다.

• Lens Correction 대화상자

1. Auto Correction

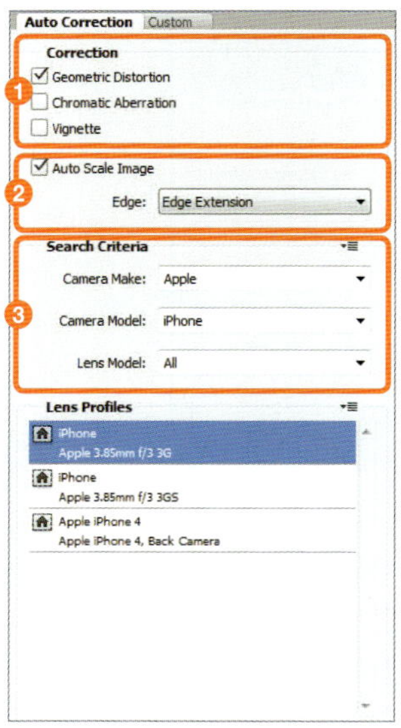

❶ **Correction :** 보정 방법을 설정합니다.

❷ **Auto Scale Image :** 이미지 크기를 자동으로 조절합니다.

❸ **Search Criteria :** 검색 기준을 설정합니다.

2. Custom

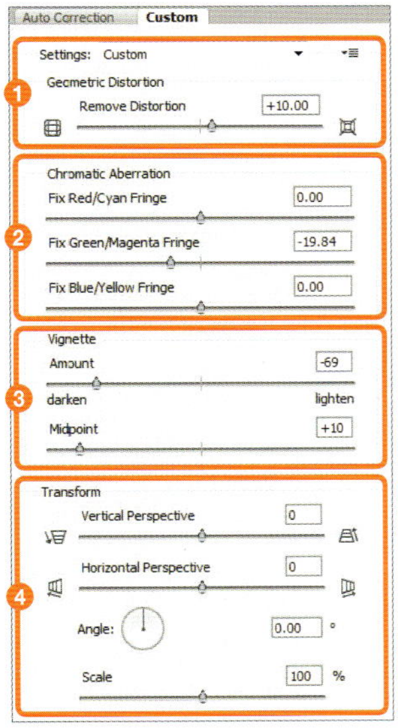

❶ **Geometric Distortion :** 기하학적 왜곡정도를 설정합니다.

❷ **Chromatic Aberration :** 색수차를 설정합니다.

❸ **Vignette :** 비네트를 설정합니다.

❹ **Transform :** 이미지의 변형을 설정합니다.

Liquify

정교한 방법으로 이미지를 다양하게 왜곡하는 필터로, Liquify 대화상자에서 제공되는 툴과 옵션을 이용하여 재미있는 이미지 왜곡 효과를 만들 수 있습니다. 주로 인물 사진을 왜곡할 때 사용하며, Chapter 25에서 자세히 다루겠습니다.

Vanishing Point

복제할 대상이 입체적인 경우 원근감까지 살려 자연스럽게 복제할 수 있는 필터입니다.

• **Vanishing Point 대화상자**

❶ **Edit Plane Tool :** 만든 평면 그리드의 포인트 위치와 크기를 수정할 수 있습니다.

❷ **Create Plane Tool :** 이미지에 포인트를 찍어 면을 만드는 툴입니다.

❸ **Marquee Tool :** 평면 안에서 드래그하면 원근감에 맞게 선택 영역을 만듭니다.

❹ **Stamp Tool :** 툴 박스의 도장과 기능이 같습니다. Alt를 눌러 복제한 후 원하는 곳에 드래그하여 복제할 수 있습니다.

❺ **Brush Tool :** 평면의 원하는 곳에 칠합니다.

CHAPTER 24

대비 효과를 이용한 광고 이미지 만들기

완성예제 미리보기

이번 장에서는 앞에서 배운 이미지 보정과 레이어 마스크 효과를 활용하여 광고 이미지를 만들어 보겠습니다. 광고 이미지는 짧은 시간에 효과적인 콘셉트를 전달하기 위해 강렬한 인상을 줄 수 있도록 시각적인 대비 효과를 많이 사용합니다. 포토샵에서 제공하는 이미지 보정 기능으로 배경을 흑백으로 만들고, 필터 효과로 배경을 흐릿하게 하여 오브젝트가 더욱 돋보이도록 만들 것입니다.

준비 파일 Beer.jpg
주요 기능 흑백 이미지 만들기, 레이어 마스크, 브러시 툴, 블러 효과

01 Ctrl+O를 눌러 예제 소스가 저장된 폴더에서 Beer.jpg 이미지 파일을 불러옵니다.

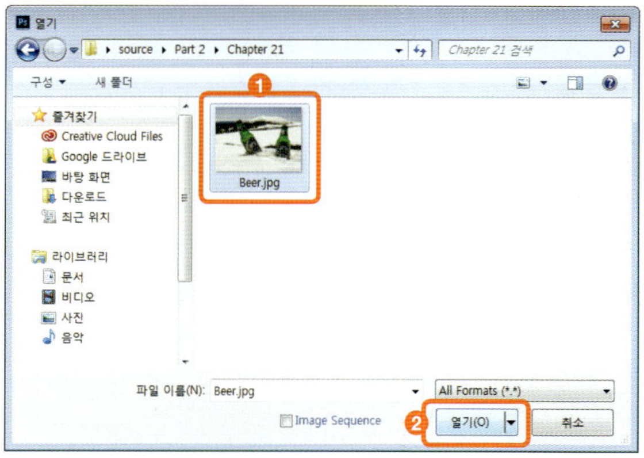

02 [Layers] 패널의 Background 레이어를 Ctrl+J를 눌러 복제하여 Layer 1 레이어를 만듭니다.

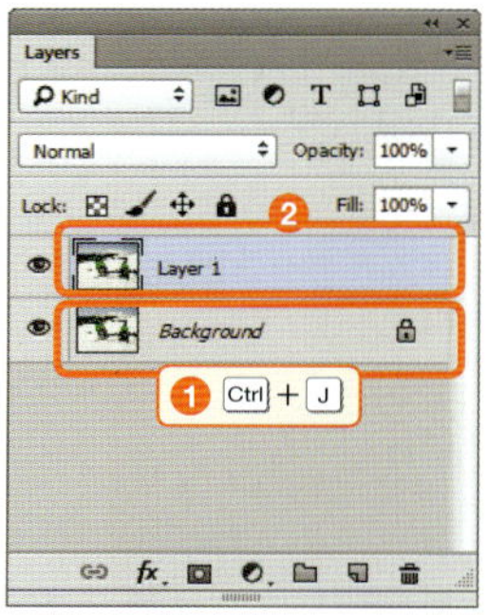

03 메뉴바에서 [Image]–[Adjustments]–[Desaturate]를 선택하여 이미지를 흑백 이미지로 만듭니다.

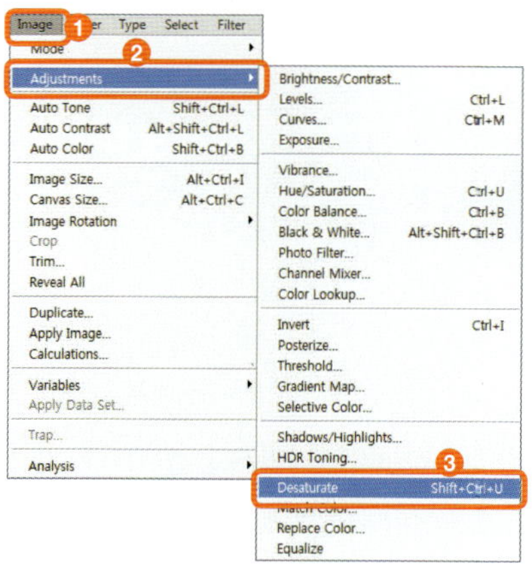

Tip Shift+Ctrl+U를 눌러도 이미지가 흑백 처리됩니다.

04 [Layer] 패널에서 새로 생성된 Layer 1 레이어에 마스크 레이어 추가(◘)를 클릭하여 마스크 레이어를 추가합니다.

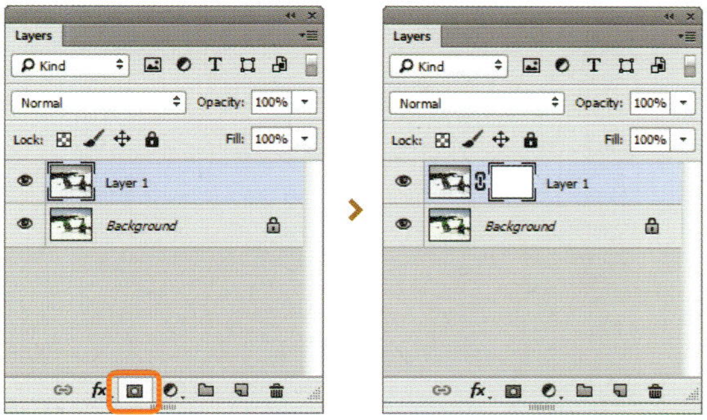

05 툴 패널에서 브러시 툴(✓)을 선택하고 옵션바의 브러시 설정 목록 단추를 클릭한 후 브리시 종류는 Soft Round, Size는 50 px로 설정합니다.

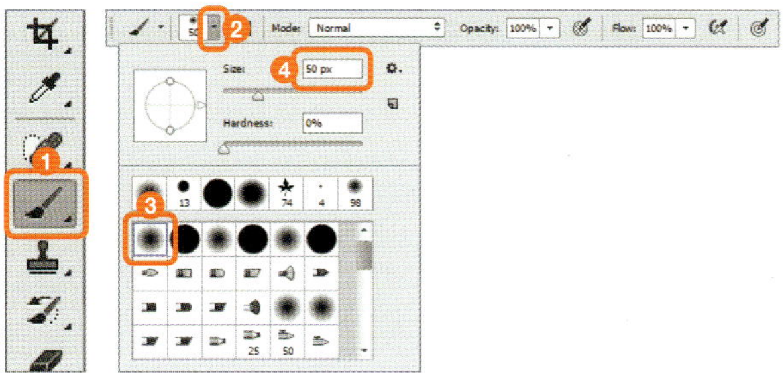

06 브러시로 병 부분을 드래그하면 브러시로 드래그한 부분의 아래에 있던 컬러 이미지가 나타납니다. [Layers] 패널의 Layer 1 마스크 레이어를 보면 드래그한 부분이 검정색으로 표시된 것을 확인할 수 있습니다.

07 이번에는 배경을 흐릿하게 만들어 보겠습니다. [Layers] 패널에서 Layer 1 레이어의 일반 레이어를 클릭하고 메뉴바에서 [Filter]–[Blur]–[Gaussian Blur]를 선택합니다. [Gaussian Blur] 대화상자가 열리면 Radius를 5.1로 설정한 후 [OK]를 클릭합니다.

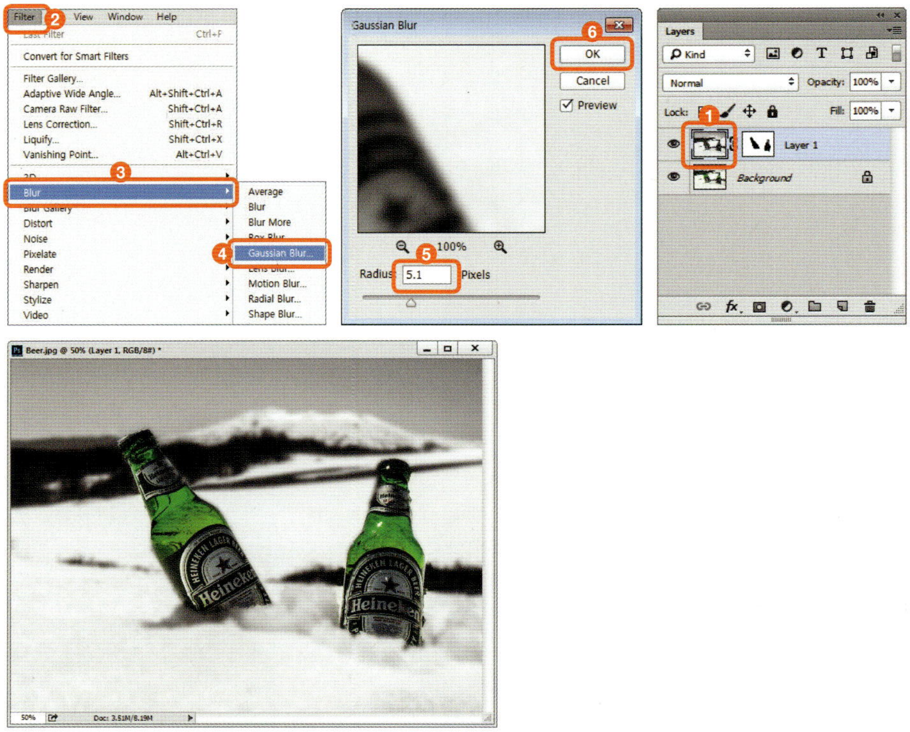

08 [Layers] 패널에서 Background 레이어를 선택한 후 Ctrl + U를 누릅니다. [Hue/Saturation] 대화상자에서 Hue를 +98로 설정한 후 [OK]를 클릭하면 병의 색 톤이 변합니다.

Tip 메뉴바에서 [Image]–[adjustment]–[Hue/Saturation]을 클릭해도 [Hue/Saturation] 대화상자가 열립니다.

09 [Hue/Saturation] 대화상자에서 Hue 값을 변경하여 다양한 형태의 광고 이미지를 만들어 봅니다.

기본기 다지기

특수 효과를 적용하는 가장 빠른 길, 필터 Ⅱ

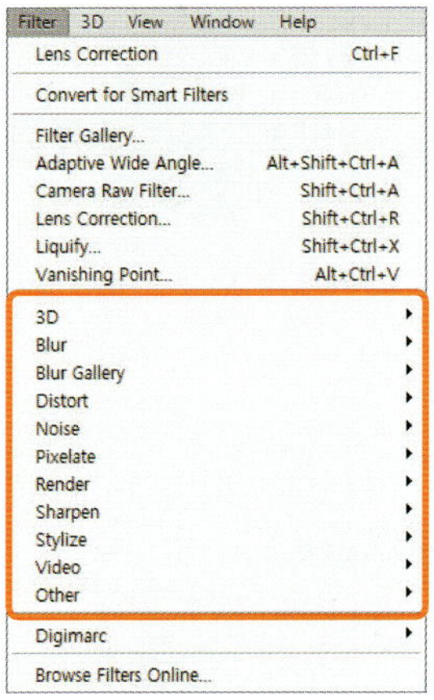

이번 장에서는 CHAPTER 23의 기본기 다지기에서 다루지 않은 다른 주요 필터에 대해 살펴보겠습니다. 메뉴바에서 [Filter]를 클릭하면 열리는 메뉴의 4번째 단에 있는 3D, Blur, Blur Gallery, Distort, Noise, Pixelate, Render, Sharpen Stylize, Video, Other, Digimarc에 대해 알아보겠습니다.

3D

포토샵 CS6까지 없었던 3D 필터 기능이 포토샵 CC부터 새롭게 추가되었습니다. 3D 필터 중 Generate Bump Map 효과와 Generate Normal Map 효과를 적용하면 아래와 같은 3D 효과를 주어 이미지가 조정됩니다.

원본

Generate Bump Map

Generate Normal Map

Blur

Blur 필터는 이미지의 초점을 흐리게 하여 이미지의 흠집이나 잡티를 제거하는 필터입니다. 총 11개의 필터가 있으며 Blur, Blur More, Gaussian Blur는 기본적인 블러 효과를 줄 때 사용하고, 나머지는 좀 더 특별한 블러 효과를 낼 때 사용합니다.

원본

Average

Blur

Blur More

Box Blur

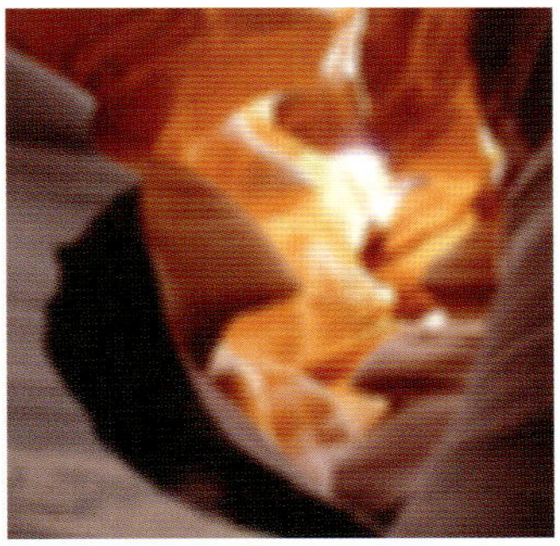

Gaussian Blur

Lens Blur

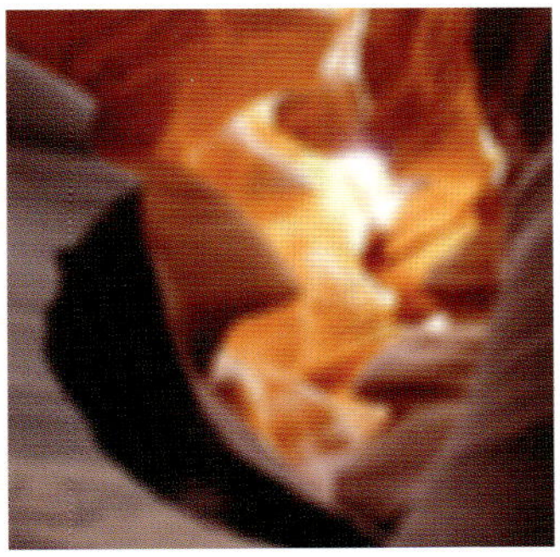

Motion Blur

Radial Blur

Shape Blur

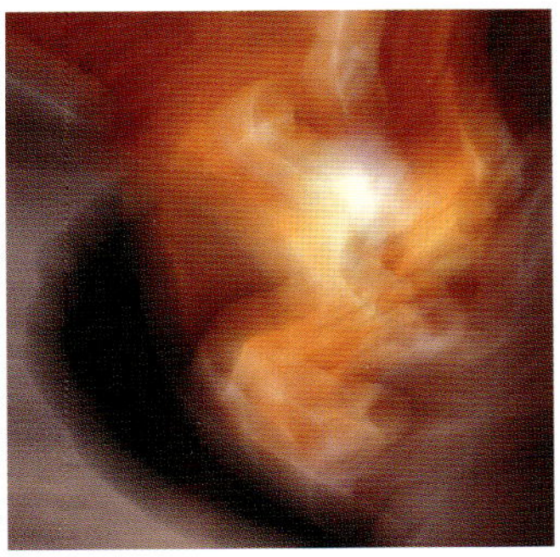

Smart Blur

Surface Blur

Blur Gallery

Blur Gallery에는 5가지의 블러 필터가 있습니다. Field Blur는 이미지 전체에 블러가 적용되고, Iris Blur는 중심에서 밖으로 퍼져 나갈수록 블러가 더 적용됩니다. Tilt-Shift Blur는 위 아래로, Path Blur는 패스 선을 따라 블러가 적용되며, Spin Blur는 회전하는 블러가 적용됩니다.

원본

Field Blur

Iris Blur

Tilt-Shift Blur

Path Blur

Spin Blur

NOTE Blur Gallery 관련 패널

1. Blur Tools 패널

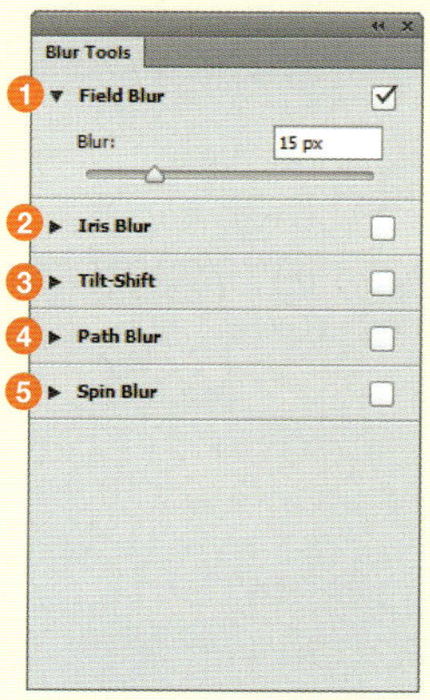

❶ **Filed Blur :** 핀으로 기준점을 설정하고 점마다 블러값을 설정할 수 있습니다.

❷ **Iris Blur :** 원형 블러를 적용합니다.

❸ **Tilt-Shift :** 미니어처 효과를 낼 수 있습니다.

❹ **Path Blur :** 패스선을 따라 블러를 적용합니다.

❺ **Spin Blur :** 회전하는 블러를 적용합니다. 마우스 포인트로 컨트롤이 가능합니다.

2. Blur Effects 패널

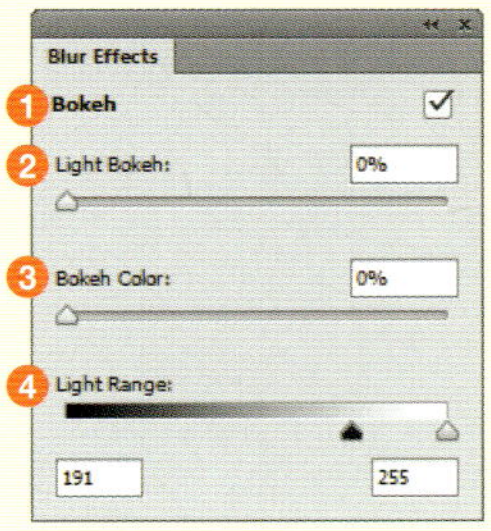

❶ **Bokeh :** 뿌옇게 보이는 효과를 설정합니다.

❷ **Light Bokeh :** 보케의 밝은 정도를 설정합니다.

❸ **Bokeh Color :** 보케의 색상을 설정합니다.

❹ **Light Range** : 밝기를 설정합니다.

Distort

Distort 필터는 이미지를 변형하여 왜곡 효과를 주는 필터이며, Displace, Pinch, Polar Coordinates, Ripple 등 총 9개의 효과를 적용할 수 있습니다.

원본

Displace

Pinch

Polar Coordinates

Ripple

Shear

Spherize

Twirl

Wave

Zigzag

Noise

Noise 필터는 이미지에 흠집이나 잡티를 추가해서 거친 느낌을 주는 필터입니다. 하지만 경계면이 지나치게 날카로운 이미지인 경우 Add Noise를 적용하여 적당한 양의 잡티를 추가하면 오히려 경계가 부드럽게 처리되기도 합니다.

원본

Add Noise

Despeckle

Dust & Scratches

Median

Reduce Noise

Pixelate

Pixelate 필터는 픽셀들의 모양, 색상, 배열 방식 등을 조절하여 독특한 효과를 주는 필터입니다. 특히 Mosaic이나 Color Halftone은 자주 사용하는 효과입니다.

원본

Color Halftone

Crystallize

Facet

Fragment

Mezzotint

Mosaic

Pointillize

Render

Render 필터는 여러 가지 특수 효과를 연출하는 필터이며, Flame, Picture Frame, Tree는 포토샵 CC에 새로 추가된 기능입니다. 특히, Tree나 Clouds는 매우 유용하게 사용할 수 있는 효과입니다.

Flame

Picture Frame

Tree

Clouds

Difference Clouds

Fibers

Lens Flare

Lighting Effects

Sharpen

Sharpen 필터는 이미지의 선명도를 조정하는 필터입니다. 인접한 픽셀의 명암차를 원래보다 강조해서 선명도를 높이는 것이 기본 원리입니다.

원본

Shake Reduction

Sharpen

Sharpen Edges

Sharpen More

Smart Sharpen

Unsharp Mask

Stylize

Stylize 필터는 이미지의 픽셀, 모양, 배열에 변형을 주어 이미지 스타일을 바꾸는 필터입니다. Diffuse, Emboss, Extrude 등 총 8개의 효과를 적용할 수 있습니다.

원본

Diffuse

Emboss

Extrude

Find Edges

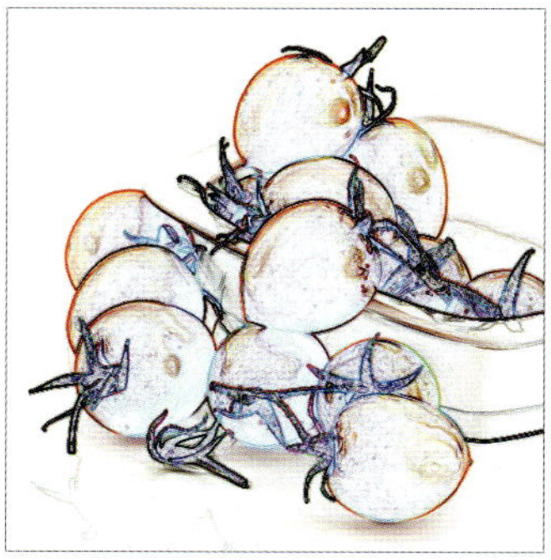

Solarize

Tiles

Trace Contour

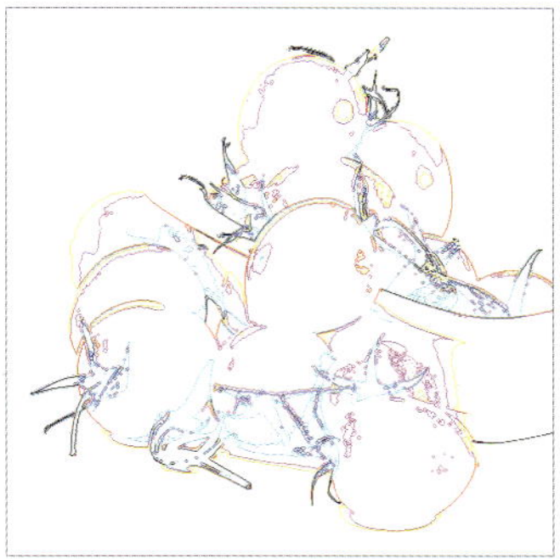

Wind

Video

Video 필터는 포토샵에서 작업한 이미지를 TV와 같은 영상 매체로 가져갈 때 중간 과정으로 사용할 수 있는 필터입니다. 컴퓨터를 통해 제작한 색상과 TV 브라운관에서 표현하는 색상 체계가 다르기 때문에 편리하게 사용할 수 있습니다.

Other

사용자가 직접 필터 제작, 이미지 색상을 밝게 또는 어둡게 처리, 이미지 픽셀의 배열을 의도적으로 변화를 주는 등 다양한 기능을 가진 필터입니다.

Custom

High Pass

HSB/HSL

Maximum

Minimum

Offset

Digmarc —

Digimarc 필터는 작업 이미지에 Digimarc라는 저작권 정보를 삽입할 때 사용합니다. 워터마크 방식으로 삽입되기 때문에 육안으로는 식별되지 않고 인쇄해도 보이지 않습니다.

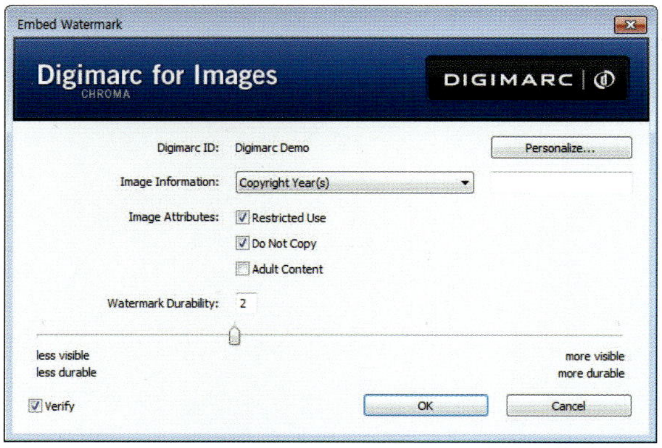

CHAPTER
25

왜곡 효과를 이용한 온라인 광고 만들기

완성예제 미리보기

이번 장에서는 왜곡 필터 중에 하나인 Displace 필터를 이용하여 온라인 광고를 만들어 보겠습니다. Displace 필터는 작업 이미지에 소스 이미지를 매핑하여 이미지를 변형시킵니다. 형태를 바꾸지만 원래 이미지가 가지고 있는 특성은 유지하면서 변형하기 때문에 시각적으로 호기심을 자아내고 주목을 끄는 좋은 방법 중 하나입니다. 예제를 따라 하며 Displace 필터에 대해 알아봅시다.

준비 파일 Displace1.psd, Displace2.psd, Displace3.psd. Flower1.jpg, Flower2.jpg, Fruits.jpg
주요 기능 Displace 필터, 문자 툴

01 Ctrl + N 을 눌러 [New] 대화상자에서 다음과 같이 설정하여 새 창을 만듭니다.

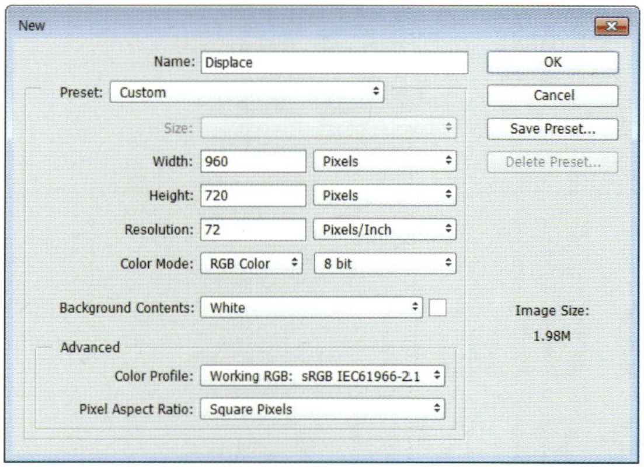

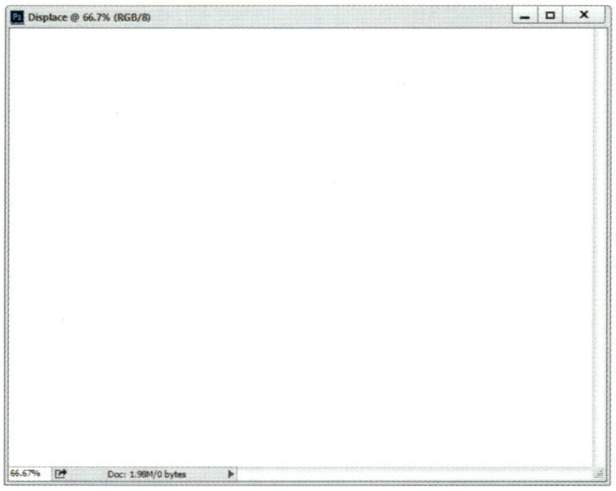

02 Ctrl + O 를 눌러 Fruits.jpg 이미지 파일을 열고 이미지를 새 창에 이동시킵니다.

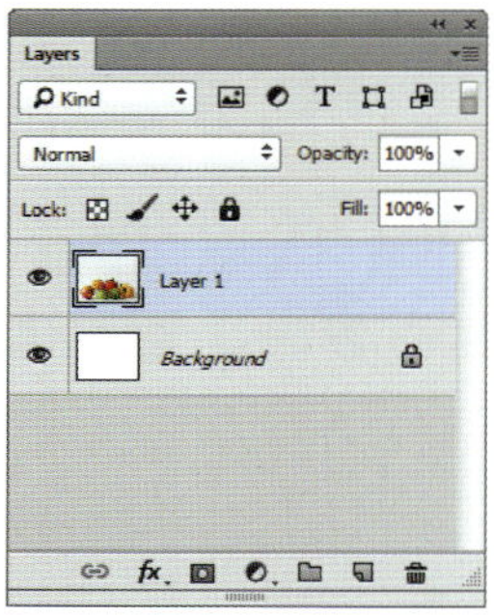

03 작업하기 전에 어떤 패턴을 적용할 것인지 Displace1.psd, Displace2.psd, Displace3.psd 파일을 불러와서 확인해 봅니다.

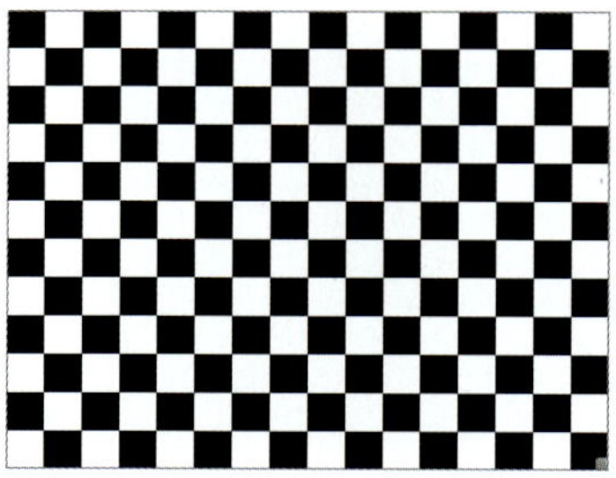

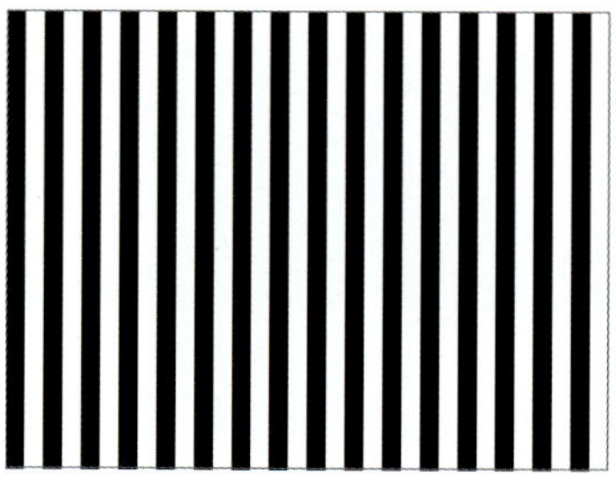

Tip 다른 필터와는 달리 Displace 필터를 적용하기 위해서는 필터로 쓰일 이미지가 있어야 하며 이미지는 반드시 psd 파일이어야 합니다. 이 필터로 쓰일 psd 이미지의 명암에 따라 원본 이미지에 변형이 더해져서 효과가 나타나는 것입니다.

04 [Layers] 패널의 Fruits 레이어에서 Ctrl + J를 눌러 레이어를 복제한 후 메뉴바에서 [Filter]-[Distort]-[Displace]를 클릭합니다. [Displace] 대화상자가 열리면 Horizontal Scale을 60으로 설정하고 [OK]를 클릭합니다.

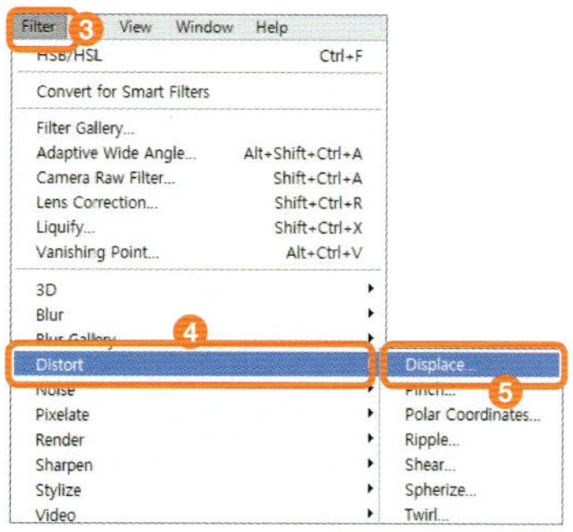

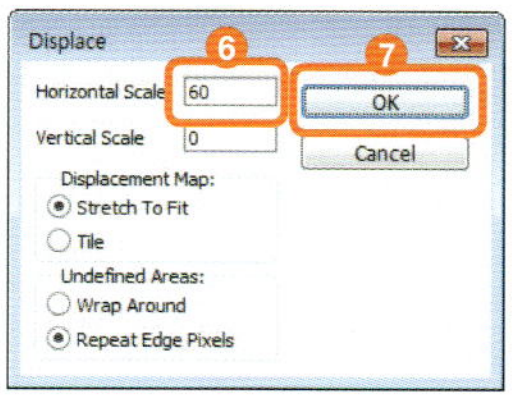

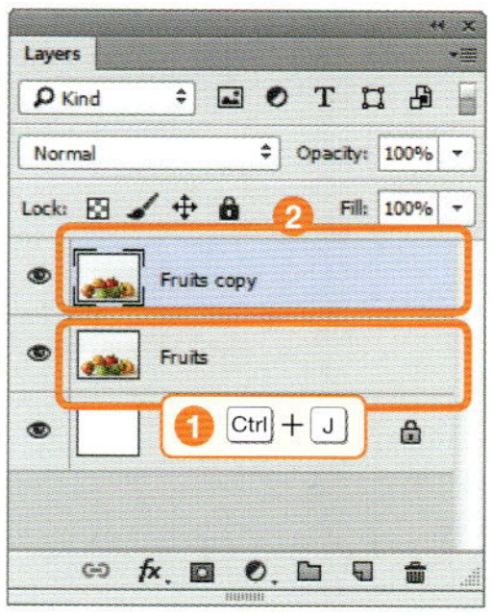

05 [Choose a displacement map] 대화상자에서 예제 소스가 저장된 폴더를 찾아 Displace 필터를 적용할 Displace1.psd를 선택하면 이미지에 Displace 필터가 바로 적용됩니다.

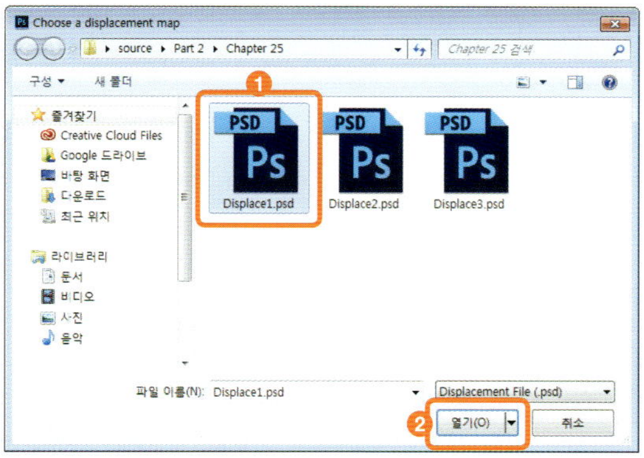

06 툴 패널에서 문자 툴(T)을 선택하여 텍스트를 입력하고 [Layers] 패널에서 Fruits copy 레이어의 이름을 다음과 같이 정리합니다. 레이어의 이름은 적용한 필터 이름과 수치로 정리했습니다.

07 이번에는 수치를 변경하여 적용해 보겠습니다. Fruits 레이어를 선택하고 Ctrl+J를 눌러 레이어를 복제합니다. 이전에 적용했던 레이어는 눈 아이콘(👁)을 클릭하여 보이지 않게 합니다.

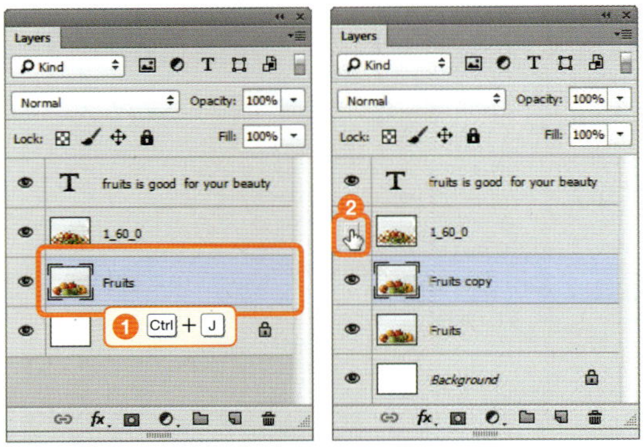

08 메뉴바에서 [Filter]–[Distort]–[Displace]를 선택합니다. [Displace] 대화상자가 열리면 Horizontal Scale을 60, Vertical Scale을 60으로 설정하고 [OK]를 클릭한 후 [Choose a displacement map] 대화상자에서 Displace1.psd를 선택합니다.

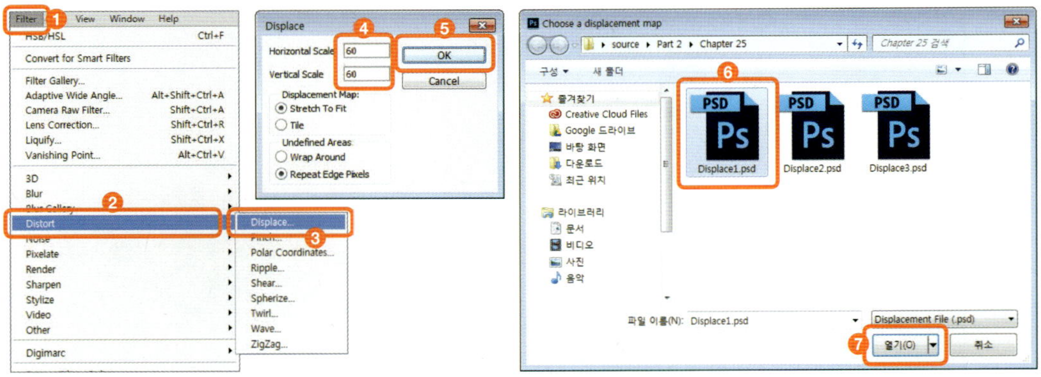

09 이미지에 Displace 필터가 바로 적용됩니다.

10 아래에는 Displace 필터의 수치와 적용할 이미지를 다양하게 변경하여 나온 결과물입니다.

11 예제 소스 Flower1.jpg를 불러와서 아래와 같이 다양한 형태로 Displace 필터를 적용해 봅니다.

Displace 필터
Liquify 필터

기본기 다지기

PSD 파일을 이용하여 이미지를 변형하는 Displace 필터

Displace 필터는 PSD 파일을 이용하여 작업 이미지를 변형하는 필터입니다. 적용하는 과정은 원본으로 쓰일 첫 번째 이미지와 필터로 쓰일 두 번째 이미지가 있을 때 필터로 쓰일 두 번째 이미지를 가지고 원본 이미지의 선택된 부분을 변형시킵니다. 단, 두 번째 필터로 사용할 이미지의 확장자는 반드시 PSD 파일이어야 합니다.

아래 과정을 보면 필터를 적용할 PSD 파일 이미지의 패턴대로 이미지에 왜곡 효과가 적용되는 것을 확인할 수 있습니다.

원본 이미지

+

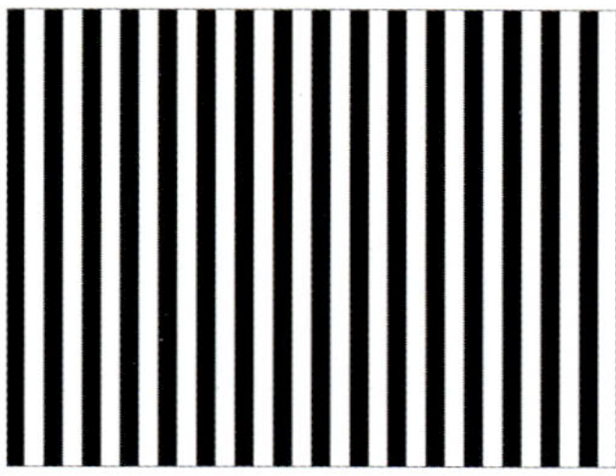

필터를 적용할 PSD 파일 이미지

=

필터를 적용할 PSD 파일 이미지

• Displace 필터 대화상자

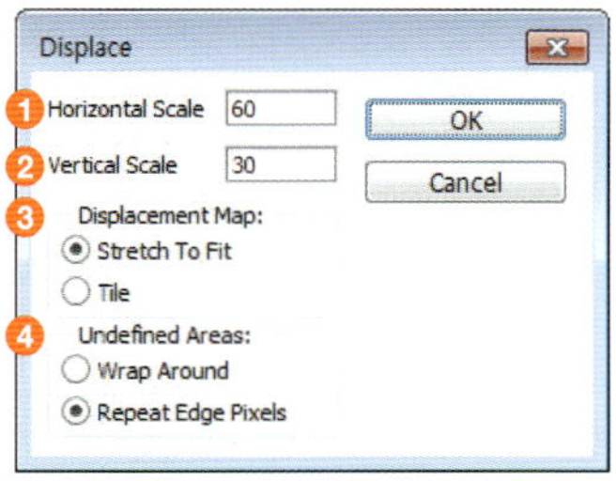

❶ **Horizontal Scale :** Displacement Map이 적용될 가로 방향 크기를 조정합니다.

❷ **Vertical Scale :** Displacement Map이 적용될 세로 방향 크기를 조정합니다.

❸ **Displacement Map**

- Stretch To Fit : Displacement Map이 이미지 크기에 맞도록 조절합니다.
- Tile : Displacement Map이 타일 형식으로 이미지에 들어갑니다.

❹ **Undefined Areas**

- Wrap Around : 필터를 적용한 후 빈 영역에 원래 이미지가 적용됩니다.
- Repeat Edge Pixels : 빈 영역에 원래 이미지의 테두리 픽셀을 적용됩니다.

이미지를 왜곡·변형하는 Liquify 필터

Liquify 필터를 이용하면 이미지를 왜곡하거나 변형할 때 매우 편리하며, 특히 인물이나 동물 같은 이미지를 재미있게 바꿔볼 때 주로 사용합니다.

01 Cat.jpg 파일을 불러오고 메뉴바에서 [Filter]-[Liquify]를 선택합니다.

02 [Liquify] 대화상자에서 왼쪽에 Bloat Tool을 선택하고 Brush Size를 50으로 설정한 후 왼쪽과 오른쪽 눈을 클릭하여 눈의 크기를 크게 만듭니다.

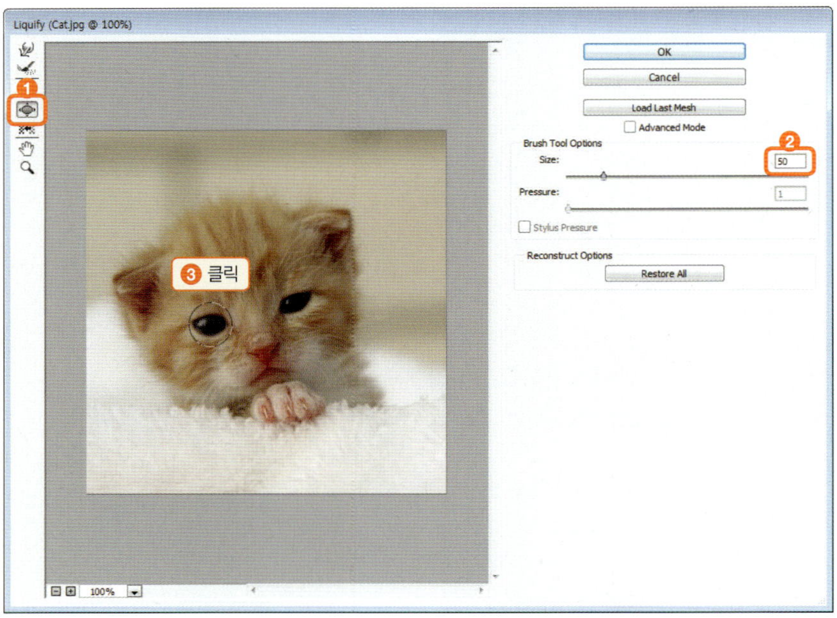

03 이번에는 고양이의 얼굴을 줄여 보겠습니다. Pucker Tool을 선택하고 Brush Size를 50으로 설정한 후 턱 주변을 드래그하여 얼굴 크기를 작게 만듭니다.

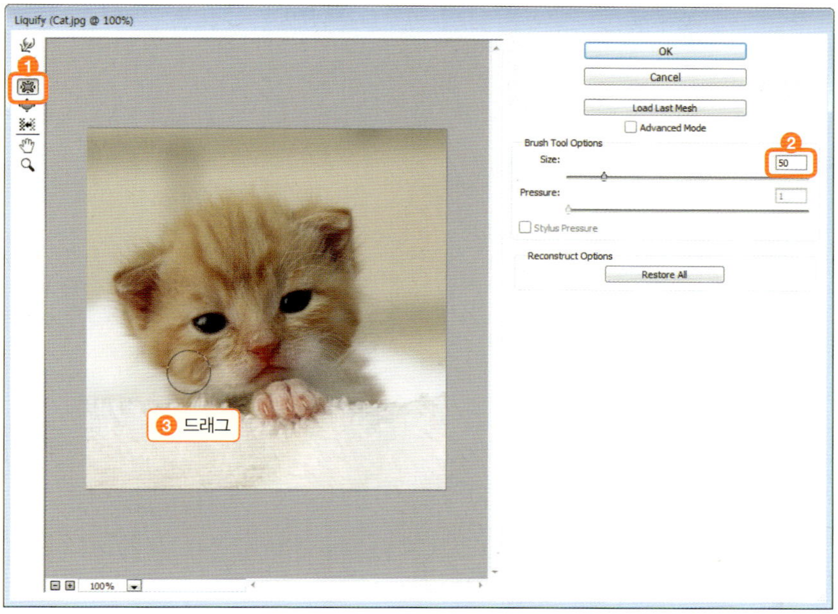

04 이번에는 Forward Warp Tool을 선택하고 Brush Size를 50으로 설정한 후 입꼬리를 살짝 들어 올립니다. 모든 작업이 끝나면 [OK]를 클릭합니다.

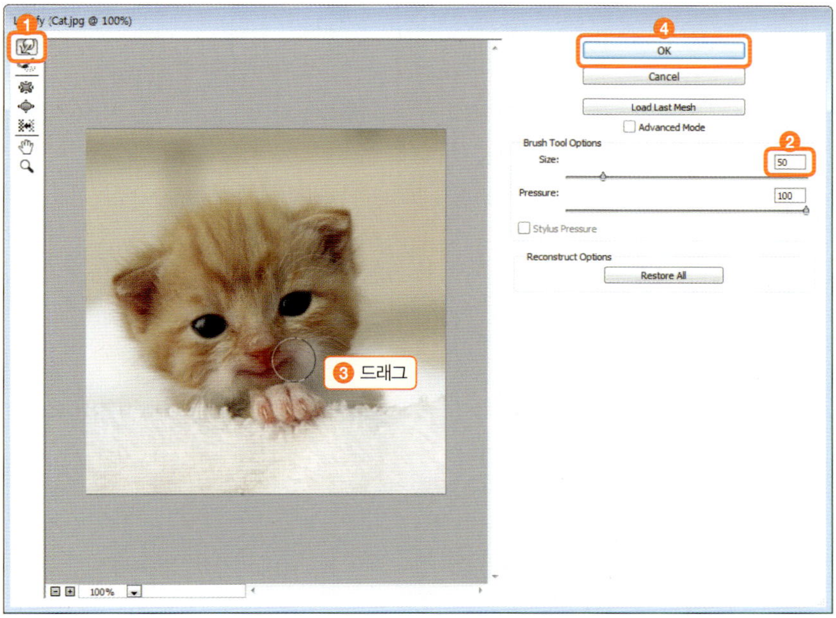

05 Liquify 필터를 적용한 전과 후를 비교해 봅니다.

• Liquify 대화상자 옵션

❶ **Forward Warp Tool :** 드래그 방향에 따라 이미지를 당길 수 있습니다.

❷ **Reconstruct Tool :** 왜곡시킨 이미지를 다시 복구할 수 있습니다.

❸ **Pucker Tool :** 클릭한 점을 중심으로 이미지를 축소하면서 왜곡시킵니다.

❹ **Bloat Tool :** 클릭한 점을 중심으로 이미지를 확대하면서 왜곡시킵니다.

❺ **Push Left Tool :** 드래그하는 방향으로 이동시키면서 이미지를 왜곡시킵니다.

❻ **Hand Tool :** 미리 보기 창의 화면을 이동시켜 줍니다.

❼ **Zoom Tool :** 미리 보기 창의 이미지를 확대/축소합니다.

CHAPTER
26

입체 효과가 적용된 3D 텍스트 만들기

완성예제 미리보기

포토샵에서는 CS5 버전부터 3D 효과를 지원하고 있습니다. 포토샵은 마야나 맥스 같은 3D 전문 프로그램은 아니기 때문에 매끄럽지 않는 부분도 있지만 간단한 효과는 적용할 수 있습니다. 이번 장에서는 입력한 텍스트를 3D 메뉴를 이용하여 입체 효과를 주고, 입체 효과가 적용된 텍스트를 원하는 각도로 조절하면서 다양한 효과를 적용하도록 하겠습니다.

준비 파일 3D.jpg
주요 기능 3D, 문자 툴, 레이어 스타일

01 Ctrl + O를 눌러 3D.jpg 이미지 파일을 불러옵니다. 툴 패널에서 문자 툴(T,)을 클릭한 후 [Character] 패널에서 다음과 같이 설정하고(Color는 #decfbc) 작업창에 텍스트를 입력합니다.

02 메뉴바에서 [3D]–[New 3D Extrusion from Selected Layer]를 선택하고 [Adobe Photoshop CC 2014] 대화상자에서 [Yes]를 클릭하면 작업창과 레이어가 3D 형태로 변환되고 입력한 텍스트도 3D 모드가 적용됩니다.

03 툴 패널에 이동 툴( )을 선택한 후 옵션바에 3D 회전 아이콘( )을 클릭하고, 작업창에 Rotate Around Y Axis에 마우스 포인터를 놓고 오른쪽으로 드래그하여 60도 정도 회전시킵니다.

04 Move On Z Axis에 마우스 포인터를 놓고 왼쪽으로 드래그하여 텍스트를 차량 우측에 배치합니다.

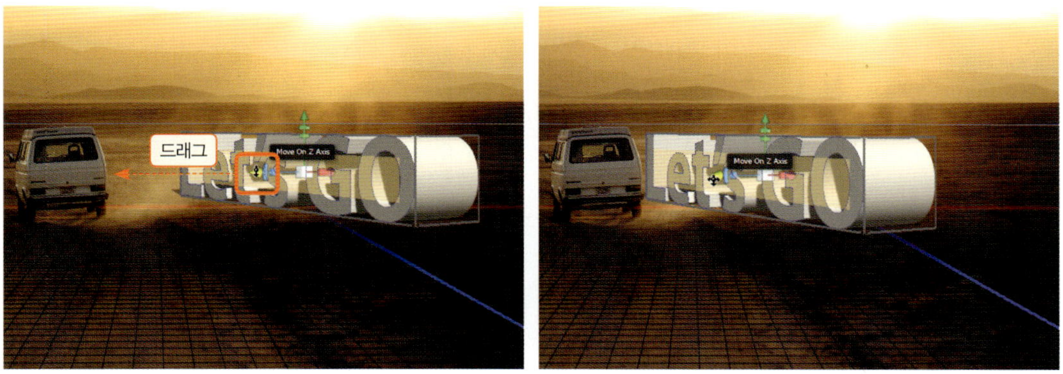

05 텍스트를 앞쪽으로 좀 당겨 놓기 위해 Move On X Axis에 마우스 포인터를 놓고 오른쪽으로 드래그합니다.

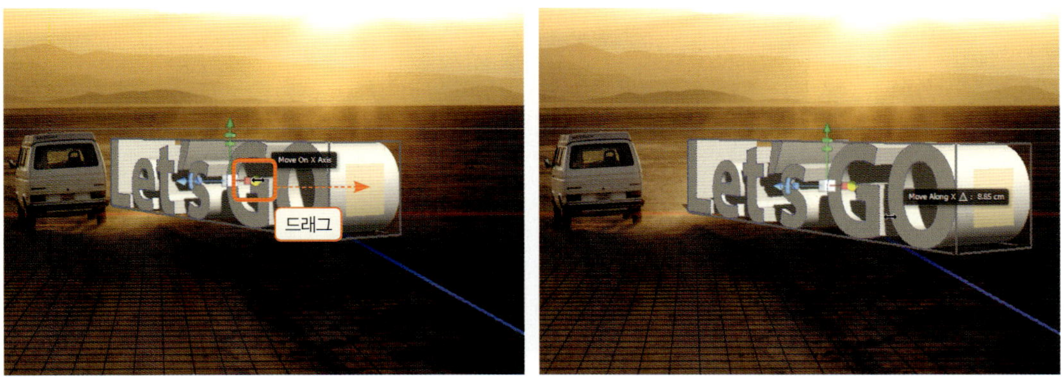

06 Scale Uniformly에 마우스 포인터를 놓고 위로 드래그하여 텍스트 크기를 키웁니다.

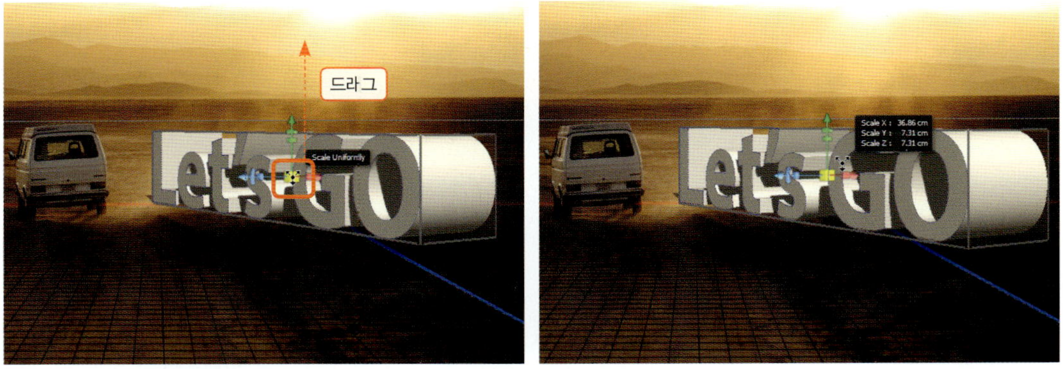

07 [Properties] 패널을 열고 Shape Preset을 Bevel로, Extrusion Depth는 200 px로 변경합니다.

08 [Properties] 패널에서 Catch Shadows의 체크를 해제하면 텍스트 안쪽에 적용되어 있던 그림자가 사라집니다.

09 [3D] 패널에서 Lights 필터를 선택하고 작업창에서 조정봉을 드래그하여 조명이 왼쪽 상단에서 비추도록 조정합니다.

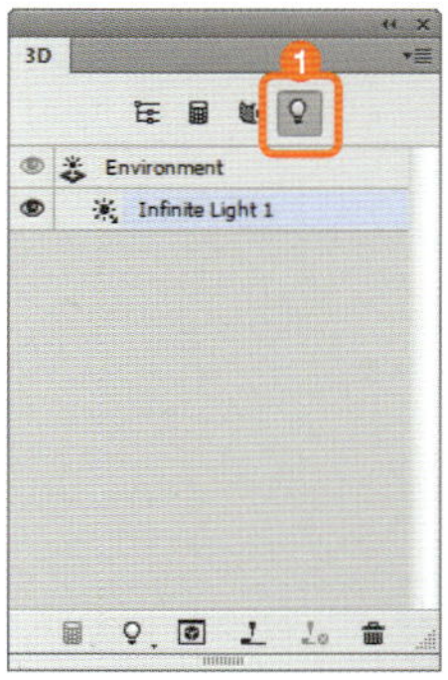

10 [3D] 패널에서 Whole scene 필터를 선택하고 Render를 클릭하면 3D 텍스트의 계단 현상이 사라진 것을 확인할 수 있습니다.

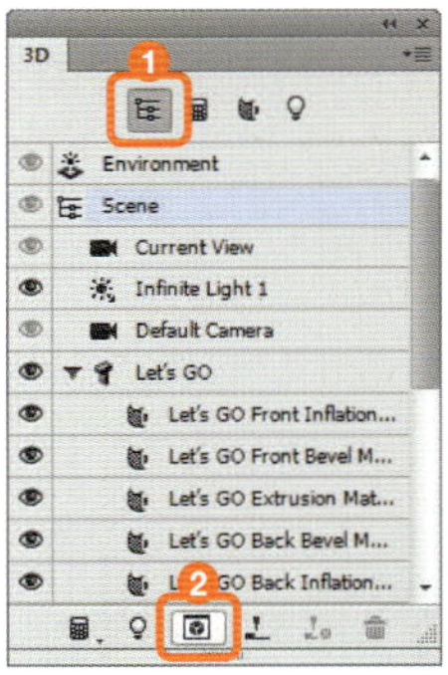

11 [Layers] 패널에서 Ctrl+J를 눌러 레이어를 복제하고 기존 레이어는 눈 아이콘(👁)을 클릭하여 숨깁니다. 복제한 레이어에서 마우스 오른쪽 버튼을 클릭하고 나타나는 팝업메뉴에서 Rasterize 3D를 선택하면 3D 레이어가 일반 레이어로 바뀝니다.

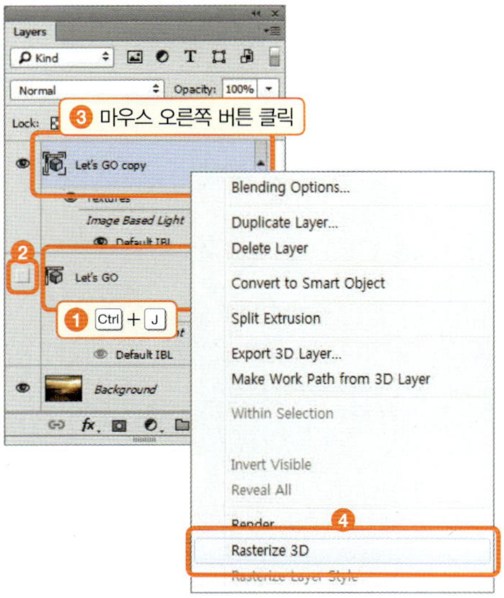

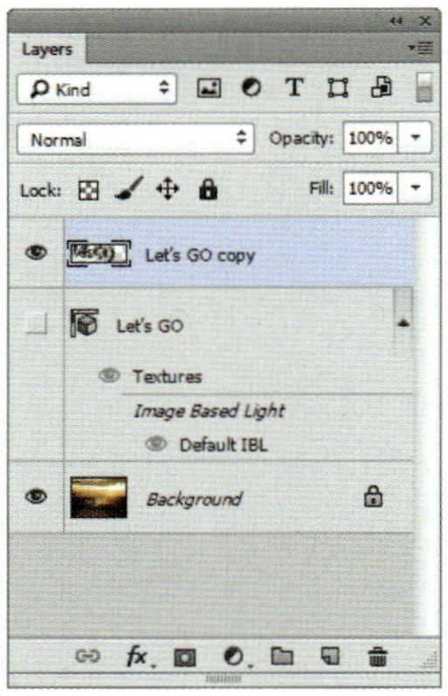

12 툴 패널에서 문자 툴(T.)을 선택하고 [Character] 패널에서 다음과 같이 설정한 후 작업창 왼쪽 상단에 텍스트 'Planning a trip is as much fun as the trip itself'라고 입력합니다.

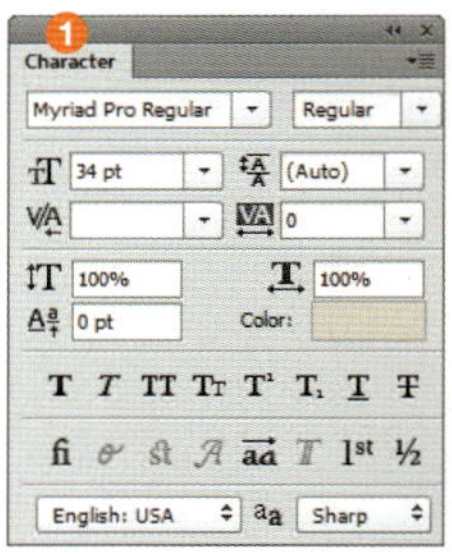

13 전경색(■)은 기본색으로 설정하고 [Layers] 패널에서 새 레이어를 추가한 후 Alt+Delete를 눌러 전경색인 검정색으로 채웁니다. Layer 1 레이어의 Fill 값을 0%로 조정하고 레이어 스타일(fx.)을 클릭한 후 Stroke를 선택합니다. [Layer Style] 대화상자에서 다음과 같이 설정한 후 [OK]를 클릭합니다.

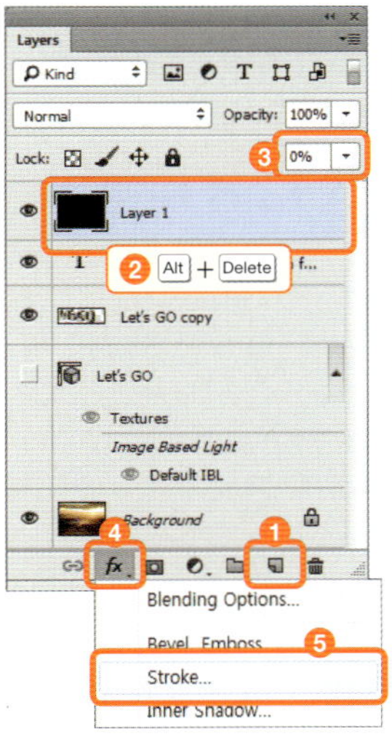

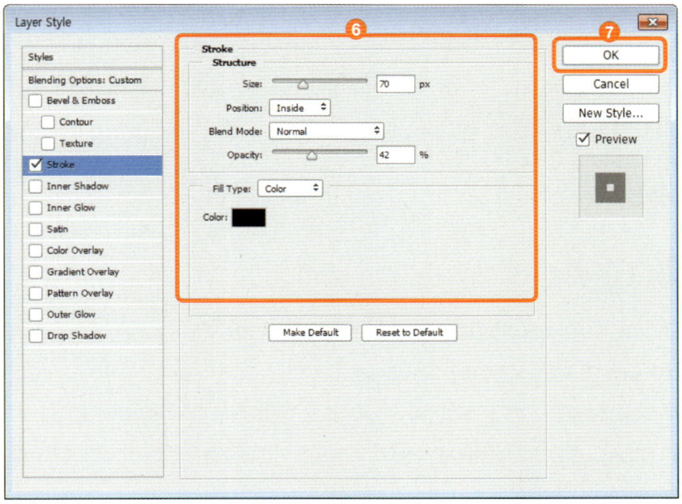

14 다음과 같이 테두리가 적용되고 3D 텍스트가 완성됩니다.

기본기 다지기

오브젝트에 입체 효과를 주는 3D

포토샵 CS5부터 지원되기 시작했던 3D 효과는 포토샵 CC 버전에서 더 강력한 기능이 되었습니다. 3D 효과를 제대로 사용하기 위해 3D Mode 옵션바, 3D 패널, Properties 패널에 대해 학습해 봅니다.

• 3D Mode 옵션바

❶ **Rotate the 3D Object :** X축을 중심으로 회전시키려면 위아래로, Y축을 중심으로 회전시키려면 좌우로 드래그합니다.

❷ **Roll the 3D Object :** Z축으로 회전하려면 좌우로 드래그합니다.

❸ **Drag the 3D Object :** 수평으로 이동하려면 좌우로, 수직으로 이동하려면 위아래로 드래그합니다.

❹ **Slide the 3D Object :** 수평으로 이동하려면 좌우로, 멀리 또는 가까이 이동하려면 위아래로 드래그합니다.

❺ **Scale the 3D Object :** 3D 오브젝트의 크기를 조정합니다.

NOTE **3D 축**

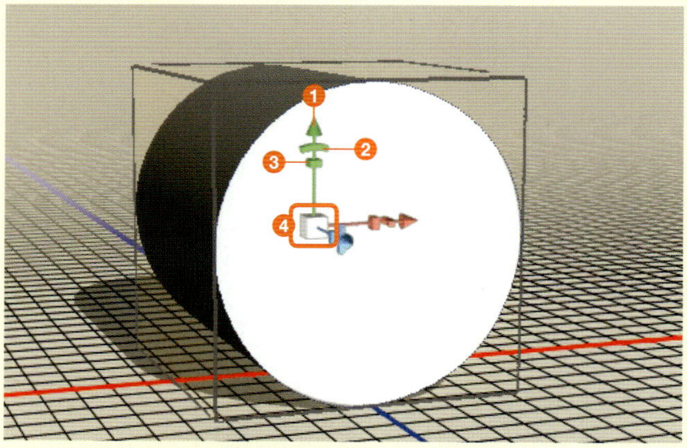

3D 축은 3D 공간에서 모델, 카메라, 조명, 메시의 X, Y, Z 축 방향을 나타냅니다. 3D 도구를 선택할 때 나타나고, 선택한 항목을 조절할 수 있는 방법은 다음과 같습니다.

❶ 축을 따라 오브젝트를 움직입니다.

❷ 오브젝트를 회전시킵니다.

❸ 오브젝트를 늘리거나 줄입니다.

❹ 오브젝트의 크기를 조절합니다.

3D 패널

3D 효과를 설정하는 3D 패널은 장면, 배경, 재질, 조명 등의 설정을 제어할 수 있습니다. 3D 레이어를 선택하면 3D 패널은 연관된 3D 파일의 구성 요소를 나타냅니다. 3D 패널의 윗부분은 파일의 메시, 재질 및 조명을 확인할 수 있고 3D 패널의 아랫부분은 선택된 3D 구성 요소의 설정과 옵션이 나타납니다.

❶ Whole scene : 장면 설정을 제어합니다.

❷ Meshes : 오브젝트를 3차원으로 표현하기 위한 데이터의 모음인 메시를 제어합니다.

❸ Materials : 외관을 표현하기 위한 재질 설정을 제어합니다.

❹ Lights : 조명 설정을 제어합니다.

Properties 패널

1. Environment 모드

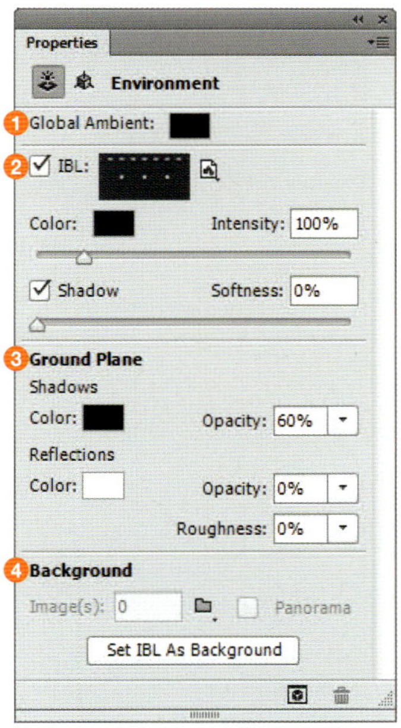

❶ Global Ambient : 전체 주변 색상을 설정합니다.

❷ IBL : 이미지 기반 조명 색상을 설정합니다.

❸ Ground Plane : 바닥 그림자 및 반사 영역을 설정합니다.

❹ Background : 텍스처로 사용할 이미지를 설정합니다.

2. Scene 모드

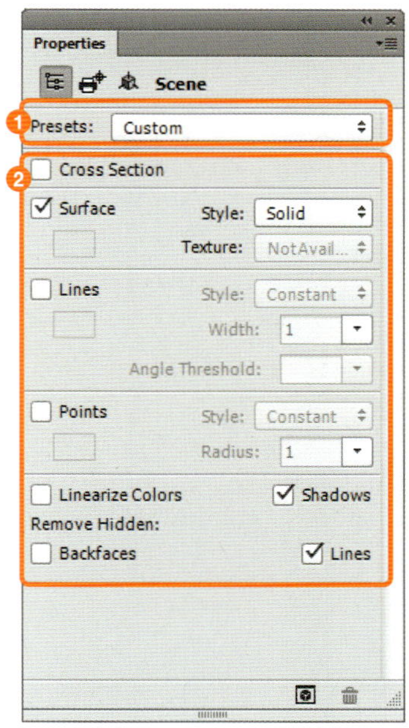

❶ Presets : 렌더링 방식을 설정합니다.

❷ **사용자 지정 옵션** : 횡단면, 표면, 점, 선 등의 렌더링을 설정합니다.

3. Mesh 모드

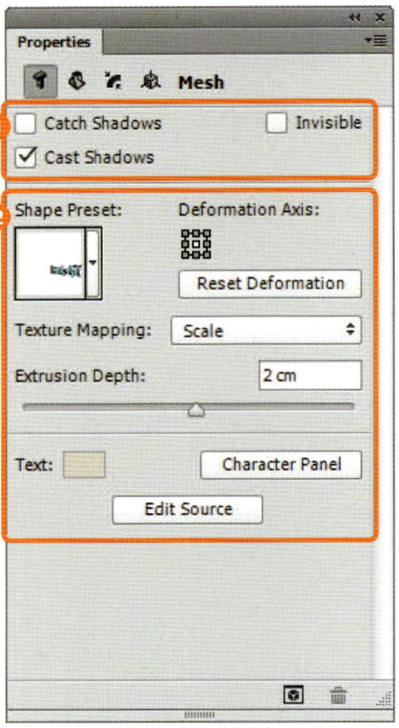

메시에 적용된 재질과 텍스처 개수, 포함하는 꼭지점 및 면의 개수와 같은 정보가 들어있습니다. 또한 다음과 같은 메시 표시 옵션도 설정할 수 있습니다.

❶ **그림자 관련 설정 :** 그림자의 노출 여부를 설정합니다.

❷ **사용자 지정 옵션 :** 그림자 및 돌출 형태와 정도를 설정합니다.

4. Materials 모드

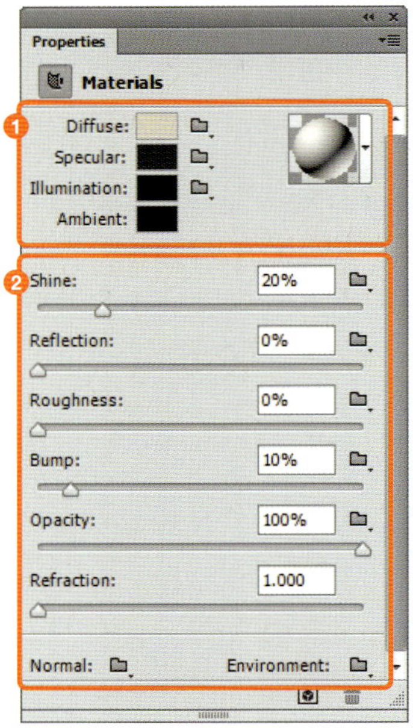

❶ **Material Picker :** 포토샵에서 제공하는 질감을 설정합니다.

❷ **사용자 지정 옵션 :** 빛, 반사, 투명도 등을 설정합니다.

5. Infinite Light 모드

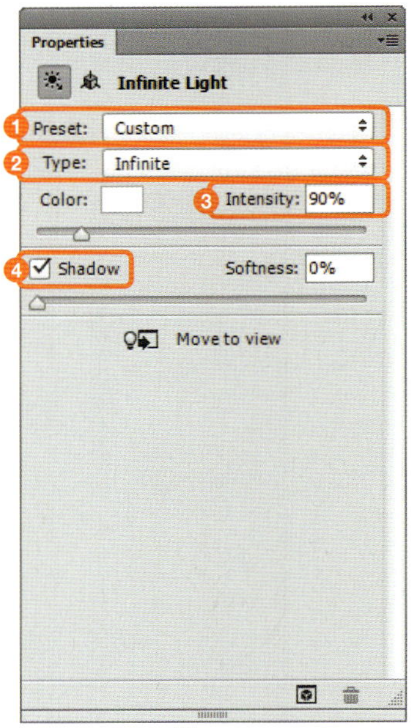

조명의 타입과 색, 강도, 그림자 등을 설정합니다.

❶ **Preset :** 저장된 조명 및 설정 그룹을 적용합니다

❷ **Type :** 개별 조명 추가 또는 삭제를 설명된 옵션에서 선택합니다.

❸ **Intensity** : 밝기를 조정합니다.

❹ **Shadow** : 그림자를 만듭니다.

PART

03

Play Photoshop!

포토샵으로 디자인하는 포트폴리오

그럼, 조금 더 친해져 볼까?

CONTENTS

CHAPTER

27

피자 레시피북 디자인하기

완성예제 미리보기

이번 장에서는 피자 레시피북을 디자인하겠습니다. 레시피북에 들어가는 재료들은 펜 툴을 사용하여 누끼 이미지로 넣고 손으로 그린 것처럼 브러시 툴로 화살표를 그린 후 텍스트를 더하여 자연스러운 느낌을 줄 것입니다. 설명 글에는 라인 툴로 밑줄을 그어 좀 더 잘 읽히도록 하고, 완성된 음식 이미지에는 레이어 스타일을 활용하여 그림자를 넣을 것입니다. 마지막으로 질감이 있는 배경과 오브젝트들이 조화롭게 어울리도록 배경에 닷지 툴과 번 툴을 사용하여 작업을 마무리 하겠습니다.

준비 파일 Bacon.jpg, Bread.jpg, Cheese.jpg, Green-pepper.jpg, Mushroom.jpg, Mushroom1.jpg, Oil.jpg, Parsley.png, Pizza.jpg, Source.jpg, Texture.jpg

01 레시피북의 한쪽 면을 먼저 만들겠습니다. Ctrl+N을 누르고 [New] 대화상자에서 다음과 같이 설정한 후 [OK]를 클릭합니다.

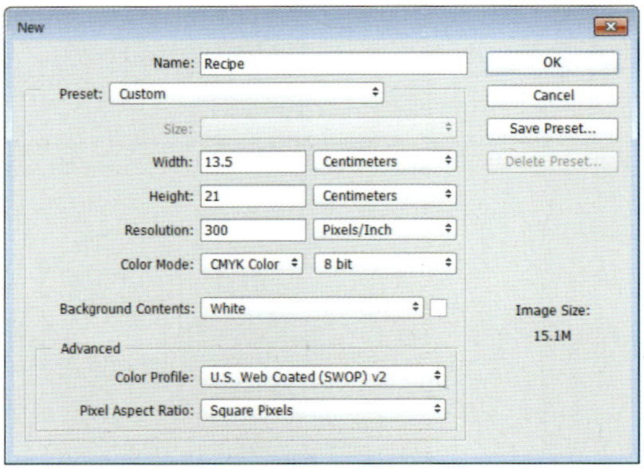

02 Ctrl+R을 눌러 눈금자가 표시되게 하고 가이드 선을 눈금자에서 드래그하여 다음과 같이 배치합니다.

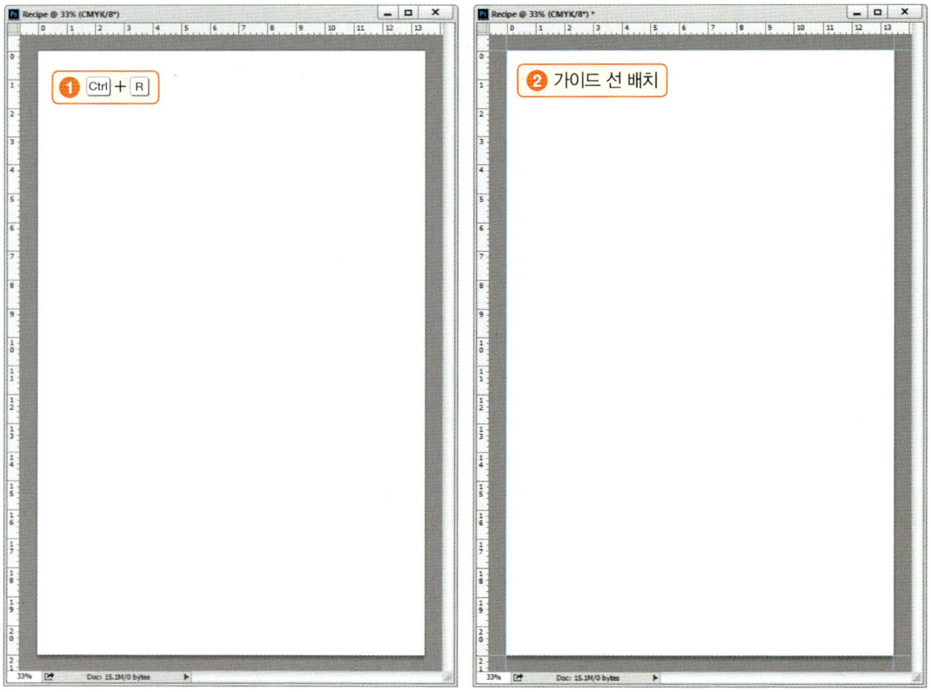

03 다른 한 면을 추가해 보겠습니다. 메뉴바에서 [Image]-[Canvas Size]를 클릭하고 [Canvas Size] 대화상자에서 Width는 27로 변경하고 Anchor는 왼쪽으로 설정한 후 [OK]를 클릭합니다. 작업창의 맨 오른쪽에도 세로선의 가이드 선을 드래그하여 추가합니다.

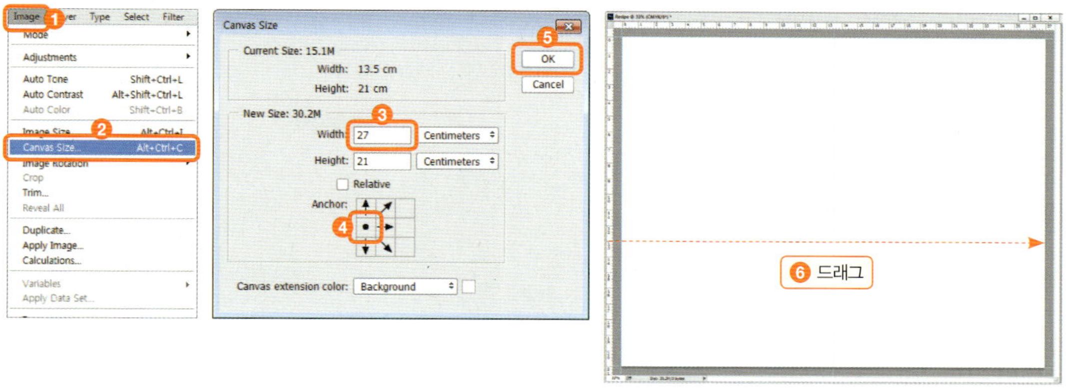

04 메뉴바에서 [Image]-[Canvas Size]를 클릭하고 [Canvas Size] 대화상자에서 Width는 28, Height는 22, Anchor는 중앙으로 설정한 후 [OK]를 클릭하여 여백을 만들어 줍니다.

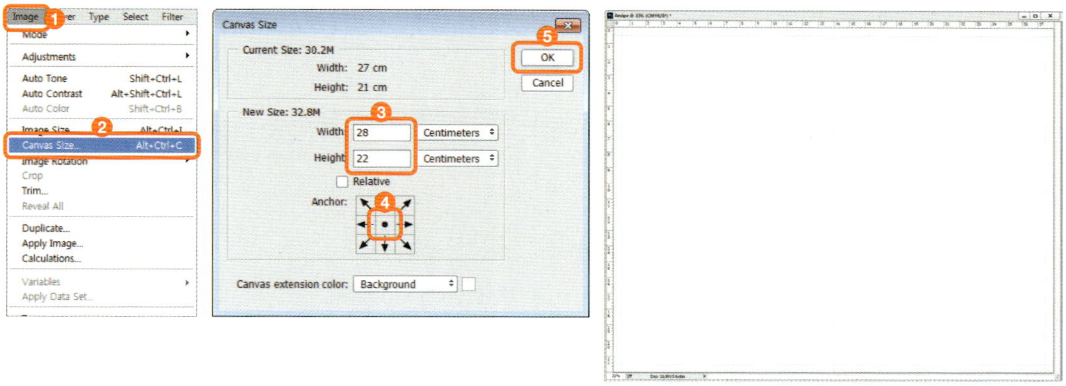

05 Ctrl+O를 눌러 Texture.jpg 이미지 파일을 불러오고, 이동 툴(▸✣)로 작업창에 옮겨 놓은 후 Ctrl+R을 눌러 눈금자를 숨깁니다.

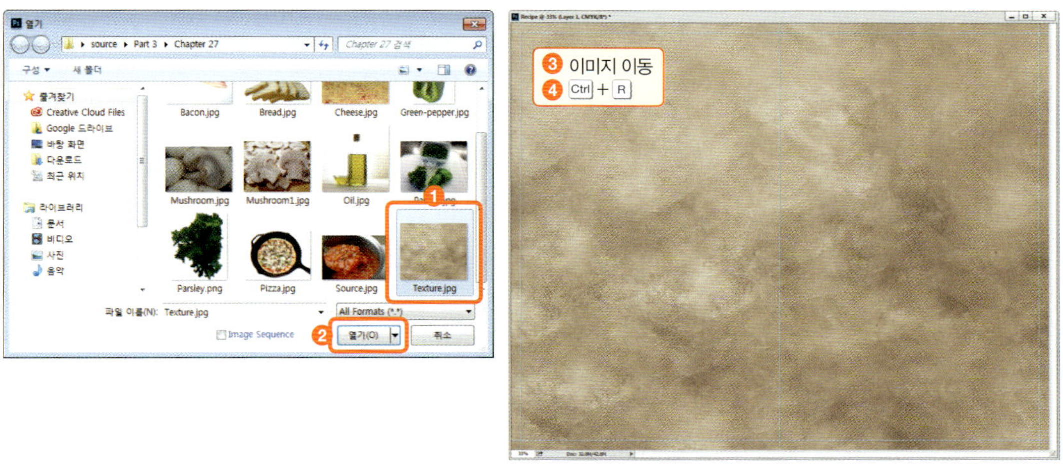

06 툴 패널에서 전경색(■)은 배경과 어울리는 진한 밤색(#2b1b0e)을 선택합니다. 문자 툴(T)을 클릭하고 [Character] 패널에서 텍스트 스타일을 설정한 후 작업창의 좌측 상단에 텍스트 'PIZZA'를 입력합니다.

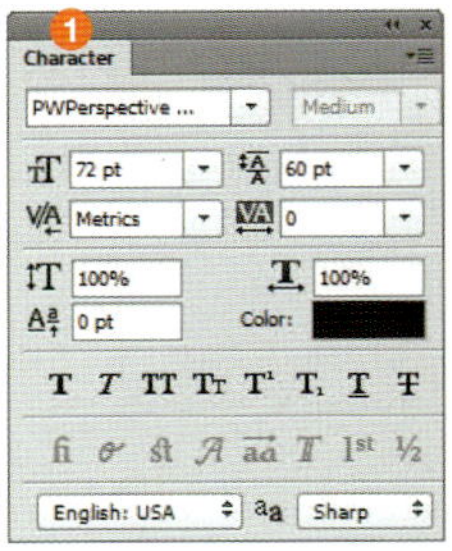

07 [Layers] 패널에서 레이어 스타일(fx)을 클릭하고 Drop Shadow를 선택합니다. [Layer Style] 대화상자에서 텍스트 색과 어울리도록 그림자 색(#947758)을 선택하고 옵션을 설정한 후 [OK]를 클릭하여 그림자를 적용합니다.

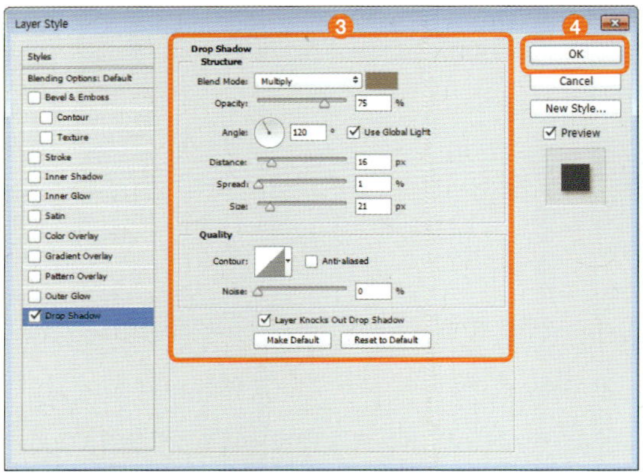

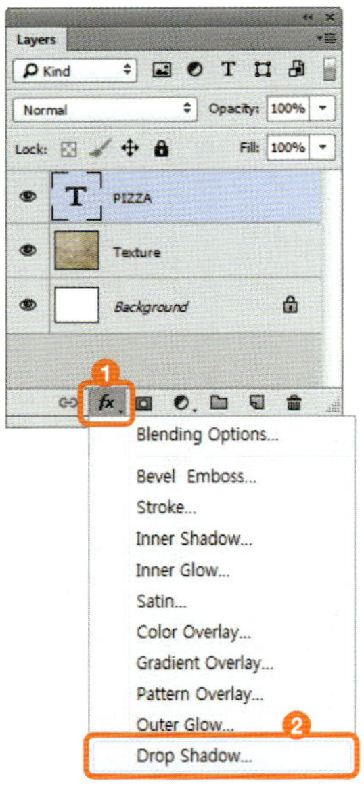

08 [Layers] 패널에서 새 레이어를 추가하고 레이어 이름을 Back으로 변경한 후 Pizza 텍스트 레이어 아래로 내립니다. 전경색(■)을 밤색(#493016) 계열에서 선택하고, 툴 패널에서 브러시 툴( )을 클릭합니다. 옵션바에서 브러시 종류는 Rough Round Bristle, Size는 200 px로 설정한 후 텍스트 부분에 드래그합니다.

09 [Layers] 패널에서 Back 레이어의 Opacity를 28%로 설정하여 배경과 어울리도록 합니다.

10 툴 패널에서 문자 툴(T)을 클릭하고 [Character] 패널에서 텍스트 스타일을 설정한 후 PIZZA 텍스트 아래에 '누구나 좋아하는 인기 메뉴인 피자..집에서 팬에 간단히 만드는 방법에 대해서 배워봅니다.'라는 문장을 입력합니다.

11 [Layers] 패널에서 텍스트 레이어 2개와 Back 레이어를 선택한 후 Ctrl + G 를 눌러 레이어 그룹으로 만들고 이름을 Title로 변경합니다.

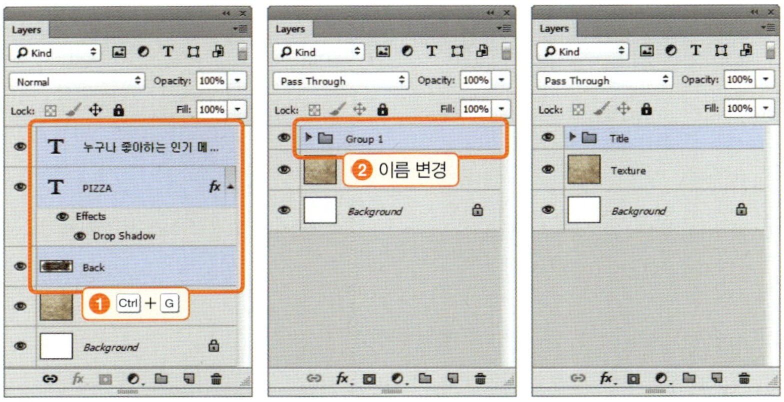

12 툴 패널에서 문자 툴(T)을 클릭하고 작업창에 '재료'라고 입력합니다. 텍스트 레이어가 선택된 상태에서 레이어 스타일(fx)을 클릭하고 Stroke를 선택합니다. [Layer Style] 대화상자에서 Size는 7, Position은 Outside, Color는 #d1be9e로 설정한 후 [OK]를 클릭합니다.

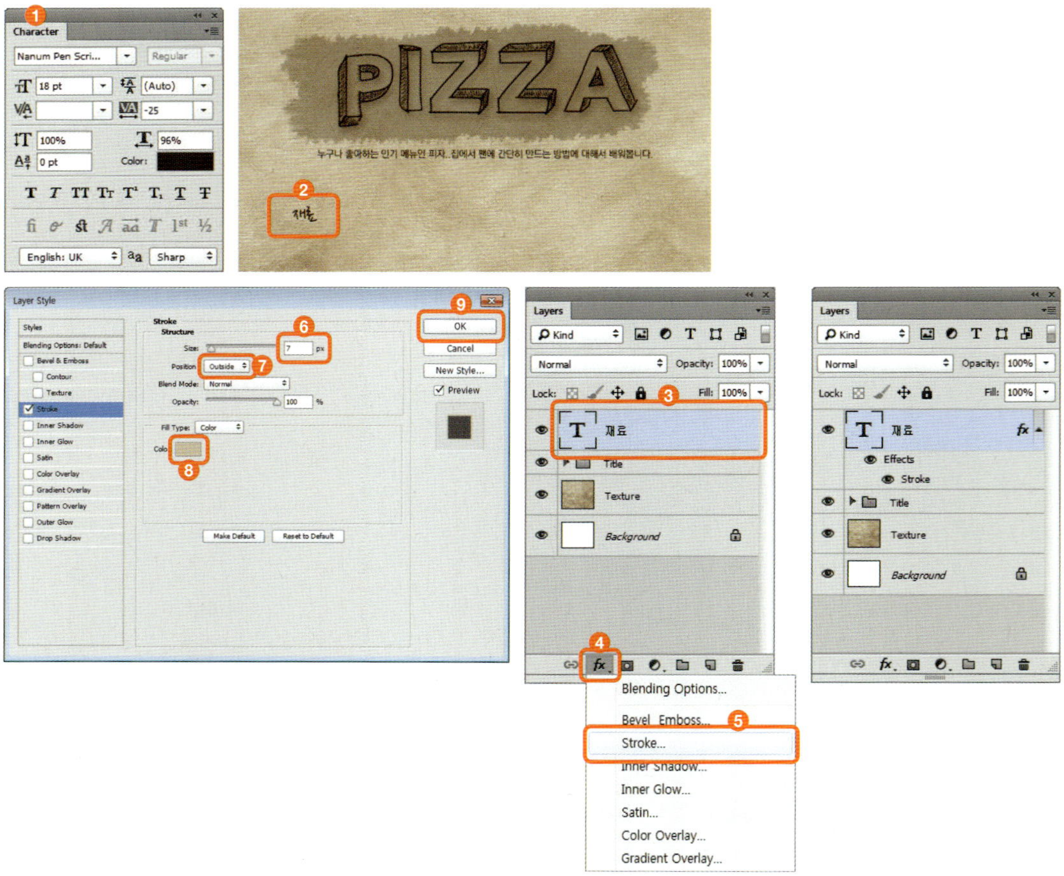

13 이제 선택 툴들을 사용하여 재료 이미지들을 하나씩 넣어보겠습니다. Bread.jpg 이미지 파일을 불러옵니다. 마술봉 툴( )로 흰색 배경을 클릭하고 Shift를 누른 채 좌측 하단의 흰색 배경도 클릭합니다. Ctrl+Shift+I를 눌러 선택 영역을 반전시키고 이동 툴( )로 작업창에 드래그하여 배치합니다.

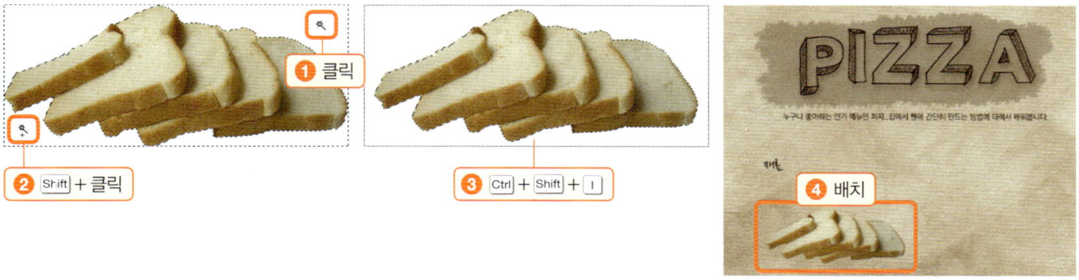

14 Green-pepper.jpg 이미지 파일을 불러옵니다. 이 이미지도 배경이 흰색이기 때문에 마술봉 툴로 쉽게 이미지를 배경과 분리할 수 있습니다. 앞에서와 같은 방법으로 마술봉 툴( )로 배경을 선택하고 Ctrl+Shift+I를 눌러 선택 영역을 반전시킨 후 이동 툴( )로 작업창에 드래그하여 배치합니다.

15 Mushroom.jpg 이미지 파일을 불러옵니다. 툴 패널에서 펜 툴( )을 클릭하여 버섯의 외곽선을 패스로 만든 후 Ctrl+Enter를 눌러 선택 영역으로 활성화하고 이동 툴( )로 작업창에 드래그하여 배치합니다.

16 Mushroom1.jpg 이미지 파일도 펜 툴로 작업해야 합니다. 펜 툴( )로 두 개의 버섯 슬라이스를 하나씩 패스로 만든 후 Ctrl+Enter를 눌러 선택 영역으로 활성화하고 이동 툴( )로 작업창에 드래그하여 각각 배치합니다. [Layers] 패널에서 3개의 레이어를 선택하고 패널 하단의 링크 아이콘( )을 클릭하여 묶어줍니다.

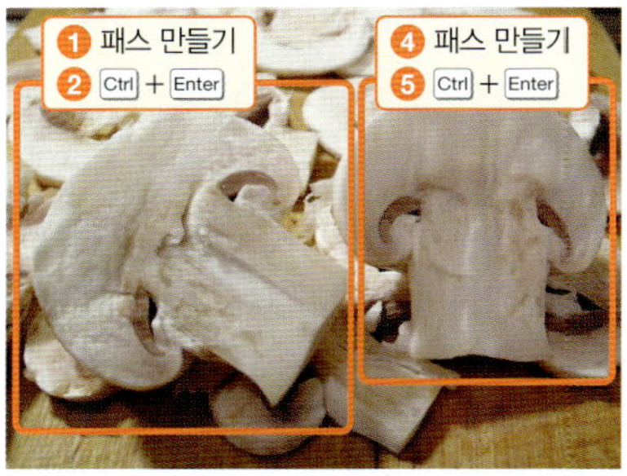

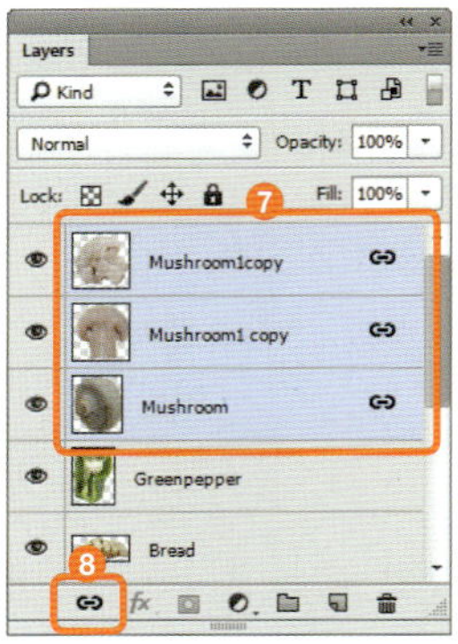

17 Bacon.jpg, Parsley.jpg, Oil.jpg 이미지 파일들도 펜 툴이나 마술봉 툴 등의 선택 툴을 이용해서 이미지를 분리하여 작업창으로 가져옵니다.

18 Source.jpg와 Cheese.jpg는 원을 만들고 그 안에 이미지를 넣어 클리핑 마스크 처리를 하겠습니다. 툴 패널에서 타원 툴( )을 클릭하고 작업창에 드래그하여 원을 그린 후, [Layers] 패널에서 레이어 스타일(fx.)을 클릭하고 Stroke를 선택합니다. [Layer Style] 대화상자에서 다음과 같이 설정한 후 [OK]를 클릭합니다(Color는 #d5bb99).

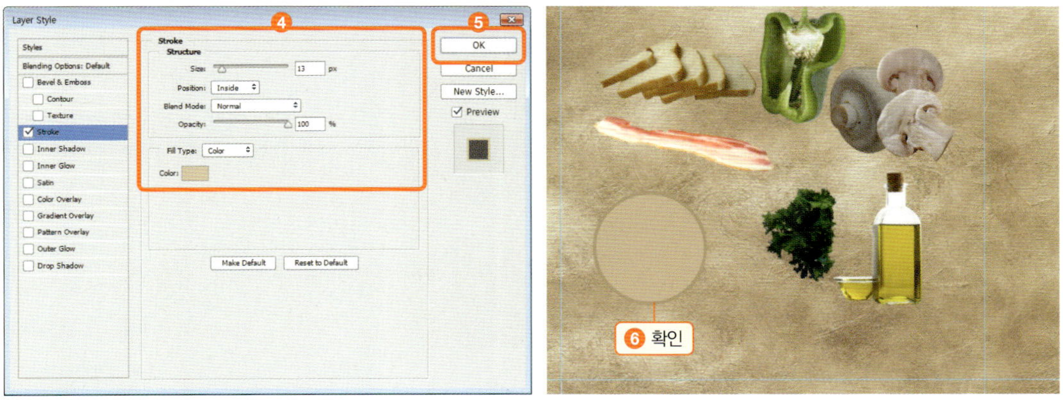

19 Source.jpg를 불러와서 이동 툴( )로 작업창의 원 위에 배치합니다. [Layers] 패널에서 클리핑 마스크를 적용하여 이미지를 넣습니다.

20 같은 방식으로 타원 툴(◯.)로 원을 만든 후 Cheese.jpg를 불러와서 클리핑 마스크를 적용합니다.

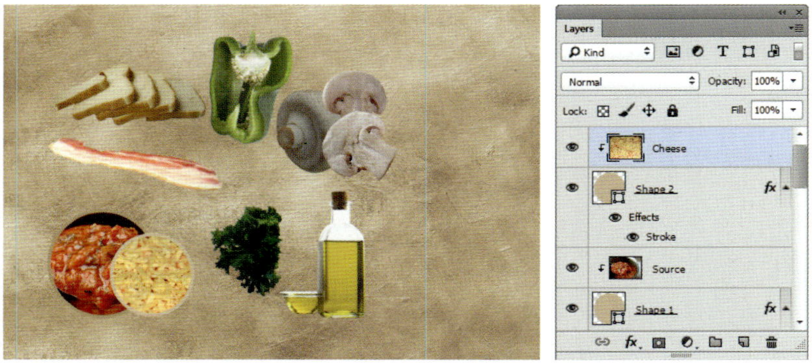

21 각 재료별 이름을 입력하기 위해 문자 툴(T.)을 선택합니다. [Character] 패널에서 텍스트 스타일을 설정하고(색은 #3a2512) 각 재료 윗부분에 텍스트를 입력합니다.

22 새 레이어를 추가하고 툴 패널에서 브러시 툴(✓.)을 클릭한 후 옵션바에서 브러시 종류는 Hard Round, Size는 5 px로 설정하고 작업창에 드래그하여 다음과 같이 화살표를 만듭니다.

23 다른 위치에도 다음과 같이 필요한 곳에 화살표를 그립니다.

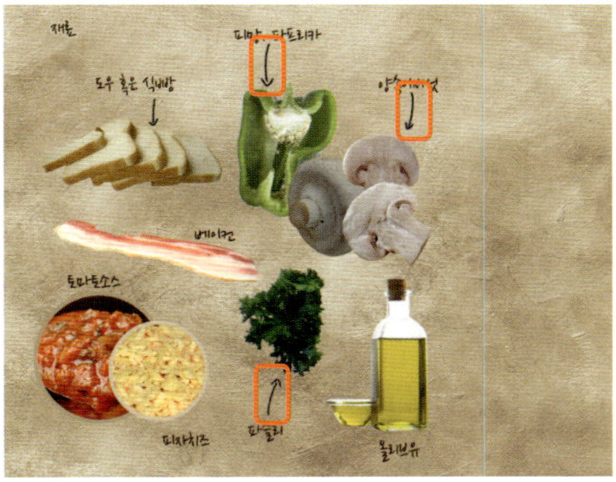

24 이미지에 그림자를 넣어 보겠습니다. 새 레이어를 추가하고 레이어 이름은 Shadow로 변경합니다. 툴 패널에서 브러시 툴( )을 클릭한 후 옵션바에서 브러시 종류는 Soft Round, Size는 139 px로 설정하고 이미지 주변을 드래그하여 그림자 효과를 줍니다. [Layers] 패널에서 Opacity를 53%로 줄이고 작업한 레이어들을 그룹으로 만듭니다.

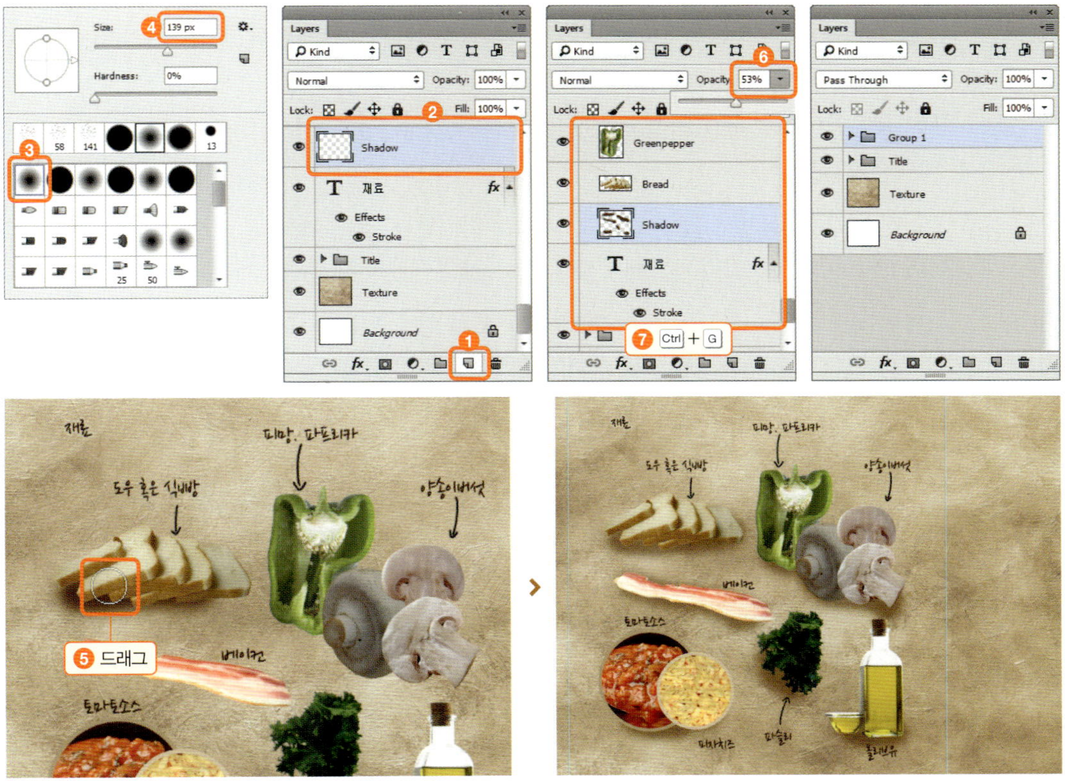

25 문자 툴(T.)을 클릭하고 작업창에 '만드는 법'이라는 텍스트를 입력합니다. [Layer Style] 대화상자를 열어 다음과 같이 설정한 후 [OK]를 클릭합니다.

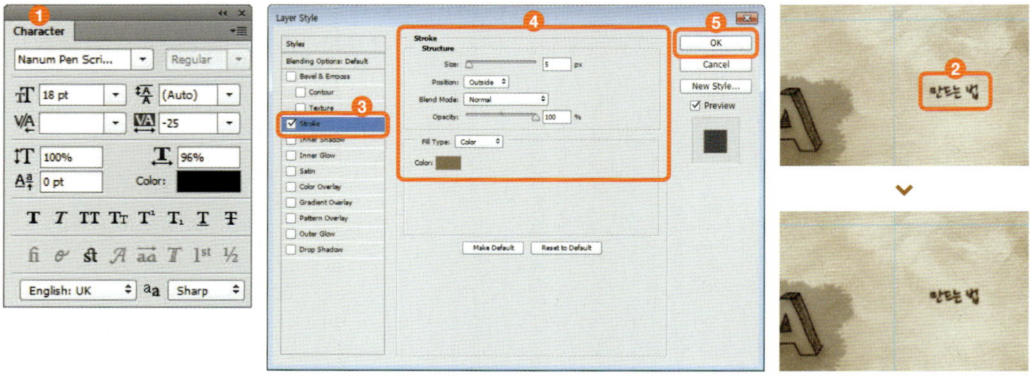

26 텍스트 '만드는 법' 아래에 문자 툴(T.)로 설명글을 입력합니다.

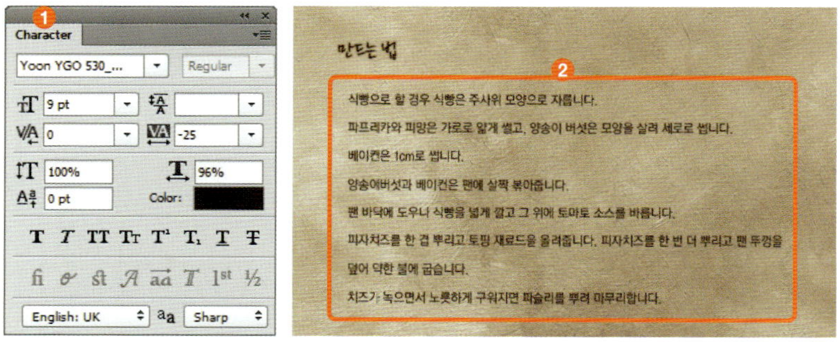

27 새 레이어 Line을 추가하고 툴 패널에서 라인 툴(⁄.)을 선택한 후 옵션바에서 패스 형태는 Pixels, Weight는 2 px로 설정합니다. 작업창에서 Shift를 누르고 설명글 첫 줄 아래에 드래그하여 가로 선을 그립니다. [Layers] 패널에서 Ctrl + J를 눌러 레이어를 복제하고 이동 툴(▸+)로 아래로 드래그합니다.

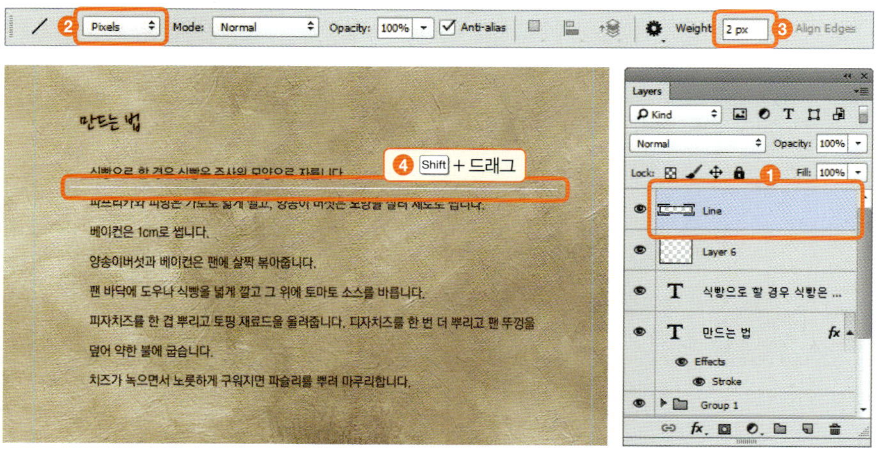

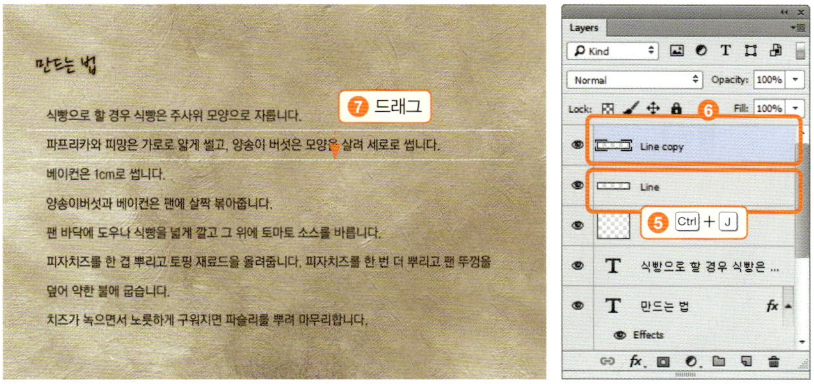

28 [Layers] 패널에서 레이어를 6개 더 복제하고 이동 툴(▸✣)로 설명글 줄에 맞게 아래로 드래그합니다.

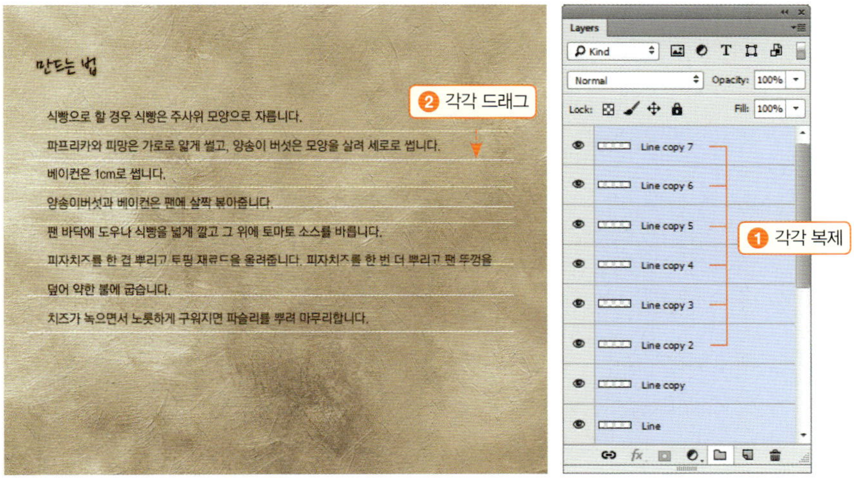

29 이동 툴의 옵션바에서 정렬 아이콘들을 클릭하여 간격을 맞춘 후 레이어 그룹으로 만들고 이름을 Line으로 변경합니다.

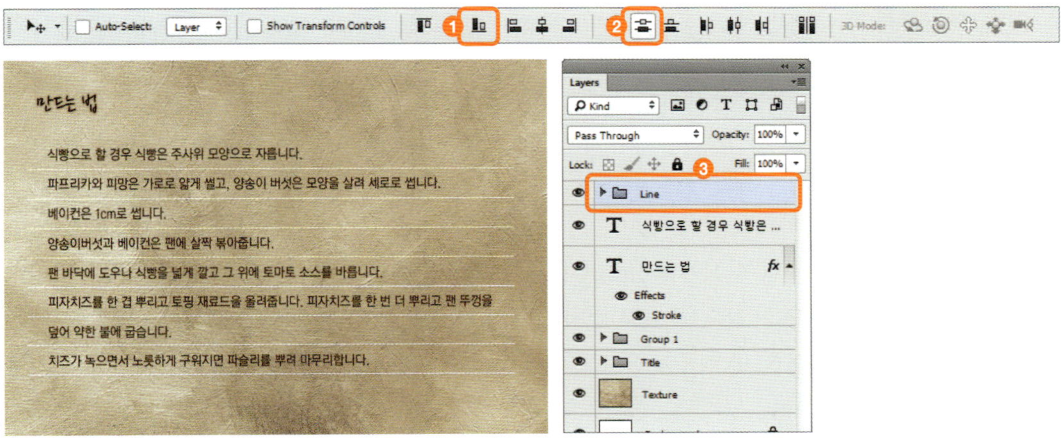

30 Pizza.jpg 이미지를 불러와서 마술봉 툴로 흰 배경을 선택합니다. Ctrl + Shift + I 를 눌러 선택 영역을 반전시키고 이동 툴( )로 드래그하여 작업창으로 가져옵니다.

31 [Layers] 패널의 Pizza 레이어가 선택된 상태에서 레이어 스타일(fx.)을 클릭하고 Drop Shadow를 선택합니다. [Layer Style] 대화상자에서 Drop Shadow 항목을 다음과 같이 설정하고 [OK]를 클릭합니다.

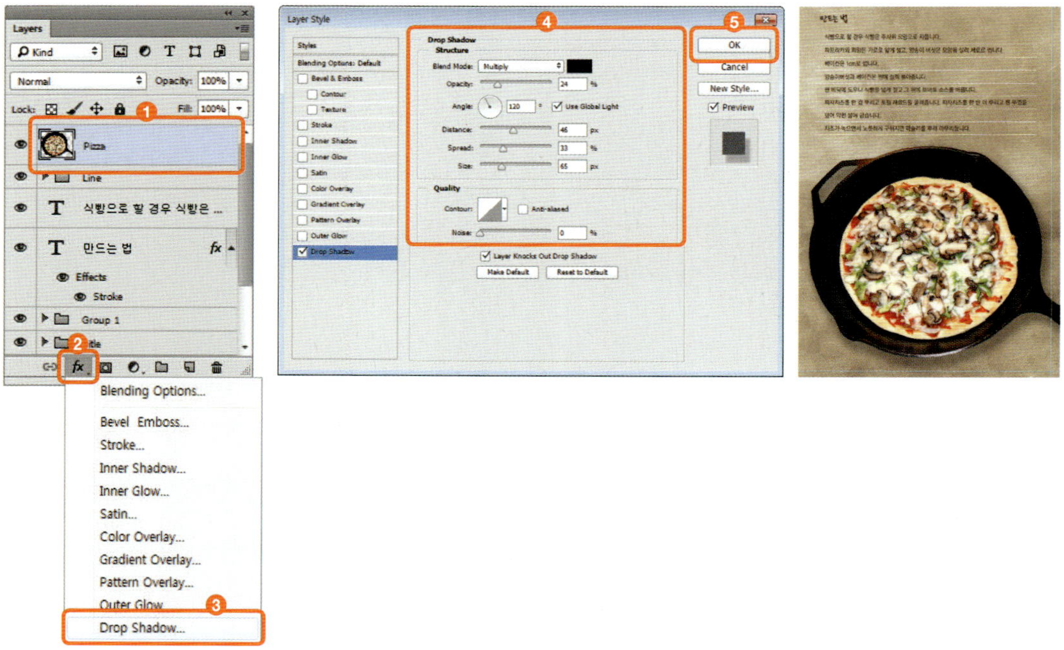

32 이번에는 점선 테두리를 만들어 보겠습니다. 툴 패널에서 둥근 사각형 툴( )을 선택하고 옵션바에서 패스 형태는 Path, Radius는 30 px로 설정합니다. 가이드 선에 맞게 드래그하여 그린 후 문자 툴(T.)을 선택하고 패스 위로 마우스 포인터를 이동시켜 포인터의 모양이 바뀌면 클릭하고 키보드로 - 를 눌러 점선을 그립니다.

33 점선을 모두 그리면 Ctrl+T를 누르고 Shift를 누른 채 안쪽으로 드래그하여 크기를 조정한 후 [Layers] 패널에서 자물쇠 아이콘을 클릭하여 레이어를 잠급니다.

34 필요하다면 이동 툴( )로 오브젝트들의 위치를 조정합니다.

35 이제 마무리로 배경 작업을 하겠습니다. Texture 레이어를 선택하고 툴 패널에서 번 툴( )로 테두리 영역을 드래그하면서 어둡게 만들고, 닷지 툴( )로 중앙 부분을 좀 더 밝게 처리합니다.

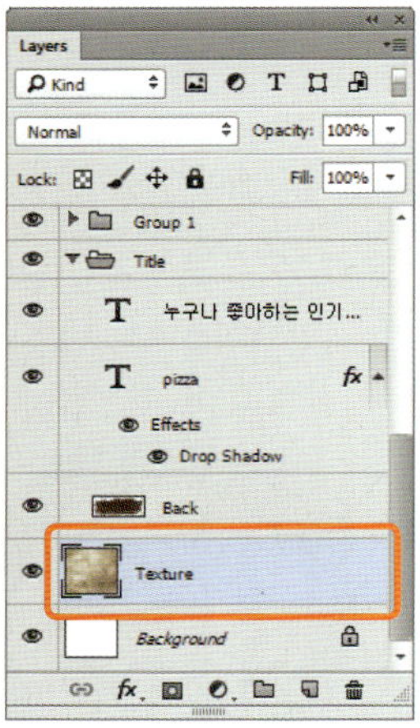

36 다음과 같이 피자 레시피북이 완성됩니다.

CHAPTER
28

프랜차이즈 홈페이지 디자인하기

완성예제 미리보기

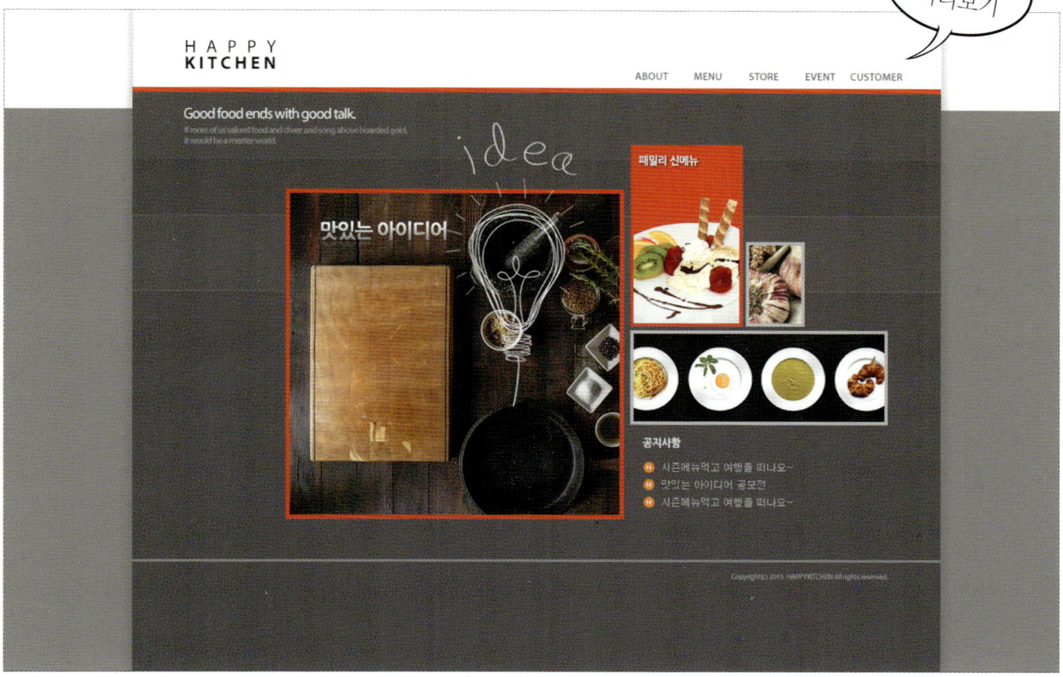

그리드를 잘 활용하여 심플한 레이아웃의 홈페이지를 디자인해 봅니다. 홈페이지 디자인이라고 해서 사용하는 기능이 특별하거나 어려운 것은 아니며, 삽입되는 콘텐츠들이 효과적으로 잘 보일 수 있도록 레이아웃을 설정하면 됩니다. 세련되고 심플한 느낌을 주기 위해 그레이 톤을 배경색으로 잡고 톤 변화를 주면서 홈페이지를 구성하겠습니다. 다른 웹 사이트에서 많이 보아왔던 텍스트에 반사된 그림자를 만드는 방법, Paragraph 패널의 옵션을 활용하는 방법, 픽셀로 텍스트를 쓰는 방법 등도 배울 수 있습니다.

준비 파일 Cookware.jpg, Dessert.jpg, Food.jpg, Garlic.jpg, Idea.png

01 Ctrl + N 을 눌러 아래와 같이 설정한 후 [OK]를 클릭하여 새 창을 만듭니다.

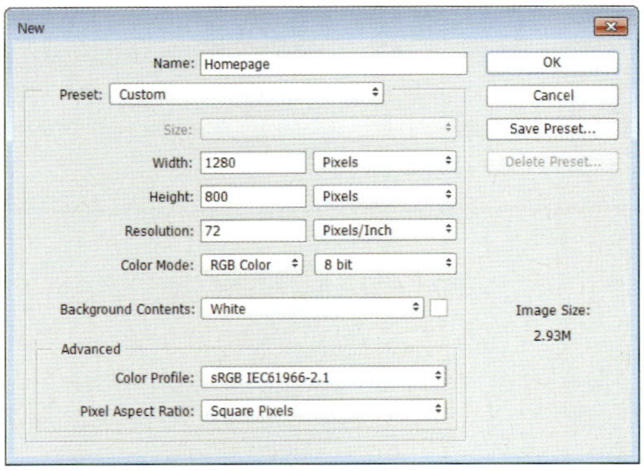

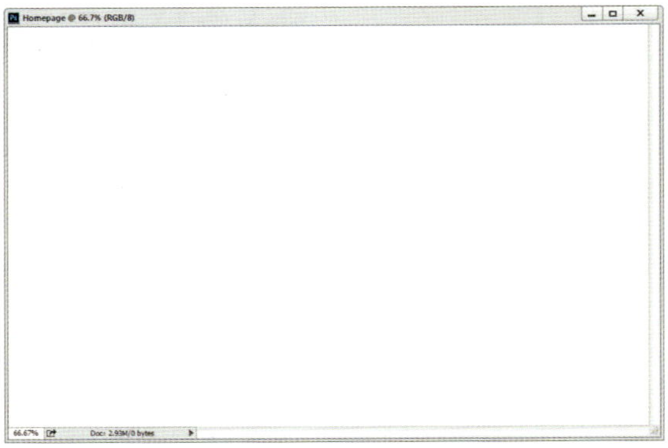

02 [Layers] 패널에서 새 레이어를 추가하고 전경색(■)은 회색(#808080)을 선택한 후 작업창에서 Alt + Delete 를 눌러 배경에 적용합니다.

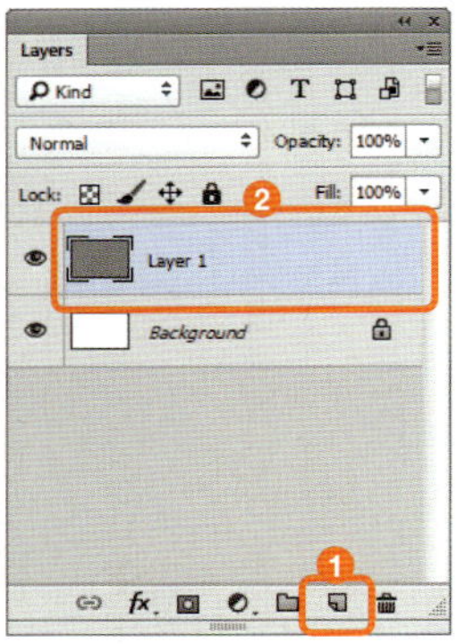

03 상단에 메뉴가 들어갈 자리를 고려해서 이동 툴( )을 사용하여 아래로 드래그하여 내려줍니다.

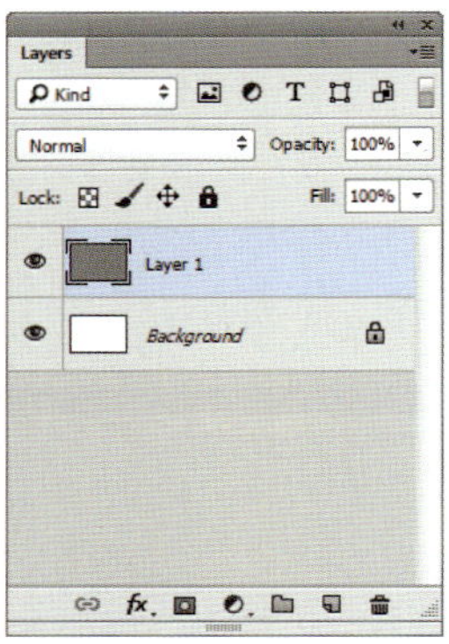

04 새 레이어를 추가하고 툴 패널에서 사각 선택 툴(⬚)을 선택한 후 옵션바에서 Style은 Fixed Size, Width는 980 px, Height는 800 px로 설정합니다. 작업창에서 선택 영역을 만들고 전경색(■)을 진한 회색(#4d4d4d)으로 변경합니다. [Alt]+[Delete]를 눌러 진한 회색을 적용하고 [Ctrl]+[D]를 눌러 선택 영역을 해제합니다. 이동 툴(✥)로 다음과 같이 드래그하여 아래로 내려줍니다.

05 새 레이어를 추가하여 빨간색 라인을 넣어보겠습니다. 레이어를 추가하고 사각 선택 툴(⬚)의 옵션을 Width는 980 px, Height는 6 px로 설정한 후 선택 영역을 만듭니다. 전경색(■)은 빨간색(#d3351a)을 선택하고 [Alt]+[Delete]를 눌러 적용한 후 [Ctrl]+[D]를 눌러 선택 영역을 해제합니다.

06 중앙 Dark Gray 사각형에 면을 몇 개 추가하여 색 톤에 변화를 주도록 하겠습니다. [Layers] 패널에서 새 레이어를 추가하고 툴 패널에서 사각 선택 툴( )을 클릭한 후 옵션바에서 Style은 Fixed Size, Width는 980 px, Height는 83 px로 설정합니다. 작업창에서 선택 영역을 설정하고 전경색( )은 #515151로 변경한 후 Alt + Delete를 눌러 선택 영역을 전경색으로 채우고, Ctrl + D를 눌러 선택 영역을 해제합니다.

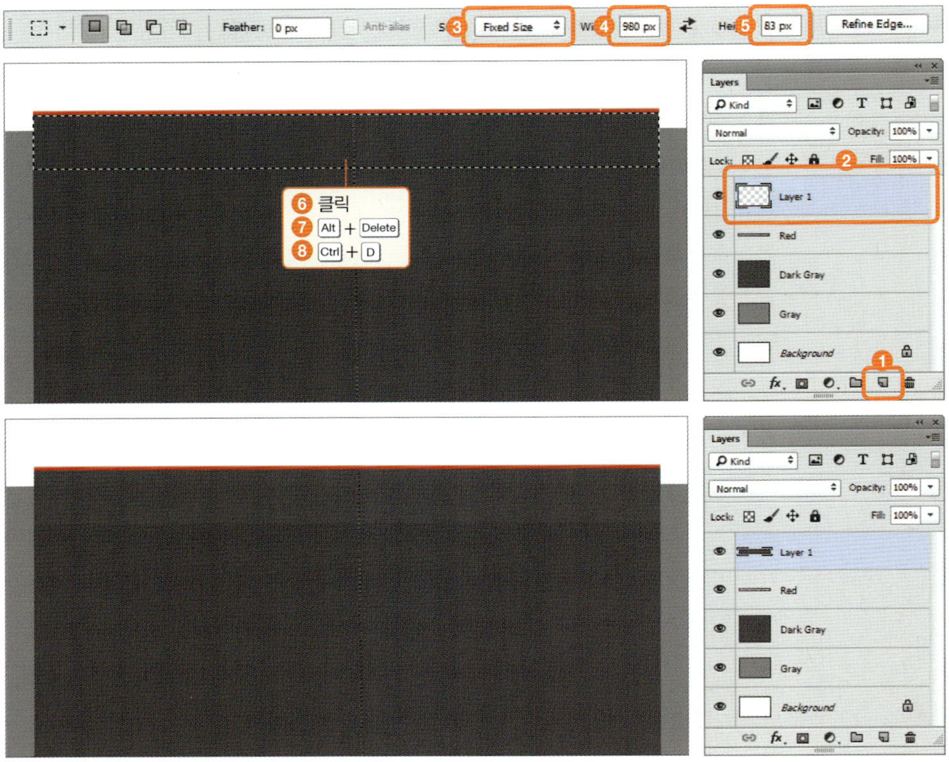

07 새 레이어를 추가하고 툴 패널에서 라인 툴( )을 선택한 후 옵션바에서 패스 형태는 Pixels, Weight는 1 px로 설정하고 작업창에 Shift를 누른 채 다음과 같이 드래그하여 선을 만듭니다.

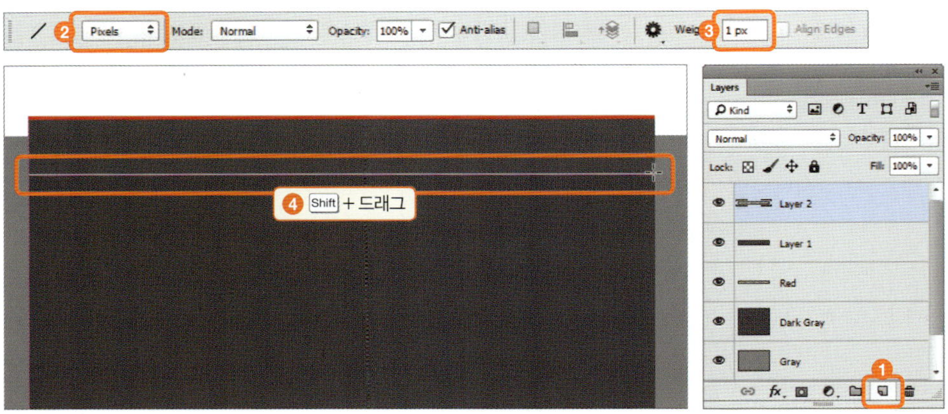

08 위와 같은 방법으로 새 레이어 Gray 2를 추가하고 Width는 980 px, Height는 90 px의 사각 선택 툴(⬚)을 이용하여 작업창에 선택 영역을 설정하고 Alt + Delete 를 눌러 색을 적용합니다.

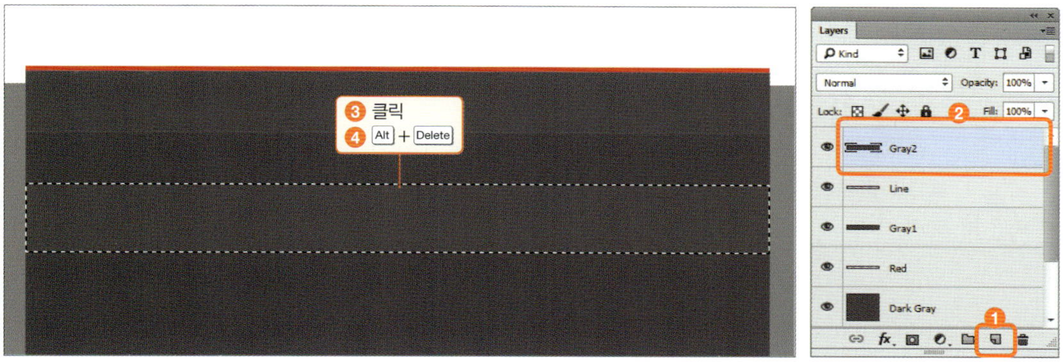

09 [Layers] 패널에서 Line 레이어를 Ctrl + J 를 두 번 눌러 두 개의 레이어로 복제합니다. 이동 툴(▸✥)을 이용하여 복제된 레이어를 각각 새로 생성된 사각형 위아래에 배치합니다. 작업한 레이어들을 모두 선택하여 Ctrl + G 를 눌러 레이어 그룹으로 만들고 이름을 변경합니다.

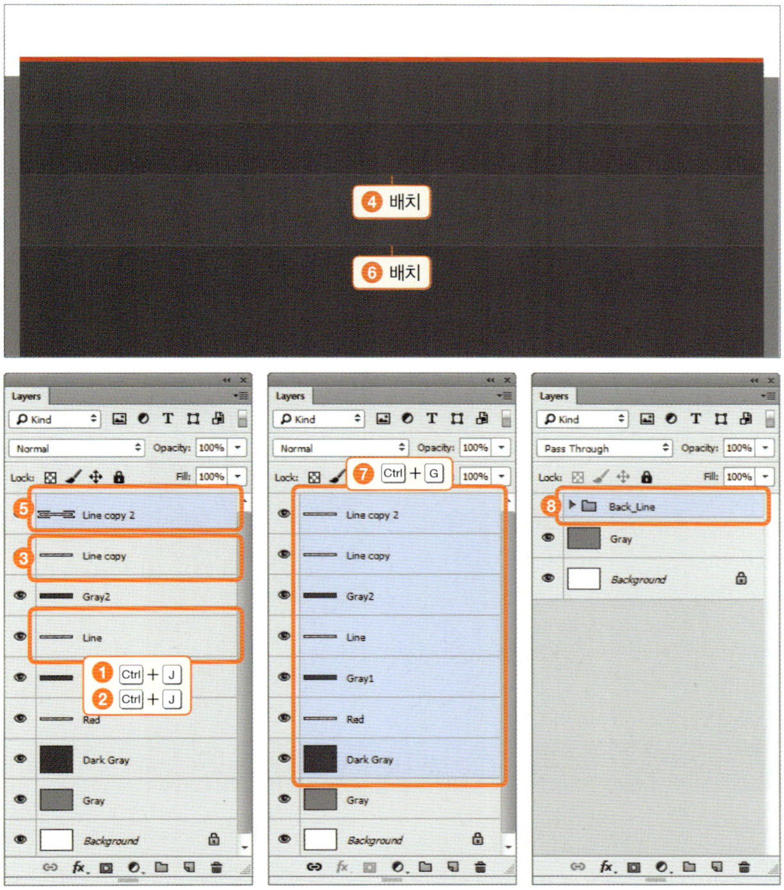

10 중앙면 양 옆에 그림자를 넣어 보겠습니다. 새 레이어를 추가하고 이름을 Shadow로 바꿉니다. 툴 패널에서 사각 선택 툴(⬚)을 선택하고 옵션바에서 Style을 Normal로 바꾼 후 왼쪽에 세로가 긴 직사각형을 드래그하여 선택 영역으로 만듭니다.

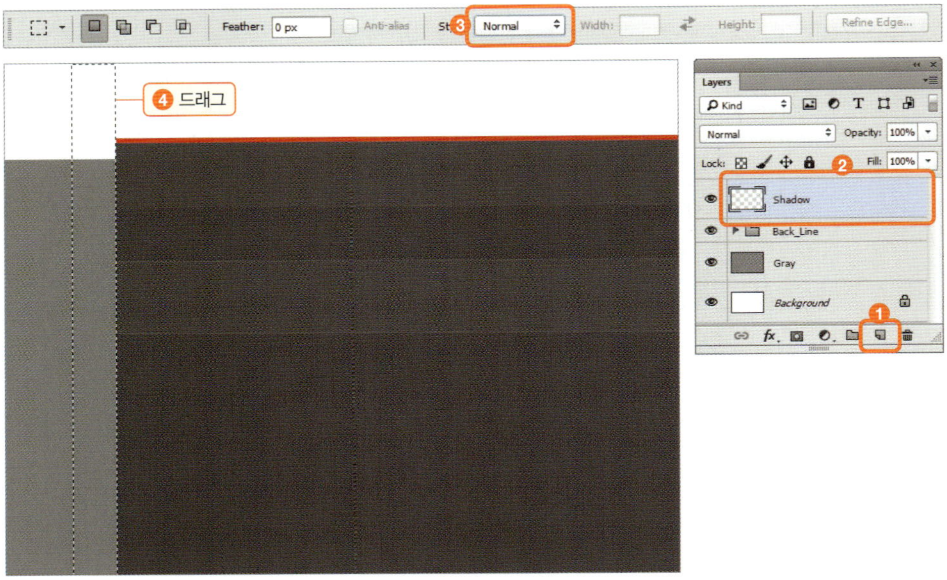

11 툴 패널에서 그레디언트 툴(▆)을 클릭하고 옵션바에서 Foreground to Transparent 그레디언트를 선택한 후 선택 영역의 오른쪽에서 왼쪽으로 드래그합니다. Ctrl+D를 눌러 선택 영역을 해제합니다.

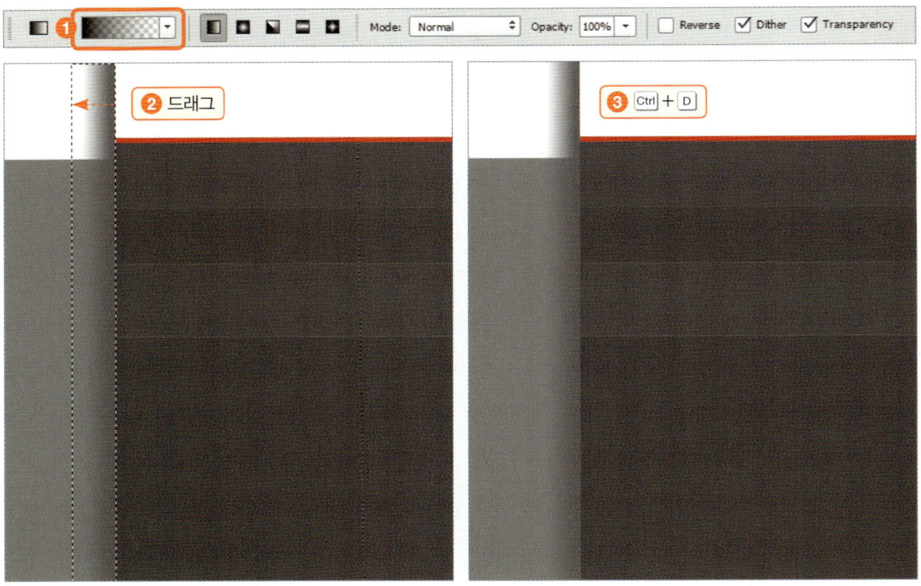

12 작업창에서 Ctrl+T를 눌러 Shadow의 크기를 줄여주고, [Layers] 패널에서 Shadow 레이어의 Opacity를 33%로 변경합니다.

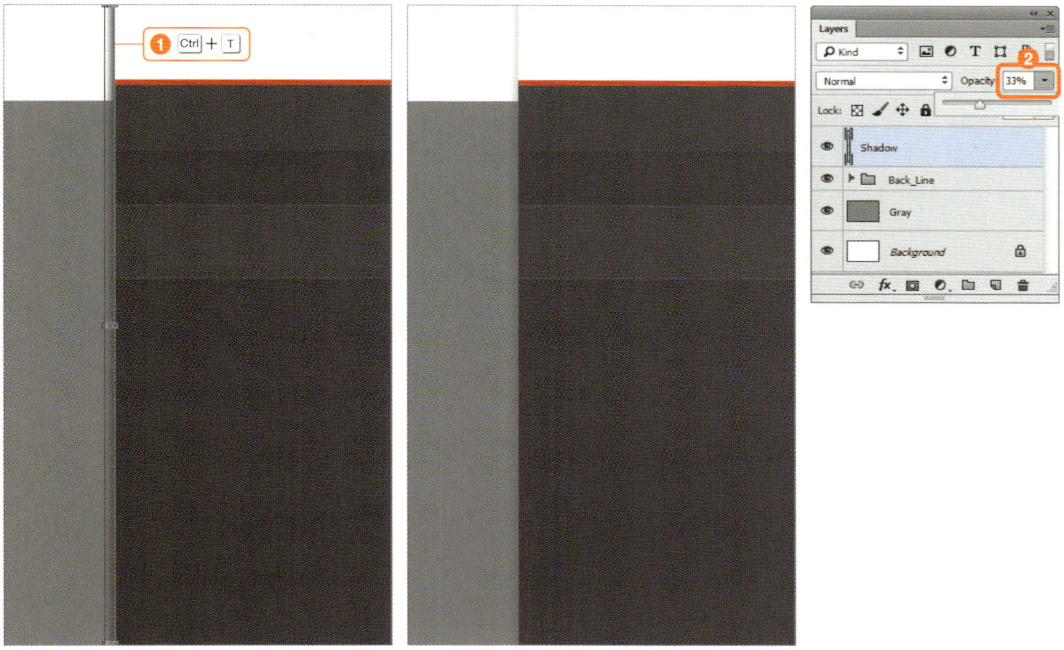

13 [Layers] 패널에서 Shadow 레이어를 Ctrl+J를 눌러 복제하고 메뉴바에서 [Edit]–[Transform]–[Flip Horizontal]을 클릭하여 좌우를 반전시킵니다. 작업창에서 오른쪽으로 드래그하여 다음과 같이 배치합니다.

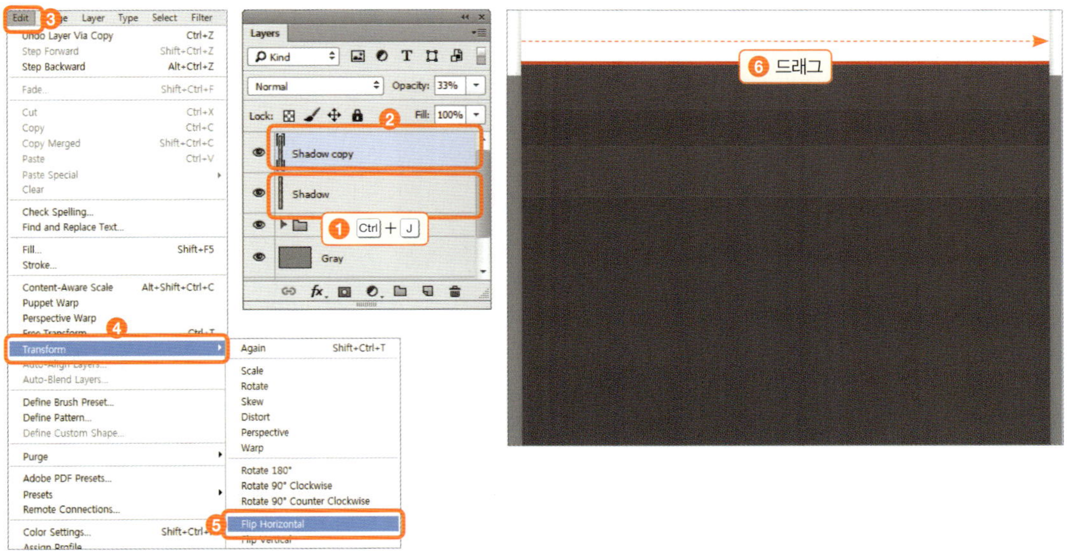

14 툴 패널에서 문자 툴(T.)을 선택하고 작업창 좌측 상단에 드래그하여 텍스트 상자를 만듭니다. 텍스트 상자 안에 텍스트를 입력한 후 블록으로 설정하고 [Paragraph] 패널에서 양쪽 정렬을 누릅니다.

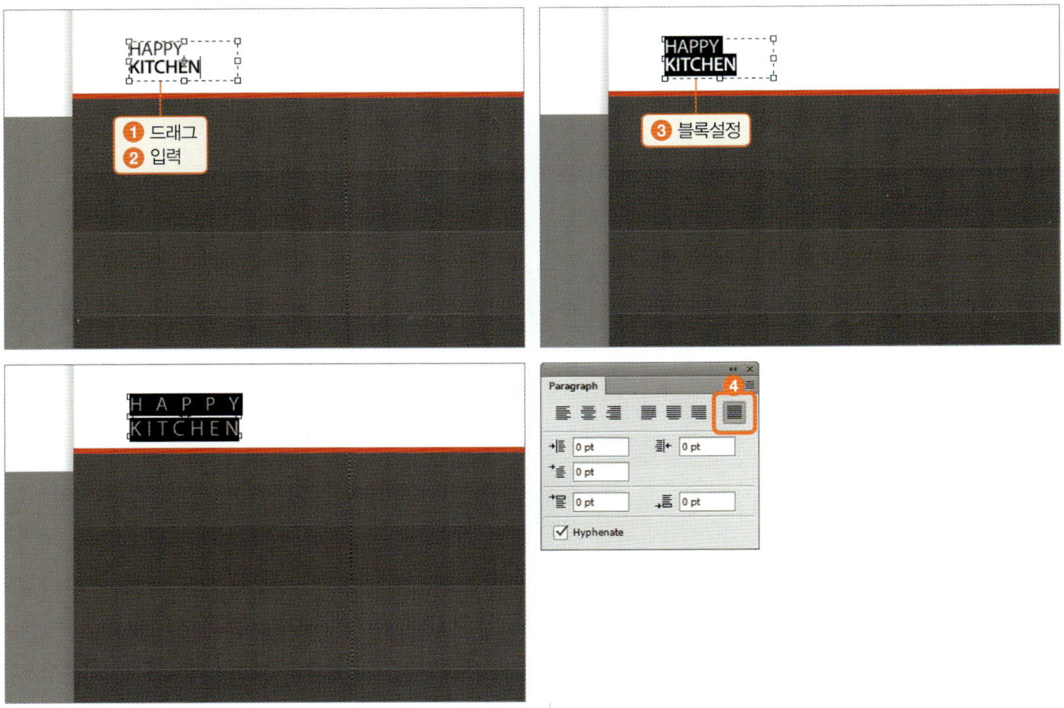

15 아랫줄의 텍스트 'KITCHEN'을 블록으로 설정하고 [Character] 패널에서 글꼴을 Myriad Pro Bold로 바꿉니다.

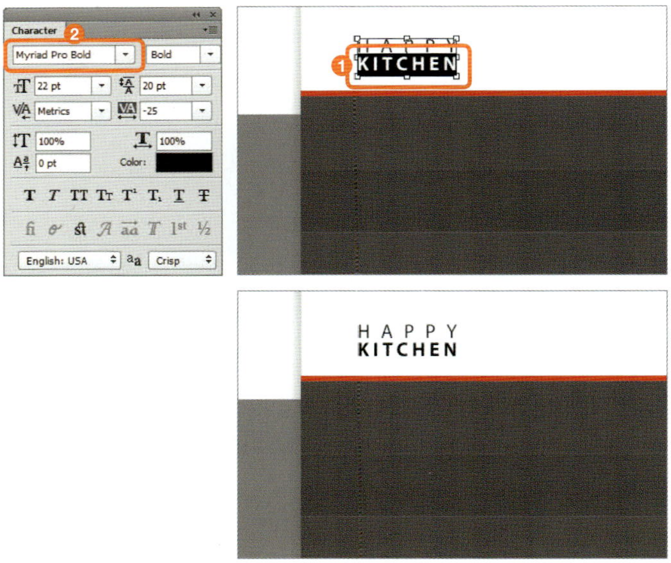

16 우측 상단에 메뉴를 하나씩 입력하겠습니다. 문자 툴(T)을 선택하고 [Character] 패널에서 다음과 같이 설정한 후 5개의 메뉴를 각각 입력합니다.

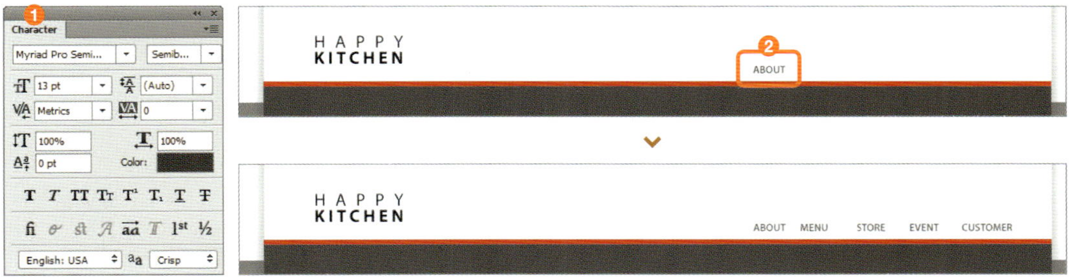

17 [Layers] 패널에서 5개의 메뉴의 텍스트 레이어를 모두 선택하고 이동 툴(▸✥)을 클릭한 후 옵션바에서 다음과 같이 정렬합니다.

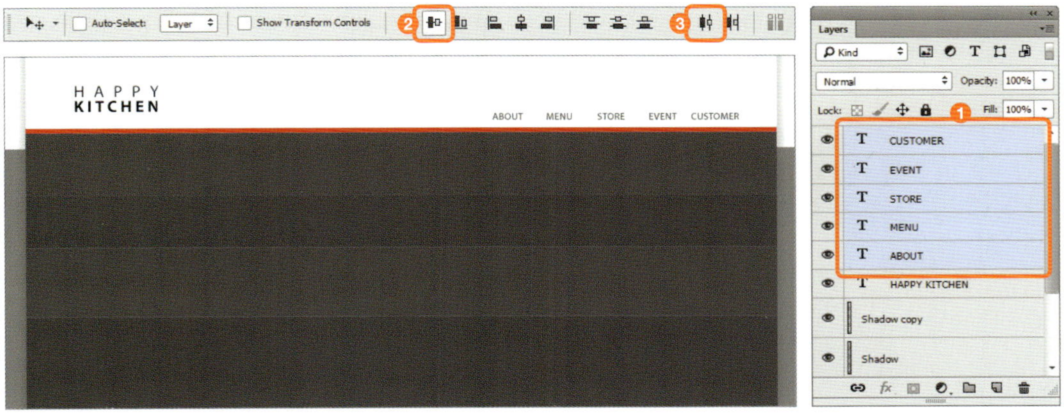

18 [Layers] 패널의 텍스트 레이어 6개를 Ctrl + G 를 눌러 그룹으로 만들고 이름을 Top으로 변경한 후 그룹 추가 아이콘을 클릭하여 이름을 Contents로 바꿉니다.

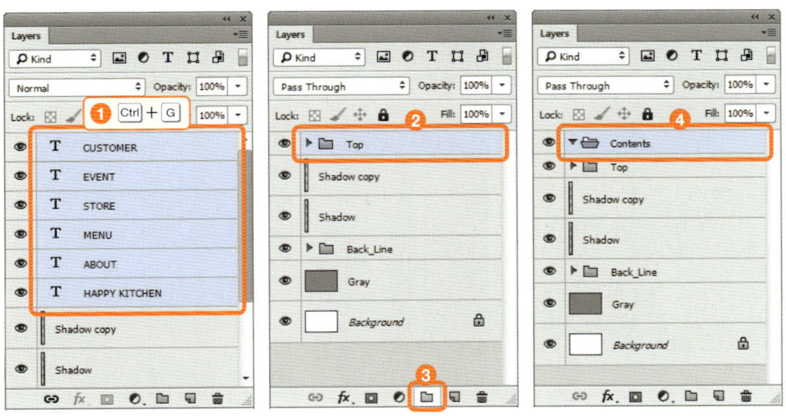

19 문자 툴(T.)로 텍스트를 입력합니다. 필요하다면 Ctrl + R 을 눌러 눈금자가 표시되게 하고 가이드 선을 이용하여 세로선을 맞춥니다.

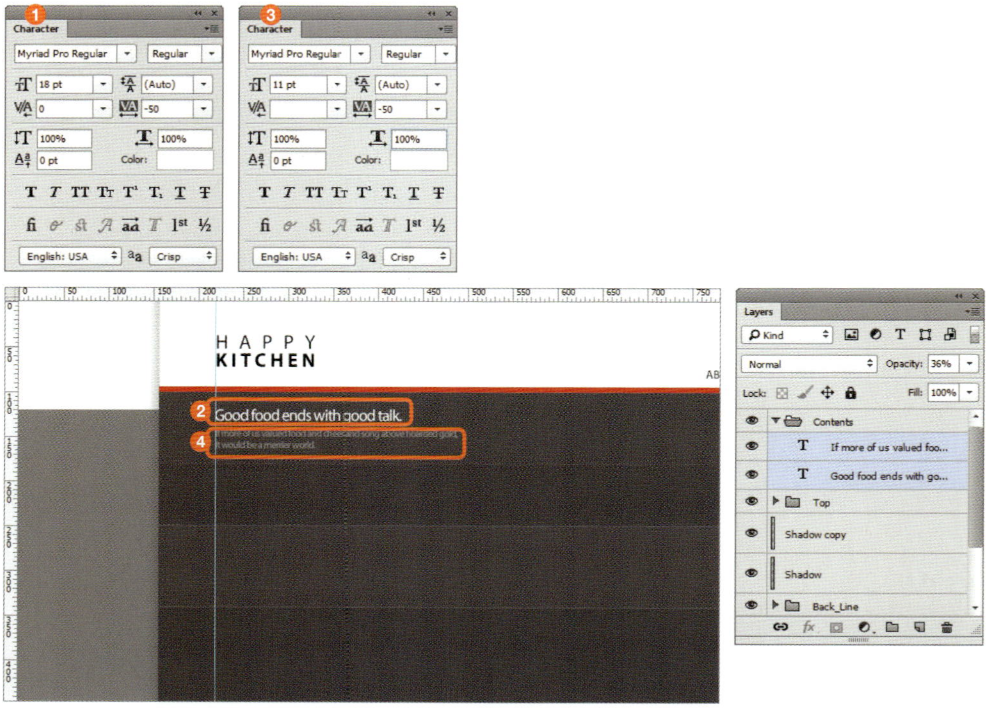

20 툴 패널에서 사각형 툴(■.)을 클릭하고 옵션바에서 다음과 같이 설정한 후 작업창에 클릭하여 사각형 박스를 만듭니다.

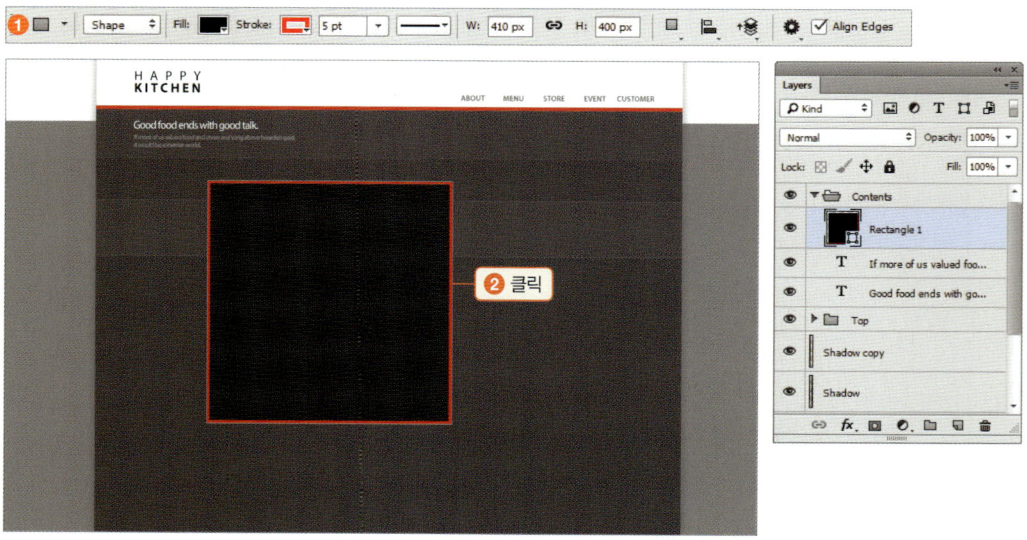

21 Cookware.jpg 이미지 파일을 불러와서 작업창에 옮겨 놓고, 레이어 이름을 Cookware로 바꿉니다. [Layers] 패널에서 Cookware 레이어를 Alt를 누른 채 클릭하면 클리핑 마스크가 적용되어 사각형 박스 안에 이미지가 들어갑니다.

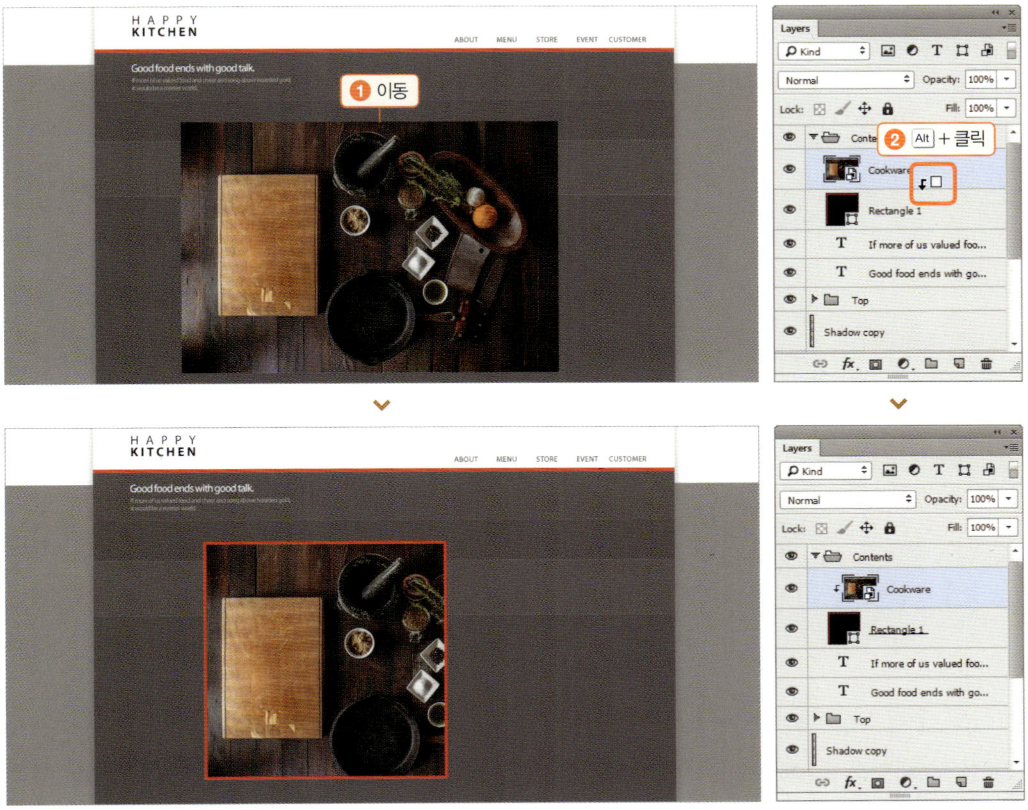

22 문자 툴(T)로 사각형 박스 안에 텍스트를 입력합니다.

23 텍스트에 그림자 효과를 만들기 위해 텍스트 레이어를 복제합니다. 메뉴바에서 [Edit]–[Transform]–[Flip Vertical]을 클릭하여 텍스트를 위아래로 반전시키고 이동 툴(▸✛)로 아래로 드래그하여 내려놓습니다.

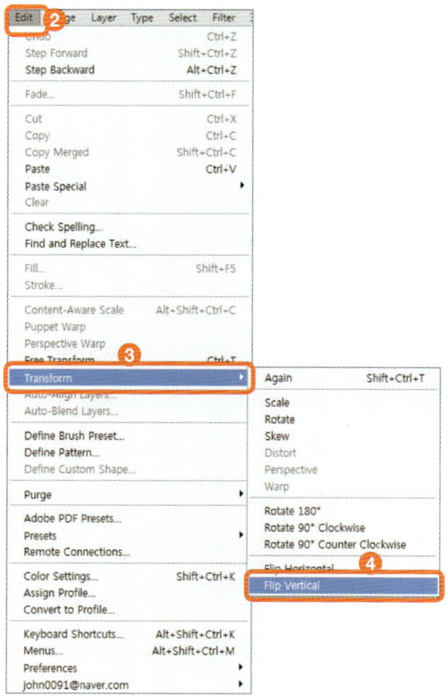

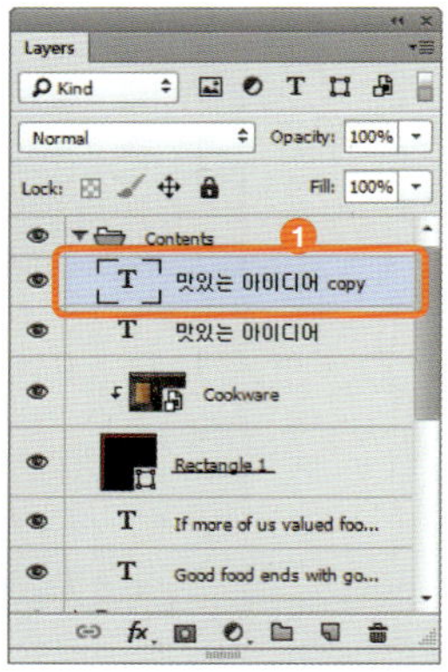

24 [Layers] 패널에서 레이어 마스크 추가 아이콘(◘)을 클릭하여 레이어 마스크를 추가합니다. 툴 패널에서 그레디언트 툴(▣)을 선택한 후 옵션바에서 Black, White 그레디언트를 선택하여 텍스트에 적용합니다.

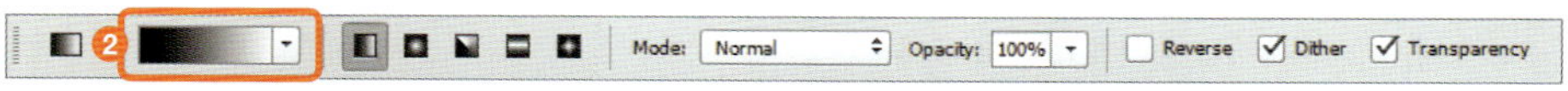

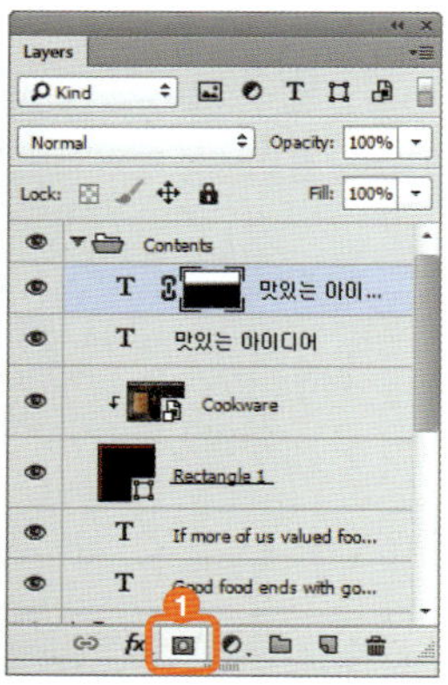

25 [Layers] 패널에서 '맛있는 아이디어' 텍스트 레이어를 선택한 후 [Layer Style] 대화상자를 열어 왼쪽에 Gradient Overlay를 체크하고 다음과 같이 설정한 후 [OK]를 클릭하여 텍스트에 Gradient Overlay를 적용합니다.

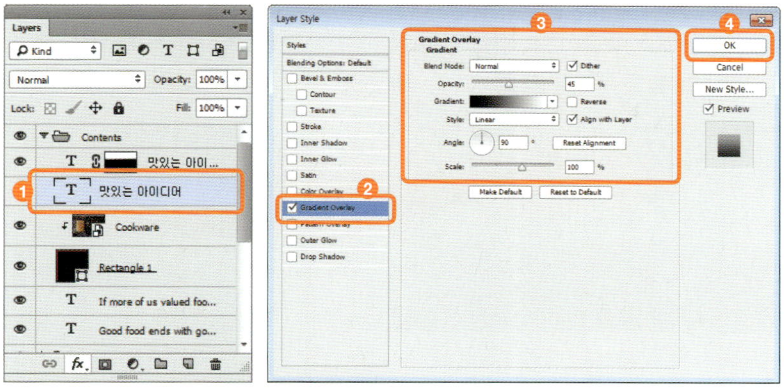

26 Idea.jpg 이미지 파일을 불러와서 작업창에 배치하고 Ctrl + T를 눌러 이미지 크기를 줄입니다. 이미지가 검정색이어서 잘 보이지 않기 때문에 Ctrl + I를 눌러 흰색으로 바꿉니다.

27 사각 선택 툴(⬚)을 선택하고 옵션바에서 다음과 같이 설정하여 작업창에 사각형 박스를 그립니다.

28 Dessert.jpg 이미지 파일을 불러와서 클리핑 마스크 처리합니다. 펜 툴(✒)로 접시의 윗부분의 배경은 선택해서 지워냅니다.

29 빨간 사각형 박스 윗부분에 문자 툴(T)로 '패밀리 신메뉴'를 입력하고 [Layer Style] 대화상자를 열어 Drop Shadow를 적용합니다.

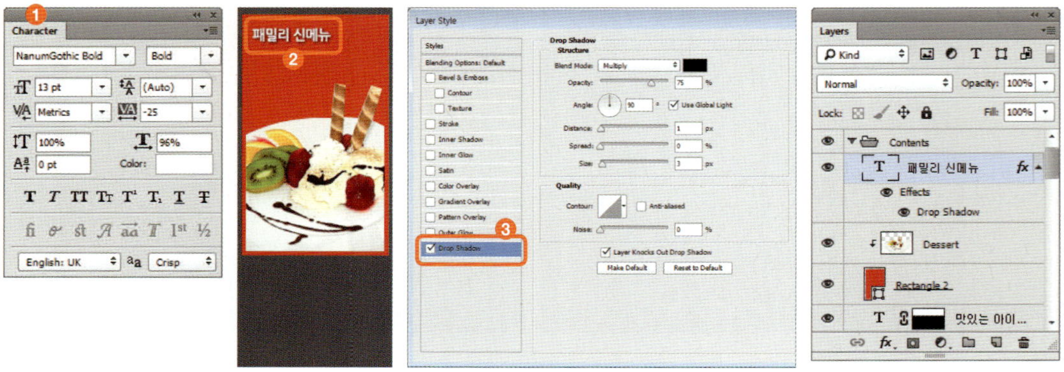

30 같은 방법으로 빨간색 사각형 박스 오른쪽과 아래에도 박스를 만들고 이미지를 불러와서 각각 클리핑 마스크를 적용합니다.

31 새로운 레이어 그룹을 추가하고 이름을 News로 바꿉니다. 공지사항 제목은 앞에서 사용한 폰트로 입력하고, 공지사항 내용은 아래 [Character] 패널과 같이 설정하여 입력합니다.

32 툴 패널에서 타원형 툴( )을 선택하고 공지사항 설명 앞에 드래그하여 주황색 원을 만듭니다.

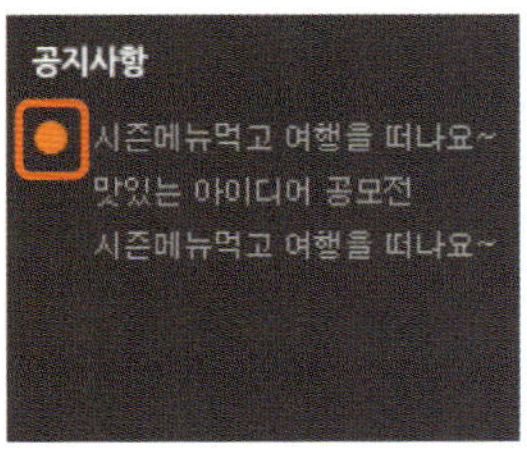

33 새 레이어를 추가하고 툴 패널에서 라인 툴( )을 선택한 후 옵션바에서 Anti-alias의 체크를 해제합니다. 주황색 원 안에 드래그 하여 'N'자 모양을 그립니다. 앞에서 그린 원과 N이 들어있는 레이어를 링크 아이콘( )을 눌러 묶어주고 두 개의 레이어를 모두 선택한 후 Ctrl+J를 눌러 복제합니다. 작업창에서 이동 툴( )로 복제된 이미지를 아래로 드래그하여 옮겨 넣습니다. 총 3개가 완성됩니다.

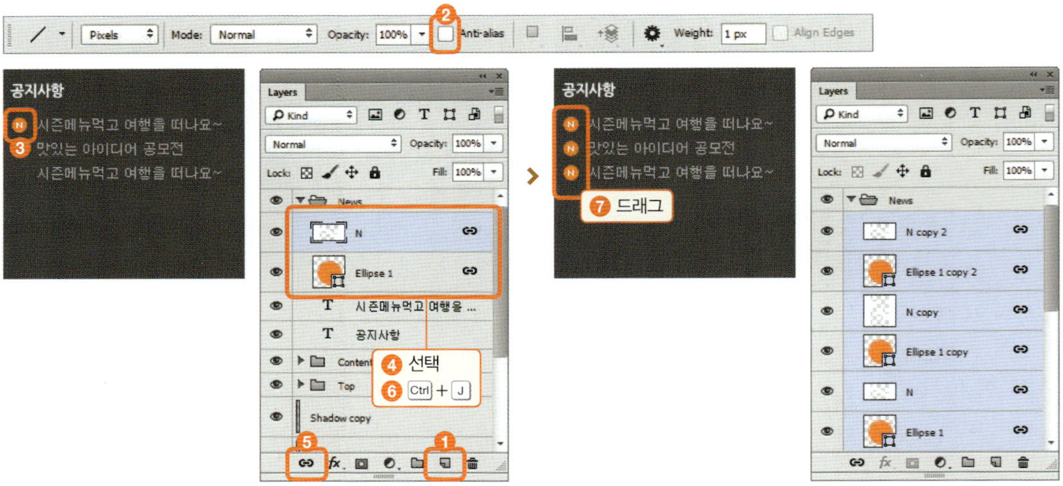

34 [Layers] 패널에서 새 레이어 그룹을 추가하고 레이어 이름을 Footer라고 바꿉니다. 작업창 아래에 회색 선을 드래그하여 만들고 아래에 'Copyright© 2015 HAPPYKITCHEN All rights reserved.'라는 텍스트를 입력하고 마무리합니다.

CHAPTER

29

레스토랑 뉴스레터 디자인하기

완성예제 미리보기

이번에는 레스토랑 뉴스레터를 만들어 보겠습니다. 제목을 강조하는 효과적인 방법 중에 하나로 레이어 스타일의 그레디언트를 디테일하게 조정하는 법을 배웁니다. 패스를 수정하고 그림자를 섬세하게 넣고, 1픽셀 라인을 활용하여 하이라이트를 살려줄 것입니다. 디자인에 있어서 완성도를 좌우하는 것은 이런 디테일한 작업들이기 때문에 하나하나 섬세하게 정성을 들여 작업합니다. 또한 포토샵에 내장되어 있는 커스텀 셰이프 툴을 조합하여 레스토랑 뉴스레터를 완성하겠습니다.

준비 파일 Cake.jpg, Salad.jpg, Shrimp.jpg

01 Ctrl + N 을 눌러 [New] 대화상자에서 다음과 같이 설정한 후 [OK]를 클릭하여 새 창을 만듭니다. 전경색(■)은 어두운 빨강색(#731d1d)을 선택하고 Alt + Delete 를 눌러 작업창에 적용합니다.

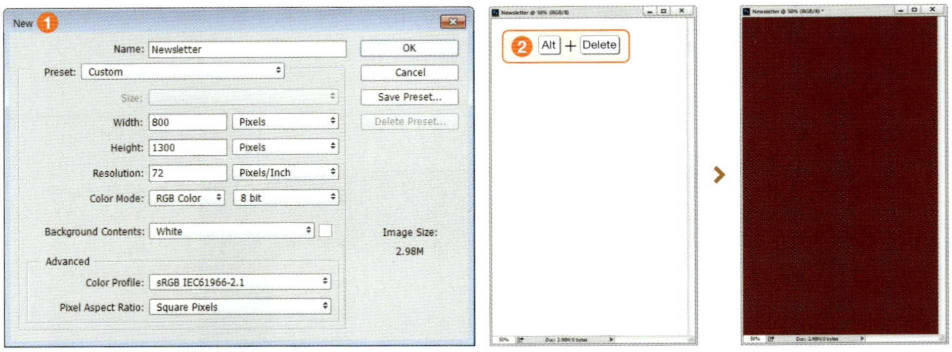

02 새 레이어를 추가하여 이름은 Bar라고 변경합니다. 전경색(■)을 흰색으로 변경하고 사각 선택 툴(⬚)로 작업창 윗부분에 선택 영역을 만든 후 Alt + Delete 를 눌러 채웁니다.

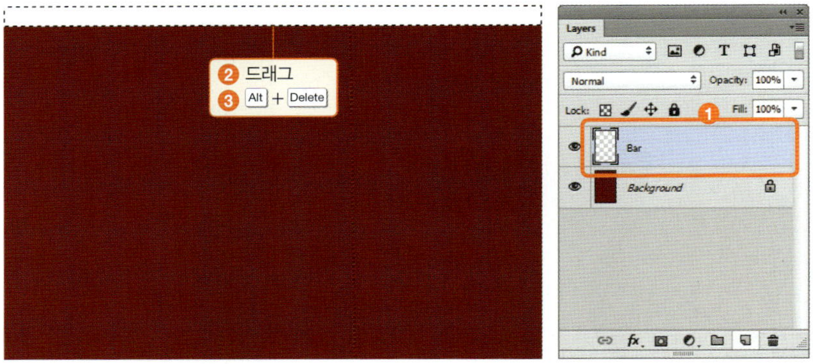

03 [Layers] 패널에서 Bar 레이어를 더블클릭하여 [Layer Style] 대화상자가 열리면 왼쪽에 Bevel& Emboss를 클릭하고 다음과 같이 설정하여 Bar 영역에 입체 느낌을 줍니다.

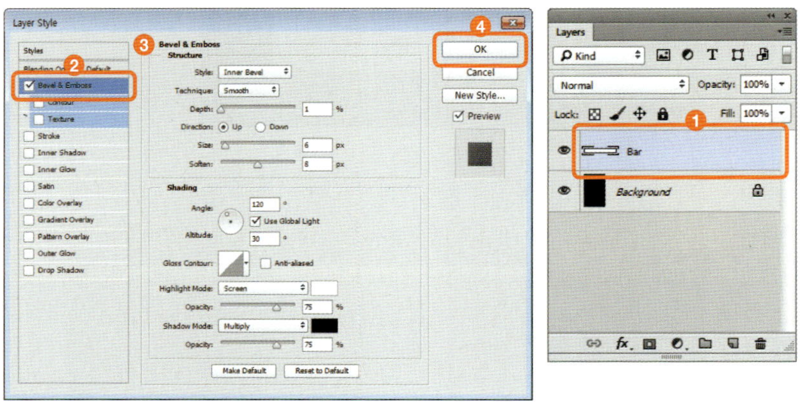

04 툴 패널에서 둥근 사각형 툴( )을 선택하고 옵션바에서 패스 형태는 Shape, Fill은 흰색, Radius 20 px로 설정한 후 작업창에 드래그하여 둥근 사각형을 만듭니다. [Layers] 패널에서 Rounded Rectangle 1과 Background 레이어를 선택하고 이동 툴( )을 클릭한 후 옵션바에서 가운데 정렬 아이콘을 클릭하여 정렬합니다.

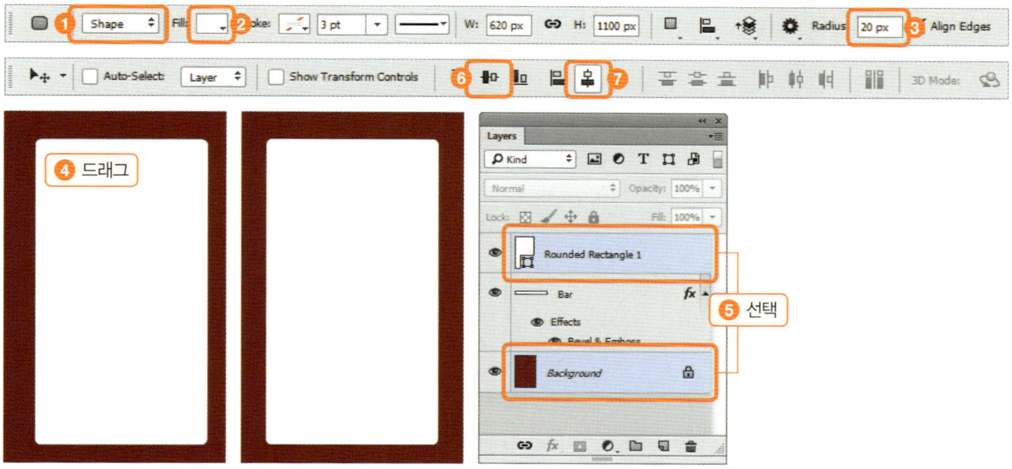

05 문자 툴(T)을 선택하고 작업창 윗부분에 텍스트를 입력합니다.

06 텍스트 '이곳'을 블록 설정하고 [Character] 패널에서 Color를 변경한 후 밑줄을 추가합니다.

07 문자 툴(T)을 선택하고 좌측 상단에 'Restaurant Name'이라고 입력합니다.

08 [Layers] 패널에서 텍스트 레이어를 더블클릭하면 [Layer Style] 대화상자가 나타납니다. 왼쪽 스타일 목록에서 [Gradient Overlay]를 체크하고 Gradient 컬러 박스를 클릭하면 [Gradient Editor] 대화상자가 열립니다. 여기서 그레디언트를 다음과 같이 편집한 후 [OK]를 누르고 [Layer Style] 대화상자에서도 [OK]를 클릭합니다.

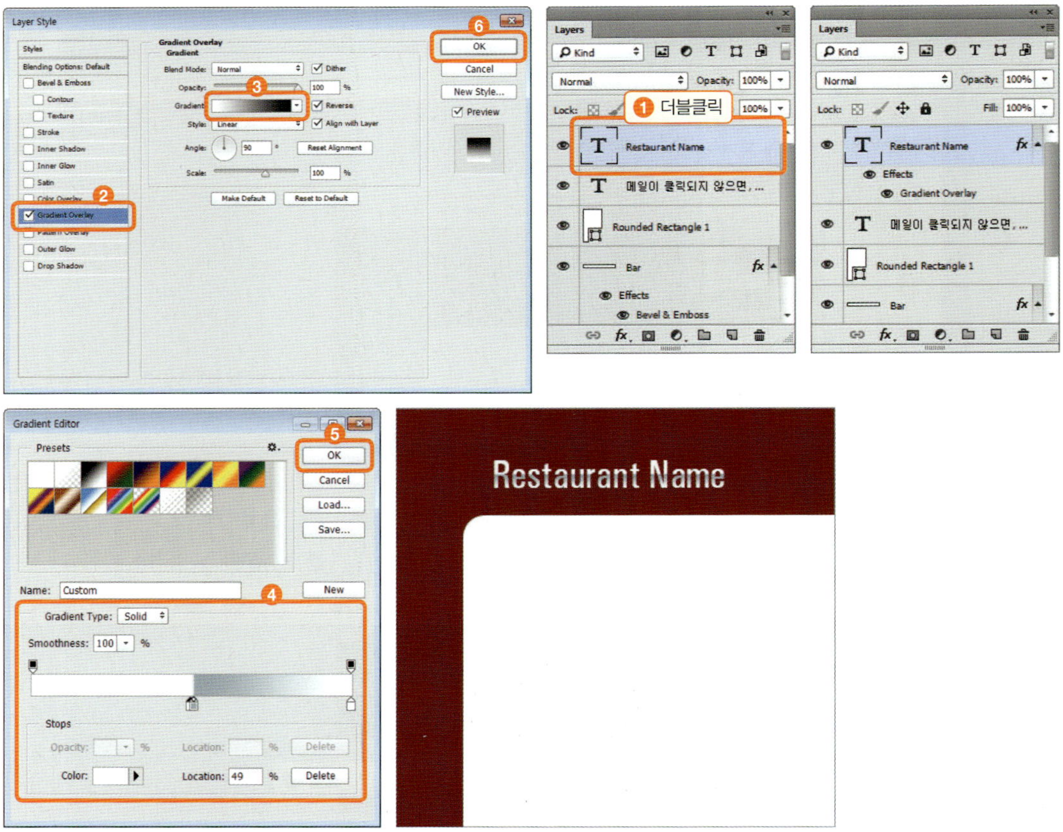

09 둥근 사각형 내부의 상단 부분에 텍스트를 다음과 같이 입력합니다. 텍스트 레이어를 더블클릭하고 레이어 스타일은 Gradient Overlay를 적용하여 텍스트를 회색의 투톤 느낌으로 만듭니다.

10 [Character] 패널을 각각 다음과 같이 설정하여 각각 문자 툴(T)로 텍스트를 입력합니다.

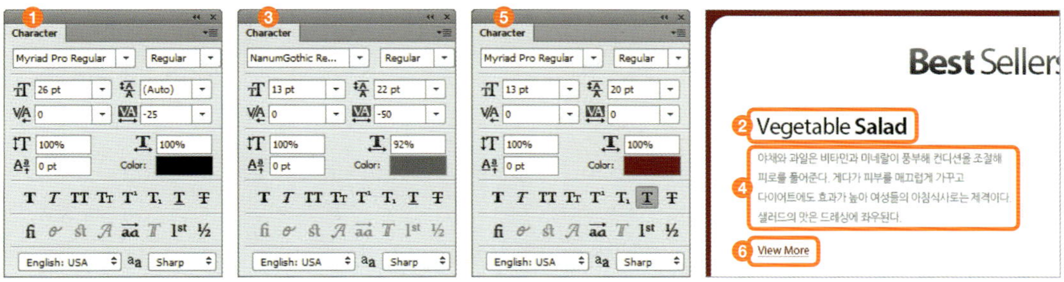

11 Salad.jpg 이미지 파일을 불러오고, 원형 선택 툴(◯)로 작업창에 선택 영역을 만들고 이동 툴(▸✥)로 작업창에 드래그하여 옮깁니다.

12 Salad 레이어를 선택한 상태에서 [Layer Style] 대화상자를 열고 Drop Shadow를 적용하여 이미지에 그림자를 넣어줍니다. [Layers] 패널에서 4개의 레이어를 레이어 그룹으로 정리하고 이름을 Salad로 변경합니다.

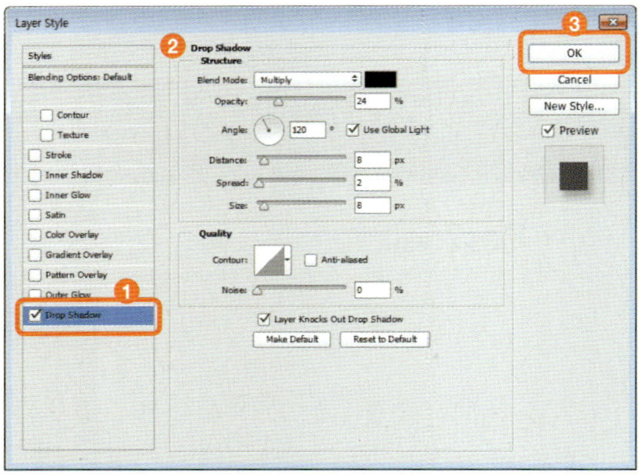

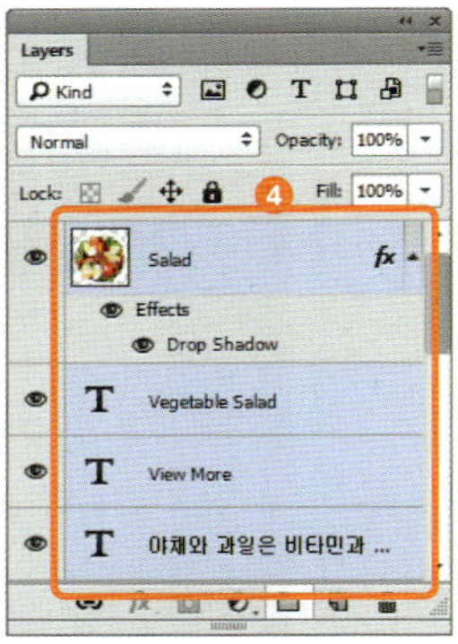

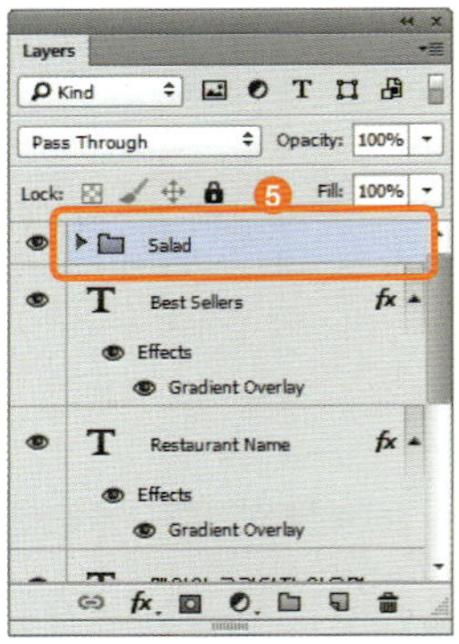

13 Salad 그룹을 Ctrl+J를 눌러 복제하고 작업창에서 이동 툴( )로 드래그하여 아래로 내려주고 레이어 그룹 이름을 Cake로 바꿉니다.

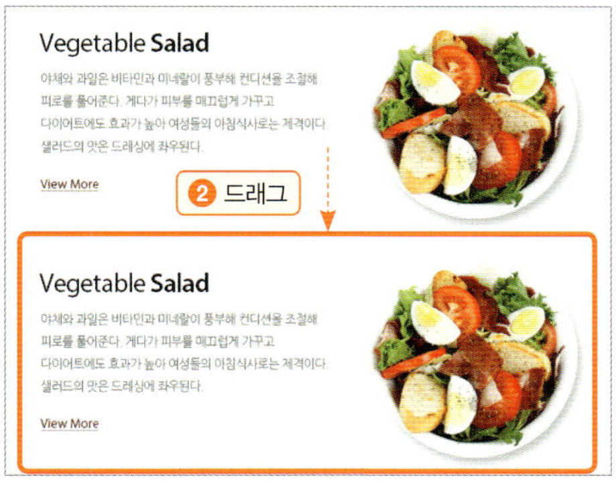

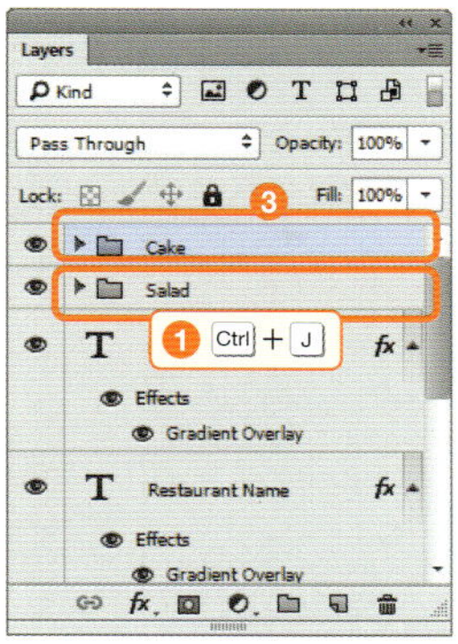

14 텍스트를 변경합니다.

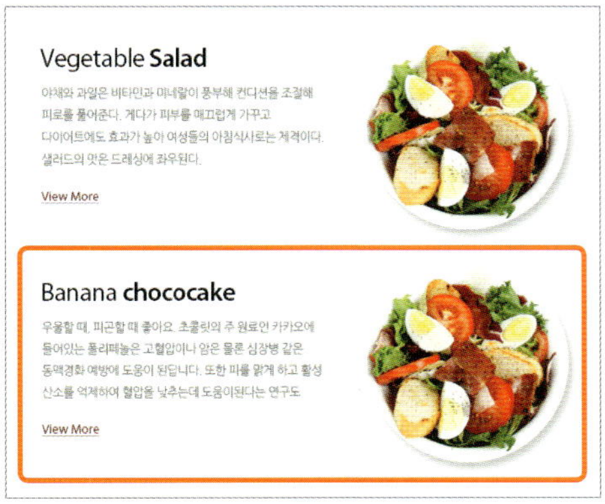

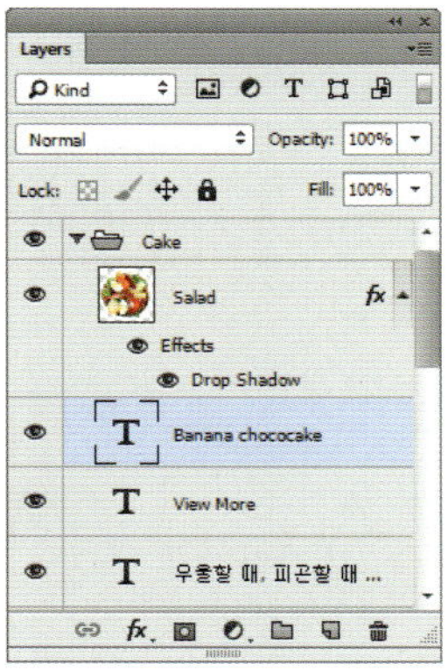

15 Cake.jpg 이미지 파일을 불러오고, 원형 선택 툴( )로 선택 영역을 만들고 이동 툴( )로 작업창에 드래그하여 옮깁니다. 이동한 이미지를 Ctrl+T를 눌러 크기를 조정합니다.

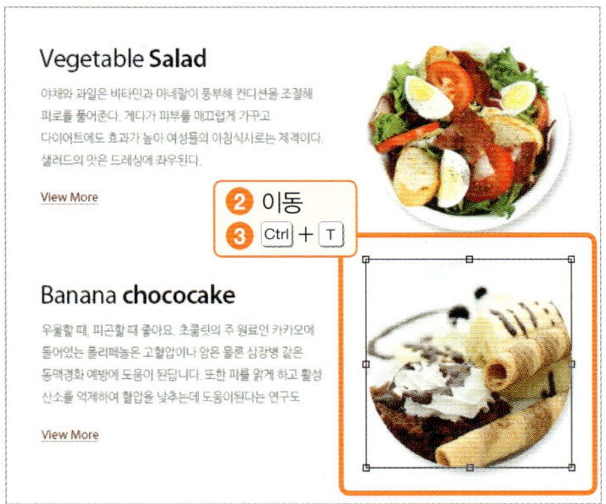

16 [Layers] 패널에서 Salad 레이어의 오른쪽에 있는 레이어 스타일(fx.)을 Alt를 누른 채 새로 이동한 Cake 이미지가 있는 Layer 1 레이어로 드래그하면 레이어 스타일을 복사할 수 있습니다. Salad 레이어를 Delete를 눌러 삭제하고 Layer 1 레이어의 이름을 Cake로 바꿉니다.

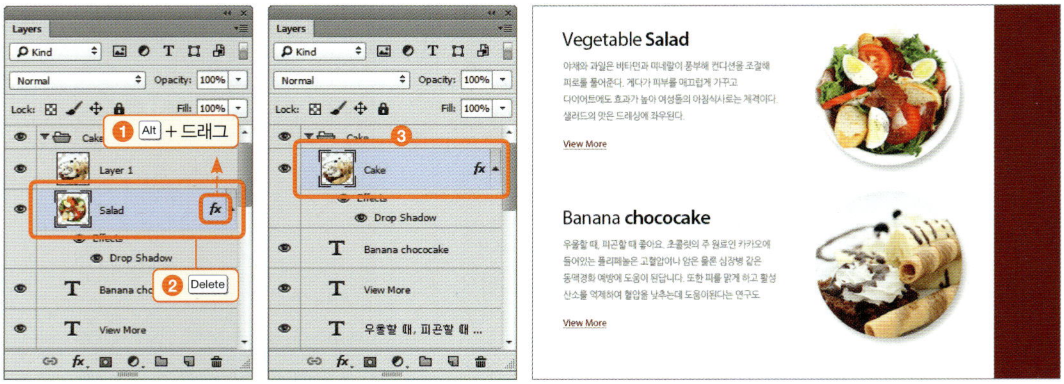

17 새 레이어를 추가하고 툴 패널에서 라인 툴(⁄.)을 클릭한 후 옵션바에서 Weight는 1 px로 설정하고 작업창의 Cake 아래 부분에 드래그하여 선을 만듭니다. 아래와 같이 선이 넘어가면 사각 선택 툴(⬚.)을 이용하여 선택 영역으로 만들고 Delete를 눌러 넘어간 부분을 제거한 후 Ctrl+D를 눌러 선택 영역을 해제합니다.

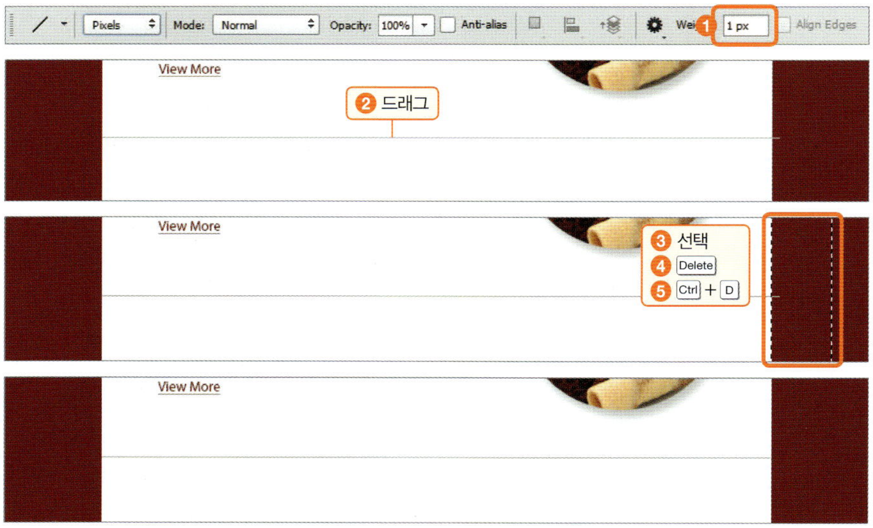

18 새 레이어 Shadow를 추가하고 사각 선택 툴(⬚.)로 선택 영역을 설정합니다. 툴 패널에서 그레디언트 툴(■.)을 선택하고 옵션바에서 색은 Foreground to Transparent, 모양은 Radial Gradient를 선택한 후 다음과 같이 드래그합니다. 그레디언트가 적용되면 Ctrl+D를 눌러 선택 영역을 해제합니다.

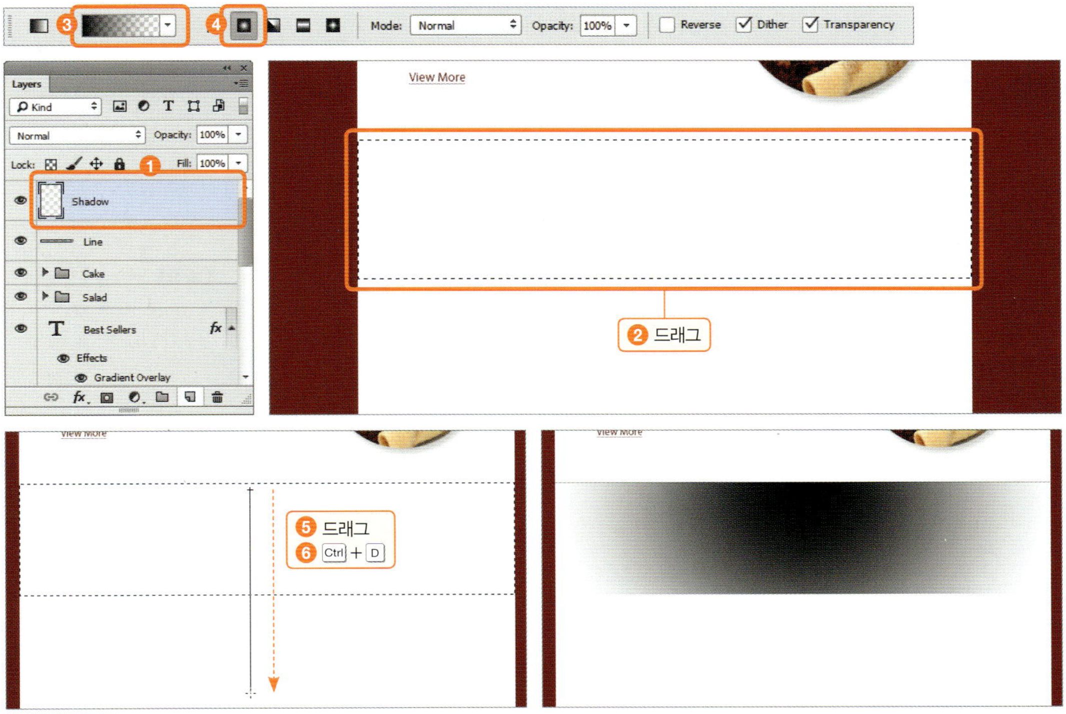

19 Shadows 레이어에 레이어 마스크를 추가하고 마스크 썸네일을 선택합니다. 그레디언트 옵션바에서 모양은 Linear Gradient로 바꾸고 작업창에서 드래그합니다.

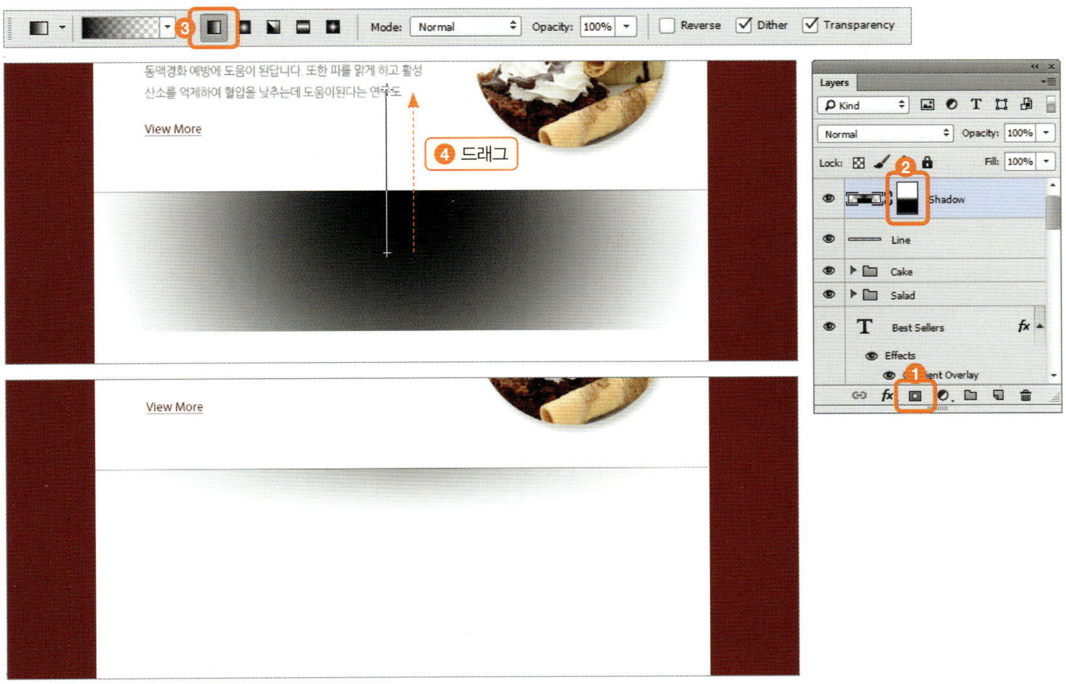

20 둥근 사각형 툴( )을 선택하고 옵션바에서 다음과 같이 설정한 후 작업창에 드래그하여 둥근 사각형을 만듭니다.

21 둥근 사각형 윗부분의 양쪽을 패스를 이용하여 곡선에서 직선으로 바꾸어 보겠습니다. 돋보기 툴( )로 둥근 사각형을 확대하고 직접 선택 툴( )로 앵커 포인트를 클릭하면 점이 나옵니다. 방향선을 Shift를 누른 채 수직선을 수평선으로 바꾸고, 다시 조절점을 클릭한 다음 키보드의 ↑를 5번 누르면 위로 5픽셀 이동합니다. 마찬가지로 반대편도 곡선을 직선으로 바꿉니다.

22 이제 레이어 스타일을 적용하겠습니다. [Layers] 패널에서 Rounded Rectangle 2 레이어를 더블 클릭하고 [Layer Style] 대화상자에서 Gradient Overlay, Strokes, Drop Shadow를 설정한 후 [OK]를 클릭하여 효과를 적용합니다.

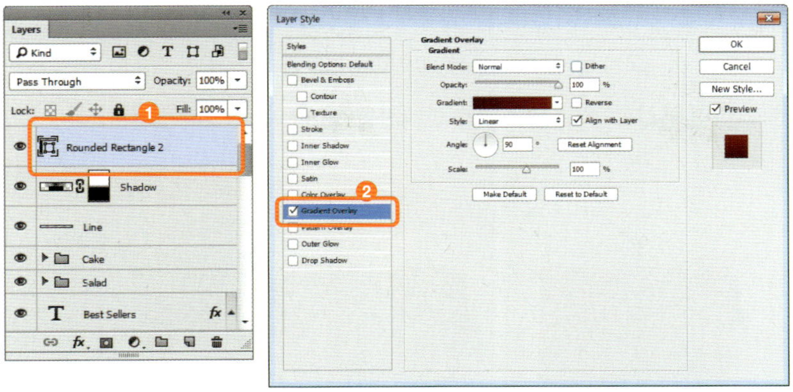

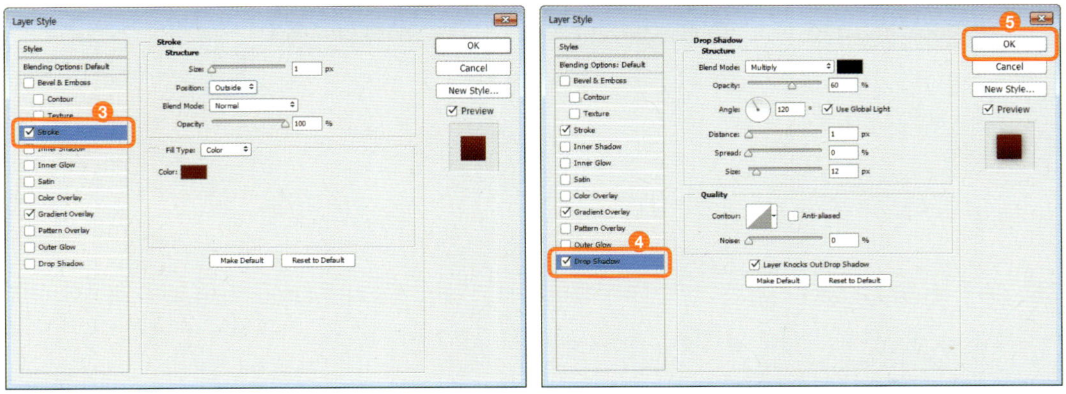

23 새 레이어 Line을 추가하고 툴 패널에서 라인 툴(⁄)을 선택합니다. 옵션바에서 패스 형태는 Pixels, Weight는 1 px로 설정하여 도형 위에 드래그하여 선을 만들고, Opacity를 50%로 설정합니다.

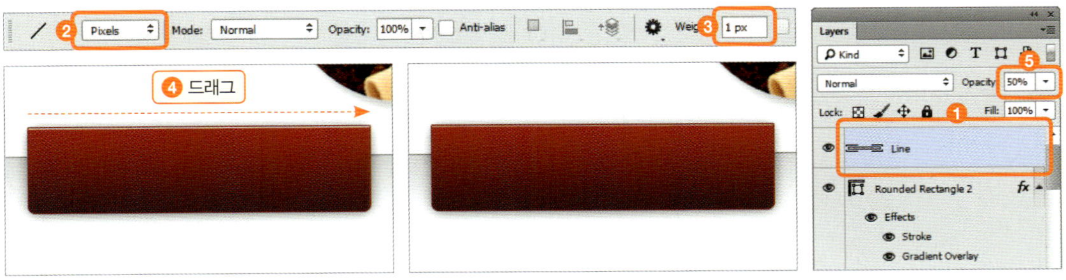

24 새 레이어를 추가하고 다각형 올가미 툴( )로 둥근 삼각형 좌측 상단에 삼각형 모양의 영역을 선택한 후 임의의 색을 적용합니다. [Layers] 패널에서 Rounded Rectangle 2 레이어에 적용된 Effects를 Alt를 누른 채 Layer 1로 드래그하여 복사합니다. 필요 없는 스타일은 눈 아이콘을 꺼두면 됩니다.

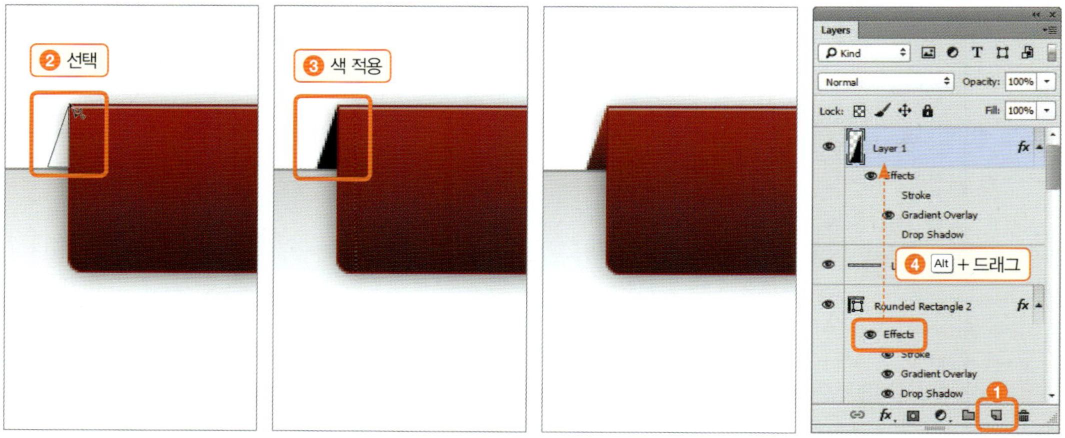

25 문자 툴(T)로 둥근 사각형 안에 텍스트를 입력하고 레이어 스타일 Drop Shadow를 적용합니다. 아래에 'very delicious !!'라고 입력하고 같은 레이어 스타일을 적용합니다.

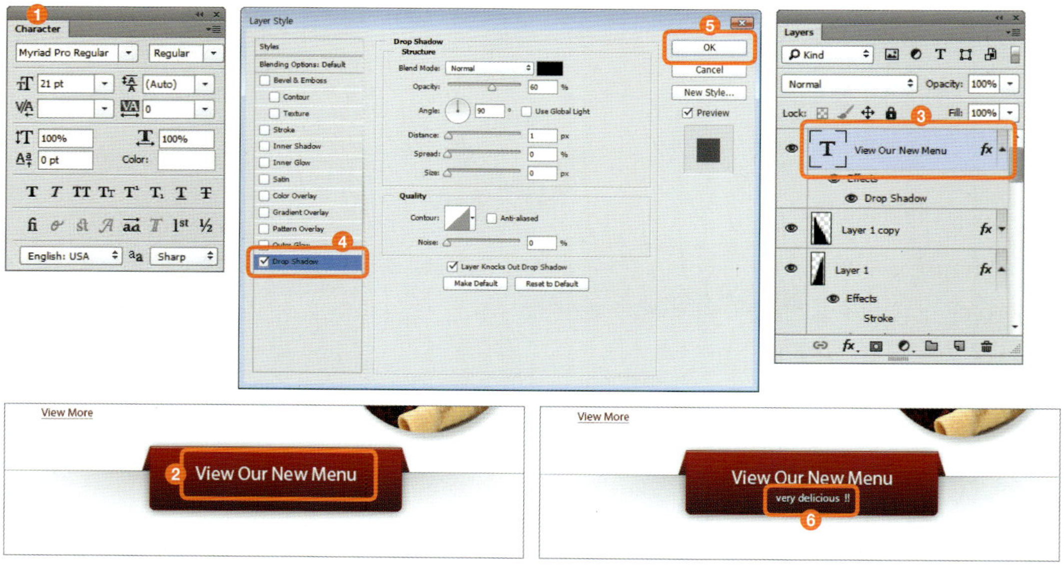

26 작업한 레이어들을 Ctrl+G를 눌러 그룹으로 만들고, 레이어 이름을 Button으로 변경합니다.

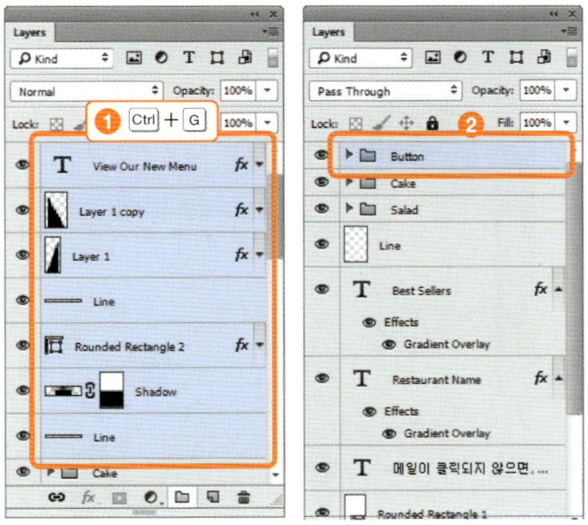

27 [Layers] 패널에서 Cake 레이어 그룹을 복제하고 이름을 Shrimp로 변경합니다. 레이어 그룹을 열어 이미지가 들어있는 레이어는 지우고 작업창에서 그룹 전체를 이동한 후 텍스트를 변경합니다.

28 Shrimp.jpg 이미지를 열어 펜 툴( )로 따서 작업창에 넣고 좌우를 반전시킨 후 마스크 레이어를 추가합니다. 이미지가 바깥으로 나온 부분을 사각 선택 툴( )로 선택하고 검정색을 적용하여 이미지의 일부를 가려줍니다.

29 [Layers] 패널에서 이전에 만들었던 Line 레이어와 Shadow 레이어를 복제한 후 복제한 레이어의 위치를 Rounded Rectangle 1 레이어 위로 이동합니다. Line Copy 레이어 아래에 새 레이어를 추가합니다.

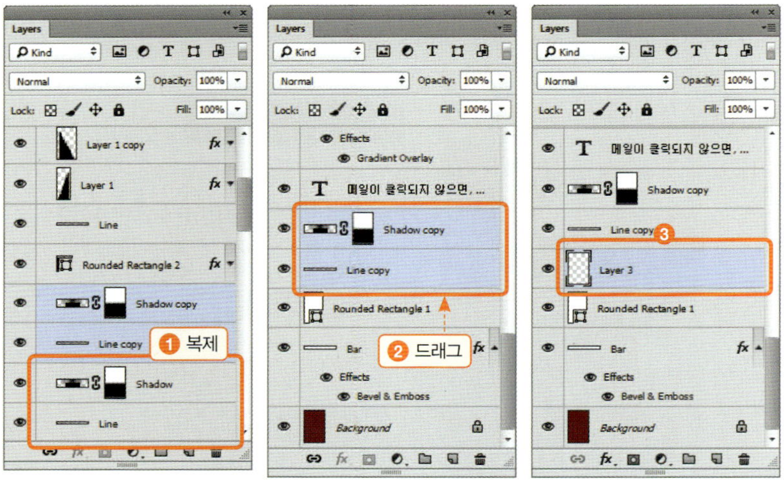

30 사각형 툴( )로 하단 부분을 드래그하여 사각형을 만듭니다. [Layers] 패널에서 Layers 3 레이어를 Alt를 누른 채 클릭하여 클리핑 마스크를 적용하고 작업창에서 Shadow copy 레이어의 크기를 줄인 후 Opacity 값을 32%로 조정합니다.

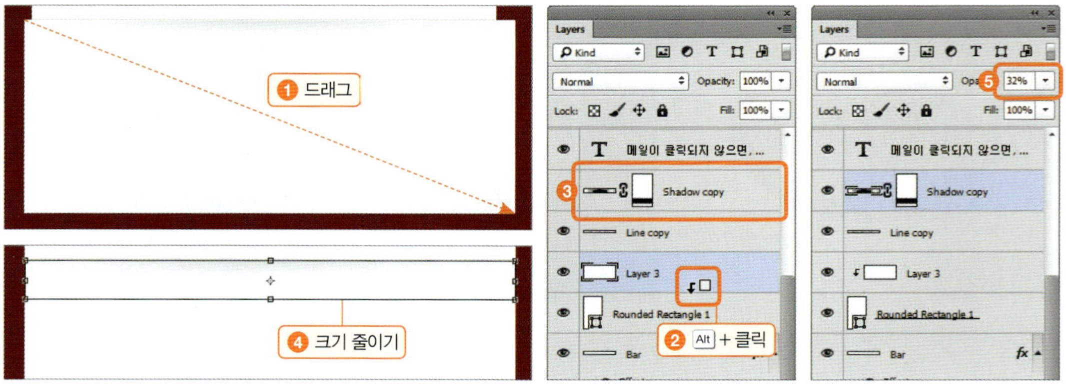

31 레이어 그룹 추가 버튼을 눌러 Event 그룹을 만듭니다. 커스텀 셰이프 툴( )을 선택하여 아이콘을 골라 넣고 문자 툴(T)로 텍스트를 입력합니다.

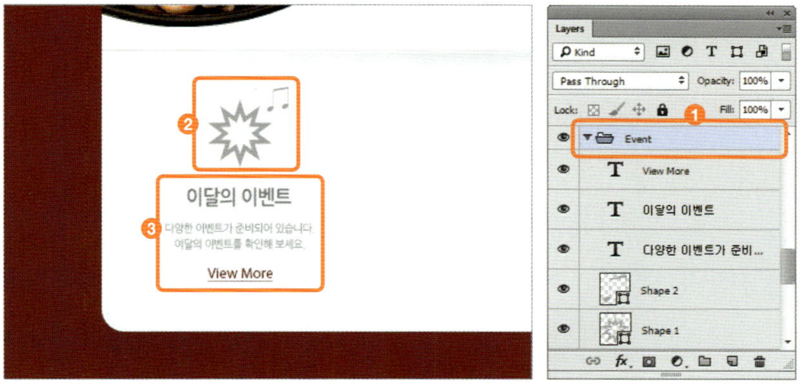

32 Event 레이어 그룹을 두 개 복제한 후 그룹의 이름을 Map, Coupon으로 그룹의 이름을 정리합니다. 작업창에서 이동 툴로 이동하고 이동 툴의 옵션바에서 간격을 맞춥니다.

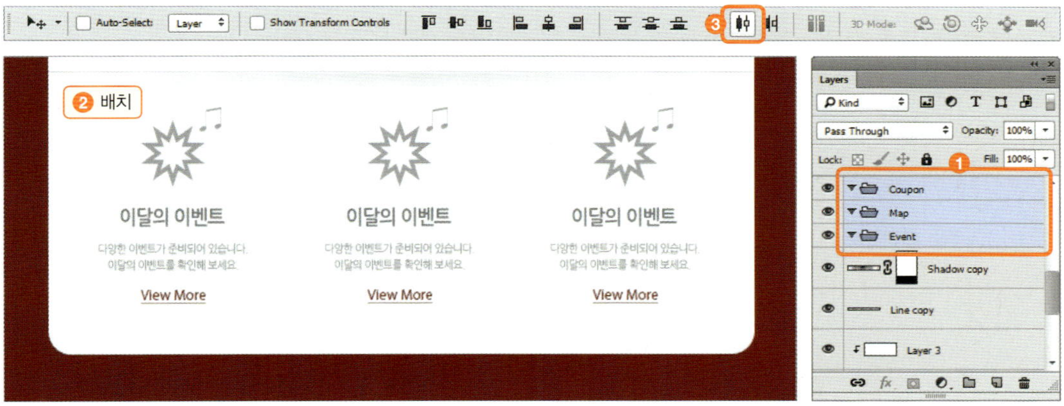

33 각 그룹 안에 요소들을 커스텀 셰이프 툴( )과 문자 툴(T)로 다음과 같이 변경합니다.

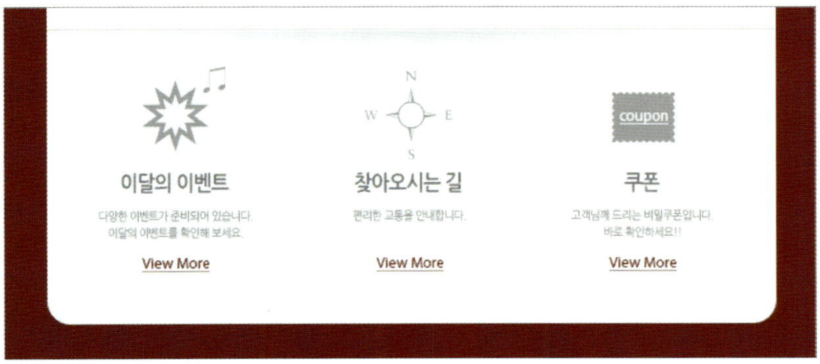

34 새 레이어 V_Line을 추가하고 "이달의 이벤트"와 "찾아오시는 길" 사이에 라인 툴(⁄)로 선을 그립니다. 레이어를 복제하고 작업창에서 키보드 [→]를 한 번 눌러 1픽셀 이동합니다. [Ctrl]을 누른 채 썸네일을 클릭하여 선택 영역으로 활성화되면 흰색을 적용한 후, [Ctrl]+[D]를 눌러 선택 영역을 해제합니다.

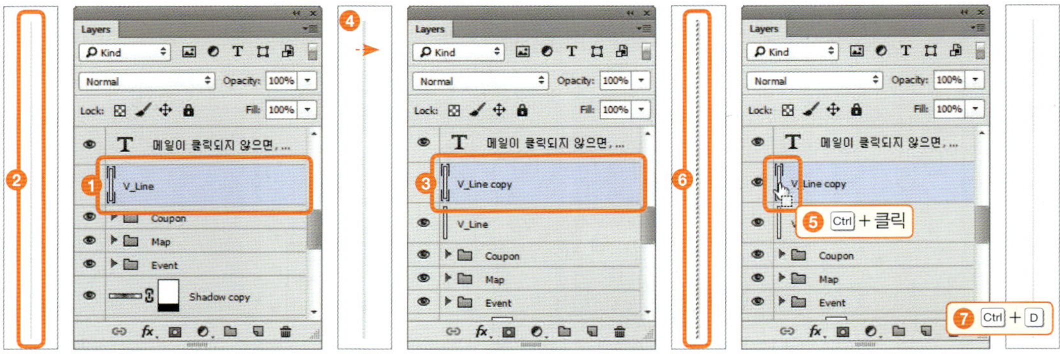

35 두 개의 레이어를 선택한 후 [Ctrl]+[E]를 눌러 하나의 레이어로 합칩니다. [Ctrl]+[J]를 눌러 레이어를 복제하고 이동 툴(▸✥)로 '찾아오시는 길'과 '쿠폰' 사이에 놓습니다.

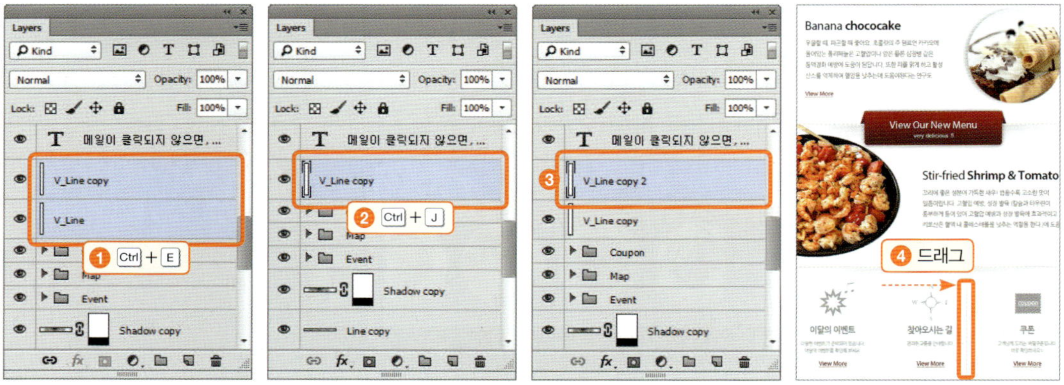

36 [Layers] 패널에서 Event, Map, Coupon 레이어 그룹과 V_Line, V_Line Copy 레이어를 모두 선택하고 이동 툴(▸✥)을 클릭한 후 옵션바에서 정렬합니다.

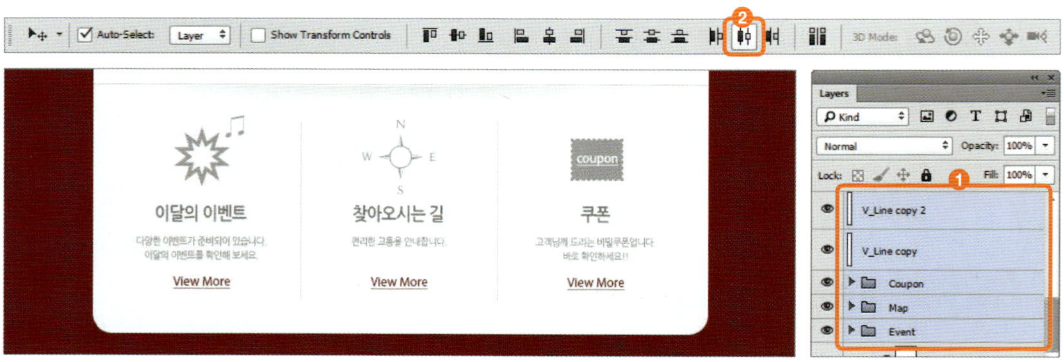

37 문자 툴(T)을 이용하여 가장 하단에 들어가는 텍스트 'Copyright©2015 Company Name. All Rights Reserved.'를 입력합니다.

38 마지막으로 새 레이어를 추가하고 흰색 둥근 사각형 바깥 부분을 Soft Round 브러시 툴로 드래그하여 그림자를 만듭니다.

39 레스토랑 뉴스레터가 완성됩니다.

CHAPTER

30

크리스마스 카드 디자인하기

완성예제 미리보기

이제 마지막 예제로 크리스마스 카드를 디자인하겠습니다. 원형 그레디언트로 배경색 톤을 잡고 질감 있는 이미지를 합성한 후 가운데 트리 모양은 브러시로 느낌을 살려줄 것입니다. 브러시로 구성한 나무를 받쳐주기 위해 필터를 사용한 방사형의 라인도 넣고 상단의 장식을 꾸며 크리스마스 느낌이 나는 카드로 만들어 보겠습니다.

준비 파일 Texture.jpg, Halftone-paper.jpg, Deco.psd

01 Ctrl + N 을 눌러 [New] 대화상자에서 다음과 같이 설정하고 [OK]를 눌러 새 창을 만듭니다.

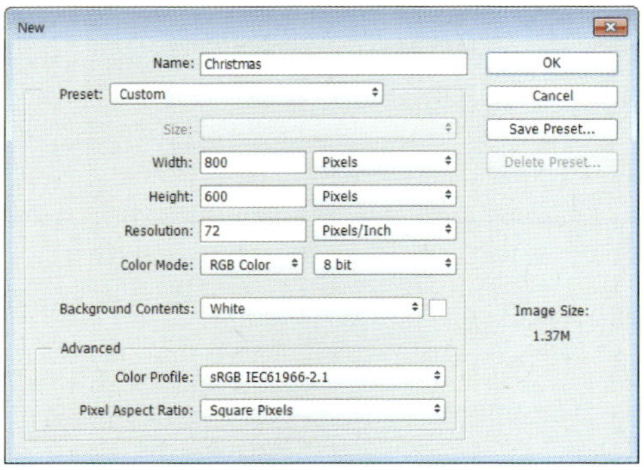

02 툴 패널에서 그레디언트 툴( )을 선택하고 옵션바에서 그레디언트를 설정한 후 Background 레이어에 적용합니다(그레디언트 Color는 #a71113, #8a0506).

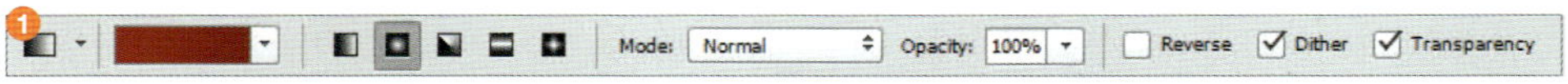

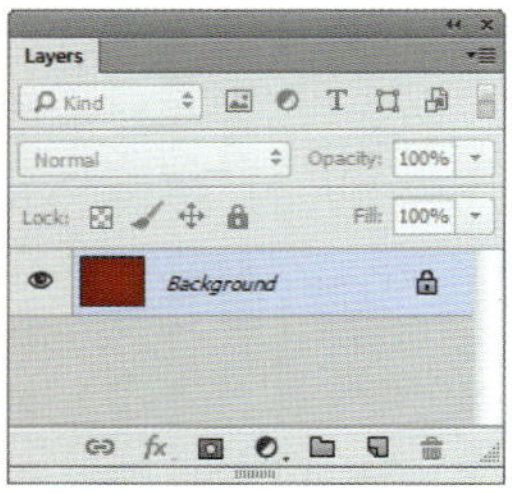

03 Texture.jpg 이미지 파일을 불러오고 작업창으로 이동시킨 후 [Layers] 패널에서 블렌드 모드를 Overlay로 바꿔줍니다.

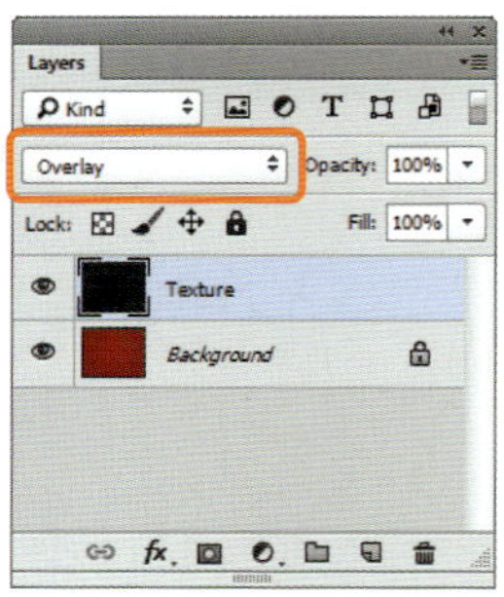

04 새 레이어를 추가하고 그레디언트 툴( )을 선택합니다. 전경색( )을 #929292로 설정하고 옵션 바에서 그레디언트 모드를 Foreground to Transparent로 변경하고 작업창에 드래그하여 적용합니다.

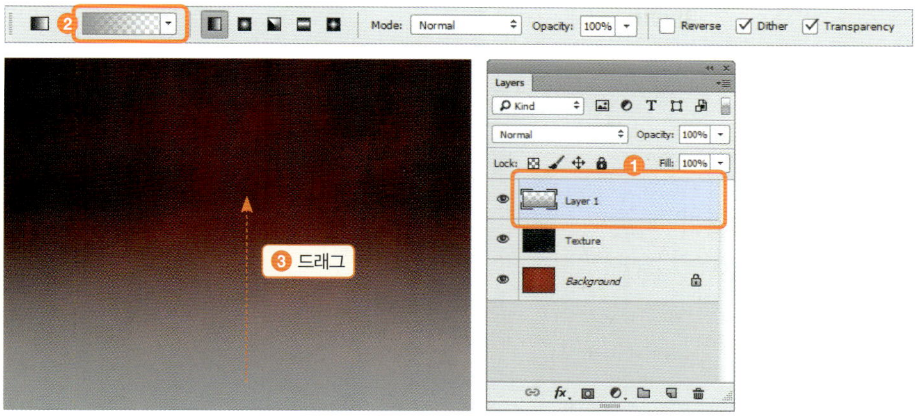

05 메뉴바에서 [Filter]–[Distort]–[Wave]를 클릭하면 열리는 [Wave] 대화상자에서 다음과 같이 설정한 후 [OK]를 클릭합니다.

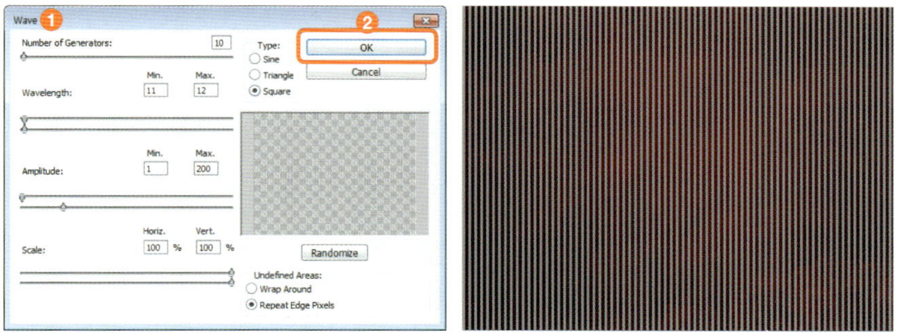

06 메뉴바에서 [Filter]–[Distort]–[Polar Coordinates]를 클릭하면 열리는 [Polar Coordinates] 대화상자에서 다음과 같이 설정한 후 [OK]를 클릭합니다.

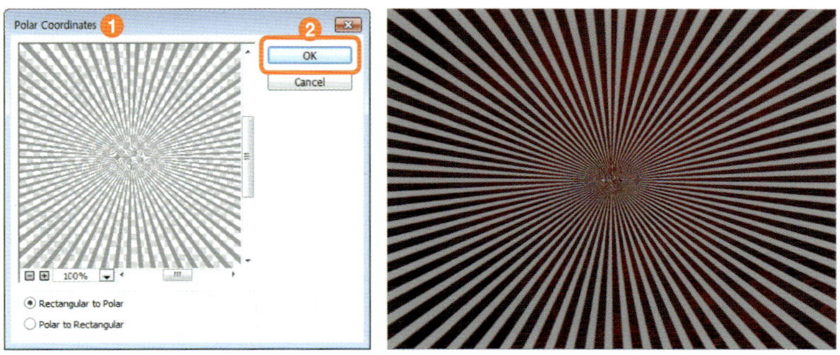

07 전경색(■)을 검정색으로 설정하고 툴 패널에서 원형 선택 툴(◯)을 선택한 후 옵션바에서 Feather 값을 80 px로 설정합니다. [Layers] 패널에서 Layer 1 레이어에 마스크를 추가합니다. 작업창에서 중앙에 드래그하여 원을 만들고 Ctrl + Shift + I 를 눌러 선택 영역을 반전시킨 후 Alt + Delete 를 눌러 검정색을 채워 마스크를 적용합니다.

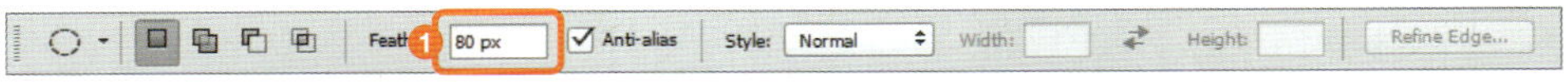

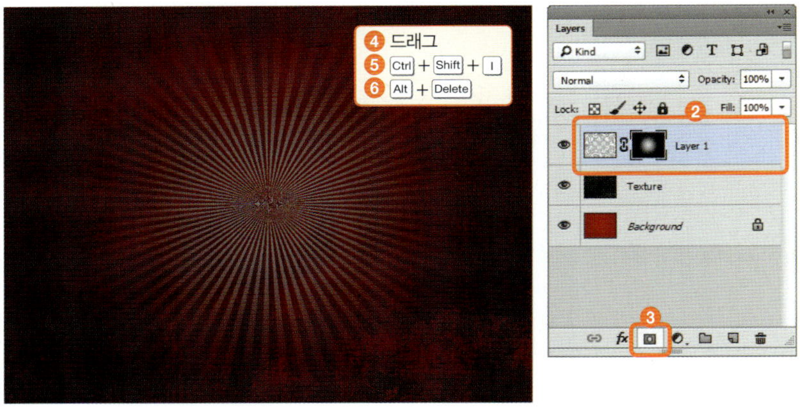

08 Layer 1 레이어의 블렌드 모드를 Linear Light로 변경합니다.

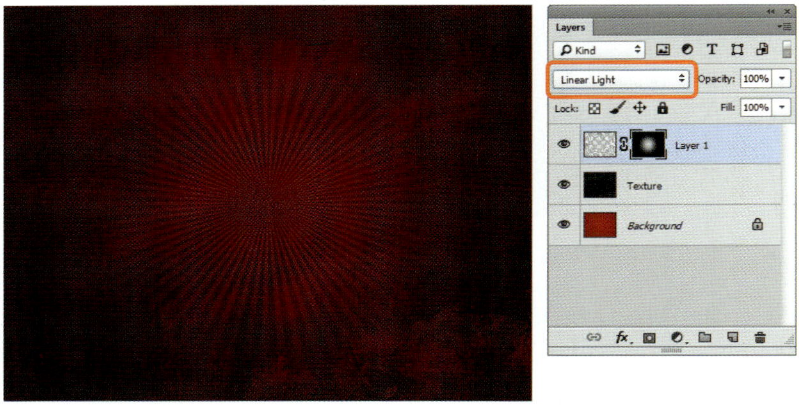

09 브러시 툴(🖌)을 선택하고 옵션바에서 브러시 패널 아이콘(▣)을 클릭합니다. [Brush] 패널이 열리면 Brush To Shape와 Scattering을 다음과 같이 설정합니다.

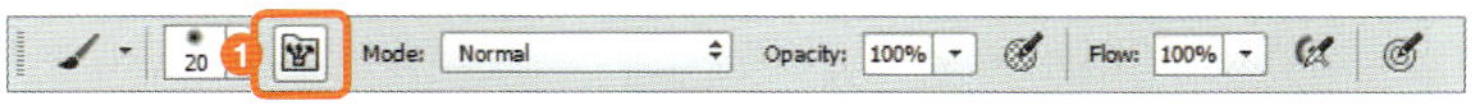

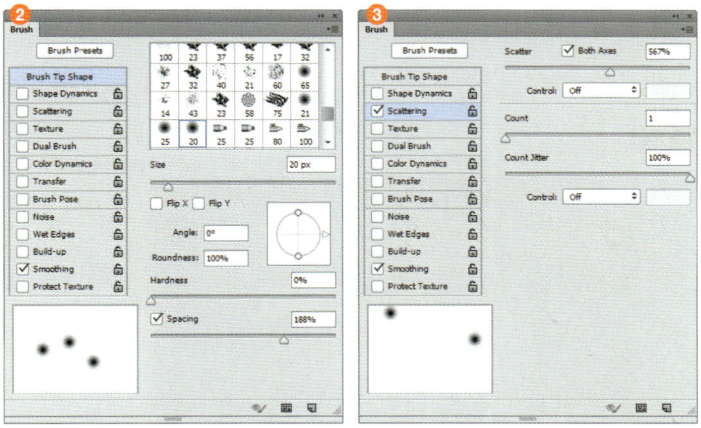

10 전경색(■)을 흰색으로 설정하고 [Layers] 패널에서 새 레이어를 추가한 후 작업창에 브러시를 드래그합니다.

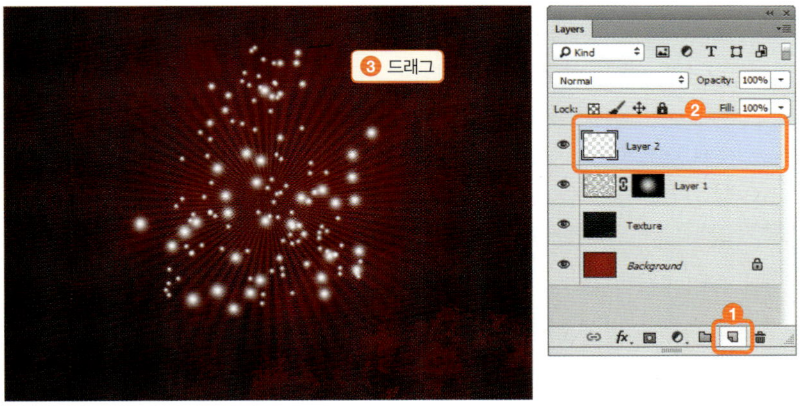

11 작업창에서 마우스 오른쪽 버튼을 누르고 열린 대화상자에서 설정 아이콘(⚙)을 클릭한 후 팝업메뉴에서 Assorted Brushes를 선택합니다. 열린 대화상자에서 [Append]를 클릭하면 브러시가 항목에 추가됩니다.

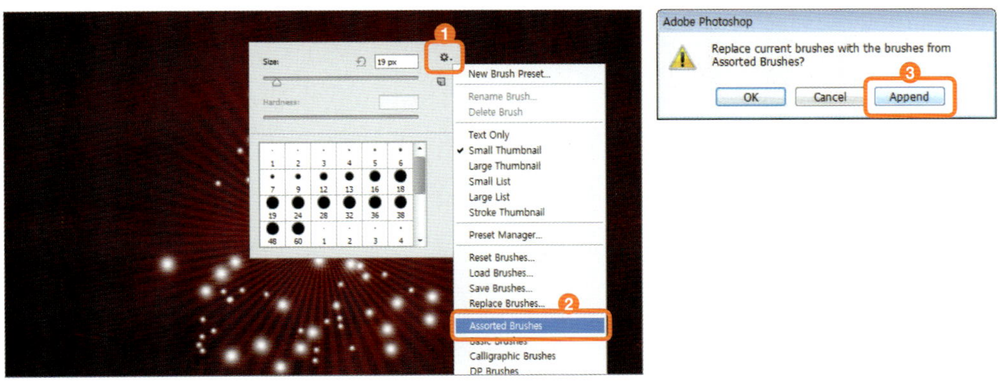

12 옵션바에서 브러시 패널 아이콘( )을 클릭합니다. Star-Large 브러시를 선택하고 Spacing을 조절한 후 왼쪽에 Shape Dynamics, Scattering, Smoothing을 체크하고 작업창에 드래그하여 그립니다.

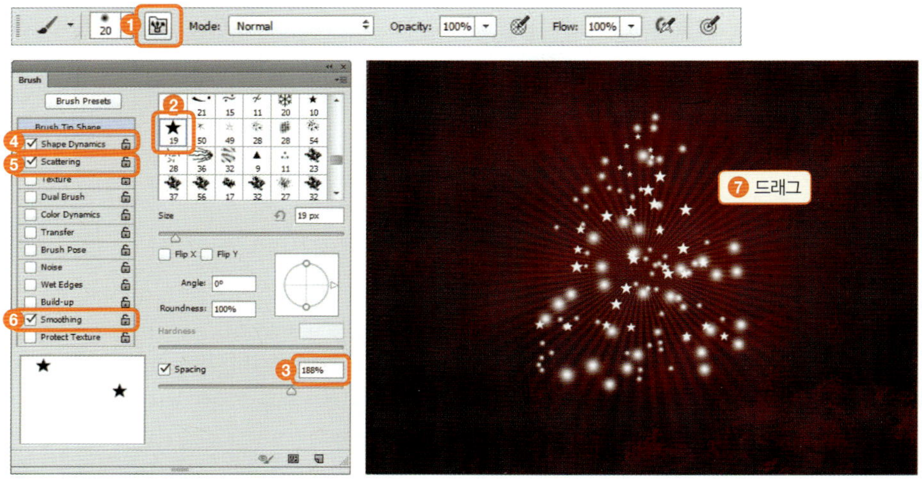

13 툴 패널에서 커스텀 셰이프 툴( )을 선택하고 옵션바에서 5 Point Star를 선택하고 작업창에 별을 그립니다. 레이어를 몇 개 더 복제하고 이동시켜 별들을 놓습니다.

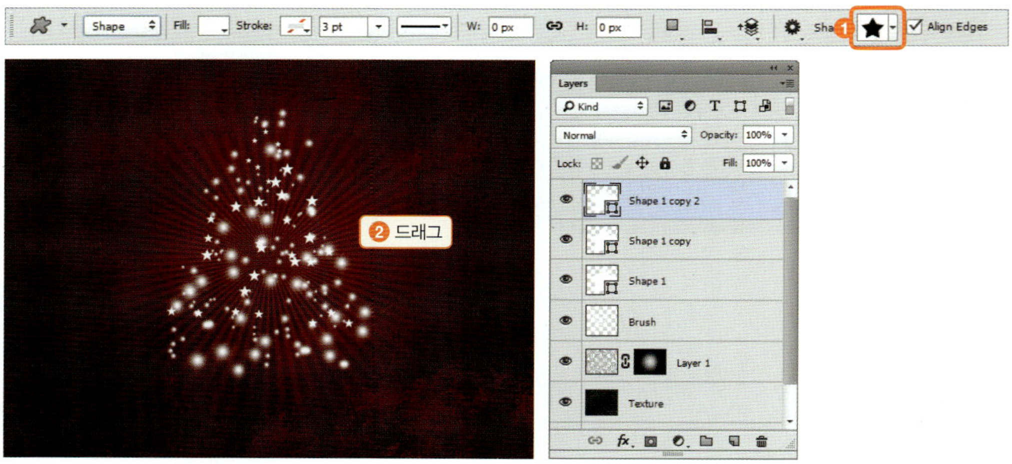

14 계속해서 커스텀 셰이프 툴의 옵션바에서 테두리 별 모양인 5 Point Star Frame을 선택하고 작업창에 넣습니다. [Layers] 패널에서 트리를 구성한 요소들을 모두 선택하여 그룹으로 묶어줍니다.

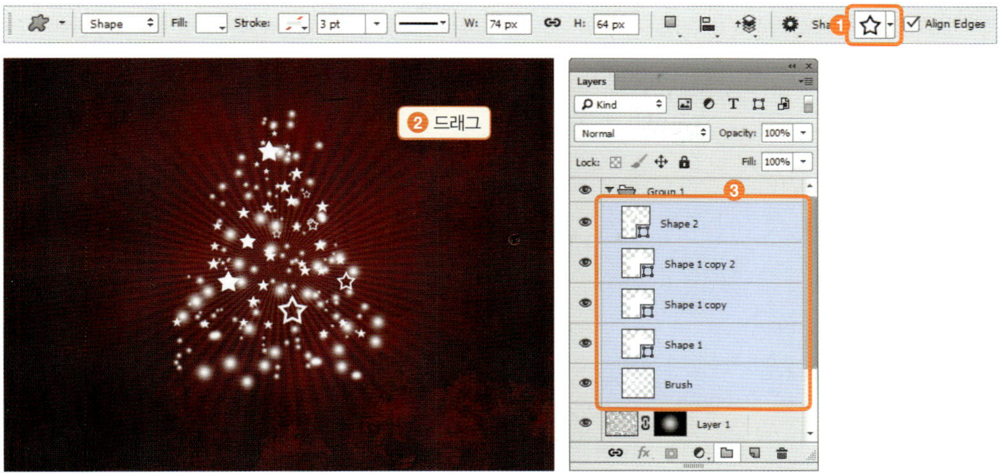

15 다음은 점선으로 된 원을 만들겠습니다. 툴 패널에서 타원형 툴(⬭)을 선택하고 패스 형태는 Path 모드를 선택합니다. 드래그하여 원 모양의 패스를 만들고 문자 툴(T)을 선택한 후 패스 위를 클릭합니다. 키보드의 [.]을 계속 눌러 점선을 만듭니다.

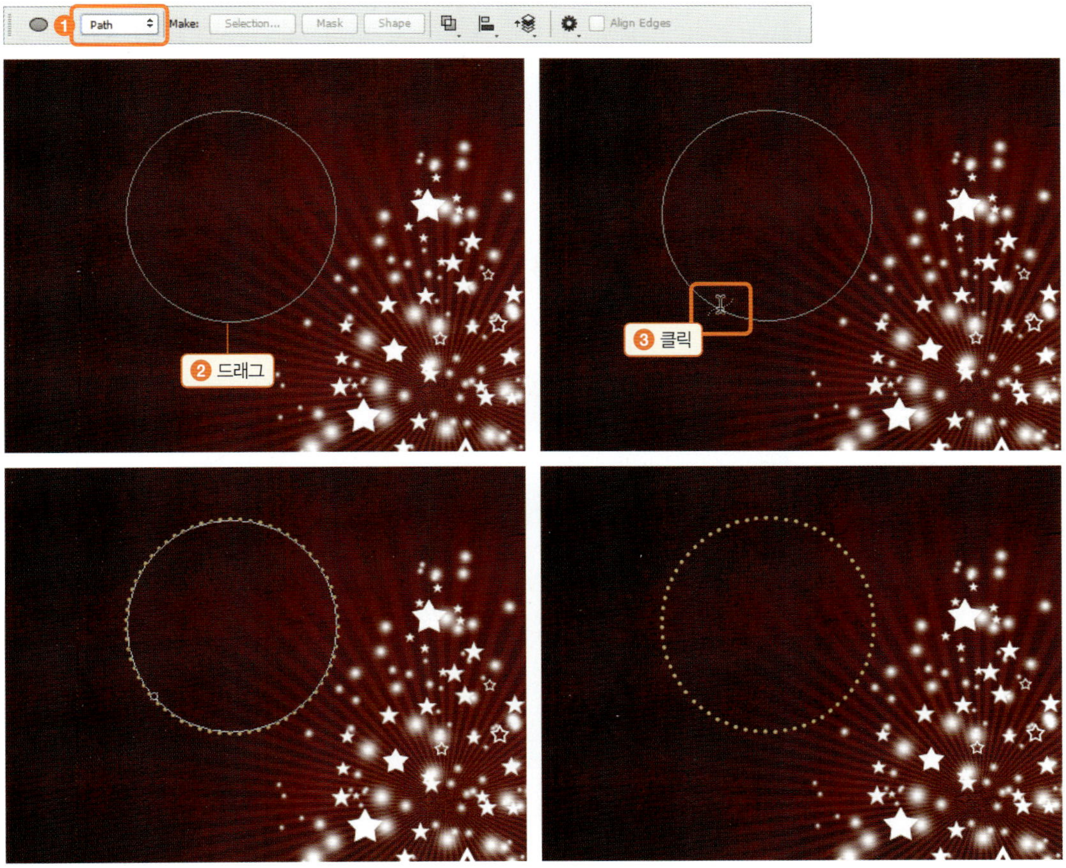

16 점선 원을 이동 툴( )을 이용하여 위로 이동시킵니다. 아래와 같이 상단을 꾸미고 상단을 꾸민 텍스트 레이어들을 모두 선택한 후 Ctrl+G를 눌러 그룹으로 묶습니다.

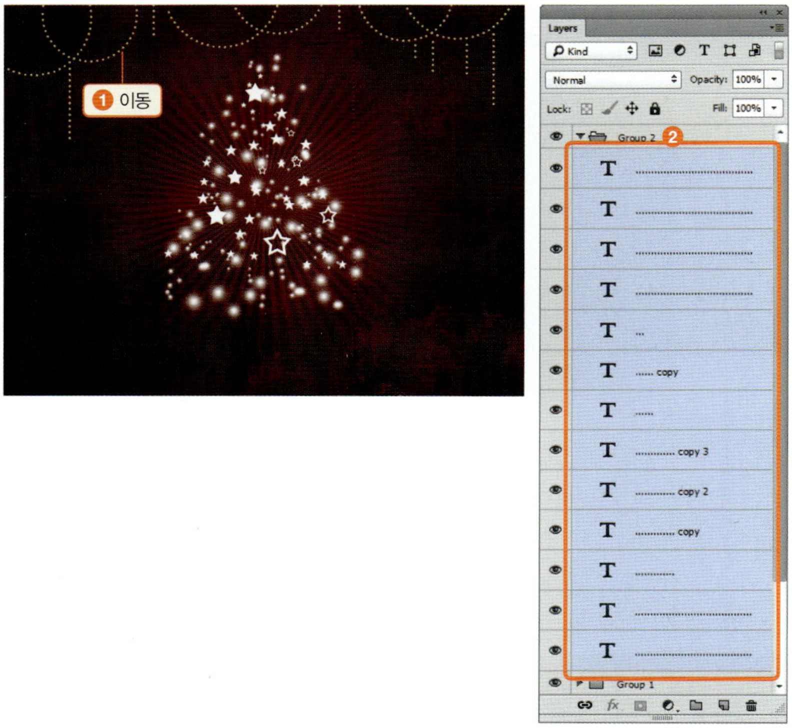

17 준비 파일에서 Deco.psd를 불러오고, 파일에 있는 장식들을 활용하거나 직접 원하는 이미지를 그려서 크리스마스 소품들로 장식합니다. 새 레이어를 추가하여 상단 부분을 브러시로 꾸민 후 장식한 레이어들을 모두 선택하고 Ctrl+G를 눌러 그룹으로 묶습니다.

18 새 레이어 Line을 만들고 작업창 하단 부분에 사각 선택 툴( )로 드래그하여 사각형을 만든 후 흰색을 적용합니다.

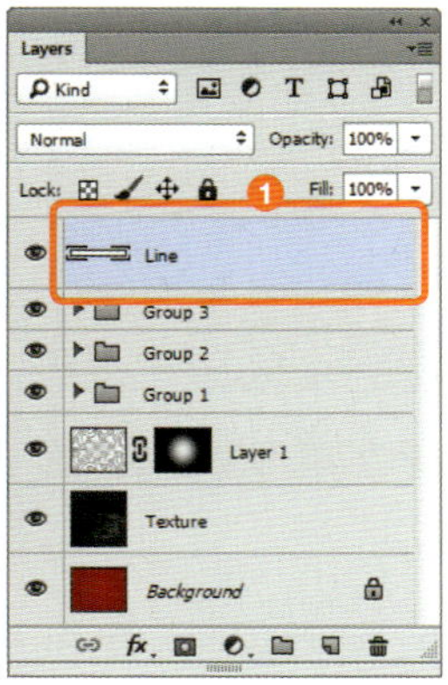

19 Line 레이어를 더블클릭한 후 [Layer Style] 대화상자에서 Gradient Overlay를 체크하여 다음과 같이 설정합니다.

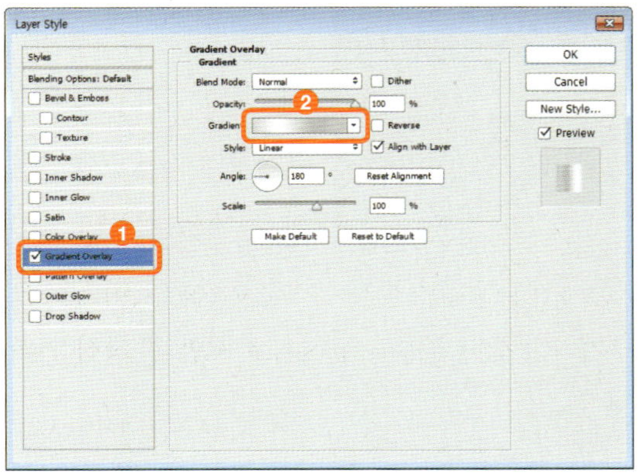

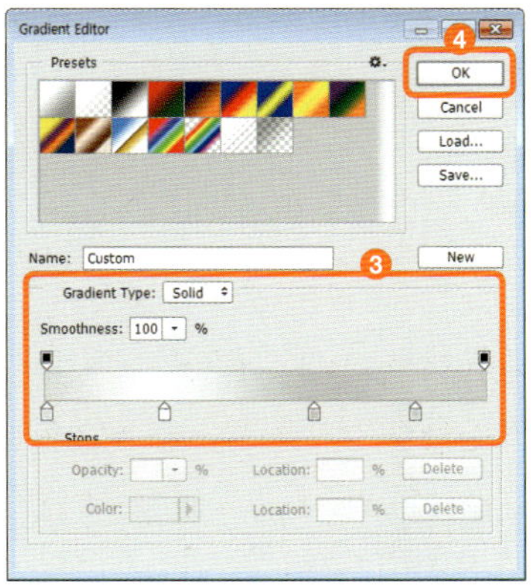

20 Stroke와 Drop Shadow를 체크하여 다음과 같이 설정하고 [OK]를 클릭합니다.

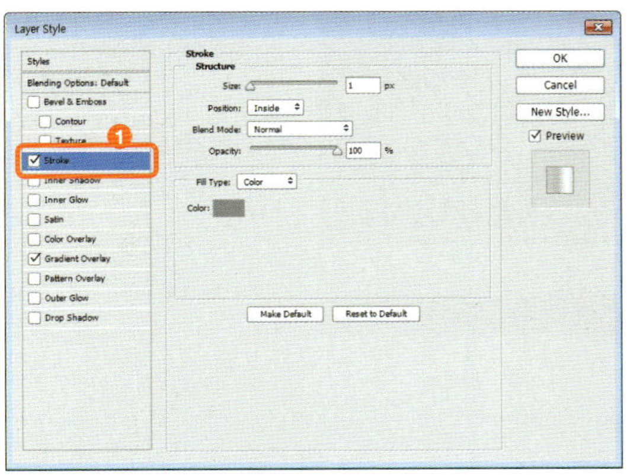

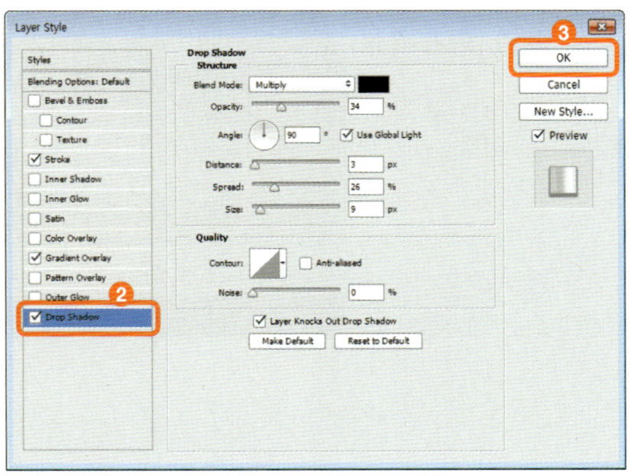

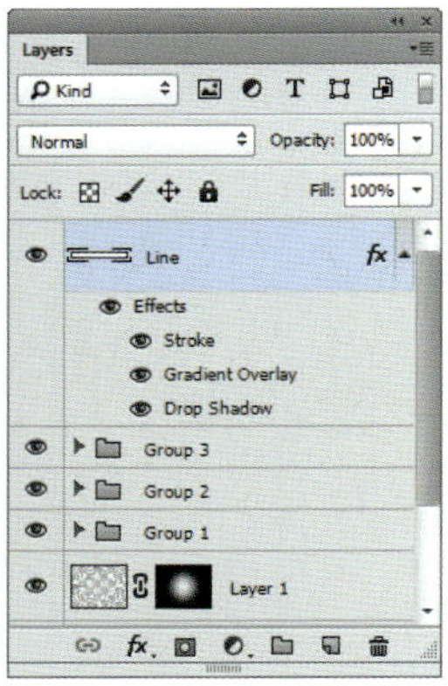

21 문자 툴(T.)로 회색 박스에 텍스트를 입력하고 [Layer Style] 대화상자에서 Drop Shadow를 체크하여 효과를 적용합니다.

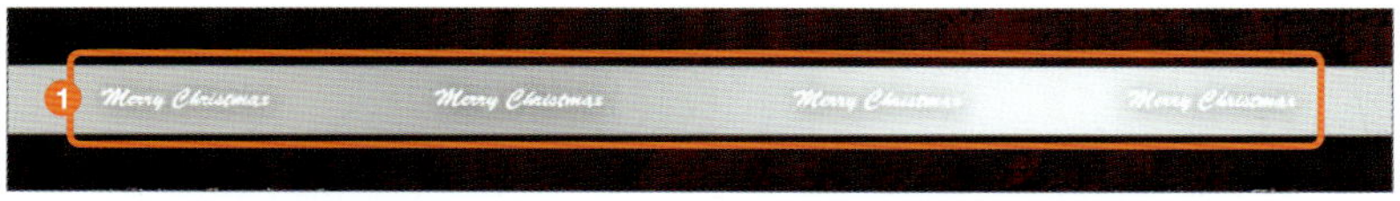

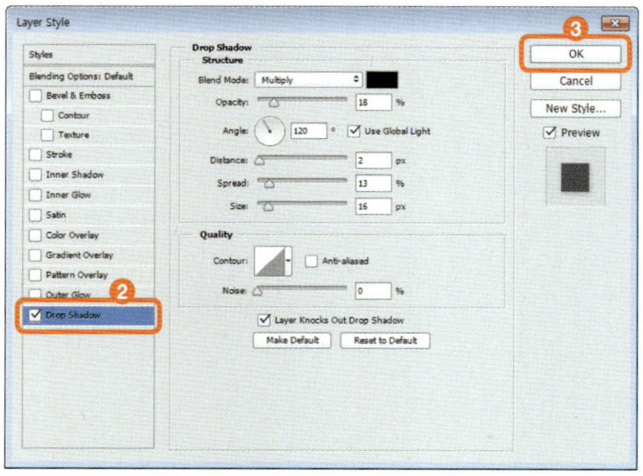

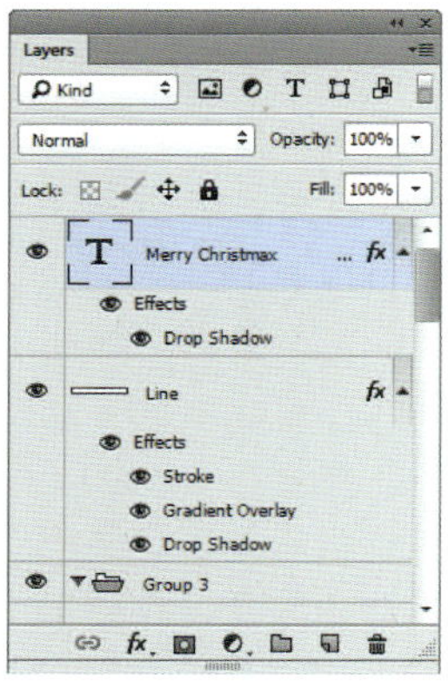

22 마지막으로 회색 줄 윗부분에 'Merry Christmas'라고 입력합니다.

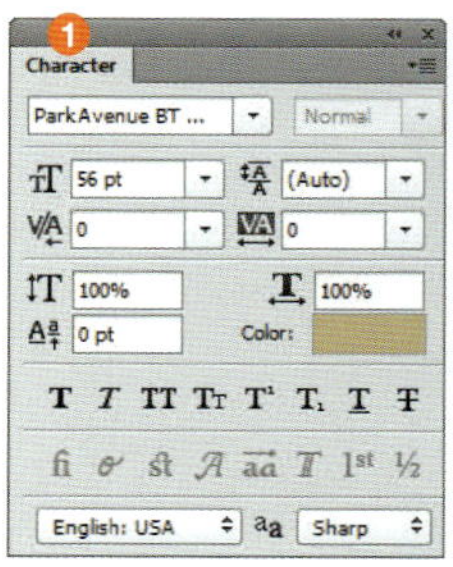

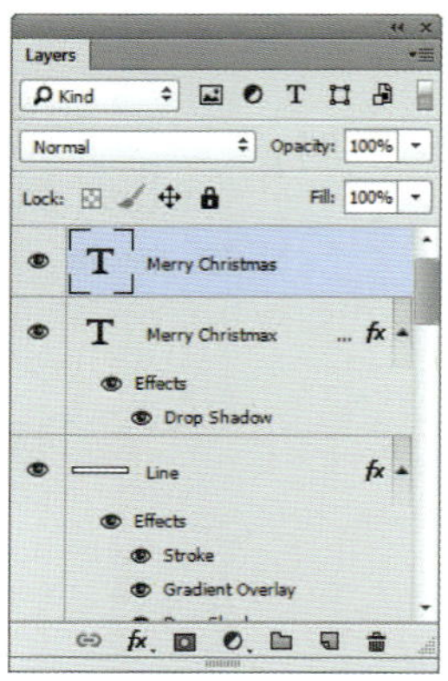

23 다음과 같이 크리스마스 카드가 완성됩니다.

찾아보기